本书获得国家社会科学基金教育学重点课题"中国特色、世界水平的一流本科教育建设标准与建设机制研究"（AIA190014）资助

高校大规模线上教学的
理论探索与实证研究

主　编　邬大光

副主编　陈武元

厦门大学出版社　国家一级出版社
XIAMEN UNIVERSITY PRESS　全国百佳图书出版单位

图书在版编目（CIP）数据

高校大规模线上教学的理论探索与实证研究 / 邬大光主编；陈武元副主编. -- 厦门：厦门大学出版社，2023.10

ISBN 978-7-5615-9150-5

Ⅰ．①高… Ⅱ．①邬… ②陈… Ⅲ．①高等学校-网络教学-教学研究 Ⅳ．①G642

中国版本图书馆CIP数据核字(2023)第196268号

出 版 人	郑文礼
责任编辑	曾妍妍
美术编辑	李嘉彬
技术编辑	朱　楷

出版发行 厦门大学出版社

社　　　址	厦门市软件园二期望海路 39 号
邮政编码	361008
总　　　机	0592-2181111　0592-2181406(传真)
营销中心	0592-2184458　0592-2181365
网　　　址	http://www.xmupress.com
邮　　　箱	xmup@xmupress.com
印　　　刷	厦门集大印刷有限公司

开本	720 mm×1 000 mm　1/16
印张	25.75
插页	2
字数	421 千字
版次	2023 年 10 月第 1 版
印次	2023 年 10 月第 1 次印刷
定价	150.00 元

本书如有印装质量问题请直接寄承印厂调换

厦门大学出版社
微信二维码

厦门大学出版社
微博二维码

序 在线教学的力量

邬大光

2020 年初，突发的新冠肺炎疫情给我国高校教学秩序带来了前所未有的挑战。为响应教育部"停课不停学"的号召，全国 37 家在线课程平台和技术平台率先面向全国高校免费开放慕课、虚拟仿真实验等在线课程，并提供在线学习解决方案和技术支持，带动了 110 余家社会和高校平台的主动参与。几乎"一夜之间"，线上教学开始在全国高校大规模、大范围地深度展开，并快速"渗透"到每一所高校、每一个教师、每一个大学生、每一个教务秘书和教学管理系统……加速了互联网和教育技术在我国高等教育领域的应用进程。如此"盛况"远远超出人们的想象，这在我国高等教育历史上尚属首次，也是世界高等教育史上罕见的创举和全球范围内的首次实验。这是对我国高等教育治理体系与治理能力的一次考验，是对我国高等教育信息化建设的一次"考试"，更是对之前悄然进行的课堂革命的一次检阅。

相较于一些欧美国家，我国信息技术起步较晚。自 21 世纪以来，在政策鼓励、资金支持、市场运作等条件下，互联网、人工智能、大数据、云计算等都加速发展，技术层面已经实现了跨越式突破，与教学的结合正在由起步、应用过渡到融合、创新阶段。可以说，得益于前期信息技术的重视和积累，高等学校才有能力在毫无防备的外部压力下采取应急举措。然而，此次的大规模全新体验也暴露了信息技术不成熟和教学主体不适应等诸多问题。

为全面了解 2020 年新冠疫情期间我国高校的线上教学情况，厦门大学教师发展中心率先成立了课题组，迅速组织了 30 余位师生，收集并分析了全国 12 个省(市)共 57 所高校(22 所"双一流"建设高校和 35 所地方院校)开学第一周的在线教学质量报告。2020 年 3 月伊始，课题组和全国高等学校质量保障机构联盟(CIQA)联合组织开展了"疫情防控期间中国高校线上教学调查"。3 月底和 4 月初，在对全国 334 所高校、13997 名教师和 256504 名学生，19 个主要教学平台进行专项调查的基础上，课题组先后发布了《全国高校线上教学状况和质量分析报告——来自 86 所各类高校的调查综合报告》《疫情期间高校教师线上教学调查报告》《疫情期间大学生线上教学调查报告》和《疫情期间高校教学管理人员线上教学调查报告》，四份调查报告基本呈现了疫情暴发之初我国高校的线上教学全景，为各级教育管理部门和高校了解线上教学情况及改进提供了第一手资料。与此相呼应，课题组还重点分析了福建省70所高校、山东省78所高校在超星平台在线教学的数据统计报告，通过网络调查及电话访谈方式，获得了62所高校954位教师的反馈意见、建议和体验。作为"疫情防控期间中国高校线上教学调查"的补充，两份调查，相互印证，互相补充，力求客观、准确展现疫情防控初期我国高校线上教学的全貌。

课题组以四份调查报告为基础，深度挖掘大规模问卷调查的结构化数据和非结构化数据，以及小规模质性访谈内容文本，采用结构方程模型（SEM）、多元排序 Logit 模型和 LDA 主题模型等量化分析与质性评估相结合的方式，最终形成了近50篇论文，并在《教育研究》《高等教育研究》《教育发展研究》《华东师范大学学报（教育科学版）》等多家 CSSCI 期刊发表。与高等教育出版社"爱课程"和清华大学"学堂在线"首批入选国际平台，并入选联合国教科文组织全球教育联盟，向世界贡献了中国方案"遥相呼应"。

限于篇幅，《高校大规模线上教学的理论探索与实证研究》一书，收录了2020年到2021年发表的20篇文章，其中6篇侧重理论研究，14篇为实证研究，主要围绕高校在线教学一线的师生、技术支持等教学管理人员而展开。从题目来看，关于学生的有8篇，关于教师的有6篇。考虑到发表周期，成稿基本都在2020年，向大家完整展示这次新冠疫情暴发初期我国高等教育线上教学的全貌和图景。

本书收录的这些文章，大致遵循逻辑理论指导下的实践关照——比较基础上的共性与个性分析——现象背后的问题审视与对策建议这么一个路径。所得出的研究结论出现频次最多的或理论分析聚焦的关键词莫过于"差异"，及其背后折射出来的更值得深思的共性问题。

在理论探讨部分，我们从教学模式变革、教育技术更新迭代的历史视角和中美在线教学多维度国际比较的视角来探讨在线教学及其背后的课堂革命、教学改革。在实证研究部分，则围绕环境支持、教学评价、学习成效、满意度和持续使用意愿等，针对学校的地区、性质、层次与类别，具体下沉到纯硬科学、纯软科学、应用硬科学和应用软科学等不同类别的学科，聚焦不同个体特征的教师（性别、年龄、教龄、职称、疫情之前线上教学经历）和学生（性别、年级、学习平台技术掌握熟练程度）采用不同在线教育平台获得的差异化体验与效果，多维度、多层面探讨此次大规模在线教学的优势与挑战，并对其未来进行展望。

所谓的差异,我们发现有些差异体现的是"差别",因人而异,无优劣好坏之分。比如师生对某个在线学习平台的使用依赖,只是基于校情、学情和个人习惯等,对不同教学资源的取舍问题。有的差异体现出来的则是"差距",如在以学生为中心等教育观念、教师角色转变和学校的教育规划与管理等方面,我们与国外还存在不小的差距。以教育技术与课堂教学的融合为例,历史地比较,尽管我们利用智慧教室进行"翻转课堂"教学已有 8 年左右时间,回溯我国高校教育技术演进路径更是有着 40 余年的历史,但让我们感到吃惊的是,调查发现八成左右的教师在疫情发生之前没有开展过在线教学,一半以上的学生在疫情前没有在线学习经历。因教育技术素养的匮乏,约 60% 的学生认为在线教学局限于教师单一课堂讲授,而实际上确实有半数以上教师习惯于使用直播或录播授课的教学形式。与教师形成鲜明对比的是,竟然有近六成的学生认为其具有较高的在线学习技术熟悉度。这种反差足以产生喜剧效果。

究其原因,抛开个人层面,主要还归结于高校对现代教育技术的两次"错过",使得教育技术与高校课堂教学的融合不仅起步晚,步伐也慢,线上教育理念变革的速度远低于技术革新的速度。早在 2000 年 7 月,现代教育技术第一次大范围进入高校,教育部公布了首批 31 所高校建设网络教育学院的通知,但主要是以继续教育和在职教育为主,并未对在校大学生的教学范式产生重大影响,这是第一次错过。第二次错过则是互联网时代以来,相比教育技术进入高校招生、学籍、就业、财务等高校管理的时间,教育技术在教学领域的进展也缓慢得多。

横向的国际比较来看,与美国相比,中美之间的差异则是差距。我国高校大约在 2014 年下半年开始建设智慧教室,迄今利用智慧教室进行"翻转课堂"教学也只有 8 年左右的时间。当我们还停留在"传统"智慧教室时,美国的智慧教室已经升级换代,甚至毫不夸张地说,国外关于在线教学已经武装到"牙齿",实现了从理念、机制体制,再到软硬件等器物层面的跨越。而我们在借鉴国际经验时,要么空有其"形"而无"神",不仅在线课程设计质量标准发展不完善,在线课程的输入、实施和输出环节与美国仍存在一定的差距;要么过于关注细枝末节,舍本逐末,教学平台的开发技术仅限于线上上课、考勤、交作业和考试等基本功能和需求的满足,"含金量"还很低,不能满足高阶的需求。这是教育理念落地中国大地的实践偏差。分析这些差距形成原因,有的根源在教育内部,有的则是教育或者高校之外的问题。有的是公平问题,比如中西部高校与东部地区高校在线上技术服务支持上存在明显的区域层面的"数字鸿沟"。有的则是效率问题等。但不可否认的是,理论的贫乏、理念的滞后往往导致实践的集体无意识,实践的偏差,甚至误入"歧途"。

通过纵向的历史考察和横向的国际比较,回到此次大规模在线教学本身,透过这些差异及其背后折射的问题,我们不得不深入思考,当现代教育技术进入我国大学约有 30 余年时间,利用 PPT 组织教学约有 20 余年时间,利用网上教学约有近 20 年的时间里,为何我们体会更深的是差距? 我们到底错过了什么? 理念或认识上存在哪些误区使我们一再错过或滞后? 未来我们如何走出误区,具体实践中又该进行怎样的取舍?

在线教学是一种以联网技术为基础、通过信息技术实现人机和人际跨境交流和远距交互的异地同步教学形态。为此,我们高度重视硬件的建设,并形成了长期以来重硬件轻软件的错觉。我们发现,在疫情这面镜子面前,在软件被忽视的同时,硬件重视不到位且还有偏差。关于硬件与软件的划分,暂且不提人是硬件还是软件。对在线教学而言,所谓硬件,它不仅仅是简单的网络维护问题,而是全方位对教学技术手段的引入和支持。教学技术使用的不普及一定程度上阻碍了我国高校组织教学水平的提升,以至于让我们怀疑对在线教育是不是一直存在误解。在现代教育技术在高等教育的运用从版本 1.0 到 4.0 以大数据、人工智能等应用为代表的智慧教育的进阶中,尤其是当 MOOC 出现时,我们忽视了教育技术发展对教师数字素养的要求,也使身为数字土著的当代大学生远未成为数字公民,这是认识的偏差,我们有必要重新认识教育技术的价值,并重视教育技术的长期和"常态"力量。但是,线上教学不是线下教学的网络翻版和简单机械照搬,或者将传统课堂教学披上一件现代信息技术和网络环境的外衣,它有着更深层次、更多维度的内涵,规定性、开放性、多元性、灵活性、差异性和建构性才是其"神"之所在。真正意义上的在线教育,相比硬件和软件的重要性,人的作用更为重要。比如,学生要学会自适应学习,从被动接受知识变为主动探索发现知识;教师角色要实现从知识传播者变成一个知识的组织者和学生学习的观察者的转变等。可以说,与线下教学相比,在线教学同样是涉及教学大纲设计、备课、授课、考核、评价、反馈等教学模式和教学环节的"一揽子"工程,是直指学校课堂教学结构的革命性变革与创新。

对于"仓促上马"的大规模在线教学而言,调查问卷反映的不仅是认知上的差距、短板和不足,更是实践上的偏差。在以世界一流大学建设、高等教育现代化为战略目标的大背景下,不得不说,先前我们对教育技术的认识站位并不高,理解也略显狭隘。当麻省理工等世界一流大学在基于社会责任和追求世界领导力（leadership）而积极推进慕课时，我国内地高校的校内线上资源建设往往以报奖为目的，教学资源只限于有，建而不用，或者不落地于用，目的与手段本末倒置。此外在政策引导、资源建设导向上旗帜也并不鲜明。以代表我国最高水平的高等教育国家级教学成果奖评审为例，进入21世纪以来，在5次高等教育国家级教学成果奖评审中，五届获奖总数为2469项，然而包含"教育技术"的获奖项目一共15项，包含"混合式教学"的获奖项目一共3项，包含"互联网＋"的获奖项目一共5项，共计23项，占五届项目总数的0.87％。这也使得高校在疫情期间开展大规模在线教学时，不得不舍近求远，过度依赖的市场化资源，因质量参差不齐而直接影响到在校教学的质量与效率。

我国此次大规模线上教学还暴露出教学平台分散、教育资源明显不足、教育技术支持人员不足、线上教学支撑和保障能力不足等问题。与美国高校使用在线教学平台相对集中相比，疫情初期，我国大部分高校除搭建本校在线教学平台之外，还积极使用教育部推荐的22个在线教学平台。在线教学平台多样且分散，虽避免了高负荷运作带来的运行崩溃，但因涵盖的教学资源和功能不一，以至于没有哪个平台可以一枝独秀，得到大多数教师的认同。同时，"使用平台太多，经常来回切换"也严重影响学生的学习体验与效果。此外在教学环节，我国政府主导的线上教学资源建设与市场化教学平台还处于彼此割裂分离状态。一份基于57所高校的问卷调查也证实了这一点：高校教师教学方式直播＋在线互动、录播＋在线互动的使用比例高达80％以上。近年来，我国线上资源建设一直是以政府主导、高校主体、社会力量参与的方式进行。虽然有国家级精品课和网络精品课建设等项目，学校也有自建平台，但利用率并不高，调查发现，完全使用学校自建平台的教师仅占10.6％。因此，未来如何升级、改造和整合现有校内外教学平台，政府主导还是市场主导，具体模式选择还需计划与市场的平衡取舍，政府应在引导、鼓励社会企业参与到高校教学平台建设的同时发挥主导作用，为高校提供更加强大稳定的在线教学支撑服务平台。

尽管众多研究都认为线上教学不只是应急教学，具有广阔的发展空间和前景，并预测"线上＋线下"相结合的模式将成为一种新常态。但是对于线上和线下各自占多少比例才是合适的？在线教学是被视为传统课堂教学的备选方案，还是将与课堂教学完全平行、对等的教学模式？截至目前我们对在线教学的理解还远未达成共识，至于教学惯性使然下的实际使用情况如何，研究似乎还存在断层，甚至本书中的数据也仅是揭示了此次在线教学初期阶段，或者说起步和"磨合"阶段的"特征"和相对客观真实的写照,被"应急"遮蔽的一系列深层次问题暴露得还不充分。

课题组对于线上教育的研究绝不应拘泥于时代背景而停留于此,在线教育的未来取决于我们的共识与行动。首先,关于未来在线教学的体系构建,它取决于我们在一个什么样的时代背景、什么样的维度或层次来思考和探讨线上教学问题,具体是在全球化视野中的大学,一流大学建设中的大学,高等教育现代化进程中的大学,还是指向未来的大学等框架内来思考人的现代化,教育信息技术的现代化……只有在基于世界范围内教育模式大变革、高等教育现代化和高等教育强国建设等宏观视野下,去深入探讨,积极谋划,只有人的现代化,才有理念的现代化,进而软硬件的现代化。

其次,基于国情和我国高等教育发展阶段的未来在线教育体系构建,鉴于我国高等教育资源区域不均衡、高校办学资源不足等短板,在未来中国高等教育现代化进程中,我们应充分结合我国制度优越性与现代教育技术的后发优势,政府主导,高校主体,市场参与,全面构建一体化的在线教学资源平台和教学支持平台,利用线上教学宏观上改变我国高等教育格局,中观上推动课堂革命与教学改革,微观上促进人才培养模式变革,提高人才培养质量,为推动我国高等教育变轨超车,构建终身学习体系贡献自己的力量。

再次,是持续推动教学改革和课堂革命。教学改革是高等教育改革的深水区,教学方式方法改革更是深水区的重要组成部分,教育技术正在深刻地改变高等教育的管理方式和教学模式。尽管未来线上教学究竟在多大程度改变常态下的教学活动还是一个未知数,但它不妨碍给我们提供一个视角来反思我们教学模式变革。对此,我们思考问题的原点还应该是"以学生发展为中心"。"以学生为中心"绝不是底线思维,满足最基本的教学需求。在发达国家,其大学学习空间的设计已经融入了以学生学习为中心的理念,且教育理念往往先于或蕴藏于建筑设计,建筑从某种意义上已经成为凝固的教育观念。同时我们还要避免实践层面"以学生为中心"概念内涵的泛化,走向另一个极端,尤其是在移动设备广泛使用的情况下,对于技术的误用、错用和滥用。在理念上已达成共识的大前提下,以此为出发点,一切有利于实现学生发展的新兴教学模式都应该加以探讨和尝试,并将关注重点从教师教什么,如何教,转到学生学到什么,学习体验及效果如何。

大规模线上教学是一个时效性、实践性非常强的议题,反映了当下信息化教学的普及化状态,把握这一重要研究机遇,从理论层面可以提出具有普遍指导意义的原则、观点,从实践层面则为确定各个优化环节提供证据支持。在后疫情时代下,教学模式已然不可能回到"原点",总结此次经验,对推进未来线上教学与传统教学建立有机结合点,更好服务人才培养具有深远意义。利用此次大范围、大规模线上教学为契机,重新审视在线教学环境下教师教学设计、教学组织、讲课方式和学生的学习方式等,持续推动课堂革命,步步为营,层层推进,共绘未来在线教学的新图景,"引领"我国高等教育发展。

| 目　录 |

理论研究篇

教育技术演进的回顾与思考*

——新冠肺炎疫情背景下高校在线教学的视角

◎ 邬大光

突发的新冠肺炎疫情拉开了我国高等学校线上教学的大幕。呼吁已久的"用教育技术倒逼教学改革",几乎"一夜之间"就把高校推上了第一线。线上教学在全国高校的大范围展开,在我国高等教育历史上是第一次。在如此短的时间里,线上教学能够快速、深入地"渗透"到每一所高校、每一位教师、每一位大学生、每一位教务秘书和每一个教学管理系统,远远超出了人们的想象,这是对我国高等教育信息化建设的一次"考试"。当下,各高校的线上教学仍在过程当中,疫情之初确定的"停课不停学"的目标已经实现。如何积累此次线上教学的经验,反思过去我国教育信息化建设的能力和水平,查找教育信息化和线上教学的短板,借鉴国外大学线上教学的经验,是做好当前线上教学和持续推动高等教育信息化升级换代的必由之路。

一、体验:教育技术演进的基本回顾

从现代教育技术的视角来看,高等教育走到今天,按照国际通用的划分标准,大致经过了4个发展阶段,即1.0版本的传统教学,2.0版本的电化教育,3.0版本的计算机辅助教学和教育信息化,与工业制造4.0相对应的4.0版本。现在的4.0版则是以大数据、人工智能应用为代表的智慧教育。在我国,改革开放之后接受高等教育的学人,几乎都经历了这4个阶段,只是个人的经历和体验略有不同,反思这一过程,总体可以揭示过去40年教育技术的演进

---

* 原载《中国高教研究》2020年第4期。

路径,可以窥视各国教育技术的能力和水平。

我国改革开放后的大学生,对教育技术的认识应该是从幻灯片开始,彼时的教学手段主要是粉笔加黑板。笔者 1977 年参加高考,教师上课用幻灯片都是凤毛麟角,只有个别有助教的老教师才可以"享用"幻灯机。教师开始使用计算机是 20 世纪 90 年代中后期的事情,大多使用的是 286 和 386 台式电脑。1994 年 10 月笔者到香港做访问学者,同期的 12 个内地学者,没有一个人有手提电脑。1995 年 9 月笔者到英国利物浦大学做访问学者,6 个国内访问学者当时与国内家人联系还都是通过信件的方式。2002 年 9 月笔者赴美国伯克利大学做访问学者,出国之前,厦门大学高教所还做不到给每位教师配备电脑。到了伯克利大学高教中心,才发现每个研究人员的办公室都配有电脑,到伯克利大学注册的第一件事,是到学校计算机中心办手续。此时才感受到计算机在国外大学的普及与应用。

真正对教育技术有深刻的感受,还是在走上学校管理岗位之后。第一次感受到教育技术的价值是在 2008 年上半年的一次学校办公会上,时任校长朱崇实传达参加教育部举办的"第二届中外大学校长论坛"会议精神。该会议与会中方代表几乎都是"985 工程"大学的主官,主题是"大学发展战略规划、科技创新与科研成果转化"。此次会议上,麻省理工学院校长苏珊·霍克菲尔德(Susan Hockfield)博士做了关于"慕课在麻省理工的进展"的报告。在提问交流阶段,某"985 工程"大学的主官问了如下问题:贵校为何要推进慕课? 做一门慕课要投入多少经费? 推进下来的效果如何? 苏珊校长只回答了一个词:Leadership。朱校长传达的会议精神对我内心触动极大:美国经济实力世界第一,军事实力世界第一,高等教育实力世界第一,就连如何上课他们也要世界第一! 苏珊校长的回答,既给人"居高临下"的感觉,也让人思考。世界一流大学"引领世界高等教育潮流"已经向教育技术领域延伸。这是笔者第一次知道什么是慕课,第一次领悟到世界一流大学"引领"高等教育改革还包括教学方式方法,甚至怎么上好一门课。

第二次感受到教育技术的力量是 2010 年 11 月初笔者赴台湾交通大学参加"2010 亚洲开放式课程和开放教育会议"。此次会议说是亚洲论坛,欧美的大学代表也来了许多。大陆参会代表有:国家精品课程资源中心王宏宇副主任、上海交通大学黄震副校长、北京大学教育技术系汪琼主任和笔者。大陆 4 位学者都要做大会报告,笔者发现大陆 4 位学者的报告题目极为相近,都是以国家精品课和各自学校的精品课为样本。报告题目之所以"雷同",是因为国内是在 2003 年开始国家精品课程建设,只有被确定为"国家精品课"才在国家精品课程资源中心共享。参加此次会议的最大感受是:我国在线教育只能属于起步阶段,因为当时全国高校在网络上使用国家精品课的学生人数还不如伯克利一所大学。

第三次感受到教育技术的力量是 2012 年 10 月底笔者访问台湾铭传大学。该校分管教学的王金龙副校长带笔者参观学校计算机中心,向笔者详细介绍了教学信息化管理系统和网上教学情况。该校从 2006 年开始建立 Moodle 线上教学平台,起初只具备课程上网、线上作业、线上测验、讨论区、公布栏等功能,到 2008 年,全校 3600 多门课中已有 80% 的课程上传到 Moodle 在线教学平台。2008 年以来,该校不断深化网络平台建设,逐步将学校所有教学和学习资源整合到平台上,实现教学管理和人才培养过程的全部电子化,且研发出了一套完整的支持教学管理、挖掘分析教学数据、提升学生学习品质和监测教师教学成效的信息系统。该校教育技术发展到今天,除了一些兼课教师及部分文科及通识课教师未用教学平台之外,使用该平台的教师和课程稳定在 88% 至 90% 之间。王金龙副校长同时告诉我,在台湾的综合性大学中,使用网络教学平台的课程比例,都在 80% 左右。

第四次感受到教育技术的力量是在 2013 年 5 月,英国纽卡斯尔大学校长克里斯·布林克(Chris Brink)教授带领代表团访问厦门大学,商谈两校全面战略合作事宜。此时笔者正分管国际交流合作和教学工作,全程参与了接待和安排他们的考察活动。使笔者记忆犹新的是他们与教务处的交流,问了教务处同志 3 个问题:①贵校有智慧教室(smart classroom)吗？②贵校有教学互动器(clicker)吗？③贵校的本科生作业有查重吗？教务处同志的回答都是"No"。国内大学开始建设智慧教室大约是在 2014 年的下半年,北京大学、清华大学等是在 2015 年初完成了首批智慧教室的建设,厦门大学是在 2015 年暑假完成了首批 24 间智慧教室。在此之后,国内大学才纷纷开始建设智慧教室。

第五次感受到教育技术的力量是 2018 年 4 月底笔者参加四川大学申报第八届高等教育国家级教学成果奖的校内评审。评审之前,四川大学原校长谢和平教授带评审组参观了四川大学的智慧教室建设,此时四川大学公共教室几乎全部完成了智慧教室改造。最终四川大学的"以课堂教学改革为突破口的一流本科教育川大实践"和华中师范大学的"深度融合信息技术的高校人才培养体系重构与探索实践"两个项目,获得了"第八届高等教育国家级教学成果奖"特等奖。

第六次感受到教育技术的力量是 2019 年 5 月笔者赴美国伊利诺伊香槟分校访问。该校的教师发展中心负责同志带我们参观"升级版"的智慧教室,英文是 flexible classroom，而不是原来熟知的 smart classroom。他们详细介绍了"升级版"智慧教室与"传统"智慧教室的区别，感觉整个教学过程都可以利用在线的方式解决，似乎无所不能。笔者最后问：改造这样一个"升级版"智慧教室需要多少钱？他们说要 100 万美元。也许是因为价格的原因，该校第一批也只是改造了 3 间此类教室。

通过个人体验可以看出，基于计算机的现代教育技术进入我国大学约有30 年时间，利用 PPT 组织教学约有 20 年时间，利用网上教学约有 15 年时间，利用智慧教室进行"翻转课堂"教学只有 5 年时间，这就是我国大学教育技术演进的基本轨迹。诚然，在世纪之交的 2000 年 7 月，教育部公布了首批 31所高校建设网络教育学院的通知，这是现代教育技术第一次大范围进入高校的重要举措和时间节点。遗憾的是，由于网络教育学院主要是以继续教育和在职教育为主，并没有对在校大学生的教学范式产生重大影响。进入互联网时代以来，高校管理已经发生重大变化，包括财务、学籍、招生、就业等，基本实现了管理的数字化和计算机化。相比较而言，教育技术在教学领域的进展则较为缓慢。

二、感悟：我国教育技术向教学领域延伸的困境分析

作为长期关注高等教育变革的一位老教师，笔者从未想过我国教育技术的推进会以这种突发事件拉开"序幕"。由此可以诘问：为什么过去技术倒逼不出教学改革？疫情过后学校是否还会坚持采用线上教学，或线上与线下混合式教学？未来信息技术与现代教育技术究竟能融合到什么程度？21 世纪到底需要什么样的教学形态？教育技术和在线教学还可以走多远？从时间说来，产生于世纪之交的互联网技术，对我国高等教育教学改革而言，并没有以往那么大的"时间差"，但从教育技术的应用水平和能力、个人的管理和实际体验来看，与西方大学相比，我国教育技术实现能力和水平还有较大差距。问题何在？

（一）教育理论与教育技术应用

任何高等教育改革，都包括理论与实践两个层面，理论解决的是观念问题，起的是"思想先行"的引领作用；技术解决的是应用问题，让教育观念付诸

实践。如果没有先进的教育理论支撑和引领,也就无法实现教育教学方法的改革进步。但是反过来,一定教育理论的形成则需要一定的时间积累,甚至需要反复的实践检验,最终才能形成普遍正确的教育观念和教育原则,即预设的观念往往阻碍我们的行动,正确的观念则来自实践,并在实践中不断加以完善。教育技术也不例外。从教育理论的发展看,教育理论和原则也一直与教育技术应用相生相随。例如,从早期的程序教学(学习)理论到目前还在积极讨论的建构主义、社会学习等等,无不与教育技术发展相联系。因此,我们必须清醒地认识到:互联网技术在改变知识传播途径和方式的同时,也在改变着教育实践活动及在此基础上形成的教育理论和教育原则,而业已形成的教育理论或教育原则又反过来促进和引导人们对于教育技术手段的利用。从国外的经验看,现代教育技术的广泛应用,既为教育理论研究提供了丰富的研究对象,也为实现教育技术创新创造了条件。但在国内,无论是从理论研究还是实践应用来看,似乎都还相对滞后。从现实情况看,伴随着高等教育国际化进程,特别是进入 21 世纪以来,我国并不缺乏世界先进的教育理论,但是这些教育理论常常给人一种"搬砖"式或隔靴搔痒之感。究其原因,是缺乏切实有效的实践,这种现象同样发生在现代教育技术应用。由于缺乏理论的说服力,导致人们的教育观念形成了刻板印象,传统教学方式方法能够实现教学目标,为什么非得用教育技术不可? 正如为什么走路能到达目的地,非要坐车不可? 而其中我们无法回答的问题是:应用现代技术后能提高教学效率,还是降低教学效率。殊不知,应用现代教育技术与传统教学是两种不同的教学模式,需要不同的教学策略与方法。如果认识不到这一点,依然用传统线下教学方法来驾驭线上教学,其结果自然而知。这也是为什么自 PPT 运用到教学以来,依然有的学科、有的教师对此持保留意见。这一方面说明实践积累得不够,但另一方面也说明理论研究的不足和薄弱。

(二)教育技术与教学惯性

除了教育观念影响教育技术之外,真正影响教育技术"倒逼"教学改革的主要原因是教师业已形成的"教学惯性"或"教育记忆"。这种"惯性和记忆"已经被模式化和固化,且进入了集体无意识状态。[①] 这种"记忆"在教师与周围教学环境的互动过程中,自然达成某种"默契"的心理场。无疑使用一种新技

---

① 邬大光.大学人才培养须走出自己的路[N].光明日报,2018-06-19.

术,在某种程度上就要改变原来的教学习惯甚至行为习惯,突破多年形成的"心理场"。特别是随着年龄的增长,教师尤其是老教师对新技术使用有一种莫名其妙的恐惧感和排斥感。所以,从人的自然心理而言,这是一种再正常不过的现象了。但是,对于大学教师而言,其授课对象是一群充满年轻活力的青年,当青年习惯于使用各种技术手段获取知识时,如果不改变教师的教学习惯,教师可能不是被技术所淘汰,而是被学生所嫌弃。所以坦率来讲,教育技术进步原本与任何社会政治经济制度变革无关,更与新冠肺炎疫情没有任何关联,它应该是在正常教学状态的教育实践,是基于教育技术升级换代的自然演进。可是在我国,呼吁多年的教学方式方法改革,直到此次疫情发生,才被推上教学改革的舞台。此次在线教学的全面铺开,既可以说是"有备而来",因为之前高校已经在这一方面有了一定的积累基础,也可以说是仓促上阵,"赶鸭子上架"。但不管怎么说,这一"逼招"基本实现了"停课不停学"这一底线要求,但还难以从质量层面对线上教学进行评估。而线上教学质量的提高,从根本上讲,不能只是被动地应用教育技术,而需要从源头上认同线上教学,主动来探寻线上教学的新方式方法。而完成这一"脱胎换骨"的变化,核心是改变已经养成的"教学惯性"和"教学方法记忆"。这一过程的改变,显然不是"断崖式"的革命或突破,而是需要一个渐进式的过程。这种改变不仅在国内是这样,在国外大学同样也是如此。2019 年,美国新媒体联盟在其发布的《地平线报告(高等教育版)》中,就把改变教师的角色地位作为中期困难来看待,而不是短期内可以解决的问题。

(三)教育技术与教师角色

在教学过程中,教师与学生都是认识的主体,这是教育理论对教学过程的基本认识,也可以说是一种"原始"认识。在传统教学过程中,"学生主体教师主导"一直是传统教育学的普遍看法。但伴随着"以学生为中心"理念的提出,人们开始关注学生的学习方式和学习体验。随着教育技术的广泛应用,学生获取知识的途径出现了多元化、便利化、学习的社区化,教师的主导作用如何发挥,学生的主体地位又如何保障?基于线上教学的师生之间又是怎么样的一种关系?课后又是一种怎么样的关系?显然,这些问题都是传统教育学理论无法回答的话题。如在我国的教育实践中,尽管在理论上"以学生为中心"成为普遍共识,但在实践层面,"以学生为中心"概念内涵却陷入"泛化",甚至误入消费主义,刻意迎合学生需求。这种误区从某种程度上是未能正确认识和摆正师生之间的关系。特别是在移动设备广泛使用的情况下,它可能导致对于技术的误用、错用和滥用。从现实中也不难看到,大学课堂中,教师过度给大学生播放电影充数课堂内容的"水课"也不少见。所以,在数字化时代,如何应用各种新媒体有效提高课堂教学效率,绝不是简单的技术使用问题,而是一位教师必备的"数字素养"(digital literacy),这种"数字素养"不仅包括能够利用信息和通信技术查找、评估、创造和交流信息,而且应包括对于技术的认知和价值取向。特别需要指出的是:许多教师还没有做好适应教育技术进步的心理准备。也正因为如此,目前国外大学都有类似的教学发展中心,或训练中心,或创新中心,这些机构承担的一个重要任务就是引导教师探讨如何应用现代教育技术开展教学创新。而学校各种网络中心的服务职能的一个重要部分就是深度服务于教师教学,帮助教师熟悉使用各种教学软件及工具,并为教师的教学创新选择适当的技术方法和解决方案。在他们看来,这是一位教师必备的教学能力。从这一意义上说,当教师从线下走到了线上,或者走到线下与线上相混合的道路时,其角色也在不断发生改变。他可能从传统的知识传授者,变成引导学生探索发现知识的幕后策划者,或者是学生课堂学习的观察者。而这种角色的转变既要靠教师自身努力,也要靠学校提供外在的帮助和指导。

(四)教育技术与教学地位

从纯技术应用的角度而言,教育技术与教学中心地位并不能生硬地画等号。但是,当把教育技术作为"倒逼"教育教学方法改革的路径时,教育技术就有了技术之外的"弦外之音"。如前所述,国外一些知名大学之所以一直不遗余力开展MOOC建设,既不是基于经济的考虑,也不是基于"纯技术"的考虑,更多是基于一种社会责任或者是引领。而从国内高校情况看,重视教育技术无疑是重视教学的一个重要"风向标"。因为从一项新技术应用开始,必然要求学校投入大量的人力、精力和财力。同时,新技术应用还涉及大量学习空间的提升和改造。不仅如此,新的技术应用不仅是提高教学质量的一个重要手段,而且是实现大学与学生沟通的重要方式。但在我国高校可以看到一种现象,一方面大学教师抱怨教学设备陈旧,满足不了教学需求;另一方面又存在已有设备功能闲置或利用率不高的状态。为什么会有这种情况出现,显然与大学的教育规划有关,也与管理有关,但归根结底,与对人才培养的重视程度有关。从这一意义讲,重视教育技术应用就是重视教学,尤其是本科教学。谁重视了教育技术应用,谁就有可能赢得学生青睐,谁就有可能赢得学校未来。

（五）教育技术与教学服务

世界上没有一个国家像我国这样，在如此短的时间内有如此众多的学生同时开展线上教学。即使抛开这种"突发性"的大规模线上教学活动，在常态下的教育技术支撑都有较大缺陷，更遑论大规模线上教学！这样的一种同时全面的线上教学方式，对于技术的软件和硬件能力都提出了最为刚性的考验，也对高校教学管理组织能力提出了新的挑战。但在本次大考中，部分地区和高校无论在硬件配备，还是软件管理等方面，均突显了这一方面的薄弱和不足。这种不足包括高校线上资源不足、重硬件轻软件建设、教育技术支撑人员不足、线上教学支撑和保障能力不足等问题。而从国外大学技术人员支撑看，其中重要的任务就是对于全校教学的支撑保障。事实上，在国外大学，现代教育技术支撑不仅是简单的网络维护问题，而且体现了全方位对于教学技术手段的引入和支持。可以说，教育技术使用的不普及阻碍了我国技术保障能力和水平的提升，教育技术使用的不普及也一定程度上阻碍了我国高校组织教学水平的提升，教育技术使用的不普及也阻碍了我国市场供给能力。疫情防控期间的线上教学，基本上确保了学生有课程上。但随着工作不断推进，如何保证持续不断地跟进线上学习，如何保证线上教学质量，将是线上教学更难的问题。

（六）教育技术与组织教学

课程教学组织是实施课堂教学的重要载体。从已有成熟的经验来看，线上教学有着自身的教学规律，对于线上教学的大纲设计、备课、授课、考核、评价、反馈等教学环节与线下教学有着不同的要求。因此，国外有些大学对于线上教学的课程申请有着严格的过程把关，甚至建立专门课程指导小组指导线上课程教学。不仅如此，在线上教学过程中，教师的课上的主导作用趋于弱化，而课后的作业、辅导、答疑、讨论及反馈在整体教学过程中占了较大比重。并且在这个过程中，学生的学习主体地位越来越突出，从而形成了一个新的学习共同体，每个人的学习经验和体验也是对于整体学习群体的贡献。从某种意义上说，线上教学，使教师从一个知识传播者变成了一个知识的组织者和学生学习的观察者。显然，这样一种变化，无疑对于教师课堂教学组织提出新的要求，也对大学资源配置（如图书馆线上教学资源）及学习空间提出了新的需求。

(七)教育技术与市场供给

从目前收集到的数据看,现阶段我国大多数高校的线上教学主要是依靠市场化运作的教育技术公司。从国外高校线上教学资源看主要来自高校,且是众多高校通过收费或者通过共建共享来实现,从而在高校围墙之外形成了一个庞大的教学资源市场。从我国近几年线上教学资源建设的经验看,我们一直是以政府主导、高校主体、社会力量参与的方式进行。但是由于缺乏应有的机制,高校在线上资源建设过程中往往出现了以报奖为目的、课程设计理念滞后、线上教学模式单一、课程使用率不高等问题。特别是在长期强化科研的背景下,很多优秀教师不愿意将更多的时间和精力投入线上教学。因此,从长远来看,推进线上教学,不仅需要政府全面引导和监管,更需要引入市场化机制。

三、思考：重新认识教育技术的价值

教育技术正在深刻地改变高等教育的管理方式和教学模式,目前的线上教学究竟在多大程度上改变常态下的教学活动,还不得而知。既然实现"引领"是我国高等教育确定的发展目标,通过此次大范围的线上教学,为常态下教学积累线上经验就显得格外重要。

回溯中外大学发展史可以发现,世界高等教育的重大变革,几乎都是由一些"偶发"的事件引起,诸如政治制度变迁、经济制度转型、科学技术进步、知识分化、人口激增等。如普法战争之后,德国研究型大学的崛起;美国赠地法案之后,州立农工大学的崛起;苏联卫星上天之后,美国《国防教育法》对高等教育的重视;"越战"之后,面对退役军人的激增,美国启动高等教育大众化进程等。总体而言,世界各国高等教育的重大变革,基本是沿着政治、经济、科技和人口等要素相继展开,影响的主要是高等教育管理体制、办学体制和投资体制,且这些重大变革,几乎都有一个相对"清晰"的时间节点。就我国高等教育变革而言,按照上述逻辑回溯,同样可以找到相近的轨迹。然而,世界高等教育走到今天,基于政治、经济、人口引发的大学变革开始式微,由科学技术引发的变革开始登上高等教育舞台,尤其是互联网的出现,开始深刻地改变大学的教育教学过程。

2013 年，一群头上顶着众多光环的美国教育家聚在一起创造了一个新的四年制本科大学——密涅瓦计划（The Minerva Project）。哈佛大学前校长萨默斯（Larry Summers）博士和特拉华大学前校长哈克（Patrick Harker）博士等联手创建了密涅瓦大学（Minerva Schools at KGI）。他们认为在这个教育资源越来越开放的时代，让学生付钱来学网上可以找到的各种知识是不合理的，因为这个时代优秀的高中生们早已经在大学前通过各种方式（AP、A-Level、MOOC）掌握了传统大学前两年的知识。因此在密涅瓦大学的课堂中，没有传统的教条式授课，都是通过最先进的技术平台实现学生和老师的互动式交流，鼓励老师充分评估每个学生的互动反应，通过及时反馈大大刺激学生的学习体验，要求老师跟踪学生的学习进程。[①] 密涅瓦大学的改革实践有待时间检验，但他们坚信：指向未来的大学要实现全球化和互联网教学。

教学改革是高等教育改革的深水区，教学方式方法改革更是深水区的重要组成部分。然而在我国，教学改革的动力一直不足，且有严重下滑的趋势。科研挤压教学，这一现象在不同国家不同的时间节点，都不同程度地呈现出来。在过去若干年，评价导向的偏移，科研冲击教学在我国尤甚。笔者一直认为，重视科研是大势所趋，但科研要做到"反哺"教学，如果仅仅是"为了科研而科研"，那就偏离了大学的使命。同时我也坚信：教学也可以"反哺"科研。回顾我国大学的一些老先生，他们的学术起步都是从教学开始，上好一门课，就可以成就一本好教材，出版一本好专著。以至于笔者一直认为，上一节好课，就相当于写一篇好文章。对于大学教师而言，教学与研究应该成为一体。

教学改革的主要方向是满足学生个性发展需求，人才培养质量和成效是检验一流大学和一流学科建设的根本标准。[②] "以学生发展为中心"概念的提出，就是一切有利于实现学生发展的新兴教学模式都应该加以探讨和尝试，既包括翻转课堂、混合式教学这些新近出现的模式，也包括项目教学、合作学习、同伴教学、问题教学、案例教学等较成熟的方法。当前我国高校进行教学改革的一个重要方向就是充分利用现代信息技术的优势，把信息技术与教育教学深度融合，转变传统的"为了教师教而教"的教师中心的教学方式，形成"为了学生学而教"的学生中心的教学方式，实现教学方式的根本性变革。如何真正把教育技术用到课堂上，实现技术和教学的深度融合、无缝对接，我们还有很

---

① Minerva Project.Higher education solutions[EB/OL].[2020-03-01].https://www.min-ervaproject.com/solutions/educational-solutions/.

② 邬大光,薛成龙."应试"评估不是学科建设的全部[N].光明日报,2019-09-03.

长的路要走。面对不断弱化的教学，面对没有师生互动的课堂，面对不记笔记的大学生，如何让他们动起来，迫在眉睫。也许通过此次线上教学一个个新的教学共同体可能会形成，一个个课堂会发生变化。这正是我国高等教育促进内涵式发展的应有之义。

总之，此次疫情虽给我国高校教学秩序带来了较大影响，但从另一方面讲，疫情也逼迫高校应急走上了全面线上教学。但是，更希望这种"应急教学"不是暂时的，而是以这次"应急教学"为起点，全面吸收好的做法和经验，弥补高校教育技术的短板，甚至催生出新的教育形态，不断推进我国高校课堂教学的迭代更新。我国高等教育应当也必须借助教育技术进步，尽快缩小由于发展历史短而导致与西方发达国家高等教育存在的客观差距，这是千载难逢的历史机遇，我们必须抓住这个历史机遇。我国经济发展为高等教育提供的财政能力不断加强，高校已经有条件在教育技术上走得更远。对高校而言，必须深刻认识到：教学惯性抑制教育观念，教学惯性抑制教育技术，因此必须尽快摒弃教学惯性，无论是主动还是被动，这一步都必须走，唯此才不会辜负这次疫情"倒逼"我们的实践机会！从更长远的目标来看，线上教育也是未来终身教育的需要，因为终身教育需要创造"无论何时何地何人都能学习"的教育环境，这其中教育技术的突破是关键。可以预料，假以时日，当我们回顾我国高等教育的改革轨迹时，也许这一次实践会留下厚重的一笔。

网络教学到底能给我们带来什么[*]

——基于教学模式变革的历史考察

◎赵婷婷　田贵平

当前,新冠肺炎疫情严重影响了我国学校教学的正常秩序。为了配合国家整体的疫情防控安排,同时又考虑到广大学生的客观需求,教育部发出"停课不停学"的号召,鼓励各大中小学通过网络安排多种形式的教学活动。疫情迫使越来越多的教师使用网络教学的方法,学生也被迫适应着网络教学形式。从客观上说,网络教学模式比以前更加具备进一步推广的条件,那么当疫情结束之后,网络教学该何去何从? 它是否只是疫情防控期间的被迫选择,还是未来学校教学模式改革的契机? 它到底会给学校教学模式变革带来怎样的机遇和挑战? 我们认为,网络教学作为一种教学模式,其优势和劣势是同时存在的,对其优势和劣势的分析不能就事论事,而应该在教学模式变革的历史进程中把握其核心特点以及它与其他教学模式的内在联系,只有这样,才能形成对网络教学的理性认识,并在未来的教学实践中对其进行准确定位。

一、教学模式的内涵及特点

教学模式是一个争议颇多的概念,而且在实际使用过程中,很多时候与教学方法、教学组织形式、教学策略等概念并无明显区别,因此,我们并不想给教学模式下一个严密的定义,而是期望准确把握其本质特点。

乔伊斯(Joyce,B.R.)和韦尔(Weil,M.)于 1972 年首次提出"教学模式"(Models of Teaching)一词,并对其内涵做了界定:"教学模式是一种可以用来

＊　原载《教育科学》2020 年第 2 期。

设置课程(诸学科的长期教程)、设计教学材料、指导课堂或其他场合的教学的计划或类型。"①后来,他们进一步阐明"教学的经典定义是创造促进学习的环境。教学模式是指这样一种方式,这种方式可以构建具有培育和刺激作用的生态系统,学生在与系统中的要素互动过程而学习"②。这里所说的教学模式是指构建整个教学系统的方式。我国学者也曾对教学模式的概念进行过较系统的研究,20世纪90年代初,吴也显明确将教学模式界定为一组策略和方法:"教学模式是在教学理论和实践的发展中形成的用以组织和实施具体教学过程的相对系统、稳定的一组策略或方法。"③此后,"策略说"得到较广泛认可,何克抗等认为"教学模式通常是指多种教学策略的组合运用,而不是某种单一的策略,所以也可以称之为大方法"④。叶澜进一步强调了教学模式的系统性、可操作性和理论性,她说:"教学模式俗称大方法。它不仅是一种教学手段,而且是从教学原理、教学内容、教学目标和任务、教学过程直至教学组织形式的整体、系统的操作样式,这种操作样式是加以理论化的。"⑤

由以上可以看出,第一,教学模式一般用来分析教学实践而不是整个人才培养实践,因此它是一种包含教学各要素而不是整个人才培养各要素的体系;第二,教学模式并不仅仅指一种教学方法或几种教学方法,它是一种关于教学各方面的整体安排;第三,教学模式是稳定的、经过理论加工提炼的样式或策略,因此它一定和某种教育教学思想和理论相连,是某种理论指导或影响下的教学实践样态;第四,教学模式具有可操作性,可以推广及效仿。

教学模式的内涵及其所具有的特点是我们选择从这一视角分析网络教学的原因。网络教学绝不仅仅是一种教学方法,还是互联网技术应用到教育后所产生的一类新型教学模式,这类教学模式因网络技术的应用而引发了教育观念、教学内容、教学过程以及教学组织形式等方方面面的变化,因此,只有从教学模式的视角才能更深入地理解网络教学的核心及特点。同时,网络教学模式并不是凭空产生的,它是几个世纪以来教学模式变革进程中的一环,既承载着以往教学模式变革的成就,也必须面对教学模式变革中那些仍然没有解

① 乔伊斯,韦尔.当代西方教学模式[M].丁证霖,赵中建,乔晓冬,等译.太原:山西教育出版社,1991:2.
② JOYCE B R,WEIL M,CALHOUN E. Models of teaching[M].9th ed. New Jersey: Pearson Education,2015:5.
③ 吴也显.教学论新编[M].北京:教育科学出版社,1991:62.
④ 何克抗,林君芬,张文兰.教学系统设计[M].2版.北京:高等教育出版社,2016:113.
⑤ 叶澜.新编教育学教程[M].上海:华东师范大学出版社,1993:333.

决的问题。因此,本文从历史的视角考察 20 世纪以来教学模式变革的内在逻辑,目的就是要在这一历史进程中把握网络教学这一模式,以便对其形成一个较为清晰的理性认识。

二、20 世纪以来教学模式变革的历史考察

20 世纪以来,世界范围内的教育思想发生了很大的变化。这些变化的出现既有哲学层面带来的观念变革,如实用主义、人本主义的兴起;也有心理和认知层面带来的理论突破,如建构主义的出现;更有技术层面带来的方法创新,如互联网在教育中的广泛应用。这些变化在改变人们观念的同时,也重新塑造了学校教学的实践样态,集中体现在教学模式的变革方面。

(一)第一阶段:20 世纪初到 20 世纪 50 年代

这一阶段是实用主义影响下的教学模式变革阶段。19 世纪下半叶以来,随着第二次工业革命蓬勃兴起,人类社会的生产力不断提高,社会结构和思想观念发生剧变,实用主义开始占据教育思想的主导地位。实用主义提出了儿童中心的思想,认为应根据儿童的特点以及其自身经验重新设计教育教学活动。在这种思想的影响下,这一时期学校教学中的师生关系、教学方式、教学内容安排等很多方面都发生了根本性的转变,这可以从一些新型教学模式如葛雷制、设计教学法、道尔顿制和文纳特卡制等中明显地体现出来(见表 1)。

表 1 实用主义影响下的四种教学模式所要解决的问题及主要做法

教学模式	所要解决的问题	主要做法
葛雷制[1]	1.将家庭时间与学校时间衔接起来; 2.整合利用各种社会教育设施及资源	1.把课程分为学术性科目和特殊课程; 2.学术性科目沿用传统教学方式; 3.特殊课程在图书馆、体育馆、商店等场所进行
设计教学法[2]	改变传统教育中将完整的生活割裂为各种学科和课程的现象	1.取消固定课程、班级授课制和教科书; 2.学生根据一定的目的自己设计教学内容; 3.教师对学生进行个别指导

续表

教学模式	所要解决的问题	主要做法
道尔顿制[3]	解决学生差异性加剧与班级授课制过度强调统一性之间的矛盾	1.取消课堂教学和年级制； 2.将教学内容编成大纲，学生根据意愿与教师签订"工约"； 3.自学与讨论相结合，学生自定学习节奏，教师进行个别辅导
文纳特卡制[4]	解决学生差异性加剧与班级授课制过度强调统一性之间的矛盾	1.课程分为"学科课程"和"团体活动与创造活动"两种； 2.设定精确的学科课程标准，个性化安排考核和作业； 3.活动课程旨在使学生充分表现自己，因此不考核、不计分

资料来源：[1]WIRT W A.Founding a school system[J].Journal of education,1911,74(4):93-94.

[2]克伯屈.教学方法原理：教育漫谈[M].王建新，译.北京：人民教育出版社,1991:8-9.

[3]柏克赫司特.道尔顿制教育[M].曾作忠，赵廷为，译.北京：商务印书馆,1924:3-22.

[4]华虚朋.文纳特卡制新教学法[M].龚启昌，沈冠群，译.上海：中华书局,1936:2-12.

从表1可以看出，这一时期教学模式变革所要解决的核心问题主要包括两个。第一，解决教育与个体生活和经验相联系的问题。实用主义改变了人们对教育的看法，教育的过程被看成个体经验重组和改造的过程，教育也被看成生活的一部分，因此去权威性、去学科性在当时盛极一时。第二，解决班级授课制统一性要求与学生差异化发展之间相矛盾的问题。班级授课制是现代教育的产物，它虽在教育推广普及、提高效率等方面做出了巨大贡献，但这种制度最大的局限在于很难兼顾统一性要求与学生差异化发展，而且在实用主义大力提倡儿童中心和个体经验的背景下，这种先天局限更加凸显。

(二)第二阶段：20世纪50—60年代

这一阶段是反实用主义思潮影响下的教学模式变革阶段。第二次世界大战结束以后，国家间的竞争加剧，教育被看成获得国家竞争优势的重要手段，但在实用主义影响下的教育却使得学生的知识、能力发展与时代要求相悖，教育内容碎片化、教学过程随意性强、教师权威被严重削弱等弊端开始遭到社会各界的反思和批评，各种反实用主义思潮应运而生。同时，这一阶段还面临着科技革命所引发的"知识爆炸"现象，"学什么""怎么学"显得尤为迫切。于是，发现式学习、先行组织者、范例教学、非指导性教学和掌握学习等新型模式纷纷出现(见表 2)。

表 2　反实用主义思潮影响下的五种教学模式所要解决的问题及主要做法

教学模式	所要解决的问题	主要做法
发现式学习[1]	1.针对知识碎片化、过度生活化、去学科性等问题; 2.教会学生如何学习	1.将基本概念、法则和原理置于中心地位; 2.注重发现知识的过程,教师引导学生像科学家一样去思考
先行组织者[2][3]	1.针对学习效率低下问题; 2.将新内容与学生已有知识结构联系起来	1.构建更具抽象性、概括性和包容性的引导性资料; 2.先呈现高层次的观念,再自上而下逐步分化资料
范例教学[4]	1."百科全书式"教育内容庞杂,学生负担重,缺少独立思考时间; 2.简单减少教育内容会导致教育质量下降	1.强调基本概念、原理、规律等关键的知识结构,反对多而杂; 2.开发学生思维能力,教学适宜学生的智力和知识水平; 3.教学内容联系结构化,内容选择力求典型性、代表性
非指导性教学[5][6]	1.片面强调智力提升而忽视情感培养; 2.过度重视天才教育而忽视普遍教育	1.教师以真诚、信任和理解的态度创造宽松包容的学习环境; 2.让"有意义的学习"对学生未来抉择和人格发展产生影响; 3.学生对学习进程进行自我评价
掌握学习[7]	1.过分重视课程难度和学科知识结构; 2.重视少数精英学生的培养而导致整体教育质量下降	1.树立"所有学生都能掌握的观念"; 2.注重"反馈—纠正",及时反映学生学习情况,纠正错误; 3.以形成性评价代替结果性评价

资料来源:[1]BRUNER J S.The process of education[M].Cambridge,Mass:Harvard University Press,1960:7-25.

[2]AUSUBEL D P.Is drill necessary? The mythology of incidental learning[J]. NASSP Bulletin,1963(12):44-50.

[3]AUSUBEL D P.In defense of advance organizers:a reply to the critics[J].Review of educational research,1978,48(2):251-257.

[4]杨启亮.困惑与抉择:20世纪的新教学论[M].济南:山东教育出版社,1995:283-289.

[5]卡尔·罗杰斯.论人的成长[M].石孟磊,邹丹,张瑶瑶,译.北京:世界图书出版公司,2019:228-253.

[6]ROGERS C R.Acceptance and the accurate view of self[M].New York:National Education Association Year-Book,1962:127.

[7]本杰明·S.布卢姆.布卢姆掌握学习论文集[M].王钢,等译.福州:福建教育出版社,1986:25-69.

从表 2 可以看出,这一时期教学模式变革所要解决的核心问题主要有三个方面。第一,认知过程中学生已有知识经验和新的教学内容之间的关系问题。随着心理学和认知科学的发展,这一阶段教学模式的变革开始关注学生的认知过程及其规律,其中最关键的就是新内容和已有知识经验之间的关系问题。第二,知识的无限性和学生学习能力、学习时间有限性之间矛盾的问题。20世纪中叶以后知识增长方式和速度发生了根本改变,知识的无限性和学生学习能力及学习时间有限性的矛盾进一步激化,于是"学什么""怎么学"开始成为教学过程中无法回避的问题。第三,精英拔尖学生培养和广大学生实际发展水平关系的问题。因反实用主义而出现的学科结构运动由于过度关注学科知识的结构性和系统性而使教学难度陡然提升,脱离了广大学生的实际水平,教育质量不升反降,因此,这一阶段提出要"恢复基础",从多数学生的实际水平出发安排教育内容。

(三)第三阶段:20世纪70—90年代

这一阶段是建构主义影响下的教学模式变革阶段。20世纪90年代,建构主义理论在西方逐渐盛行。概括地说,建构主义认为学习者是知识及其意义的主动建构者,他们以已有的经验为基础,通过与外界的相互作用构建对知识的理解,且这一过程常常在社会文化互动中完成。由于建构主义是关于知识、认知和学习的理论,因此这一阶段教学模式改革也主要集中在这些方面,出现了抛锚式教学、支架式教学、随机进入式教学以及基于问题或项目的学习等新型教学模式(见表3)。

表3　建构主义影响下的四种教学模式所要解决的问题及主要做法

教学模式	所要解决的问题	主要做法
抛锚式教学[1]	将知识的学习与知识的应用有机结合起来	1.利用教学技术做支撑,创设现实或虚拟的情境; 2.选择与当前学习主题密切相关的真实性事件或问题,即"锚"; 3.教师向学生提供解决问题的线索,学生通过自主和协作学习完成
支架式教学[2][3][4]	1.将潜在发展水平变为独立解决问题的实际发展水平; 2.帮助学生成为自主学习者	1.根据当前的学习主题,以学生的最近发展区为基础搭建"脚手架"; 2.教师与学生共享对任务的理解,并由学生独立思考完成; 3.教师的帮助和引导逐渐减少,鼓励学生之间通过协作学习完成任务

续表

教学模式	所要解决的问题	主要做法
随机进入式教学[5]	1.深入理解事物复杂性和联系； 2.培养学生知识迁移和运用能力	1.同一教学内容在不同时间、情境，以不同的教学目的和方式呈现； 2.学生通过不同途径、方式进入同样的教学内容，以获得多方面认识； 3.学习者的多次进入并非简单重复，而是基于不同目的和侧重点的学习
基于问题或项目的学习[6]	1.锻炼学生解决问题的能力； 2.使学生成为独立的终身学习者	1.教师设计一个要求完成一项或多项任务的作业； 2.学生通过团队合作开发可行的解决方案，教师扮演促进者角色； 3.包括确定问题、提出假设、小组分工、收集信息、形成方案、总结反馈等环节

资料来源：[1]The Cognition and Technology Group at Vanderbilt.Anchored instruction and its relationship to situated cognition[J].Educational researcher,1990,19(6):2-10.

[2]WOOD P,BRUNER J,ROSS G.The role of tutoring in problem solving[J].Journal of child psychology and psychiatry,1976,17:89-100.

[3]WINN J A.Promises and challenges of scaffolded instruction[J].Learning disability quarterly,1994,17(1):89-104.

[4]LARKIN M.Using scaffolded instruction to optimize learning[J].ERIC Digest,2002:1-6.

[5]何克抗.建构主义的教学模式、教学方法与教学设计[J].北京师范大学学报(社会科学版),1997(5):74-81.

[6]PRINCE M J, FELDER R M.Inductive teaching and learning methods:definitions,comparisons,and research bases[J].Journal of engineering education,2006,95(2):130.

从表3可以看出，这一时期教学模式变革所要解决的核心问题主要有两个方面。第一，培养学生知识应用和知识迁移能力的问题。如果说20世纪六七十年代刚刚面对"知识爆炸"时人们还在考虑如何选择教学内容的问题，那么到了20世纪90年代，随着知识的进一步飞速增长，个体知识迁移和应用能力的重要性凸显出来，人们逐渐认识到，在教育中培养学生的这些能力比传授知识更为重要。第二，个体如何在合作中建构知识、提升能力的问题。这一阶段，学生与教师和同伴交流互动开始成为学习的重要途径，因为建构主义理论认为，知识是个体在社会文化互动中建构完成的，所以这一阶段的教学模式变革几乎无一例外地把小组合作、师生讨论等作为教学过程的必要环节之一。

（四）第四阶段：20世纪末至今

这一阶段是在互联网技术影响下的教学模式变革阶段。从20世纪末开始,互联网技术越来越多地被运用到教育领域中来。如果说前三个阶段的教学模式变革主要是由教育理论的更替带来的,那么这一阶段教学模式变革则主要是教育技术升级换代的结果。互联网技术改变了以往人们获取、学习、传播知识的方式,教学模式也因此发生了前所未有的变化,及时教学、慕课、微课、翻转课堂等新型模式开始在教学中得到推广(见表4)。

表 4 互联网技术影响下的四种教学模式所要解决的问题及主要做法

教学模式	所要解决的问题	主要做法
及时教学[1]	1.将课外准备和课内活动有机联系起来; 2.促进学生积极参与课堂活动; 3.提高课堂教学效率,加强教学反馈	1.将基于网络的学习任务与学习者的主动学习相结合; 2.学生在课前完成网上作业、回答问题; 3.教师在课前根据学生的反馈情况,"及时"调整教学方案
慕课[2]	1.促进优质教育资源的开放和共享; 2.运用技术手段实现跨越时空的学习; 3.满足学生个性化学习要求	1.准备网络教学资源,构建网络教学平台,在线实施教学过程; 2.cMOOC强调学习者自治和知识建构,xMOOC侧重知识传播
微课[3][4][5]	1.针对授课时间长、学生注意力易分散等问题; 2.促进学生对核心知识点的掌握; 3.满足学生个性化学习需求	1.教师针对某个知识点或教学环节开展教学活动; 2.构建包括视频、素材、教师反思、学生反馈等的微型教学环境; 3.一般视频时间为8~10分钟
翻转课堂[6]	1.满足学生个性化学习和教师因材施教; 2.提高课堂的师生互动效率; 3.使教学反馈更及时有效	1.由课前设计和课内活动两个环节组成; 2.课前教师制作或选择视频,学生观看视频并完成作业; 3.课内学生完成测评,并通过自学、协作、辅导加深理解

资料来源:[1]NOVAK G,PATTERSON E.An introduction to just-in-time teaching (JiTT)[M]// SIMKINS S P,MAIER M H.Just-in-Time teaching:across the disciplines, across the academy.Sterling:Stylus Publishing,LLC,2010:3-23.

[2]王颖,张金磊,张宝辉.大规模网络开放课程(MOCC)典型项目特征分析及启示 [J].远程教育杂志,2013(4):67-75.

[3]MCGREW L A.A 60 second course in organic chemistry[J].Journal of chemistry education,1993,70(7):534-544.

[4]胡铁生."微课":区域教育信息资源发展的新趋势[J].电化教育研究,2011(10):61-65.

[5]KEE T P.The one minute lecture[J].Education in chemistry,1995(32):100-101.

[6]BERGMANN J,SAMS A.Flip your classroom:reach every student in every class every day[M].Eugene,Washington,Alexandria:ISTE,ASCD,2012:13-76.

从表 4 可以看出,这一时期教学模式变革所要解决的核心问题主要有以下三方面。第一,学生个性化学习的问题。互联网技术在教育上的应用为学生的个性化学习提供了更多的可能性,在 20 世纪 50 年代,教学模式改革所着力解决的一个问题就是学生的差异性与班级授课制统一要求之间的矛盾问题,但是由于当时技术条件的限制,其解决问题的思路更多是从制度设计上进行改革,而互联网技术因其本身具有跨时空性,所以为解决这一问题打开了新思路。第二,课堂教学的互动效率问题。传统的课堂教学是教师的舞台,教师在课堂上需要完成大量的教的工作,但慕课、翻转课堂等的兴起在很大程度上将教师教的工作从课堂教学中释放出来,课堂教学变成了师生交流互动的场所,为促进学生在社会文化交往中建构知识提供了可能。第三,学生的学习反馈问题。互联网技术的使用在很大程度上解决了以往教学反馈中不够及时、有效的问题,反馈已经成为整个互联网教学中的重要一环。

三、教学模式变革的内在逻辑及网络教学模式的特点

20 世纪的教学模式经历了多方位的变革和发展,这些变化的根本动因是为了解决教学实践中的矛盾和问题。不同时期教学模式所要解决的问题不尽相同,但总有一些问题是存在于教育模式变革始终的,如学生的差异性与课堂教学要求的统一性之间如何协调的问题,新内容的学习与学生已有知识经验之间关系的问题,教学内容如何做到少而精的问题,如何将学生认知能力的培养与学生情感、道德等培养统一起来的问题,如何使学生获得在具体情景中运用知识的能力的问题,如何及时有效地向学生进行教学反馈的问题,等等。正是对这些问题解决之路的探寻才催生出林林总总的教学模式,从这一角度出发,我们亦可概括教学模式变革的内在逻辑和规律性,主要体现在以下三点。

第一,教学模式变革的源头来自对学生认知过程内在规律不断加深的理解和认识。20 世纪认知科学的发展为教育教学改革实践注入了生命力和活力,如果说 50 年代之前的改革更侧重于教学组织形式和制度方面的变革,那么 60 年代之后的教学模式变革则更侧重于教学过程、教学方法和教学内容等方面的变革,不得不说这种转变与认知科学本身的发展紧密相关。实用主义影响下的教学模式变革开启了以儿童及其经验为中心的新观念,之后对个体

和学习者认知过程和规律的研究开始逐步深入。即便互联网阶段主要是技术影响下的教学模式变革,但从变革的实质来看,它是通过使用互联网技术为学习者提供更符合认知规律的教学条件和环境。

第二,教学模式变革关注的重点从教师教什么到学生学到了什么。教学内容选择一直是教学的核心问题,"什么知识最有价值"是教育的千古诘问,而且面对"知识爆炸",这一问题更加无法回避。20世纪以来教学内容变革关注的重点经历了从学习者经验到学科结构知识再到学科基础知识最后到案例、项目等综合内容的发展变化过程,当然这并非一个后者代替前者的过程,而是螺旋式上升的融合过程,而教学模式变革所力争达到的目的就是如何在学生有限的时间里让学生掌握最有用、最根本、最有价值的东西。这一变革思路随着建构主义理论的兴起而有所转变:既然知识及其意义是学习者建构的结果,那么从某种意义上说,无论教师教什么,学生学到了什么才是关键。教师在决定教什么、怎么教的时候,要充分考虑到学生的认知特点,这样才能保证学生真正学到教学目标所设定的内容。

第三,教学模式变革从关注学生知识经验的获得到关注学生能力的发展。随着知识和科技的快速发展,学生的知识应用和迁移能力以及解决问题的能力受到前所未有的关注,因为当今社会的知识获取和学习过程以及学习目的都已经发生了根本变化,学生只有获得学习能力才能适应未来社会发展变化的趋势。虽然学生能力的发展需要在学习知识的过程中完成,但后者是前者的途径和手段而不是目的,因此,学科知识的系统性和结构性等不再是教学实践追求的目标,如何将学生能力发展这个最终目的贯穿在教学中才是教学模式改革的关键所在。

作为教学模式变革的一环,网络教学也同样受到教学模式变革内在逻辑的制约。网络教学是利用互联网技术进行教学的模式,它并不是一种具体的教学模式,而是这类使用互联网技术进行教学的教学模式的总称。网络教学模式有很多种,但无论怎样,都必然包含教育者、受教育者、教育影响等教学诸要素,也必须面对教学过程的诸多内在矛盾和需要解决的问题。网络教学是应时代和教学发展的内在需求而产生的,它在解决某些教学过程中出现的问题时具有天然优势,主要表现在以下五个方面。

第一,网络教学为解决学生发展水平的差异性与班级授课制统一性要求相矛盾的问题提供了新途径。班级授课制是现代教育的产物,它在扩大教育规模、提高教育效率、保证教育整体质量等方面有其优势,但不可否认,班级授课制对学生的统一性要求与学生发展水平的差异性之间始终存在矛盾,从历史的回顾中可以看出,很多教学模式都从不同的角度试图解决这一问题。网络教学的出现为解决这一问题提供了新的可能性,因为网络教学超越了班级授课制所固有的时空限制,而且网络教学资源可保留、可反复提取,教师也可根据学生不同发展水平设置不同的教学内容,因此可以说,网络教学为解决这一矛盾提供了新思路和新途径。

第二,网络教学为尽可能地满足学生的个性化学习和自主学习需求提供了条件。20世纪以来认知科学的发展进一步凸显了个体在认知和学习中的中心地位,既然学习是个体知识建构的过程,那么把学习的主动权还给学生就是未来教学模式改革的方向。网络教学可以在很大程度上满足学生个性化学习和自主学习的需求,为学生按照自己的能力水平、兴趣爱好、学习习惯和方式等安排学习提供条件,尤其是在高中以及高等教育阶段,网络教学可以充分发挥学生在学习中的主动地位以提升学习效果。

第三,网络教学推动了跨时空优质教育资源的获取、推广和利用,为促进教育公平奠定了物质基础。优质教育资源分布的不均衡性一直是影响教育公平的一个重要因素,但用传统的方法推广优质教育资源始终存在局限性,如近年来我国中小学教育阶段的教育集团化办学、高等学校的异地办学等,实际上并没有从根本上解决优质教育资源的开放和推广问题。但是网络教学以其跨时空性和开放性的特点,能够在优质教育资源的获取、推广和利用方面凸显其作用,国外顶尖大学的慕课、国内视频精品课等都是在这方面的有益尝试和探索。

第四,网络教学为提升课堂教学效率提供了新的可能性。传统的课堂教学模式主要以教师讲授为主,即便有讨论和互动环节,也只是作为讲授的补充,互动效果差,讨论的深度受限,学生学习的主动性无法充分释放出来。作为困扰教学质量提高的一个重要因素,课堂教学效率一直是以往教学模式变革所着力改进的问题,但直至网络教学的出现尤其是翻转课堂的兴起,才为提升课堂教学效率提供了新的思路和可能性。当网络视频课承担起教师讲授的任务后,课堂时间才有可能被用来进行更生动和有意义的互动及讨论,教师才有可能在课堂上引导学生对所学知识进行更深入的思考和理解。

第五,网络教学促进了学生学习效果反馈的及时性和有效性。近年来教学模式变革关注的重点从教师教什么转变为学生学到了什么,而要想了解学生学到了什么,对学生学习效果的评价无疑是重要一环。当然,评价的目的并不仅是为了检验,更重要的是要根据评价结果对学生的学习进行反馈,以便有针对性地对学生提供指导和帮助。网络教学可通过技术手段和平台建设提升这种结果反馈的及时性和有效性,如及时教学、翻转课堂等都把评价作为教学过程中不可或缺的一环,教师的教学会根据评价反馈情况进行调整,以使教学更具针对性。

四、以网络教学推动我国教学模式变革

近些年,我国学校教学模式的改革取得了一些成就,一些新型教学模式如慕课、翻转课堂、微课、案例教学、基于问题或项目的教学等已经被越来越多地应用到学校教学当中。但大部分学校采用的仍然是传统教学模式,仍然以教师的讲授甚至是灌输为主,学生处于一种被动学习或者应付学习的状态。针对这种情况,教育部持续出台了很多举措以推进学校的教学改革,如在高等教育领域,就有资源共享课、精品视频课、"金课"等直接深入到教学甚至是课堂改革层面的项目。因此,推进教学模式变革,搅动教育教学改革的"深水区",提升我国学校教学的生机和活力,既是我国教育改革中的难点问题,也是紧迫问题。教学模式是一种理论化和模式化的教学实践样态,具有稳定性的特点,但稳定性的另一面就是惰性,在教学实践中长期形成的教学观念、师生关系、教学方法、教学组织形式等很难改变,这也是我国教学改革一直被认为是教育改革"深水区"的原因。因此,教学模式变革需要深入到教学最底层、需要能够触动到教学过程的最基本要素。疫情防控期间的网络教学就是这样一个契机,其影响范围之广、教师学生参与规模之众在我国教育史上是少有的,虽然目前它只是疫情防控期间的被迫选择,但是作为一种教学模式的转变,它的影响应不止于当前,如果能够加以更好地引导,它可以成为促进我国教学模式变革的机遇。我们认为,以网络教学推动我国教学模式变革可以从以下三个方面着手:

第一,以网络教学促进"以学习者为中心"新型教学模式的构建。说到"以学习者为中心",很多人可能会提出质疑,认为教学若"以学习者为中心",很难完成教育的目的和要求,容易导致教育质量的下降。但从前面的历史回顾可以看出,"以学习者为中心"是以学生的"学到"和"学会"为中心,这既是教学的终极目的,也是教育质量的最终体现。"以学习者为中心"是由学习者认知规律决定的,并不是人为的主观臆想,也不是价值层面的判断和选择。要想让学生"学到"和"学会",就需要按照他的认知规律而不是按照教师自己的想法来设计教学模式。网络教学何以"以学习者为中心"? 首先,要"看清"学习者。在传统的教学中,教师和学生在同一个时空之内,教师能够在物理层面上"看见"学生,很多教学方法也非常强调教师要善于观察学生的反应,并根据这些反应及时调整教学。但应该说,这种"看见"主要是依据教师的个人经验,其间存在着很多不确定性。网络教学由于时空的原因会受限于这种物理层面的"看见",教师也很难通过观察来实现与学生的互动,确实也有一些人把这看成网络教学的劣势。但我们认为,这种物理层面的难以"看见"也许恰恰可以促进教师努力在心理层面上"看清"学生,因为没有了在课堂上的现场观察和调整,教师就需要在教学设计时充分考虑和分析学生认知发展规律,"看清"学生的内在需求,并以此为依据精心设计教学内容和环节,这比仅仅是"看见"学生更有助于学生学习。其次,要"调动"学习者。近年来教学模式的改革一直十分重视调动学习者的学习主动性,小组合作、师生互动、基于问题的学习等都是通过各种方式促进学习者在学习中的投入。网络教学在这方面具有优势,它可以使互动和讨论更加便捷,也可以通过自主学习、提问、反馈等环节的设计调动学习者的学习积极性。如果传统教学和网络教学能够有机结合,会在调动学习者积极性方面取得更好的成效。

第二,以网络教学促进柔性灵活的新型教学模式的构建。首先,它可以促进个体学习的灵活性。由于网络教学资源可反复提取使用,这为学生的学习提供更多个性化的选择,学生可根据自己的情况安排学习的进度、内容、时间、频率、地点等,对异质化程度大的学生群体,网络教学将更能体现出其柔性灵活的优势。其次,它可以促进教学组织的灵活性。传统的课堂教学被局限在一定的空间和时间内,但是网络教学延展了课堂教学的时空,这为促进更加柔性灵活的教学组织提供了可能性。比如学生的分层分类教学将变得更加容易,且不需要增加过多的硬件设施和条件;传统的预习、讲授、复习等环节可以重新设计,以使其更有效率;师生互动、小组讨论也将更加便捷。最后,它可以促进教学内容的灵活性。网络教学在一定程度上打破了学科知识的系统性和结构性,其教学内容更倾向于以模块化的形式呈现,微课更是仅针对一些知识点进行教学。学习者可根据需要选择适合自己情况的教学模块,可以在一定程度上节约学习时间。

第三,以推广网络教学促进一体化网络教学平台建设,为教学模式转型提供保障。网络教学的推广需要硬件条件的支撑,要想在学校的教学实践中进一步推进网络教学,就要构建起能为广大教师和学生所用、愿用、好用的平台系统。我们认为,相关平台建设应该包括以下两个方面。一方面应进一步丰富和完善网上教学资源平台。疫情防控期间,各级各类学校、教育主管部门等都组织开发了很多网络课程,尽管这些课程水平良莠不齐,但是也不乏质量好的课程以及授课质量高的教师。以往在高等教育领域,教育部遴选过高等学校的优质视频课并发布在爱课程网上,未来可以吸收更多的课程加入;还可适度拓展范围,将部分中学阶段的课程尤其是高中阶段的课程也纳入其中。另一方面应构建功能更加齐全的网上教学支持平台。疫情防控期间,教师使用的教学平台非常分散,还没有哪个平台能够得到大多数教师的认同。因此,政府未来可以在这方面投入更多财力物力,构建一体化的网络教学资源平台和网络教学支持平台,助力教学模式变革。

在线教学如何助力高校课堂革命? *

——疫情之下大规模在线教学行动的理性认知

◎ 刘振天　刘强

　　推进质量革命和课堂革命,是一项政府积极引导、高校致力实践的重大战略任务。课堂革命意味着高校教学理念、结构、模式、过程、方法与技术等一系列整体性范式的转变。现代信息技术与教学过程的深度融合,被普遍视为实现课堂革命的主要手段和必经路径。然而,课堂革命目前还多停留在概念和倡议上,传统教学理念及其模式依然根深蒂固,人们的现代信息意识不强,教育技术能力与素养不高,信息技术与教学过程各自处于孤岛或松散联合状态。有数据表明,知晓并经常使用现代信息技术手段的教师,比例不到10%,[①]绝大多数教师仅限于简单的多媒体操作。2020年初一场突如其来的新冠肺炎疫情却骤然改变了这种局面。按照教育部“停课不停教、停课不停学”的统一部署,自2月中旬以来,全国高校陆续拉开了线上教学帷幕。教育部官方统计显示,截至5月8日,全国共有1454所高校,103万教师,107万门课程,累计开设课程1226万门次;参与学生达到1775万,合计23亿人次投入线上教学。[②]这意味着本学期几乎所有高校课程教学都转移到了线上,由此也使几乎所有学生和任课教师全员触线,经历了一次真实彻底的“互联网＋教学”实战操练。厦门大学教师发展中心对疫情防控期间高校线上教学状况进行了专项调查,并先后发布了《疫情期间高校教师线上教学调查报告》《疫情期间大学生线上学习调查报告》《疫情期间高校线上教学教务管理人员调查报告》。调

---

* 原载《华东师范大学学报(教育科学版)》2020年第7期。

① 刘振天.一次成功的冲浪:应急性在线教学启思[J].中国高教研究,2020(4):7-11.

② 教育部高等教育司.高校在线教育有关情况和下一步工作考虑[EB/OL].(2020-05-14)
[2020-05-30].http://www.moe.gov.cn/fbh/live/2020/51987/sfcl/202005/t20200514_454117.html.

查发现，大规模在线教学，虽然形式上是应急之举，但就其实质而言，意义是全方位的，影响是深刻而长远的。它为人们全面认识、理解和运用现代信息技术，思考互联网和人工智能条件下高校教育教学改革和发展提供了难得机遇，并为高校革新传统教学、加快推进课堂革命打开一条新路径。

一、优势初显：在线教学之于课堂革命的价值

　　教育技术与学校教育教学相伴而生，随着时代发展，教育技术在不断进步，智能化程度日益提高，教育技术对学校教育教学的影响也越来越广泛和深入，既不断更新教育教学手段，不断提供新的学习和教育资源，还更新教育教学理念及其模式。当代教育科学中有着重要影响的信息加工理论、建构主义理论、学生中心理论等，就是现代信息技术发展的产物。相对于教育技术发展，高校教育教学实践总是显得保守和落后，因此，教育技术经常成为学校教育教学变革的先导者和推动者。虽然本次大规模在线教学属于应急性行动，心理、技术、管理诸多方面准备尚不充分，水平也高低不齐，更有较大比例的课程教学还只是传统课堂的线上搬家，但其意义却非同寻常，作用不可低估。它不仅实现了"停课不停教、停课不停学"的预期目标，完成了教学任务，保证了基本的教学质量，同时后续影响在持续深入发酵。厦门大学教师发展中心发布的调查报告显示，在回收的 5433 份高校教师问卷中，76％的人对线上教学表示满意，50％的人认为线上教学效果好于线下教学，45％的教师表示疫情后愿意继续采用线上教学，70％的教师愿意线上与线下教学结合，只有 20％的教师明确表示不使用线上教学。①② 这说明教师总体上对线上教学及其效果持肯定和接受态度，评价是正面和积极的。大规模线上教学为传统教学注入了新技术、新理念和新活力，点燃了课堂教学革命的希望之火。

(一)时空观革新：从封闭课堂到开放课堂

　　课堂教学，亦称班级教学或班级授课制，是近代工业革命及其要求教育普

---

① 本文中有关数据，除注明出处外，均来自厦门大学教师发展中心线上教学调查报告。
② 邬大光，李文.我国高校大规模线上教学的阶段性特征：基于疫情期间三份调查问卷的实证研究[J].华东师范大学学报(教育科学版)，2020(7)：1-30.

及性发展的结果,经过捷克教育家夸美纽斯等人的科学论证并经长期反复实践最终得以确立。[①] 班级教学已有 300 多年历史,至今依然是学校教学的主要组织形式。课堂教学的最显著特点,就是固定化和确切化,即班级人数确定,时间和地点固定,教师依照学校教学目标、课程表、教材和教学程序按部就班地展开教学活动。由于学生年龄相近,知识智力基础大体相当,以编班形式面对面进行教学,有利于统一计划、统一管理和统一步骤,有效保证教学活动的系统性、连续性和深入性,保证教学效率和整体学习质量。课堂教学还是对学生进行集体教育的有效途径和形式。但课堂教学也有明显的缺欠:一是受特定时空限制,只能在规定的时间和场所进行教学活动,组织形式灵活性差。二是班级教学规模虽然比从前师徒制个别式教育有所扩大,但并不十分显著,且需要固定场所、师资、设备、环境等条件,教育教学成本高。三是班级教学目标、内容与进程强调整齐划一,不利于因材施教和满足学生个性化发展需要。四是确定时空内所传授的知识和信息量较小,且主要来源于教师讲授和书本知识,影响教学的多样性和丰富性,也影响教学效率、效果。

在线教学则突破了课堂的固定性和封闭性,使教学时空变得开放自如。尽管疫情下在线教学还不是真正意义上的"互联网＋教学",很大程度上存在着传统课堂教学简单翻版现象,但它已经具有现代信息技术和互联网条件下教育的现代元素,初步显现了在线教学的独特优势和力量。一是时空开放化与虚拟化,不再需要校舍和教室等物理性空间,师生在不同地点聚集在虚拟空间,实验实习实训也不再在真实的实验室或车间,而多是使用虚拟仿真技术,因此节约了空间、节约了成本。至于平台、虚拟技术、程序开发等,虽然也需要资源和费用,但要比传统教学形式少得多。有研究表明,世界上有 11 所巨型网络大学,总计注册学生达到 280 万名,其每生单位教育成本仅为同一国家中传统大学教育成本的 10%～50%。从理论上讲,随着时间的推移,远程和网络教育成本将会逐渐下降甚至最终趋近于零。[②] 二是与传统课堂现场教学活动一次性和即逝性相比,线上教学能够无限反复进行,学生对所经历的教学活动可以及时地任意地重新回放,有利于复习、理解和巩固,较好体现了在线教学和现代信息技术教育的个别化学习优势。例如,调查中有 70% 的学生表示

① 胡弼成,孙燕.打破传统班级授课制:大学教学治理的重点和突破口[J].高等教育研究, 2015,36(7):81-86.

② 梅龙宝,张生花,彭斌.信息技术创造远程教育竞争优势[J].远程教育杂志,2004(4): 11-13.

在线教学可以反复回放，便于知识的复习巩固，有超过 50％的学生表示在线教学可以按需选择学习内容、提高学习效率，有助于提高学生自主学习能力。三是教学信息来源变得多样，在线教学中，约 30％的教师使用了慕课和微课等线上优质资源供学生选择，明显超出了传统教学中教师讲授和书本知识范围。四是教学不再是教师讲学生听单一模式和单一方向，而是变得灵活多向，70％以上的教师在在线教学中通过技术平台设置弹幕提问、讨论等互动环节，80％以上的学生认为在线教学比课堂教学气氛更为活跃，主动提问和发言的机会明显增多。

(二)教学观革新：从"面对面"传授到"人对人"互动

教学观即人们关于教学过程中教与学之间关系以及教师与学生之间关系的思想观念或立场态度。在教育历史与现实、理论与实践中，就此形成了不同的认识和看法，甚至有时形成固化传统。在我国，在教学关系上，有单边传授说、双边活动说、教为主导说、学为主体说等观点；在师生关系上，则有教师中心说、学生中心说、上下等级说、朋友伙伴说、工作同事说等。[①] 不同的关系模式，对师生双方，尤其是对学生发展影响是不同的。相对而言，一个共识就是，时间越是往前，师生二者关系就越密切，等级色彩也越强，不仅有认知关系，还有较强的情感关系，如人们常形容的"师徒如父子""一日为师，终身为父"等；相反，时间越往后，特别是现代，师生关系就越松散，情感和等级色彩也越淡薄，师生课堂之外甚至形同陌路。[②]

具体到课堂教学，由于课堂教学是一直沿袭下来的传统教学组织形式，因此整体上看也一直在维系着传统的师生关系。教师和学生在面对面的课堂教学生活中，在共同完成教学任务和解决教学问题中，能够建立起直接而密切的关系。教师教学能力、学术水平、工作态度、治学精神、为人处世等对学生成长发展具有潜移默化的影响，这种影响作为隐性课程，有时会超过学科知识显性课程的作用，成为学生成长和发展的重要财富。也就是说，教师不仅教学生知识，还教会学生做人做事。然而，这种关系也并非普遍的、绝对的和无条件的，在传统教育等级观念和单纯传授知识教学模式下，师生之间所维系的多属于认知关系，知识教学成为师生主要的联结纽带，教师的人师角色正在淡化，育

---

① 陈晓云,朱新卓.师生关系:从主客体之争到以学生为中心[J].现代大学教育,2015(3):36-41.

② 别敦荣.大学课堂革命的主要任务、重点、难点和突破口[J].中国高教研究,2019(6):1-7.

人作用不断弱化。传统课堂教学授受模式下,虽然师生面对面,但难以做到点对点、人对人,更难做到心对心。教师降格为知识搬运工,学生成为知识的贮藏室,教学过程只见知识而不见人。同样,班级授课之下,教师面对的学生,不再是一个个鲜活的生命个体,而是无生命力的班级集合体。在这里,教学过程是沉默的,师生双方实际上是缺乏生命活力和心灵沟通的,各自处于相互游离状态。这正是当代学校教育教学最大困惑和质量危机之所在。

传统观点认为,机器教学或程序教学是非人性的,教育技术只是人机关系而非人人关系,因此,教育技术无论怎么先进,也取代不了面对面的学校教育和课堂教学,至多作为后者的补充形式和辅助手段。① 不过,这次在线教学在一定程度上颠覆了对师生关系的传统认知。在线教学中,虽然没有了传统课堂教学中面对面的现场感,但以往僵化的集合体却被在线打散了,教师面对的不再是作为整体的班级集合,而是在线的一个个具体不同的学生个体,其教学也变成了教师与一个个具体学生之间的活动,教师更关注每一学生个体的情况及其体验,突出了学生个体性存在和个性化需求,学生个体从传统教学僵化的集合体中解放出来,激发了学生学习积极性和主动性。② 此次调查了解到,在线教学中,学生提问率及互动频率明显高于线下课堂教学。有50%的学生表示线上教学中师生互动研讨较为频繁,有52%的学生认为线上教学方便了同学之间的交流协作,55%以上的学生对线上教学师生交流互动的效果表示满意。可见,在线教学在构建和回归新型的人对人的师生观上,显示了自身独特优势。这种优势得益于两个方面:一是教育技术带来的突破时空限制的便利,使在线教学互动方式多种多样,既有师生互动,又有生生互动;既有线上即时互动,又能线下延时互动,可以说无所不在,无时不在。二是学生心理及表达方式的变化,传统课堂教学中的即时互动依靠的是现场提问和口头语言表达,短时间内组织好语言并不容易,同时提问会面对在场班级集体的压力,因此,课堂教学中学生常常是沉默的,而在线教学的互动主要靠书面语言,相对而言,学生有思考和组织时间,不必面对集体压力。③

---

① 刘振天.一次成功的冲浪:应急性在线教学启思[J].中国高教研究,2020(4):7-11.
② 陈彬.线上教育:现实与理想间的"不等式"[N].中国科学报,2020-04-21(6).
③ 吴安艳,熊才平,黄勃.网络通讯环境下的师生互动变革研究[J].远程教育杂志,2011(3):60-65.

（三）知识观革新：从预成性知识到建构性知识

教学离不开知识，知识与教学紧密相关。怎样看待教学过程中的知识，知识在教学中居于什么地位，什么知识最有价值，知识是教学的目的抑或仅仅是教学的手段，等等，这些问题构成了一系列和一连串的教育学理论命题与范畴。围绕知识与教学，形成了不同的教育学理论和派别，促进了教育理论的成长和发展。例如，在知识价值上，实质教育派认为自然科学和社会科学知识是人类理性活动的果实，是真正的知识，对人的完满生活最具价值，因此主张教学的目的在于掌握科学知识；与此相反，形式教育派却认为拉丁文、希腊文、七艺等古典人文学科才真正具有永恒价值，最有利于训练和发展人的心智官能，而人的心智官能发展可以产生普遍的迁移能力，学习古典学科可以应对任何外在世界变动不居的需要。① 实质教育派反对古典学科及其教育的因循守旧和空疏无用，形式教育派则认为实用知识和技能缺乏永久性，很快就过时。② 再如，传统教育派认为，教学本质是特殊的认知活动，教学过程是特殊的认知过程，教学的主要目的是学生在教师主导下，学习和掌握人类积累起来的间接知识与经验。学校、教师、课堂、书本、考试等时空条件与程序安排，都是最适合于知识教学的建制。现代教育派则反对书本知识中心、教师中心和课堂中心，认为教学过程本质是学生现实生活和活动本身，教学目的是激发学生潜能，促进学生成长和发展，主张学生中心、经验中心和活动中心。③

今天的教育理论界，已鲜有传统教育与现代教育、形式教育与实质教育两极式的分歧和对立，人们普遍认为，掌握知识与发展能力并不矛盾，两者相互促进，循环上升。但在人们的具体观念和教育实践中，学习和掌握知识依然被作为教学的主要任务。一般地，人们把大学看作保存、传授和研究高深知识的场所或机构。高深知识，相对于学生而言：一是具有外在性和客观性，即独立于学生个体而存在，各种图书、论文以及教师等是高深知识的载体；二是具有系统性和层次性，即知识分初级与高级、基础与专业、理论与应用、科学与人

---

① 瞿葆奎,施良方."形式教育"与"实质教育":上[J].华东师范大学学报(教育科学版),1988(1):9-24.

② 瞿葆奎,施良方."形式教育"与"实质教育":下[J].华东师范大学学报(教育科学版),1988(2):27-41.

③ 赵炬明.论新三中心:概念与历史:美国 SC 本科教学改革研究之一[J].高等工程教育研究,2016(3):35-56.

文、陈述与程序、先修与后修等区别。由于知识的这些特点,加之知识主要是前人或他人认知和实践的结果,因此,知识总被看成给定的、规定的、预成的真理,教学的任务就在于通过教师的讲授使学生理解、接受、掌握和运用各种高深知识,实现从无到有、从少到多、从浅到深、从零碎片面到系统全面。这个过程表现为单一线性运动,即把书本和教师的知识变为学生的知识的过程。对学生而言,知识是外在于主体自身的客观的他者,是与自身生活并无利害关联的确切真理,而教学管理、考试和评价进一步强化知识的外在性、权威性和一维性,学生只有被动接受,主体意识、主体性参与和发展退居其次甚至被完全忽视。此即人们之所以批评传统课堂教学限制人的主体性发展的缘由。

作为现代信息技术表现形式的在线教学,在一定程度上打破了传统课堂教学中的知识单一性、封闭性和权威性,形成了在线教学资源的开放化、多样化和不确定性。根据调查,按照学生对在线教学满意度(5分制)排名,从高到低依次是:可以反复回放,便于知识学习和巩固(3.83);可以充分共享名师课程资源(3.80);有利于自学能力培养(3.68);突破时空限制,随时随地学习(3.66);学生可以按自我需要选择学习内容(3.62);方便学生之间的交流与协作(3.60)。教师和书本虽仍起着主导与基础作用,但显然已不再是唯一。学生在教学中面对来自不同方面、不同渠道的观点和学说,在其相互交锋、竞争、互补之中加以理解,加以比较,从而拓宽视野,受到启发,培养了独立思维能力,批判思考能力,主体介入学习过程能力。这就是现代信息技术所倡导的主体性、建构性和去中心化原理。

(四)治理观革新:从分割式管理到一体化管理

大学管理经历了从简单到复杂、从初级到高级、从单一到多样的发展演变过程。近代之前的大学,生源少,教学条件与组织简陋,与今天的大学不可同日而语。那时只有单一的教学活动,至于管理,有的是教师兼做,有的是学生来做,亦即说大学管理还没有从具体教学中独立出来。近代之后,随着高等教育规模扩充、资源增多、职能扩张,教育管理才慢慢独立出来,成为教学之外的职能。今天的大学管理已经高度专业化,成为复杂的系统。其涉及大学内部与外部,基层与上层,教学与研究,学术与行政,不一而足。不同管理体制与管理模式,其对大学知识生产再生产具有不同的影响和作用,在此不做过多讨论。仅就大学内部管理而言,在传统教育教学中,由于管理层级多、战线长,机构部门各自为政,加之信息分散,反应滞后,因此管理中经常出现缺位、错位和不到位现象,推诿扯皮,矛盾重重。教学中的问题、教学涉及的问题、涉及教学的问题等等，往往要等到一个过程结束后，才被发现、才被重视或才被解决，效率低、效果差、成本高，这都是传统教育中教、学、管活动分离和脱节造成的。

而在在线教学实施过程中，传统教学条件下教、学、管的时空隔离、阶段分离的界限被消解，三种活动及其三方主体共处于同一网络之下。由于线上教学是建立在互联网、大数据、人工智能等现代信息技术基础上的，其收集、处理和传输信号的能力是传统教学无法比拟的。信息的全面、快速、及时和准确性，给教、学和管相互协调与决策提供了极大便利，大大提高了管理效率，压缩了管理周期，降低了管理成本。这次在线教学就是一次信息技术环境下高效管理和科学决策的生动样本和范例。例如，疫情防控期间高校依托在线教学的数据管理平台实时监测教师教学和学生学习状况，快速生成教师教学、学生学习和教学管理等方面的信息报告，并及时将这些信息反馈给学校各职能部门的管理人员，帮助高校管理者作出快速的决策管理；另外，高校依托"互联网＋教育"的信息化管理平台，可以实现线上资源快速供给、在线教学培训、平台技术支持和修复、在线信息反馈调节等，基本上是一体化同步解决的。这在过去是难以想象的，也是无法完成的。而此次调查也印证了这一点：50％～60％的学生、70％以上的教师、80％以上的管理者对在线教学管理和服务给予积极评价，认为开展教学效果监测评价及时、了解在线教情和学情全面、提供网络等支持到位、能够有效为师生提供在线教学技术培训以及适时提供在线教学技术保障。

二、固有局限：在线教学之于课堂教学革命的堵点

肯定在线教学对课堂教学革命的积极作用，并不意味着线上教学即已完美。且不论疫情之下应急性在线教学本身还不完善，即使是已经发展为独立形态的、以在线教学为主要组织形式的开放大学教育和网络学院教育，也没有取代学校、取代课堂教学。相信随着信息技术和人工智能发展，在线教学会愈加完善，但也不可能完全取代面对面的学校教育与课堂教学。之所以这样：一是基于教育教学的本质，二是基于历史经验，三是基于信息技术固有的局限。因此，既要充分相信和依靠信息技术和人工智能教育，又不宜盲从迷信，要辩证地、实事求是地认识和评价在线教学。

关于传统课堂教学与机器教学或人工智能教育孰优孰劣，历史上和现实中，理论界和实践界一直争论不休，甚至各执一词。早在 19 世纪末 20 世纪

初,随着教育技术的发展,就出现过机器教学将取代传统教学,甚至取代学校教育的"学校消亡论"①。不过,一个多世纪过去了,教育技术越来越先进,越来越智能化,但学校教育和课堂教学不仅没有消亡,反而更加完善、更加兴旺和更加强盛,始终牢牢占据着主导地位。各种网络教育、远程教育和开放教育形式,虽然已获得独立地位,形成独立体系,进而成为高等教育的一个组成部分,然而却远未取得主导和中心位置,只能居于高等教育边缘,作为高等教育体系的补充。网络教育、远程教育、开放教育甚至还一度沦为低质量教育的代名词,社会认可度和美誉度不高,发展进退维谷。慕课、微课等大规模在线资源发展迅速,十分活跃,给传统教学带来了挑战,也带来了生机,促进了传统教学改革,一些高校借助其资源和方式开展翻转教学和混合教学实践,取得了较好效果。可是,慕课、微课等至今还只是作为高校课堂教学的辅助形式出现以显示其价值。这一切既表明学校和课堂教学有其自身优势,也表明现代信息技术和人工智能还存在内在不足和局限性。这种局限性有的是技术本身带来的,有的是其发展阶段性特征造成的。

(一)传统的遮蔽:在线教学披上现代信息技术外衣

前文提到,此次大规模在线教学,因系应急之举,水平和质量难免参差不齐,有相当一部分在线教学只是简单机械地将传统课堂教学转到线上,除了师生不面对面地在课堂现场之外,包括教学、课程、时间安排、方法步骤等,多是照搬课堂教学的结构与形式。换言之,在线教学只是披上了一件现代信息技术和网络环境的外衣,其内在结构与功能并未发生实质性改变,是传统课堂教学的翻版。线上教学本来应该具有的开放性、多元性、灵活性、差异性和建构性等组织特点没有得到体现,课堂呈现依然是固定化、封闭化、同质化的内容,只是换成了网络时空上的固定、封闭和同质。可以说,目前的在线教学尚处于初级层次,属于现代信息网络技术与教学过程简单机械"1+1"阶段。② 自然,这种水平的线上教学,还很难谈得上对推进课堂教学革命会产生根本性作用。

不只疫情下的线上教学如此,早已独立存在和发展的远程教育、网络教育和开放教育,如果以广播电视教育为起点计算,已经历了30余年;如果以网络信息技术为起点计算,也有20多年时间,应该说其理论、技术、功能要比应急

---

① 陈武元,曹荭蕾."双一流"高校在线教学的实施现状与思考[J].教育科学,2020,36(2):24-30.

② 吴康宁.信息技术"进入"教学的四种类型[J].课程·教材·教法,2012,32(2):10-14.

性在线教学好很多，但人们对其并不很认可。其原因是多方面的，最大的问题就是存在"形式现代而实质落后"倾向。在线教学以及慕课等整体上仍然没有摆脱传统教学的理念和模式，没有走出一条真正属于自己的、体现现代信息技术特色的发展道路。

历史地看，教育技术已经历了从 1.0 到 4.0 的转变①，即从 20 世纪八九十年代开始的投影仪、幻灯片，到 21 世纪初期的多媒体 PPT，再到近年来广泛兴起的大规模在线课程慕课、虚拟仿真实验室、智慧教室，大数据、互联网和人工智能的快速发展，高校逐渐将其技术运用到教育教学过程之中，更新教学手段与教学方法，丰富了教学内容与教学形式，提高了教学效率，激发了学生学习积极性，改善了教学效果。传统教学利用现代教育技术的广度和深度从来没有像今天这样。但要看到，所有这些，远未触发学校课堂教学结构性和革命性的变革。斯坦福大学校长约翰·亨尼西在 2012 年做出的"正在到来的教育技术海啸"，"如同技术颠覆并再造了报纸与音乐产业一样，现在轮到另一个传统行业——高等教育了，教育技术将摧毁现有的高等教育体系，这是不容否认的；再见了，课堂，学生已经厌倦了传统课堂并准备拥抱网络教育，成为颠覆者，而非被颠覆者"的预言也并未出现。② 现代信息技术下的慕课等新形式在教学理念、方法、内容、评价等方面，还没有真正实现对线下传统课程教学的本质性超越，某些方面依然承袭了传统教学模式，甚至有的只不过是"线上的传统教学"。这既说明传统教学的力量和惯性巨大，传统教学有自身固有的内在逻辑，也说明现代信息技术教育无论在理论上、技术上或者应用上都还没有达到较为理想的地步。课堂革命并不是教育技术自身所能突破的，信息技术发展只是课堂革命的条件，而能否推动课堂革命实现归根到底取决于人们对信息技术创新性运用的程度。

(二)知识碎片化：互联网时代学习浅表性与选择性迷失

信息和互联网的发展，为高等教育发展提供了多方面的便利，现代信息技术和网络技术不仅为学生提供海量的信息资源，而且获得这些资源方便快捷，加之配以声光电和虚拟仿真等多媒体技术，人们可以深入观察日常活动中难

---

① 邬大光.教育技术演进的回顾与思考：基于新冠肺炎疫情背景下高校在线教学的视角[J].中国高教研究,2020(4):1-6,11.
② 祝智庭,魏非.教育信息化 2.0：智能教育启程，智慧教育领航[J].电化教育研究,2018,39(9):5-16.

以观察和感知的事物,增强学习的体验性,激发学习兴趣和热情。网络资源的丰富性和多样化,大大拓展了学生的知识面,增加了学生的知识量,增强了学生学习的选择性和自由度。同时,网络资源的开放性和随意性,也解构了传统教学中知识的系统性、连续性、线性化、结构化,有利于学生知识的组织和再组织。一个明显的现象是,传统教学中,学生学习的时间、空间、内容、形式、进程等都只能被动地跟着教师节奏,按照书本知识所规定的序列展开,即按照从前到后、从已知到未知、从理论到实践、从基础到专业、从个别到一般的逻辑顺序进行,这是典型的结构化、逻辑化和封闭化的学习方式。然而,网络在线所提供的知识,往往是开放的、零碎的、非结构的、非逻辑的,学生在网络世界中所接触的知识和信息,经常是各取所需并反过来呈现的。一是书本中没有的,不是已知的,而是最新的或未知的;二是开放的,不必是结构化的、学科化的,它以问题为中心存在;三是身边的、生活的、实用的,而并非一定是系统的、理论的。学生在这种碎片化、机动性的知识信息学习中,其观点、思想、方法也不再是教科书中所规定和教师期望的,它是学生自主建构的,由于每个学生所接受的信息五花八门,因此,每个人的观点、看法和知识也不同,具有内在的自主生成性,与前面讲的课堂教学中学生所面对的知识的外部规定性、预成性和客观性恰好相反,网络信息世界,学生往往成为知识生成和建构的主人。

但是,网络信息包罗万象、形式多样、更新迅速、高度复杂且充满异质性。其不仅来源多样,具有不确定性,而且鱼龙混杂真假难辨。学生接触各种各样碎片化的知识信息,也会使其知识零碎不系统,阻碍其对事物的整体性认识和把握,割裂他们思维的一致性,甚至控制他们的情感。尤其是面对碎片化、快餐化的信息,学习会变得浅表与浮躁,学生会失去对信息的甄别判断能力,进而被各种异质信息主宰和控制,不是成为信息的主人,反倒成了信息的附庸和奴隶。此外,学生面对无限的信息,如果缺乏甄别判断、处理分析、整合运用等基本的能力,就会出现选择性迷失,不利于学生的身心健康发展。这也给在线教学带来了前所未有的挑战,要求其在信息时代必须培养学生的信息识别、判断、分析、选择、处理、整合运用等能力,帮助学生对信息和知识进行主动建构,促进学生自我生成合理的知识体系,提高网络化生存和发展能力。

(三)单向度教育:知识智能过度与精神成长消解

传统课堂教学最大的弊端,就是教师中心、知识中心和课堂中心,导致教育教学活动重智育轻德育、重知识轻能力、重共性轻个性、重继承轻创新,不利于培养全面发展、主动发展、个性发展和创新发展的专门人才。改革开放以来,我国高等教育教学改革的中心,实际上就是针对传统教育问题和不足展开的。比如,宏观结构改革和体制改革中政府权力下放、分权,扩大高校办学自主权,实行"3＋X"高考制度,自主招生试点,改革条块分割与部门办学体制,高校合并共建,大类招生,修订专业目录,弹性学制,学分制改革,开展素质教育等等,所有这一切,均属于传统教育教学改革的内容,目的是增强教育教学的适应性、灵活性和可持续性。应该说,改革虽然取得了一定成效,但与目标和期望相比,仍然有较大差距。当代信息技术和互联网发展,在很大程度上推进了传统教育教学改革,扩大了改革的范围,加快了改革进程,也深化了改革程度。大规模在线教学的时空开放性、信息多样性、过程生成性等特质,已经明显表现出在促进学生主体性发展、多样性发展和个性化发展方面所发挥的特有功用。不过,现代信息技术、互联网和大数据所具有的促进学生主体性、多样性和个性化发展功用,还多限于知识学习和智育方面,比如,它改变了传统课堂教学一个教师同时面对班级集体那种划一性、集合性教育无法针对每一个个体学生实际状况的缺欠,实现了从传统教学面对面到在线教学的点对点、人对人的转变。以技术为中介条件的在线教学,最容易实现传输的,显然是知识与信息,它通过技术平台,汇集海量资源,无限快速编码,以及通过大数据对人的行为习惯进行分析预测而即时推送个性化和针对性的信息,满足学生学习需求。然而,所有这些优点,都还是信息的、知识的或智能的,而不是价值的、智慧的、精神的和情感的。研究表明,机器人在智力上可以超过任何一位聪明的人,甚至可以胜过人类,这从机器人打败世界围棋冠军事例中得到确认。然而,人工智能再发达,也只是智能发达,并不意味着情感和理智发达。有研究表明,机器人虽然运算能力超强,但相对于人类而言,三岁小孩都能够体验到的简单情绪反应,机器人却无能为力,说明人工智能或机器人归根到底不过是计算力强、反应速度快的高度发达的机器,它不具备情感、价值与社会性等人的本质。因此,所谓机器教学、人工智能教育、智慧教育等,所谓的在线教学,最多是智力知识教育和智力训练,只能承担或完成作为一个完整的人的教育的若干职能之一。人的全面性、丰富性、多样性、具体性和情境性,只能由人对人、心对心的教育教学来实现。我们经常讲要教书育人、研究育人、服务育人、实践育人、环境育人等即这个道理。人的道德学习、品行修养、情感发展,不是单纯传授知识能够解决的。学校和课堂之所以必要,就是因为为学生发展和成长提供了全面而非片面、整体而非单一的环境。教学过程中,学生除了从书本、从教师那里学习和理解知识,更重要的是从教师身上、从同伴身上学到社会性品质,他们对人、对事、对工作、对社会的态度、情感和观念,在显性的知识传授的同时,进行隐性教育,这是其他教育形态,包括信息技术和在线教学无法传达的。从这一意义上说,不管学校教育、课堂教学如何存在问题,也不管在线教学如何发达和成熟,教育技术都还不能取代学校教育和课堂教学。例如两个大学生,一个在高校实际时空环境下受教育,另一个是通过远程或网校在线的非学校环境学习,在校学习的学生可能学习并不很投入,学业成绩也很一般;网校学生非常努力,以优异成绩取得毕业证书。然而,若将两名学生加以对比,人们不难发现他们的气质、素质和行为举止会表现出很大差别,并且很容易把他们区分开来。这说明教育不只是知识学习和掌握信息,学校环境、师生和同伴关系、文化价值等对学生成长和发展具有不可替代的作用,有时环境和文化的影响甚至超过书本知识的影响。这就不难理解,为什么人们宁可选择一所无名的地方高校,也不愿首先选择开放大学。

三、目标实现：线上线下深度融合助推课堂革命

学校教育和技术教育、传统教学与线上教学各有优势,又都各有短项和不足,不宜单纯强调一个方面而忽视或削弱另一方面。当前国家正在大力倡导和推进高校课堂革命,同时赶上互联网信息科技迅猛发展的时代浪潮,以人工智能、云计算、教育大数据等信息科技正在颠覆学校教育教学传统,重塑学校教育教学生态,对学校教育理念、模式、内容、方法等产生着深刻影响。欧美以及日韩等发达国家,都在致力于新一轮"互联网＋教育"战略布局,试图抢占在线教育先机,并以此持续增强本国高等教育实力和国际竞争力。因而,展望未来,高校应把握住疫情防控期间在线教学大规模普及的时机,充分发挥信息科技与教育教学融合发展的创新优势,促进高校线上线下教学融合发展,助力实现高校课堂革命、教学革命和治理革命。

(一)教学革命：构建线上线下深度融合的范式与机制

教师是教学的组织者和协调者,学生学习活动的引领者和促进者,教师掌控着教学活动的目标、内容、进程和节奏,直接影响教学活动的效果,因此,教师在课堂革命中发挥着主导性作用。实现课堂教学革命性范式转换,首先是要求教师教学范式作出革命性转换。这种转换不是口头上的宣誓,而是从观念到技术再到方法的结构性变化,需要克服长期以来业已形成的传统思维、传

统模式、传统习惯等巨大阻力。从本次疫情防控期间大规模在线教学实际情况看，尽管在各方面努力下，实现了"停课不停教、停课不停学"的教学目标，但也要清楚地认识到，相当一部分教师的在线教学依然是传统的，囿于"教师讲、学生听"的旧有模式和套路，并未很好地利用和发挥现代信息网络技术的优长。这说明教师队伍现代信息意识、现代教育技术能力及其素养存在较严重的欠缺。调查显示，约60%的学生认为在线教学局限于教师单一课堂讲授，而实际上确实有半数以上教师习惯于使用直播或录播授课的教学形式。因而，疫情结束后，政府和高校宜采取有效措施，加大高校信息化建设力度，加快信息技术建设进程，切实强化教师信息技术教育，广泛开展信息技术培训工作。充分发挥高校教师教学发展中心、教学组等基层组织作用，建立教师信息技术培训体系和制度，将信息技术教育和培训纳入教师教学工作考核、晋升等评价指标体系之中，实现信息技术教育和培训的规范化、制度化和常态化。认真总结本次大规模在线教学的经验和教训，进一步研究现代信息技术教育教学规律，研究信息技术与教育教学的深度融合点，着力构建线上线下联动、课内课外衔接、传统创新融合的新型教学模式，实现从教师中心向学生中心、以教为中心向以学为中心的教学范式转变。

近年来，一些高校探索借助应用慕课、微课等线上优质资源开展翻转教学和混合式教学，取得了较好效果，这种模式已经显示出现代信息技术与传统教学深度结合的特质。教师通过精选、布置和推送慕课资源，学生线上自主学习，课堂教学中教师有针对性地加以指导，初步实现了教学从传统的"先教后学"到"先学后教"的有效转变，[①]将学生学习从传统教学结构形态框架中解脱出来，教师把注意力更多地放在引导和启发学生思考和解决问题上，师生教学互动性得到显著提升，有效激发了学生学习兴趣、热情和求知欲，增强了学生学习的主动性，体现了教学的开放性、双边性、多样性，关注了学生思维能力、价值情感、道德人格等方面的培育和发展。如此看来，翻转课堂和混合式教学不失为现代信息技术对传统教学的有效改造形式，它既保留了传统教学的优势，为学生打下坚实系统的知识基础，又强化了学生多方面能力培养，促进了传统教学向现代教学、从教到导、从知识传授向能力培养的转变。当前的问题是，主动且经常利用慕课和微课进行教学的教师比例过低，教学技能和水平有待提高。实现现代信息技术与教学的深度融合，除了强化教师信息意识、开展

---

① 祝智庭，贺斌，沈德梅.信息化教育中的逆序创新[J].电化教育研究，2014，35(3):5-12，50.

信息技术培训外,更重要的在于建章立制,理顺教学与科研之间、学术与行政之间关系,破除长期以来高校盛行的唯科研、唯论文、唯职称、唯课题、唯经费、唯帽子是从的不合理的学术评价制度,让教师安心教学、潜心育人,愿意把时间、精力主要投入教学工作中,把教学工作作为一项重要的学术事务加以研究,探索现代信息技术条件下学生的成长发展规律、知识传播规律、教育教学规律,掌握现代信息技术手段及其方法,创新人才培养模式,不断提高教学质量,成为信息技术时代新型教育家和教学法专家。

(二)学习革命:促成以学生自我发展的智慧学习范式

学生是教学的参与者,是学习的主体,是教学共同体的伙伴,也是教育教学的出发点和落脚点。课堂教学革命的有效实践和最终实现,单靠教师教学观念和模式的转变远远不够,还必须有学生学习观念、习惯和方式的转变及其创新为前提条件,从而形成教学范式变革与学生学习范式变革的良性互动。例如,我们调查发现,有超过60%的学生表示教师线上教学仍然是以课堂讲授为主要教学形式,而传统教学之所以有着广泛的市场,长期占据统治地位,一直成为革新和改造的对象,是因为教师教学观念和习惯根深蒂固外,学生的学习观念与习惯也不容乐观。例如,在此次调查中,有超过40%的学生表示自主学习能力较弱,没有养成线上学习的自主习惯,更有超过60%的学生认为需要加强自身学习的自律性,养成良好的线上学习行为和学习习惯。究其根源,这主要是由于长期以来受基础教育中奉行的应试主义影响,学生已经习惯于授受式的被动接受学习模式,习惯于教师传授确切的知识和给定现成答案的固定程式,习惯于自己是知识的接受者和复述者的角色定位,他们对教师的教学改革,尤其是要求并建立在他们自主学习、创新学习之上的教学改革深感压力和不适,甚至反对和抵制教学革新,他们宁愿教师讲授,也不愿意为自主学习和创新学习而花费更多时间和精力。所以,引导学生正确看待学习,端正学习态度,改革学习模式和方法,也是高校的一项重要任务,更是疫情防控期间高校在线学习面临的最大挑战。应该说,当今学生信息技术意识、能力和素质基础普遍较好,他们本来就是互联网时代的"原住民",早已不满足于从课堂、书本和教师那里获取的那些有限知识,网络给他们提供了各种各样、多姿多彩的知识和信息。因此,重要的是学校和教师应对学生加以科学有效引导,充分利用互联网易于获得知识和信息的优势以及知识和信息渠道多、观点多、更新快等特点,着重培养学生主动获得信息的意识和能力,学会识别、选择和使用信息的能力,使网络资源与信息为学生健康成长服务。教师的教学改革是促进学生学习方式改革的前提,没有教师教学的改革,就不会有学生学习方式的改革。教师要大力推进翻转课堂和混合式教学模式,充分利用线上丰富的优质教学资源,做到学生能够在网上学到并能够学好的知识,教师少讲、精讲甚至不讲,给学生更多机会自主学习,课堂上互动研讨,培养学生独立思维、表达、批判、发现和解决问题的能力,培养学生团队合作意识和社会交往能力。改革学习评价制度,改革期末一次性考试和终结性评价模式,把期中考试与期末考试、集中考试与平时分散考核、线上学习评价与线下学习评价有机结合起来。本科院校建立并推广荣誉学位制度,以此调动学生信息技术条件下自主学习的积极性、主动性。

高校要依托人工智能、数据分析、5G 网络等智慧科技的技术支持,为学生打造智能化、生态化、网络化的智慧学习系统。通过对学生学习行为数据的深入挖掘与智能分析,全面深入了解学生学习状态、学习偏好及学习特征,帮助学生自主制订富有个性化的学习计划和学习任务,提供个性化、自适应的学习诊断与评估;帮助学生做好自我管理、自我评估等学习决策,并根据学生学习需求和学习任务等实际情况为学生精准推送个性化的学习资源和学习服务;为学生营造个性化的沉浸式学习体验,激发学生主动学习的热情;满足学生个性化学习发展的多元需求,从而促进学生学习能力、思维品质、创新潜能的全面发展,助力高校学生学习范式从被动式接受学习向主动式意义学习的革命性转变。①

(三)治理革命:构建政府、高校与社会协同共治格局

对高校而言,此次疫情突发事件既是对以往学校治理体系和治理能力建设成果的一次重大考验,也是全面深化学校治理体系和治理能力现代化建设的一次重要机会。在政府、学校和社会各界共同努力下,不仅实现了"停课不停教、停课不停学"的目标,更有力有效地促成了政府、高校与社会协同共治的新格局,为新时期政府、高校和社会之间的协同治理提供了范本。例如,疫情防控期间我国政府出台了《关于在疫情防控期间做好普通高等学校在线教学组织与管理工作的指导意见》等重要文件,协调组织了 110 余家企业和高校面向全国学生免费开放了 37 种在线教学平台和 4.1 万门在线课程,这些课程涵盖了本科除军事学以外的 12 大学科门类和高职 18 个专业大类。同时,政府

① 祝智庭.智慧教育新发展:从翻转课堂到智慧课堂及智慧学习空间[J].开放教育研究,2016,22(1):18-26.

和高校还面向全体教师组织开展了在线教学技术、方法等方面的培训,累计参与培训的教师达到 394 万人次,有效地提升了学校教师在线教学的能力,为高校在线教学工作的顺利开展提供了强有力的支持。值得一提的是,教育部还联合高等教育出版社的"爱课程"和清华大学的"学堂在线"等在线教学平台面向国际社会推出在线教学国际平台,首批上线 60 所高校的 200 余门精品课程,为国际社会应对疫情挑战贡献中国技术、中国方案、中国智慧和中国经验。① 因而,随着我国教育"管办评分离"改革和"放管服"改革的不断深化,疫情之后的学校治理将朝着更加全面深入的方向发展。一方面要充分发挥政府、高校和社会等治理主体各自的治理优势,深化政府、学校与社会之间的分工合作,进一步推动学校内外部治理从利益联合体向命运共同体转变,②提升政府、高校和社会协同治理的水平,实现政府、学校与社会的共商共建共享;另一方面要进一步完善以政府部门为主导的教育应急管理体系,健全政府和高校教育应急处置预案与工作机制,提升政府、高校和社会应对公共突发事件的应急处置能力。③

在学校内部治理中,高校在线教学的大规模开展和课堂教学范式的革命创新将进一步打破教、学、管等各部门、各环节之间的壁垒,促进学校教学质量管理流程的优化重组,实现学校教、学、管的一体化发展。例如,学校依托人工智能、云计算、互联网、智能感知等信息技术的支持,通过打造集合教、学、管等功能于一体的智慧教学管理系统,打通学校教学质量管理的各环节及各流程,促进学校教学质量管理信息的开放共享,推动学校教学质量管理的流程再造,实现学校教学质量管理、评价等功能的多元协调发展。在国外,许多高校依托Coursera、edX、ZOOM、Blackboard 等在线教学平台和工具开发了多种多样的智慧教学管理系统,如美国南加州大学的 RIDES 智能教学系统开发工具、斯坦福大学的 MMAP 协作型教学系统,加拿大多伦多大学的 Quercus 智能教学系统④,以及 Knew-ton、Smart Sparrow 等自适应学习平台,⑤对教师教学

① 吴岩.应对危机 化危为机 主动求变 做好在线教学国际平台及课程资源建设[J].中国大学教学,2020(4):4-16.
② 一读 EDU.疫情后或将迎来大学教育新时代[EB/OL].(2020-04-29)[2020-06-02].https://mp.weixin.qq.com/s/-cF0r9nK_vFyEARlt-EmIw.
③ 蒋华林.大力加强非传统、非常态教育治理能力建设[J].重庆高教研究,2020,8(2):14-15.
④ 薛成龙,李文.国外三所大学线上教学的经验与启示[J].中国高教研究,2020(4):12-17.
⑤ 郭朝晖,王楠,刘建设.国内外自适应学习平台的现状分析研究[J].电化教育研究,2016,37(4):55-61.

和学生学习进行常态化的实时监控与日常管理，使学校教学服务与管理更加智能化、精准化与个性化。如此，学校管理者无须进入教学现场，便能及时感知教师教学、学生学习、教学质量管理等各方面的现实状况，并且依托教育大数据、网络教学平台等信息技术的支持，对教师教学、学生学习、课堂质量管理等进行全方位的数据监测与挖掘分析，并在此基础上根据教师、学生和管理者等方面的实际需求，帮助教师、学生和管理者进行智能诊断、专业分析和评估决策，向教师、学生和管理者提供专业化的改进建议、管理资源与技术服务等方面的支持，从而实现学校课堂质量管理的教学管一体化发展，助力高校实现课堂教学质量革命。[①]

---

① 曹培杰.智慧教育:人工智能时代的教育变革[J].教育研究,2018,39(8):121-128.

高校线上教学改革转向及应对策略 *

◎ 薛成龙　郭瀛霞

2020 年初,突如其来的疫情给中国高等教育带来了空前的影响。但在教育部"停课不停教、停课不停学"的号召下,全国高校教学在极短时间内从"线下教学"变道切入到"线上教学"。这次全面线上教学既是对我国高等教育"互联网＋教育"改革成果的一次全面大检阅,更为今后线上教学改革继续引向深入奠定了丰富的实践基础、思想观念基础。疫情过后,线上教学是否转入常态? 高校教学改革又将走向何处? 大学又应当如何应对这些变化? 对于这些问题的回答,既有赖于广大师生对线上教学的体验、感受与态度,更需要对线上教学进行理性冷静的思考,但最终取决于对线上教学规律的充分认识和把握。结合厦门大学教师发展中心开展的疫情防控期间高校在线教学调查以及疫情防控间高校线上教学的调查报告(以下简称"线上教学调查")①,笔者以为,本次线上教学将给我国大学教学改革带来深远的影响。

一、教育资源从分割向共享转变

教育资源共享是现代教育技术带来的必然结果。但作为一种教育趋势并被社会广泛认可,资源共享的理念源于大规模在线课程(massive open online course,简称 MOOC)的兴起。关于 MOOC 的定义,有学者认为 MOOC 是一

＊　原载《华东师范大学学报(教育科学版)》2020 年第 7 期。
①　文中数据如无特别说明,均来源于厦门大学教师发展中心课题组所做的线上教学调查报告。

种旨在无限参与和通过网络进行开放访问的在线课程。① 从 MIT 诞生世界首门 MOOC 开始，MOOC 营利性问题一直存在争议，但不可否认，MOOC 的出现，大大扩大了教育的对象和范围，甚至在某种程度上超越了国家、民族边界，使接受教育成为每个公民的基本权利。以世界三大 MOOC 平台之一的 Coursera 为例，该平台与来自世界各地的 150 多所著名大学和学院合作，拥有 2500 多门课程，数百个专业，能为 4000 万名学习者提供 4 种不同类型的学习。② 再以 MOOC 第二大平台 edx 为例，自该平台运行以来，累计提供了 2500 门以上课程，注册学生超过 2400 万。③ 除 MOOC 之外，另一个重要现象——开放教育资源（open educational resources，简称 OER），也是近年来高等教育发展的另一重要趋势。2002 年，联合国教科文组织将 OER 界定为："居住在公共领域或在开放许可下发布的任何媒体、数字或其他媒体的教学、学习和研究材料，允许其他人在没有或有限限制的情况下免费访问、使用、适应和重新分配。"这一概念界定了 OER 基本内涵和原则，即在开放许可下，允许使用者继续拥有（retain）、重复使用（reuse）、修改（revise）、混合（remix）以及重新分配（redistribute）课程资料和内容。④ 无论是 MOOC 还是 OER，其所带来的革命性变化，就是教育突破传统时空限制，使高等教育从大学围墙解放出来，教育资源从象牙塔天之骄子专享的"私房菜"变成了学习者均可获取的"大排档"。而同步课堂和异步课堂出现，更使教学对象实现了海量剧增，解决了以往教学中因师资不足、时空资源不足而出现课程资源不足的短板。

从我国高等教育资源分布看，教育发展不充分不平衡一直是我国高等教育发展的阶段性特征，也是需要长期加以解决的阶段性矛盾。这种不平衡不充分首先体现于不同地区高校的差异。根据 2013—2018 年教育部评估中心本科教育质量报告，在中西部高校以及部分新建本科院校，"生均教学科研仪

① KAPLAN A M，HAENLEIN M. Higher education and the digital revolution：about MOOCs，SPOCs，social media，and the cookie monster[J].Business horizons,2016,59（4）:441-50.

② Develop Good Habits.Data:coursera review 2020:re coursera certificates worth it[EB/OL].（2020-05-05）[2020-05-20].https://www.de-velopgoodhabits.com/coursera-review/.

③ Class Central. Data：EdX's 2019：year in review[EB/OL].（2020-05-01）[2020-05-25].https://www.classcentral.com/report/edx-2019-year-re-view/.

④ UNESCO.Open educational resources（OER）[EB/OL].（2020-05-10）[2020-05-25].https://en.unesco.org/themes/building-knowledge-societ-ies/oer.

器设备值、年新增教学科研仪器设备值、生均纸质图书、生均教学行政用房、生均实验室面积等基本办学条件监测指标也明显低于全国平均水平"①。其次，不平衡不充分还体现在不同类型高校的差异。仅以课程资源为例，根据 2016 年教育部评估中心本科教育质量报告，"787 所高校教学基本状态数据监测显示，2015 年各高校累计开设课程 1010998 门。其中'985 高校'校均开课 3056.9 门，'211 高校'校均开课 2284.2 门，普通老本科高校校均开课 1837.0 门，新建本科高校校均开课 875.3 门，独立学院校均开课 769.0 门"。② 不可否认，为了解决这些矛盾，过去已经采取了包括西部对口支援等一系列战略举措，这些政策对于改变我国教育资源分布不均衡产生了积极深远的影响。但总体上说，教育资源分布和发展不平衡不充分依然是制约我国高等教育发展的一个瓶颈。

但是，本次疫情防控期间大规模线上教学实践，无疑为解决这一矛盾提供了一个新的思路。根据此次线上教学调查结果，无论从教师、学生还是一线教学管理者的反馈看，"让名师名课充分共享"成为认可度最高的线上教学优点之一。近 70% 的学生和管理人员认可（"非常赞成"＋"赞成"）线上教学这一优点。另据官方报道，疫情防控期间，教育部组织了 37 家在线课程平台和技术平台面向全国高校免费开放 1.1 万门慕课和虚拟仿真实验，带动了 110 余家社会和高校平台主动参与。截至 5 月 8 日，全国在线开学的普通高校共计 1454 所，参加在线课程学习的学生达 23 亿人次。③ 特别是清华大学等一批一流大学建设高校，主动将课程教学以"克隆班"形式向中西部高校学生开放，充分体现了国家队大学的主动担当。这些实践充分证明，线上教学具有广阔的发展空间和前景，可以突破时空限制，大大扩大了课程教学对象和范围。充分结合我国制度优越性与技术发展的后发优势，线上教学将有可能极大地改变我国高等教育格局，成为解决我国高等教育资源区域不均衡、高校办学资源不足等短板的重要途径，乃至成为推动我国高等教育变轨超车，构建终身学习体系的必由之路。

但从此次线上教学调查结果看，不同地区和不同类型高校在线上学习环境、技术支持和服务保障等方面，还存在着明显的差异。这些差异说明，尽管

---

① 范唯，邬大光.中国高等学校本科教育质量报告（2013—2018 年）[M].北京：社会科学文献出版社，2019.

② 吴岩.2016 年中国高校本科教育质量报告[M].北京：教育科学出版社，2017.

③ 教育部高等教育司.高校在线教育有关情况和下一步工作考虑[EB/OL].(2020-05-14)[2020-05-26].http://www.moe.gov.cn/fbh/live/2020/51987/sfcl/202005/t20200514_454117.html.

技术为资源共享提供了可能,但要真正解决资源共享问题,还需要从思想观念到机制体制进行"一揽子"通盘设计和考虑。首先,在国家宏观层面,需要加强对中西部地区通信基础设施的建设投入。尤其应立足技术发展的后发优势,在大数据、人工智能、云计算、物联网、5G 等新技术应用的大背景下,大力加强中西部与东部高校资源共享的数字化平台建设,主动对接或承接东部地区优质的教学资源。其次,在中观层面,应建立高等教育资源共享机制。尤其在高校相对集中的区域(如大学城),应从顶层设计上加强高校教学资源的统筹协调,通过信息化建设推动大学图书资源、大型实验仪器设备、课程教学资源充分共享,甚至可以按照共享共建原则筹建虚拟"云大学",发挥大学优质教育资源的集群效应、溢出效应和辐射效应。最后,在学校微观层面,应建立课程学分认定机制。全面改革现有的学籍管理制度,突破现有教学资源分布的学科分割、部门分割、学校分割和区域分割,探索建立线上与线下实质等效的教学质量保障机制、课程评估机制以及学分认定机制,将学生在线课程学习纳入学分认定和毕业资格审核,从根本上解决资源不足而又分散,各自为政和相互分割的局面。

二、学生学习从线性向非线性转变

线性学习是在一定时间系列范围内,基于学科知识逻辑和前后顺序而开展的有计划有目的的学习。可以说,在传统计划体制以及专业教育背景下,线性教学是大学生学习的最主要形式,它保证了学生在既定的学习年限内,按照特定的时间顺序和路线图完成相应的学习任务。但是,这一模式的缺点也是显而易见的,其突出不足就是教学过程过于按部就班,无法照顾到学生个性化和多样化的学习需求。与线性学习不同,非线性学习不是按照统一的教学计划和步伐,而是根据学生个性化学习差异,由学生自主选择学习内容、学习进程和学习方式。从通俗意义说,线性学习更适合于学年制教学安排,而非线性学习更加突出了学生的弹性化、柔性化和个性化学习,这也是过去学分制改革的重要目标。但在过去,由于教学资源条件约束等诸多原因,这一改革一直进展不大或者说难以突破。而线上教学的出现,使这一状况有可能得到颠覆性改变。

从世界发达国家教育技术发展变化看,由于互联网普及、移动手机的广泛使用,知识传播途径发生了根本变化,学生获取知识的途径变得更加多样丰富,且无处无时不在。这种知识传播途径的多元化、网络化和便捷化,为学生自主选择学习提供了广阔的空间。尤其是近年来,随着大数据、人工智能、机器学习、学习分析、学习测量等技术不断成熟,一种适应个性化学习的技术——自适应学习技术(Adaptive Learning Technologies)正在出现。根据美国新媒体联盟发布的报告,从应用层面看,自适应学习包含两个层次:一是根据个体以往学习经历、个人学习能力或技能水平动态调整课程内容的水平或类型;二是利用大量用户的聚合数据来观测课程的设计和改编,以加速学习者的表现。[①] 从这些描述不难看出,自适应学习的核心是适应以学生为中心、基于自主学习需求而量体裁衣的一项技术,其本质是学生个性化学习(Personalizing Learning)在互联网时代的一种迭代升级。显然,如果这一技术得到广泛应用,将极大地解决传统线性学习无法照顾到学生个性化学习差异的不足,最大限度地满足学生根据自己的学习能力、水平、兴趣和爱好,自主地选择学习内容和学习进程。不仅如此,自适应学习技术另一优势是可以根据学生以往学习的行为和习惯,自动地向学习者推送学习资源,这一运用将有效解决在互联网时代如何处理海量信息的难题,让学生在最短时间内有效获取最有用的学习资源,实现学生学习从"人找学习资源"向"学习资源找人"的智能化转变。可以说,自适应学习技术带来的变化将改变教育过程的性质,学生将从被动接受知识变为主动探索发现知识,教师将从知识的传授者变成知识的向导者,这一转变无疑对学生的自主学习提出了更高的要求。本次线上教学调查结果表明,参与调查学生中,60%的学生对"突破时空限制,可以随时随地学习"表示认可,超过50%的学生对"学生可以按需选择学习内容,提高学习效率""有助于学生自主学习能力培养"表示认可。这就预示,在线教学绝不是线下教学简单的"翻版",它将从根本上改变因时空局限而形成单一的线性学习模式,推动学生学习革命并倒逼教学革命。

当然,技术变革只是提供了可能,要完全实现学生从线性学习到非线性学习的转变,同样需要从观念到体制再到制度设计等方面进行一系列顶层设计。首先,从观念上而言,应树立终身学习理念,培养学会终身学习能力。早在1996年,联合国教科文组织就提出了教育四大支柱:学会认知(learning to know)、学会做事(learning to do)、学会共处(learning to live together)、学会生存(learning to be)。其中学会认知即学会学习是四大支柱的首要支柱。

---

① JOHNSON L, ADAMS B S, ESTRADA V, et al. NMC horizon report: 2015 higher education edition[M]. Austin, Texas: The New Media Consortium, 2015: 22-44.

2015年,联合国教科文组织再次强调和重申了1996年倡导的教育四大支柱的重要意义,并把四大支柱提升到新人文主义教育价值观。从本次线上教学调查看,在回答影响线上教学的主要因素时,70%左右的参与教师认为"学生自主学习能力""学习行为习惯""学生积极参与"三个因素是"非常重要"的。近80%参与学生认为"学生自主学习能力"和"良好线上学习行为习惯"(如按时上课,学习自律能力等)两个因素是"重要"(含"非常重要")的。从改进线上教学的意见看,超过90%参与教师"赞成"(含"非常赞成")需要加强提高学生自主学习,引导学生养成良好的学习习惯,进一步提高学生的课堂参与度;从线上教学对学生学习挑战看,超过60%参与学生"赞成"(含"非常赞成")"对自主学习能力提出更高要求""需要更强自律性,养成良好的线上学习行为和习惯""提高课堂听课效率,避免浪费时间"。这些结果说明,未来在线教学,培养学生学会学习的能力将比以往任何时候都更加重要。其次,从机制上而言,构建多样化的人才培养体系。以英国学位框架为例,本科除了普通学士学位(Bachelors degree)以及荣誉学位(Bachelors degrees with honours)之外,还设置文凭(Diplomas)、证书(Certificates)等不同学位类型。这些类型学位尽管在学习量和时间刻度与传统学士学位要求不同,但是这种多样学位设置满足了不同学生群体多样化的学习需求。基于这样一种学位设置,大学可以根据学习需求提供阶段性的学习证明,而学生可以通过不同学位的选择,实现多元化的发展。与之相比,在中国学位教育制度框架内,只有获得毕业资格的学生才被认为完整地完成了本科教育,而结业或者肄业往往不被社会认可,甚至被认为是"次品"或"劣品"。事实上,随着高等教育从大众化进入普及化,并不是所有学生都需要在固定时间内完整完成本科阶段学习。从表面上看,中国高等教育一直保持着毕业率高、学位授予率高、就业率高的"三高"现象,但从深层看,这种"三高"在某种程度上说,可能以迁就学生或降低学术水准为代价。从这一意义上说,促进学生从线性学习向非线性学习转变,从根本上就是要从终身教育理念出发,改变人才培养体系的阶段终结性思维,允许学生根据自己学习需求分阶段地完成学习任务。2016年,斯坦福大学提出《斯坦福2025计划》,其中四个核心变化之一首推"开环大学"(Open-loop University)[1],即允许不同年龄段的学生可以随时入学或延长其学习时间,由以往连续的四年延长到一生中任意加起来的六年。可以说,斯坦福大学提出的"开环大学"设想

---

[1]　Stanford 2025. Open loop university[EB/OL]. (2020-04-21)[2020-05-28]. http://www.stanford2025.com/open-loop-university.

是对终身学习的最好诠释,也是对非线性学习的另一种解读。由此,最后从制度层面上讲,推进非线性学习应在更大范围内为学生提供更加弹性的学习制度安排,不仅允许学生提前或推迟毕业,而且应允许学生根据学习能力和工作安排灵活申请中断学习,并允许这些学生将来还可以回到学校继续完成其学业。

三、课程改革从结构化向非结构化转变

从通俗意义上说,结构化课程是指纳入学校教学计划安排的所有课程。非结构化课程是指纳入学校教育但未纳入学校教学计划的其他所有教学活动,包括第二课堂课外活动等。就广义的课程概念而言,无论是结构化课程还是非结构化课程,都是大学教育的重要内容,是学生成长成才必不可少的重要组成部分。正如哈佛学院前院长刘易斯指出的,"课外活动不但没有背离教育使命,而且还支持教育使命"[①]。也正如哈佛大学前校长博克指出的,"在大学生活中,课外活动与学术活动具有同等的价值","学生在课堂里所学的知识往往会影响到他们的课余生活,而后者也会反过来促进学生的学习"。[②] 但从功能而言,结构化课程是围绕着特定培养目标,将相对成熟的学科知识体系,依据一定原则转化成可以传授的教学内容与课程体系,从而使学生在最短时间内获得学科专业最重要、最有价值的知识、技能和方法。也正因为有着这样的特殊功能,大学课程往往指向课程化的课程,大学课程管理对象也是结构化课程,结构化课程是学生获得成绩、毕业资格以及授予学位的最重要依据。相反,非结构化课程由于缺乏相应的评价支持和认定,往往趋于自由松散。由于结构化课程易于管理的特点,客观上形成了大学课程改革的一种惯性做法:缺什么、补什么。从表面上看,这种"加法"的课程改革思路似乎让改革目标及时体现在课程体系中,但另一方面,大学课程体系却成为一个无所不包的"大拼盘",而大学课程改革的空间却越来越小。仅以学分制改革为例,多年来一直倡导给学生创造更多学习自由,但是要真正完全满足学生学习兴趣,在结构化

---

① 哈瑞·刘易斯.失去灵魂的卓越:哈佛是如何忘记教育宗旨的:第 2 版 [M].侯定凯,等译.上海:华东师范大学出版社,2012.

② 德雷克·博克.回归大学之道:第 2 版 [M].侯定凯,等译.上海:华东师范大学出版社,2012.

课程结构中,几乎没有多大的改革空间。根据教育部高等教育教学评估中心编印的 2016 年中国高校本科教育质量报告,全国各类高校专业选修学分占总学分的比例平均为 20.5%,转专业学生数占当年在校生比例平均为 1.9%,高校毕业率平均为 97.8%,[①]这些数据揭开一个无奈的课程改革困境,在结构化的课程教学改革中,学生无论在自主选课、选科以及选择学习进程等方面,其学习自由度都是极其有限的。

　　显然,之所以出现上述现象,是因为简单化的行政管理思维,也因为过去课程教学改革囿于结构化的课程,而忽视非结构化课程整合。从世界发达国家的课程改革看,随着越来越多的课程和学习资源通过网络免费提供,非结构化课程学习越来越受到大学的重视。2015 年,联合国教科文组织在其出版的《反思教育:向全球共同利益者的理念的转变?》报告中提出,"在教室、学校、大学以及其他教育机构之外出现新的学习空间,这给以课堂为中心的学习带来挑战"[②]。无独有偶,美国新媒体联盟 2015 年发布的《地平线报告(高等教育版)》首次提到了"混合正式学习与非正式学习"(Blending Formal and Informal Learning)概念。[③] 该报告认为,社交媒体及其网络、文章、视频和其他资源的出现使学习变得更加普遍。因而,将正式和非正式的教学方法结合起来,有助于创造一个培养实验、好奇心、尤其是创造力的高等教育环境。2017 年,《地平线报告(高等教育版)》进一步提出要"整合正式学习与非正式学习"(integrating formal and informal learning),并把它作为可以解决的未来挑战之一。[④] 显然,无论是 2015 年提出的"混合"(blending),还是 2017 年提出的"整合"(integrating),其主导思想和做法都是试图把结构化课程学习之外的其他非正式学习纳入结构化课程学习,或者使二者并存并相互融合。以世界几大主要 MOOC 平台为例,除了提供非正式课程学习之外,还提供了微证书(Microcredentials)以及正式的学位课程学习(Degrees)。这些课程由于其学位更具灵活性、经济性,可以按照学生的进度而非一次性完成,所以受到学习者的欢迎(如表 1 所示)。

---

① 吴岩.2016 年中国高校本科教育质量报告[M].北京:教育科学出版社,2017.
② 联合国教科文组织.反思教育:向全球共同利益的理念转变? [M].北京:教育科学出版社,2015.
③ JOHNSON L, ADAMS B S, ESTRADA V, et al.NMC horizon report:2015 higher education edition[M].Austin, Texas:The New Media Consortium,2015:22-44.
④ ADAMS B S, CUMMINS M, DAVIS A, et al.NMC horizon report:2017 higher education edition[M].Austin, Texas:The New Media Consortium,2017.

表 1 世界主要 MOOC 平台课程及运行情况

平台	学习者数量/万	课程数/个	微证书/个	学位/个
Coursera	4500	3800	420	16
edX	2400	2640	292	10
Udacity	1150	200	40	1
FutureLearn	1000	880	49	23
Swayam	1000	1000	0	0

资料来源：Class Central（2019）.Data：by the numbers：MOOCs in 2019［EB/OL］. (2019-12-02)［2020-06-10］.https://www.classcentral.com/report/mooc-stats-2019/.

以上这些现象说明，在线教学大量出现，不仅将克服学生长期被束缚于结构化课程学习的不足，而且将创造一个不同于传统结构化课程体系的网络学习空间。学生学习不再仅仅是为了获得成绩、证书或文凭而局限于其不感兴趣的学习活动。相反，学生建立起一种不同于传统以学科知识为中心、以课堂为中心，而是以学生学习兴趣、爱好为中心，以未来岗位能力需求为中心，基于自我导向（self-directed）和好奇（curiosity-based）的非结构化学习。可以预见，非结构化课程学习的出现将极大地改变传统大学课程组织方式。在未来大学里，将出现结构化课程学习与非结构化课程学习并存的局面。在结构化课程学习中，学生仍按照原有模式参加课堂学习并最终获得文凭证书。而在非结构课程学习中，学生可以通过在线课程学习其希望学习的任何课程，并通过数字证书等形式获得相应认可。由此可以预见，非结构化课程学习的出现，传统的双学位、主辅修制、转专业制度可能变得不再那么重要并逐渐淡出历史舞台。而学生根据未来工作岗位需求、兴趣和爱好进行自主学习，自主选择课程，并形成个性化的学习项目（programme）将有可能成为常态。这又反过来促进结构化课程的迭代更新，或者说，由学生来更新淘汰大学的课程教学知识内容，最终促使大学真正建立起以学生为中心的质量保障机制，并始终与社会保持着更加密切的互动联系。

当然，从结构化课程向非结构化课程转变，并不是完全丢弃结构化课程。相反，这一转变需要在努力克服传统结构化课程改革不足的基础上，给予学生更多的学习机会和选择，还给学生学习的时间和空间。首先，从观念上而言，首要的是改变狭隘的专业化教育思维。要克服以学科为中心、以学术为中心的固有人才培养理念，着眼于学生未来的发展，树立以学生为中心、以未来岗位能力培养为中心的人才培养理念，把学生从过去的学科专业隶属关系中解放出来，给予学生更多的学习自主权，以更大的自由度允许学生跨学科、跨专业、跨校,甚至跨越国界自主选择学习课程。其次,从管理层面上讲,要建立更加开放的课程资源共享机制。要从机制上打通结构化与非结构化课程学习壁垒,打通结构化和非结构化课程教学对象的界限、打通线上与线下教学的界限,通过线上与线下相结合,鼓励教师把所有课程向所有学生开放。要进一步完善学分制管理制度改革,进一步压缩结构化课程的学习时间,为学生开展非结构化课程学习释放更多的时间和空间。要建立更加科学的评估机制,统筹线上和线下教学对象,建立线上与线下、结构化与非结构化课程学习实质等效的质量保障机制。最后,从技术层面而言,可以通过大数据分析、区块链等技术全面更新和完善学业评价系统,把学生非结构化课程学习纳入学业成绩和成长档案。要建立微证书等制度,全面记录学生从入学到毕业的各种非结构化课程学习经历,承认、支持和鼓励学生参加非结构课程学习。要基于大数据学习分析技术,通过个性化数据分析,帮助学生预测、规划和塑造未来发展。

四、教育技术从辅助手段向与教学深度融合转变

从历史演进看,教育技术发展大致经历了四个不同发展阶段:以口耳相传为主的传统 1.0 时代、以幻灯片为主的电化教育 2.0 时代、以多媒体教学为主导的 3.0 时代、目前正介于从 3.0 时代转入数字化教学的 4.0 时代。纵观这一历史演变,可以发现每一次教育技术突破都带来了教学模式变革,进而推动大学教学理论不断深化发展并反过来指导教学改革实践。在传统口耳相传时代,大学教学模式是以传统固定班级形式进行授课,适应以讲授(Lecture)为主的课堂教学需要,大学学习空间典型特点表现为固定的座位、固定的讲台和固定的黑板。而后,随着教育技术发展,机器学习、程序学习,以及计算机辅助学习等教学模式不断出现,大学学习空间也随之发生变化。教室座位从固定变为移动、教师讲台从前台中心变得可变换、教室黑板从固定在墙壁变成可移动的白板、安装了多媒体设备等等。

从世界范围看,从 20 世纪 70 年代开始,以数字化为标志的计算机辅助教育,极大地推动了大学教学模式变革,也推动了大学学习空间不断迭代更新。其中典型案例就是"主动学习"(active learning)教学模式的推广和运用。这一模式由亚瑟·乔克林(Arthur W. Chickering)和塞尔达·加姆森(Zelda F. Gamson)于 1987 年提出,其核心就是教师应用一系列教学策略鼓励学生积极参与教学过程。相对于传统消极的被动学习(passive learning),背后支

撑这一教学模式的理论基础则是建构主义教学理论。依据这一理论,学习是认识主体在与所处学习环境相互作用过程中,逐步建构起关于外部世界的认知,从而使自身认知结构得到发展。基于这一理论基础,积极教学模式的典型特征表现为强调以学生为中心、问题导向,强调小组合作、强调师生互动和生生互动。反映在学习环境上,这一教学模式带来的明显变化表现为主动学习教室(active learning classroom,简称 ALC)的出现并得到快速增长。在 ALC 设计过程中,除了配备可移动桌子和椅子之外,还进一步安装了交互式显示屏、无线网络、学生应答反馈系统,以及自动录播系统等信息化技术设备。2018 年,美国新媒体联盟在其发布的《地平线报告(高等教育版)》中援引相关研究表明,消除学习者和教师之间的空间障碍是主动学习参与的关键因素,灵活性和开放性是促进学习者社区形成的重要因素。师生应用 ALC 大大提高了学生课堂参与度,[①]这些方面的研究又反过来促进了积极主动学习的蓬勃发展。事实上,从近十几年世界教育技术发展看,基于智能手机、便携式平板电脑的广泛使用,移动学习(mobile learning)成为大学普遍的现象,翻转课堂(flipping class)、同步学习(synchronous learning)、异步学习(asynchronous learning)等混合式教学兴起,教育技术与教学之间的融合变得越来越紧密。根据 2019 年《地平线报告(高等教育版)》描述,适应线上和线下相互结合的需要,一种混合现实和虚拟的学习环境(mixed reality,简称 MR)被应用到课堂教学中来。其核心是将数字虚拟技术集成到真实的物理世界,从而创建模拟物理空间的虚拟学习环境。例如,利用虚拟技术(virtual reality,简称 VR),可以使学生访问他们可能无法访问的地方,如艺术博物馆、考古遗址,以及完全无法进入的地方,泰坦尼克号沉船;又如在城市规划、生物学和天文学等领域,利用 MR 可视化和分析技术,可以让学生重塑或建模整个环境,通过与模拟物体互动来发展科学素养,以及分析问题、解决问题的技能和知识。在医学生物领域,利用虚拟技术,学生可以深入学习人体解剖结构的层次。可以说,MR 的应用,实现了传统物理环境之下无法展示的知识图景,大大延展了学生学习空间,促进和丰富了主动积极有意义的学习。[②]不仅仅局限于教室学习空间改造,基于 MR 等数字技术的发展,国外大学一些公共学习空间也发生

---

① ADAMS B S,MALCOLM B,EDEN D,et al.NMC horizon report:2018 higher education edition[M].Louisville,CO:EDUCAUSE,2018.

② BRYAN A,KEVIN A R,NOREEN B M,et al.NMC horizon report:2019 higher education edition[M].Louisville,CO:EDUCAUSE,2019.

了根本变化。例如,大学图书馆的书籍与期刊正从图书馆的书架上移走,代而取之的是大量电子图书资源以及个性化学习环境设计,包括小组讨论室、研讨室。美国以北卡罗来纳州立大学亨特图书馆为例,其 bookbot 自动图书交付系统,可以存储多达 200 万本图书,并且在单击在线目录后五分钟之内即可交付其中的任何一本书。[①] 图书馆建有虚拟游戏实验室、各种各样多功能讨论室以及大跨度的开放学习空间,便于师生在这里汇聚、交流与碰撞思想火花。可以说,基于现代信息技术的发展,传统图书馆已经从单纯的藏书场所变成一个开放学习中心以及学术交流中心。

所以,从教育技术发展进程看,教育技术与教学融合是一个螺旋上升的过程。一方面,教育技术发展不断促进教学变革,进而在实践中不断创新教学理论。另一方面,教育理论研究不断深化又加深了人们对于教育技术的认识,进而促进教育技术在教学中的应用。从中国高校教育技术发展看,在中国大部分高校多媒体设备已经成为教室的基本"标配",多媒体教学成为中国高校课堂教学最重要的辅助手段。根据教育部评估中心发布的 2016 年中国高校本科教育质量报告,全国各高校多媒体教室数量占普通教室比例超过 50%,其中"985""211"院校多媒体教室数量占比都已经超过了 65%。[②] 与此同时,在教育部"教育技术倒逼教学改革"号召下,近年来,以四川大学为代表的一批高校率先进行教室改造,建设了一大批适合师生讨论、学习的新型智慧教室,由此开启了高校教室建设从多媒体电子时代向智能时代转变。但是,学习空间更新升级并不等于思维空间的升级。从实际运用看,中国高校的多媒体教学功能并未得到充分发挥。根据教育部审核评估专家对 453 所已参评高校 3488 门课程教学的评价及建议,其中讨论频次最多的"关键词"从高到低依次是:师生互动、PPT、教学方法、能力、板书、教学内容、教材、启发、多媒体、案例、教室、教学效果、讨论、信息量、参与。[③] 这些事实说明,尽管中国高校学习空间已经不同程度得到了升级换代,但是教育技术与教学深度融合还十分有限,教育技术并未促进教学模式发生根本性变化,在高校课堂教学中,师生互动少,课堂沉默依然是我国高校课堂教学的一个短板。究其原因,这些不足既

---

① NC State university libraries. Hunt library bookbot[EB/OL].(2020-04-06)[2020-06-18].https://www.lib.ncsu.edu/huntlibrary/bookbot.

② 吴岩.2016 年中国高校本科教育质量报告[M].北京:教育科学出版社,2017.

③ 范唯,邬大光.中国高等学校本科教育质量报告(2013—2018 年)[M].北京:社会科学文献出版社,2019.

与我国现代教育技术实践发展阶段有关,也与教育技术保障与管理服务水平有关,与教师的传统教学习惯和教学观念有关,还与教育理论研究相对滞后有关。基于这些因素,推进教育技术与教学深度融合继续引向深入,有必要考虑如下改进:

首先,就教育技术平台支撑而言,要大力升级、改造和整合现有教学平台。从国外成熟经验看,大规模在线教学的教学平台不仅仅是高校的专利,市场化的教学平台往往在支撑在线教学中发挥了重要作用。例如,在美国,90.3%的大学选择了 Canvas,Blackboard,Moodle 和 Desire2Learn(Brightspace)系统。其中,1997 年成立的 Blackboard 拥有 30.9%的院校份额,2011 年成立的 Canvas 拥有 30.6%的院校份额,Moodle 拥有 17.7%的院校份额。[①] 这些学习管理系统由于其便利的操作以及较低的成本,在全球范围内受到高等教育机构的欢迎和广泛使用。此次线上教学调查结果显示,近八成教师在疫情之前未开展线上教学。其中,疫情之前未开展过线上教学教师 4331 人,占 79.57%。近六成学生在疫情之前未参加过线上教学。其中,在疫情之前没有参与过线上教学的学生有 66517 人,占 56%。再根据疫情防控期间教师使用教学平台情况看,总体呈现非常多样,且呈分散状态。参与调查教师中,近一半教师完全使用校外平台,近 40%的教师混合使用校内外平台。其中,完全使用学校自建平台为 600 人次,占 10.6%;完全使用校外教学平台为 2961 人次,占 49.6%;混合使用校内外平台为 2318 人次,占 38.86%;未使用平台的 86 人次,占 1.44%。这些调查结果表明,除少部分高校之外,目前完全依靠高校自身的教学平台,基本无法支撑全面在线教学的需要。从这一意义上说,实现教育技术与教学深度融合,首要前提是必须加强高校平台的建设与整合。从国家层面讲,要制定和出台政策,引导、鼓励社会企业参与到高校教学平台建设,为高校提供更加强大稳定的在线教学支撑服务平台。从学校层面而言,要加大加强教学平台的统筹规划,统筹考虑各种教学平台的服务功能、优点和不足,通过优胜劣汰整合各类平台,从而为教师提供更加顺畅、便捷、功能齐全的在线教学服务平台。

其次,从技术保障与管理服务而言,应树立以学生为中心理念,重塑大学学习空间。在这方面,欧美发达国家已经有成功案例。例如,为促进学生主动学习,加拿大麦吉尔大学提出了主动学习空间设计五个基本原则,即:促进学

---

① EDUTECHNICA.LMS data-spring 2019 updates[EB/OL]. (2020-05-01)[2020-06-19].https://edutechnica.com/2019/03/17/lms-data-spring-2019-updates/.

术挑战(academic challenge)、朋辈学习(learning with peers)、师生交流(experiences with faculty)、与校园环境相宜(campus environment)、促进高影响力活动(high-impact practices)。① 再如,基于新兴学习空间设计变化,由EDUCAUSE联合加拿大麦吉尔大学,美国北卡罗来纳大学、威斯康星大学、斯坦福大学、得克萨斯大学、达特茅斯学院共同倡议发起学习空间评级系统(the learning space rating system),该评估系统提供了一个可测量标准,专门用于评估学习空间设计和促进学生参与学习的相关性,进而推动高校将学习空间改造纳入整体校园的投资和战略规划。② 可以说,在发达国家的大学学习空间的设计已经融入了以学生学习为中心的理念,且教育理念往往先于或蕴藏于建筑设计,建筑从某种意义上已经成为凝固的教育观念(Built Pedagogy)。与之相比,就我国高校学习空间建设而言,尽管从数量上满足了教学上课基本需求,但从内涵建设而言,学习空间设计总体比较粗放,缺乏以学生学习为中心的"精装修"意识。学习空间设计与使用过程中客观上存在着设计与教学需求相脱节、技术保障和管理服务队伍相分离、管理体制机制相重叠等问题,这也是目前无论从平台建设、技术保障以及管理与水平还难以完全支撑线上教学改革的主要原因。此次线上教学调查结果显示,"学生学习空间及终端设备支持"被教师、学生及管理者三者同时列为影响教学效果的最主要的六大因素之一。再从师生对线上教学的改进意见看,在可能提到的18项改进建议中,"改善学习空间、设备等信息化建设"被管理者列为前3项重要改进意见之一,被师生列入前8项重要改进意见之一。从这一意义上说,推进教育技术与教学改革深度融合,还需要学校从顶层设计强化统筹规划,统一思想认识,全面树立以服务学生学习需求为中心的理念,集成教学平台、信息技术、管理队伍、服务保障与管理等各种要素,以学习空间提升改造为重点,进一步理顺管理体制机制,全面推进技术队伍转型,最终构建一个以服务学生学习需求为中心、技术保障和管理服务有力、运行机制顺畅有效的现代教育技术服务保障体系。

最后,就教师教学能力而言,应全面提升教师的信息化素养和能力。联合国教科文组织(2015)指出,"数字技术正改变人类的活动,从日常生活到国际

① FERRIS J,FINKELSTEIN A,WESTON C,et al. Research-informed principles for (re)designing teaching and learning spaces[J].Journal of learning spaces,2016,5(1):26-40.

② EDUCAUSE.Learning space rating system[EB/OL].(2020-04-20)[2020-06-19].https://www.educause.edu/eli/initiatives/learning-space-rating-system.

关系,从工作到休闲,并且正在重新定义私人生活和公共生活的多方面"。报告在分析技术发展对于教育影响之后,得出一个结论,"数字技术不会取代教师",但同时又指出"考虑到信息和通信技术的潜力,教师现在应成为向导,引导学生通过不断扩大知识库来实现发展和进展"①。无疑,随着 MOOC、开放教育资源、翻转课堂、混合式教学等不断出现,传统教育形态正发生改变,也重新定义了师生关系,教师从知识传递者变成知识引导者、学生学习的促进者和督导者。基于教师这种角色和地位转换的需要,越来越多的教师被要求具备理解和娴熟使用教育技术工具的能力。2015 年,美国新媒体联盟首次提出"提高数字素养"(improving digital literacy)并作为可理解并知道如何解决的挑战。此后在连续数年发布的《地平线报告》(2015—2019 年)中,"数字素养"始终被看作是信息社会中一项基本素养并被列入可解决的挑战(solvable challenge)。尽管对数字素养这一概念尚未达成共识,但从历年报告描述看,其核心内容包含使用数字工具和资源能力、理解数字环境以不断适应环境变化能力、批判性获取信息和处理信息能力、复杂问题解决能力、养成负责任地利用数字技术的"数字公民"等等。2018 年,联合国教科文组织在《数字素养技能全球参考指标框架》中把数字素养界定为"通过数字技术安全和适当地获取、管理、理解、整合、沟通、评估和创造信息的能力,以促进就业、体面工作和创业"。同时从外延上确定了数字素养 26 个能力指标,涉及 7 个方面主要内容,包括:①设备和软件操作;②信息和数据素养;③交流与合作;④数字内容创作;⑤安全;⑥问题解决;⑦与职业相关能力。② 显然,无论是美国新媒体联盟关于数字素养挑战的描述,还是联合国教科文组织对数字素养的概念界定,数字素养已经成为教师必须掌握的一项重要能力,是构成教师发展专业化必不可少的条件之一。如果以此定义标准来衡量中国高校教师数字素养现状,无论从认识还是实践层面,我国高校教师的数字素养还有相当的提升空间。此次线上教学调查结果显示,超过 50% 的参与教师"赞成"(含"非常赞成")在"保持学生注意力""维持课堂秩序""组织课堂讨论""课后线上交流反馈及讨论"四个方面还存在困难。而对"平台和教学工具熟悉""线上直播""线上开展

---

① 联合国教科文组织.反思教育:向全球共同利益的理念转变?[M].北京:教育科学出版社,2015.

② UNESCOCO.A global framework of reference on digital literacy skills for indicator:4.4.2[EB/OL].(2020-05-04)[2020-06-20].http://uis.unesco.org/sites/default/files/documents/ip51-global-framework-reference-digital-literacy-skills-2018-en.pdf.

测验或考试""线上备课""线上布置、批改作业及反馈",超过40%但不到50%的教师"赞成"(含"非常赞成")还存在着困难;另外,从线上教学给教师带来的挑战看,超过70%的教师"赞成""线上教学使课内外时空界限变得模糊""需要重新学习各种教育技术""需要转变教育教学观念""需要改变以往的教学习惯""需要改变教学策略和教学方法"等五个方面存在着挑战。其中,超过70%的教师"赞成""改变教学策略和教学方法"给自己带来的挑战。再从教师对教学平台技术掌握的熟练度来看,总体上介于"一般"和"熟练"之间。其中,技术掌握"熟练"的教师3027人,占55.61%;技术掌握"一般"的教师有1678人,占30.83%;技术掌握"很熟练"的教师608人,仅占11.17%。[1][2] 这些调查结果说明,目前实施的线上教学,是基于疫情背景之下的应急之举,教师无论从思想观念,还是从教学策略和教学方法、教学习惯以及教育技术掌握程度等各方面,事前并未做好充分的思想准备和实践经验积累。从这一意义上说,随着在线教学从应急进入新常态,教师信息化素养能力的重要性无疑将会凸显出来,提高教师信息化素养和线上教学能力将成为高校在疫情过后的一个十分繁重而又艰巨的任务。

---

[1] 厦门大学教师发展中心.疫情期间高校教师线上教学调查报告[EB/OL].(2020-04-05)[2020-06-20].https://mp.weixin.qq.com/s/eplOC9NpJKpXqqZCO3SD2A.

[2] 邬大光,李文.我国高校大规模线上教学的阶段性特征:基于疫情期间三份调查问卷的实证研究[J].华东师范大学学报(教育科学版),2020(7):1-30.

疫情下高校在线教学的优势
与挑战探析 *

◎ 胡小平　谢作栩

多年来,我国普通高校全日制学生的网络教学基本上是处于探索阶段。为应对这次突如其来的新冠肺炎疫情对高校教学秩序的冲击,教育部发布了《关于在疫情防控期间做好普通高等学校在线教学组织与管理工作的指导意见》(以下简称《指导意见》)。"停课不停教与学",暂"停"的是沿用几百年来的固定场所和时间、固定教师和学生人数的"班级上课制"的"课";"不停"的是依托网络开展的无固定场所、时间、教师与学生人数的数字化"教"与"学",这对我国普通高校几百万教师和管理者、几千万学生来说,是个未准备好而又必须人人面对的挑战。针对此次疫情,我们收集并分析了全国 12 个省(市)共 57 所高校(22 所"双一流"建设高校和 35 所地方院校)的开学第一周在线教学质量报告;同时,也分析了福建省 70 所高校、山东省 78 所高校在超星平台在线教学的数据统计报告;还通过网络调查及电话访谈方式,获得了 62 所高校954 位教师的反馈意见、建议和体验。旨在探究《指导意见》执行 1 个多月以来全国高校在线教学现状、特点、问题与应对方策。

一、高校在线教学的实践现状

各高校高度重视,依托教育部组织的 22 个在线课程教学平台、覆盖本科12 个大学科门类、专科高职 18 个专业大类的 2.4 万余门在线课程及 2000 余

---

* 　原载《中国高教研究》2020 年第 4 期。

门虚拟仿真实验课程资源①,制定了疫情防控期间线上教学工作方案,体现了"停课不停教与学"的宗旨。

(一)在线教学平台的使用

1.在线教学平台使用类型多、访问量大

疫情以来,大部分高校加强在线教学平台的建设工作,除搭建本校在线教学平台、积极使用教育部推荐的 22 个在线教学平台之外,还使用常用的网络直播 APP。数据显示,57 所高校平均每所高校使用平台数为 8.3 个;福建省高校一周累计平台访问数 13.8 亿次,单日访问数最大值约 2.9 亿次;山东省高校一个月单日平均访问数约为 8700 万次。各所高校通过多个平台联合使用,避免了因网络、访问量大等问题造成教学活动的卡顿、中断等问题,保证了教学活动的顺利实施。

2.在线教学平台课程开设门次多

不同类型学校教学任务不一,疫情防控期间,除了个别不适宜使用在线教学的课程之外,大部分学校将 98% 的教学任务搬到了线上,保证了教学计划的执行。课程数量为教师自建课和引进课程之和。据统计,开学第一周,57 所高校校均开设在线课程 2063 门次;福建省高校一周运行在线课程总数 162533 门,平均每天运行课程约 32507 门;山东省高校一个月共新建在线课程 40419 门,平均每天运行课程 17789 门。

3.在线教学平台深受师生的欢迎

"疫情"期间,上述 57 所高校中的 46 所高校教务处会同学工、教师发展中心、信息技术中心等部门发布了在线教学的问卷调查。针对平台的教学视频播放的稳定性、声音传输的同时性、文件传输及下载的方便性等因素调查学生、教师最喜欢的在线教学平台。各高校利用宣传媒介及时传达调查结果,为教师之间提供交流学习,普及比较好用的教学平台及工具,有效提升教师在线教学的操作能力。这些高校的调查显示,最受欢迎的在线教学平台包括 QQ 直播、中国大学 MOOC、钉钉、腾讯课堂、超星、微信群、智慧树、腾讯会议、e-learning等 9 个。

---

① 中华人民共和国教育部.教育部应对新型冠状病毒感染肺炎疫情工作领导小组办公室关于在疫情防控期间做好普通高等学校在线教学组织与管理工作的指导意见[EB/OL].(2020-02-04)[2020-03-16].http://www.moe.gov.cn/srcsite/A08/s7056/202002/t20200205_418138.html.

(二)教师教学的情况

1.教师上线积极,发布活动丰富

高校教师化疫情消极因素为推进网络时代新教学理念和教学模式改革的积极动力,展示出新时代教师应有的教育责任与担当。据57所高校统计,平均每天都有360多人次的教师在网上教学和答疑解惑;福建省高校一周在线教师总人次为140582,在线教师人次单日最大值为28824,高校教师共计发布活动252017个,发帖34807个,发布作业22661个,批阅作业360546个;山东省高校一个月平均每日在线教师数约7400人。网上访谈的954位教师,其中76%表示对网络平台的总体服务感到比较好和好;76.3%表示对自己的线上教学感到满意或比较满意。

2.教师在线教学方式种类及数量丰富

为确保线上教学的顺利开展,教师们积极响应、精心设计、准备多个预案,着力保证教学效果。据统计,57所高校教师教学方式主要包括直播＋在线互动、直播、录播＋在线互动、录播、学生自主学习＋在线互动、学生自主学习、SPOC、PPT＋在线讨论、其他课程资源,及时答疑、录制讲解视频＋直播等,教学方式平均使用数量为2.2种。通过高校的调查问卷得到,"直播＋在线互动""录播＋在线互动""使用在线开放课程教学"的比例在80%以上。而最受学生喜欢的在线教学方式有直播、直播＋在线互动、录播、录播＋在线互动、平台学习等11种,其中直播的教学方式是学生最喜欢的教学方式。

(三)学生在线学习的情况

1.学生通过在线教学平台获得丰富的学习资源

高校以在线教学为契机,以学生为中心,推动学生自主学习。师生通过互联网教学,共同打破了时空的限制,为学生提供了丰富的学习资源,福建省高校一周共计上传学习资源939848个;山东省高校一个月共上传教学视频、音频、图片、PPT、Word、试题等数字学习资源约265.3万个。以任务和问题为牵引,引导学生开展自主学习。调查显示,学生最喜欢的学习资源包括电子教材、PPT、教师的教学视频等。

2.学生利用网络平台互动充分

网络平台互动方面,57所高校一周内学生在线人次均值为94879.7;山东省高校一个月平均每日在线学生数约24.7万人;福建省高校一周在线学生总人次为 3682860,在线学生人次单日最大值为 753538,共计完成任务点 9479882 个、参与活动 2199439 个、发布课堂活动 2399835 次、师生讨论话题 876912 个、回帖 863607 个、完成作业 934574 道。从数据来看,学生的互动充分、热情度非常高。学生最喜欢的互动方式包括微信群聊、学习通群聊、QQ 群聊、教师在线答疑、小组讨论、布置作业或测验等。

3.学生在线教学满意度较高

笔者综合问卷调查的情况,将在线教学学生满意度调查分为:总体情况满意度、教学互动满意度、教学管理工作满意度、教师授课清晰度满意度、平台资源满意度、在线教学效果满意度六个维度。其中,90.2%的学生对在线教学总体情况满意。91.1%的学生对教师在线辅导和答疑等教学互动感到满意。96.1%的学生对教师在网络平台上及时更新导入学生名单、教学指南、教学进度等教学管理工作感到满意。94.7%的学生对教师授课的教学目标、要求和重点难点等授课清晰度感到满意。98.0%的学生认可教师提供的平台教学资源。89.3%的学生对在线学习效果感到满意。

(四)在线教学的督导和质量监控

1.常规教学检查正常运行

各所高校坚持立德树人根本任务,坚持疫情防控和教育教学质量两手抓两手都要硬的工作要求。坚持"以学生中心、问题导向、持续改进"的工作原则,建立系统化的领导小组和工作小组,重点加强在线教学纪律、在线教学行为、在线教学质量等的督查。经调查,大部分课程学生出勤率达 90%以上;大部分教师表示能够维持教学秩序;高校工作小组通过网络教学课件的检查和旁听网课等措施,对教师的教学准备情况进行督查。

2.建立在线教学辅导团队,助力教师顺利开展线上教学

疫情突然暴发,教师们贯彻教育部的部署安排,推进线上教学,但还是会因技术问题而陷入困惑之中。基于此,高校教务部门与主要的在线教学平台公司紧密合作,共同建立了在线教学辅导团队,形成"7*18"的辅导模式,通过微信、QQ、电话等方式提供教师一对一在线教学平台咨询与培训服务,共同助力教师们顺利开展线上教学,高校教务部门总结了一些共同的、可推广的典型教学经验和模式,提供给其他教师交流和学习。

3.形成多维的教学运行监控体系

各高校周密部署、多方联动,普遍组建了各级线上监控队伍包括:校级领导小组、专家督察组、各部门协同工作小组、在线教学培训及指导组、技术保障

组；制定了在线教学督导评价准则；构建了覆盖全课程、全周期、全员的监控督导体系。各所高校紧紧围绕"质量"，保证线上和线下教学的实质等效。正是有了闭环的监控体系，授课教师才能根据学生的反馈及时调整课程进度及教学方法；学校才能时时掌握线上教学整体效果，为进一步提升在线教学质量保驾护航。

二、在线教学呈现出的特点与问题

持续 1 个月的在线教学，为广大学生展示丰富多彩的优质课程资源，促进广大教师逐步掌握和提升网络化教学技术和手段，也促进了高校管理队伍网络管理水平的提升和丰富了教师、管理干部、学生的体验。同时，也暴露出了一些新的教学与管理问题。

(一)在线教学呈现出的特点

与传统教学相比，在线教学的突出特点是既为广大师生提供崭新的教与学体验，也为高校管理者的精准施策提供大数据支撑。广大学生不仅可以共享最优质的教学资源，也可按照自己所需要的学习时间来安排学习活动，享受个性化学习体验。

1.为师生提供了新的体验

(1)教师：教师网络调查信息表明：教师在线教学的体验不仅丰富了教学资源还提升了教师教研能力。一方面，使用直播、录播、课程平台授课的方式是教师对教学的一次全新体验，有了网络平台的承载，教师会用心地选择或者自建课程资源，提供更加全面、优质的教学资源；另一方面，相比传统教学，线上教学在课程设计上所花的精力较以往多，备课压力较以往大，但收获也更大。据统计，90%以上的教师认为线上教学需要花更多的时间及精力；一半以上的教师表示备课时间超出平时 1～2 倍。但他们也已从前期的技术学习转向课程设计和实施，并能利用虚拟教研室积极发挥课程组的力量，开展集体研课、磨课，教研氛围更加浓厚了。

(2)学生：学生在线学习的主要体现是自主学习能力得到提高及创新能力得到培养。一方面，疫情防控期间的在线教学是特殊的。数据显示，80%以上的学生觉得自主学习能力提高了。通过教学平台，学生的互动讨论和各项学习成果能够得到及时反馈并受到同伴关注。在问题学习和任务学习的驱动下,在虚拟同伴"监督"的压力下,学生自主学习能力明显得到提升。另一方面,在线教学能够激发学习者进行探究性学习,提高学生的创新能力。通过合理规划和分配课前、课中、课后时间占比,做到"掌握学习"。课前学生自主学习、观看课件,完成考核评价;课中开展研讨、答疑、小组讨论,完成课堂考核;课后完成必要性的作业和考核评价。这种新的教学模式让学生真正感受到自己成了学习的"主人翁"。

(3)师生关系:在线教学虽然少了线下的面对面,但老师对学生的关注度提高了,拉近了师生的距离。一方面,教师采用直播课堂、微信群、QQ 群等多种网络互动方式,组织学生开展在线讨论和答疑解惑,师生关系更加紧密;另一方面,以前那些上课都不怎么跟老师互动的同学,也被调动起来了。90%以上的学生愿意在线上互动。通过线上的互动教学,师生联系更加紧密,这正是互联网时代带来的师生关系的悄然变化。

2.在线教学的大数据分析能够精准提升教学质量

在线教学平台的一大功能是能将网上教与学活动所留下的痕迹以数字化的形式保存起来,形成网络教学的大数据。高校教学管理者可利用大数据分析技术,有针对性地对上线师生数、平台访问数、运行课程总数、学生学习详情、师生互动、院系资源建设等数据进行分析,及时向学院和教师反馈教学质量相关问题。

(二)在线教学表现出的问题及挑战

这次疫情防控期间的全国高校应急性在线教学的统一推行,暴露出在线教学平台使用中、教师教的过程中、学生学的过程中的诸多问题及挑战。

1.在线教学平台问题

(1)在线教学过程中流畅度、灵活性受阻。我国高校"互联网+教育"正处于建设的初步发展阶段,就受到迎面扑来的疫情冲击。百千万的高校师生齐涌网上,一时间海量访问给网络教学平台的服务器带来巨大的压力。57 所高校的网络教学质量报告、笔者的网络调查和访谈的师生反馈信息,均表明巨大的教学活动,难免有时造成网络拥堵、APP 卡顿、服务器崩溃、进不去、加载慢、有回音杂音、不能回放、直播课进不去、网络教学平台资源下载难、预习作业不能提交、无法发弹幕等问题。这些在特殊时期暴露出来的问题,将为我们后续的高校网络教学平台建设提供前车之鉴。

(2)平台过多,给学生学习带来不便。由于不同教学平台涵盖的教学资源的不一样,学校放开了教师对在线教学平台选择的自由,方便教师进行在线教学前期准备及教学实施。但这一应急"管理"的失当,却带给学生一定的困扰。上述部分高校网络教学调查数据显示,64.3%的学生认为"使用平台太多,经常来回切换"对他们造成困扰。

2.教师的教学操作、师生互动、教学设计的问题

(1)教师对在线教学操作尚不熟悉。因首次实行全体教师在线教学,大部分教师初次尝试在线教学的方式,困难重重。如果网络不畅、平台交互性不足及操作熟练性不够,教师将面临教学断片的尴尬际遇。接受笔者网络调查与访谈的教师,其中,85位提出"需要网络教学仪器设备的支持与使用指导";78位提出"需要平台教学技术的培训或支持"。

(2)师生互动未达到预期效果。在线教学过程中师生互动表面看上去比传统课堂更活跃,但如此高的互动频率却没有达到预期的效果。据教师的访谈反馈,在网络平台上,师生互动看似更加便捷了,但频繁地发弹幕和众多的群聊天导致了互动效率低下。和其他直播活动一样,在线教学也显示出发弹幕的威力,10分钟的课程学生的弹幕条数在120条以上,致使教师难以注意到学生的学习反馈;尽管教师们针对课程内容抛出讨论任务,但学生上课的情形却是同时打开多个聊天工具,各种群聊天侵占了学生学习的时间,难以集中精力思考回答老师的问题。由此看出,对线上师生互动的考察发现,虽然互动更频繁了,但却未达到预期的效果。

(3)缺乏良好的教学设计。有教师简单地将在线教学等于网上直播或把线下课堂搬到线上,将直播需要注意的形象、语音、语调注意到,将课件发给学生就可以了。但不同于其他活动,这是教学活动,教学活动均要注意"教什么、怎么教",特别是"怎么教",学生对简单实用录播资料、单纯直播讲授课件等做法并不认同。其一,简单使用录播资料或优质课程资源,将在线课理解为老师可以不上课;其二,仅上传了相关的PPT课件而没有采用在线直播或录播;其三,在线互动只是在线回答学生的问题或与学生在线聊天。由此,教学设计对于教师在线教学质量至关重要。在教学过程中,教师资料的选择、课程进度、讲授与讨论环节时间的分配、课程评价的选择等都应该做好教学设计。

3.学生自我管理、任务量、差异性的问题

(1)学生自我管理难以把控。相比线下规定时间、地点上课而言,线上教学考验了学生的自我管理能力,尤其是疫情防控期间,学生都是居家学习,带给学生自我管理更大的难度。

（2）线上教学加大了学生的任务量。教师为保证在线教学与线下教学的等质性，在避免不了一些技术问题、网络问题的情况下，转为增加学生课后作业的任务量，以此保证教学质量。但这种做法反而缩小了学生自主学习的时间，将更多的时间用来完成教师布置的任务，自己探究性学习时间被占用，起到了相反的效果。

（3）学生个人条件差异大，教育公平问题再次被聚焦。疫情防控期间，居家学习成为所有学生的必选。但由于学生所在区域网络覆盖情况、家庭经济状况不一样等客观因素影响，无法让深处边远乡村或贫困家庭的学生获得等质的教育，教育公平问题再次被聚焦。近期，联合国教科文组织汇总了一份停课的负面清单，其中一条指出，无法平等地访问在线教学平台：缺乏技术或良好的互联网连接是继续学习的障碍，特别是对于家庭贫困的学生尤甚。[①] 调查中，一半以上的学生认为线上学习效果不如传统课堂教学。因为学生对在线教学形式的新鲜感逐渐退却后，关注点更多地集中在课程本身给他们的学习带来的真实收获和感受。

三、应对在线教学问题的对策建议

针对上述平台、教师、学生3个方面的问题，笔者提出如下对策建议。

（一）强化学校对课程资源及平台的支撑，完善在线教学的质量

总体而言，在线教学实现了疫情防控期间"停课不停教、停课不停学"的目的，但进一步调查发现，学校需对课程资源和平台做进一步的优化，并持续对在线教学进行监控，保障教学的质量。（1）进一步集中和统一教学平台，尽快完善校内课程资源中心、SPOC平台的开展教学活动等相关功能，引进市场上稳定、成熟的视频直播和录播服务与校内教学平台衔接，尽早实现学习者全部学习行为在校内教学平台上实现，以便更有效地监管学习者言论以及更完整

① UNESCO. Half of world's student population not attending school：UNESCO launches global coalitionto accelerate deployment of remote learning solutions［EB/OL］.（2020-03-18）［2020-03-19］. https://en. unesco. org/news/half-worlds-student-population-not-attending-school-unesco-launches-global-coalition-accelerate.

地将相关学习行为纳入考核评价体系中。充分利用好校内教学与网络课程资源，提升教学平台的稳定性和易用性。（2）增加带宽和服务器投入、加大课程平台的扩容。保证线上教学的稳定进行，同时完善平台功能，提升系统操作性，最大化规避网络拥堵、平台崩溃带来的负面影响。（3）推动大数据分析应用于在线教学，加强网络教学质量监控。各所高校制定出科学合理的网络教学基本标准，继续充分使用教学平台在全流程、全环节的教学管理与学习支持服务，并采取查课、调研、教学平台后台数据等方式进行质量监控，推动在线教学管理与学习支持服务全面信息化管理，保障课程的开设质量。（4）持续加强教学质量管理体系建设，开展以学习成效评价为重点的教学质量评价改革，加快完善教学评价信息化平台建设，提升线上教学质量评价科学化水平。

（二）提升教师教学水平，保障在线课堂教学质量

相对而言，教师个人在在线教学中的局限性突显，这会给教师产生一种担忧。为保障教学质量，应该发挥教师团队作用，持续开展教师技能培训、优化教学设计，这有助于教师在线教学能力的提升。（1）积极发挥团队建课的优势，打造一批优质的在线精品课程。以此次在线教学的全面实施为契机，有计划、有目标地开展在线课程的建设和培育工作，以示范课堂、名师名课的引领示范作用为基础，将在线开放课程建设纳入教学工作量，充分调动教师积极性。（2）持续进行教师在线教学技能培训，提高教师的信息技术水平。各所高校要继续加大对教师的信息技术培训力度，提供优质资源平台课程，帮助教师更好地将信息技术与教学相互融合，努力实现课堂教学方式的变革与创新。（3）优化教学设计。应考虑手机更好使用及避免互动刷屏严重、网络短时间卡顿来设计。一方面，教师在制作教学课件、设计教学环节等工作时，应多考虑能跨越城镇农村的差异，便于手机开展的网络教学；另一方面，针对学生网络状态发言太乱，甚至刷屏严重等问题，教师要做好教学设计及备选方案。

（三）注重学生学习主体能力，提高学生在线学习效果

本研究再次重申的是在线教学是"以学生为中心"为教育理念，发挥学生学习的主体性。（1）转变"以教师为中心"的教学理念。教师由知识的传授者转变为学生学习的促进者、引导者、监督者及合作者。学生作为学习的主体，通过探究学习、研讨式学习，高质量的线上生生、师生互动，实现知识的意义构建。（2）强化对学生的学习要求，增强其自主学习的积极性和主动性。加强对

学生的指导,规范在线学习纪律,使其尽快适应在线教学的特点,掌握在线学习的方法,提高他们自主学习的可能性;利用在线教与学中的大数据的采集和分析,通过科学有效的过程性评价,激励和引导学生学习,用数据判断学生的学习效果,根据学生的实际情况及时进行教学调整,精准补充对学生的学习要求,使他们主动地参与学习。

突如其来的疫情是一剂催化剂,加速了我国高校全体人员对在线教学的接受度。互联网技术的发展和普及是一场"教育革命",是教育质的飞跃,它是区别于近代与现代高等教育的分水岭①。从在线教学的实践来看,教学内容及载体形态发生了突变,呈现数字化形态;教学方式以数字化的形式为载体来呈现课程,使用了直播、慕课(MOOC)、小规模限制性在线课程(SPOC,Small Private Online Course)等;教学手段从口头语言表达向音、图、文、视频相结合转变。新的在线教学模式体现出方便、快捷、随时随地、个性化等优点,真正践行了"以学生为中心"的教育理念。但突发情况下推出的"停课不停教与学",由线上取代线下,有其先进性的一面,却不得已暂时放弃线下的面对面教学和真实情景中的人际互动,这单纯的线上教学也有其不可克服的局限性。笔者认为,当今我国"互联网+教育"尚处于发展的初级阶段。疫情过后,既要保留这段闯出线上教学之路的长处,更需要恢复疫情之前的面对面课堂教学并扬其所长,以充分发挥现代"互联网+教育"线上线下混合教学的最大优势。

---

① 谢作栩,吴薇,李钰.高等教育大众化的国际比较与本土观照:谢作栩教授专访[J].苏州大学学报(教育科学版),2020,8(1):77-84.

中美高校在线教学多维度比较研究 *

——基于两国在线教学研究报告的视角

◎ 邬大光　郭玉婷

一、研究背景

　　2020 年突发的新冠疫情,给世界范围的教育体系都带来了前所未有的影响,每个国家都采取各种应对措施抗击疫情。中国作为世界上的高等教育大国,提出了"停课不停学、停课不停教"的应对策略,通过大规模线上教学顺利实现教学计划的平稳过渡。美国作为世界上的高等教育强国,也采取了大规模线上教学。在此期间,中美两国学者积极投入到在线教学研究,开展了大规模问卷调查,并分别发表了研究报告。本文以厦门大学教师发展中心发布的《疫情期间高校教学管理人员线上教学调查报告》、《疫情期间高校教师线上教学调查报告》、《疫情期间大学生线上学习调查报告》、美国在线学习质量保障服务机构(Quality Matters)和美国高等教育研究咨询公司(Eduventures Research)发表的 CHLOE 报告为蓝本,对比了中美两国高校疫情防控期间的在线教学表现,希冀从中窥视两国在线教学的共同发展趋势和不同特点,并对后疫情时代两国高校的在校教学提供参考。

　　就历史而言,美国高校在线教育起步较早,在线教育是美国高等教育中不可忽略的部分。高校在线教育所开设的学历、学位课程数覆盖了美国高等院校的所有学科,许多高校专门设立负责在线教育的组织机构,并设有专门的在线教育主管,按照不同分类,美国高校在线学生分为两类:一是完全在线学习

---

　　* 原载《教育发展研究》2021 年第 21 期。

学生,二是部分在线学习学生。完全在线学习学生是指通过在线教育学历学习,部分在线学习学生是指选择部分课程通过在线教育完成学习,其余课程通过面授学习完成。

由于美国在线教育实施较早,该国研究机构对于在线教育的研究也起步较早,其中比较重要的研究是由美国在线学习质量保障服务机构和美国高等教育研究咨询公司合作,从 2017 年开始,对美国中学后机构的在线教育进行调查,每年发布一本《在线教育全景报告》(Changing Landscape of Online Learning Reports,简称 CHLOE)。[①] 2017 年,第一份《在线教育全景报告》(CHLOE 1)发布,报告初步探讨了在线学习管理、新兴工具和方法、教学创新、质量保证、监管和认证等方面的具体实践和未来趋势,并确定了在线学习的一些基本特征和发展趋势,这些主题奠定了后续研究报告的主要研究话题。CHLOE 1 报告预测,在线学习已成为美国高等教育的主流,高等院校的在线教育已由快速创新转向稳定发展。

2018 年,美国第二份《在线教育全景报告》(CHLOE 2)发表,该报告在更大样本量的基础上收集了许多院校推进在线教育的政策和基础数据,对在线教育的注册趋势、课程开发和所有权、创收和资源分配、质量标准、质量保证和责任制等方面进行了调查和研究,进一步确认了在线学习的基本特征。CHLOE 2 报告认为:"人们普遍认为在线学习是一种创收工具,市场竞争日益激烈,并且主要依靠院校的预算流程来满足在线学习的需求。"[②]与 2017 年的 CHLOE 1 报告相比,2018 年的报告更为详尽,确立了广泛采用的在线教育质量标准,也重点关注了在线教育项目主管(Chief Online Officers)在此项工作中的贡献和价值取向。

2019 年,美国第三份《在线教育全景报告》(CHLOE 3)发布,该报告以多种不同的在线学习方法和制度,对五种类型院校(企业学校、区域公立和区域私立 4 年制学校、在线教育入学率低的 4 年制学校和社区学院)的在线教育特征和行为方式进行了详细描述。与之前报告不同的是,CHLOE 3 报告在制度层面深入探讨了在线学习发展和管理结构的变化,包括在线教育主管职位

---

① QUALITY,MATTERS.The Changing landscape of online education(chloe)project[EB/OL].(2021-04-19)[2021-07-08].https://www.qualitymatters.org/qa-resources/resource-center/articles-resources/CHLOE-project.

② GARRET R,LEGON R,FREDERICKSEN E E, et al.CHLOE 5:the pivot to remote teaching in spring 2020 and its impact[EB/OL].(2020-07-21)[2020-08-15].https://www.luminafoundation.org/wp-content/uploads/2020/08/chloe5.pdf.

的增长、推广和职责范围。在线教育主管是美国高校普遍设立的职位,主要管理在线课程的计划和决策,具体职责包括在线教师培训、在线课程教学设计、在线课程开发与质量保障、政策制定等。报告还探讨了在线课程结构、学生参与度和学习结果之间的关联性,以及高校对混合式学习的普遍忽视,并将在线学习质量保障(QA)融入学校工作的过程。

在前三份调查报告的基础上,2020年美国在线学习质量保障服务机构和美国高等教育研究咨询公司又共同发布了第四份《在线教育全景报告》(CHLOE 4)。CHLOE 4报告继续覆盖了较早的CHLOE报告调查范围,还深入探讨了高校在线教育的长期目标、在线教育主管与其他高级管理人员之间的关系等开放性问题。根据CHLOE 4报告的研究结果显示,企业学校成为拥有最大的在线入学人数的学校,拥有最激进的在线教育扩展计划,且很大程度上是依靠内部教师进行课程开发,对教师的依赖性极大,相反教学设计师的参与程度则较低。报告还列出了美国高校在线教育主管未来五年在线教育的三大目标:提高质量、增加入学人数、课程和在线教育计划。

前四次的CHLOE报告都是基于正常状态下的在线教育调查。疫情在美国发生后,在有关部门建议下,麻省理工学院、哥伦比亚大学和斯坦福大学等高校,陆续在2020年3月9日至10日宣布暂停大部分或所有线下课程,延迟春季开学时间,开启在线教学模式。在随后的3月底春季学期,美国大部分高校也都转向了在线教学。随着疫情的延续,美国高校开始大规模在线教育,美国在线学习质量保障服务机构和高等教育研究咨询公司于2020年7月再次发布了针对疫情以来的在线教育报告,即第五份《在线教育全景报告》(CHLOE 5)。从CHLOE 5报告主要内容看,该报告侧重关注了新冠肺炎对于高等教育的影响及其对在线教育短期和长期发展前景的影响,分析了美国高校在2020年春季转向在线教学的过程中必须克服的主要挑战以及所涉及的具体挑战。CHLOE 5报告分别从高校、学生和教职员工的角度提出建议:如果在线学习持续到2020秋季及以后,要优先考虑提高远程教学的质量,以更接近真正的在线学习,并要求在线教育主管为远程学习的改善做好准备。

与美国不同,进入新世纪后的中国在线教育也开始起步,特别是在成人教育和社会教育培训应用较为广泛。疫情发生后,中国教育部在2020年及时发布了关于2020年春季学期延期开学的通知,紧接着在1月29日发布利用网络平台"停课不停学"的通知,并在之后的通知中强调各地原计划正式开学前不要提前开始新学期课程网上教学,避免增加学生学业负担①。但自 3 月初起,疫情的肆虐使得中国高校不得不停止面授教学,师生共同转战在线教学。为了及时跟进和了解各高校在线教学情况,厦门大学教师发展中心于 2020 年 3 月 1 日启动了问卷调查,并于 3 月底 4 月初先后发布了《全国高校线上教学状况和质量分析报告——来自 86 所各类高校的调查综合报告》《疫情期间高校教师线上教学调查报告》《疫情期间大学生线上教学调查报告》《疫情期间高校教学管理人员线上教学调查报告》,四份调查报告基本呈现了疫情暴发后中国高校的线上教学全景,为中国政府和高校了解线上教学情况及改进提供了第一手资料。

总体而言,美国在线教育起步早,且一直保持相对稳定的发展态势,大多数高校将在线教育作为长期发展战略,具有较好的先发优势。与之相比,尽管中国高校在线教育起步迟,但在政府的号召及强有力推动下,中国实现了疫情防控期间世界上最大教育规模的在线教育,二者不可等量齐观。中美两国高校的在线教育既有一定的相似性,也有一定的差异性。深入对比研究中美高校在线教育现状和趋势,特别是疫情防控期间的在线教育实施状况,对于后疫情时代我国在线教育发展,具有现实的参考意义。

二、数据来源

1.美国数据来源

本研究的美国数据主要来自美国 2020 年 7 月发布的第五份《在线教育全景报告》(CHLOE 5)②,报告涉及了样本院校 308 所(见表 1)。其样本院校的在线教育水平均居美国高校前列,且所有数据与信息均由样本院校的在线教育主管提供。

依据学校注册的在线学生人数,CHLOE 5 报告将样本院校分为三大类:

① 中华人民共和国教育部.教育部提醒:各地原计划正式开学前不要提前开始新学期课程网上教学[EB/OL].(2020-02-04)[2021-01-28].http://www.moe.gov.cn/fbh/live/2020/51987/mtbd/202005/t20200518_455656.html.

② GARRET R, LEGON R, FREDERICKSEN E E, et al. CHLOE 5:The pivot to remote teaching in spring 2020 and its impact[EB/OL].(2020-07-21)[2020-08-15].https://www.luminafoundation.org/wp-content/uploads/2020/08/chloe5.pdf.

一是大规模高校(全部或部分在线学生超过 7500 人);二是中等规模高校(全部或部分在线学生在 1000 至 7500 人);三是小规模高校(全部或部分在线学生低于 1000 人)。其中大规模院校占据样本高校的 12%(占美国总高校数的4%),中等规模院校占据样本高校的 48%(占美国总高校数的 28%),小规模院校占据样本高校的 39%(占美国总高校数的 68%)。在 CHLOE 5 报告的308 所院校样本中,22% 的院校在 2020 年 3 月上旬转向在线教学,72% 的院校在 3 月下旬转向在线教学,只有 5 所院校直到 4 月份才转向在线教学。

表 1　美国在线教育报告抽样院校分布

报　告	公立二年制高校	公立四年制高校	私立四年制高校	私立营利性大学	总计
高校数	65	109	124	9	308
占比/%	21	35	40	3	100

数据来源:美国 CHLOE 5 报告

2.中国数据来源

本研究的中国数据来自厦门大学教师发展中心发布的三份研究报告。疫情在中国暴发后,厦门大学教师发展中心联合全国高等学校质量保障机构联盟(CIQA)开展了大规模线上教学调查,根据调查结果发布了三份调查报告:一是《疫情期间高校教学管理人员线上教学调查报告》(以下简称《教学管理人员调查报告》),该报告是基于 451 名高校教学管理者的调查问卷基础上完成是,参与调查的管理人员中,教务管理部门占 48.5%,质量保障管理部门占25.5%,技术服务管理部门占 3.7%,学生管理部门占 22.3%。其中所涉及样本院校涵盖了我国双一流建设高校、普通本科高校、新建本科院校以及高职本科院校等不同类型高校(见表 2);二是《疫情期间高校教师线上教学调查报告》(以下简称《教师调查报告》),参与调查教师包括了不同教龄段、不同职称和不同学科的 5433 名教师;三是《疫情期间大学生线上学习调查报告》(以下简称《学生调查报告》),参与调查学生包括了不同性别、年级、专业的 118191名学生。

以在线学生人数来统计,参与调查的高校大多属于大规模院校(在线学生超过 7500 人)。截至 2020 年 5 月 8 日,共有 1454 所高校开展在线教学(占中国高校总数的近 50%),开设 1226 万门次在线课程,参与学生达 23 亿人次。在这一点上,中国高校在线教学的规模之大、范围之广、程度之深,是世界高等教育史上前所未有的创举和实验。①

表 2　中国高校教学管理人员所在抽样院校分布

报告	新建本科院校	普通老本科院校	一流大学建设高校	一流学科建设高校	高职院校	总计
样本总数	137	210	31	71	2	451
占比/%	30.4	46.6	6.9	15.7	0.4	100

数据来源:厦门大学《疫情期间高校教学管理人员线上教学调查报告》

三、中美高校对比分析

依照上述中美两国研究机构发布的大规模在线教育报告,本文从以下六个方面对中美高校的在线教育进行对比:

1.中美高校师生在线教学都面临着挑战,美国高校对于教学设计、教师培训更加关注,中国高校对教学质量监控、教学资源、教学组织保障更加关注

根据美国 CHLOE 5 报告,69%高校的在线教育主管认为,教师准备工作(75%)是最常被提到,也是最具挑战性的问题。除此之外,其他方面的挑战依次是学生准备不足(62%)、缺乏足够的教学设计支持(43%)、缺乏快速培训校园教师的资源(35%)、在线基础架构限制(31%)、缺乏集中协调的工作(29%)等因素(见表 3)。

表 3　美国高校的在线教学挑战

挑战	比例/%	样本数
校园教师的准备水平低	75	230
学生准备不足	62	190
缺乏足够的教学设计支持	43	131
缺乏快速培训校园教师的资源	35	109
在线基础架构限制	31	95
缺乏集中协调的工作	29	90
以上都不是	11	34

数据来源:美国 CHLOE 5 报告

---

① 中华人民共和国教育部.在实践中创造高校在线教学新高峰[EB/OL].(2020-05-15)[2021-01-10]. http://www.moe.gov.cn/fbh/live/2020/51987/mtbd/202005/t20200518_455656.html.

根据中国的《教学管理人员调查报告》显示,超过 85％管理人员认为在线教学挑战首先的是"学生自律能力、线上学习行为和习惯的养成""学生自主学习能力""教师教学方法和教学习惯的改变"。其次是"教师教育理念的转变""教师线上教学的组织管理能力""学校线上教学质量监控能力和监控体系建设""学校线上教学的组织管理能力""线上课程教学资源的引进或开发""线上教学的政策保障"等六个方面,80％左右的管理人员对这些挑战持"赞成"态度。最后是"学校教学管理组织结构、流程的重组和优化""网络设备平台"等条件保障等方面,超过 75％的管理人员对这些挑战持"赞成"态度。最后是技术队伍的服务保障能力,超过 70％管理人员持"赞成"态度(见图 1)。

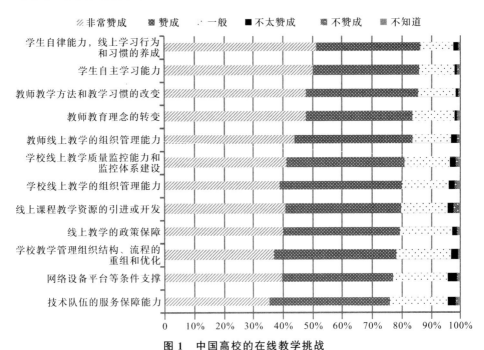

图 1 中国高校的在线教学挑战

数据来源:厦门大学《疫情期间高校教学管理人员线上教学调查报告》

对比发现,中美高校都关注到了在线教学的服务保障能力。同时,中美高校对于在线教学中教师、学生遇到的新问题都格外关注,但关注的重点有所不同。美国高校更加关注教师、学生在在线教学和学习前的准备程度,而中国则更关注于教师和学生线上学习的行为习惯以及是否有能够适应在线教学的相关能力。特别是美国对于教学设计、教师培训、在线基础架构和线上教学协调能力有着更高的关注度。这些不同,凸显了美国高校在线教育领先发展的客观优势,已由外部的设备条件、技术开发转向于关注教学本身。

虽然美国在线教育起步早,但在面对大规模在线教学时,也面临着缺乏足够的、良好的教学设计来支持翻番的在线课程数量。特别是面对突发的大规模在线教学,由于无法得到集中统一的协调来保障教学工作的正常进行,美国高校也曾一度出现"群龙无首"的现象,虽然这种"群龙无首"现象对于美国并不陌生,但至少说明美国高校并未完全做好准备去承担规模如此庞大的在线教学任务。

与之相比,尽管中国高校在硬件设施建设、课程教学设计等方面滞后于美国,但疫情防控期间依靠中国强大的组织协调能力,由教育部倡导并刚性要求"停课不停教,停课不停学"的应急方案,各高校高度重视积极跟进,进而顺利实现由线下向线上教学的成功切换。但也不可否认,由于中国高校在线教育起步晚,也导致了中国在开展在线教学初期,对于高校线上教学的质量监控、政策、资源、组织形态保障和网络设备平台等一些外部条件有着更高的关注度。这两种不同关注趋向,既体现了双方在校教学发展阶段不同,也体现了双方制度的不同优势,但从我国高校的改进方向而言,如何扬长避短,积极借鉴技术发展,仍有较大改进空间。

2.中美高校的大部分教师缺乏大规模在线教学经验,美国高校有小规模的教学设计团队支持,中国缺乏这方面的支持

教师个体经验是教学活动开展的前提。一定意义上,教师个人教学经验的丰富程度决定了他的教学组织和实施效果。[①] "身体语言的缺失、行动的限制、在线形象(Online Persona)的建构等,都为在线教学中的教师们带来了前所未有的挑战,且这些都是需要长期练习才能达到的炉火纯青的教学技能,教学设计的重要性也不言而喻。"[②]根据 CHLOE 5 报告,在疫情之前有在线教学经验的教师相比起没有在线教学经验的教师,更容易在在线教学的转换中获得成功。

美国 CHLOE 5 报告显示,不论是全职、兼职、终身教职还是非终身教职教师,有一半甚至是一半以上的教师,在疫情之前没有在线教学经验。其中终身教职的教师占了 54%。同样,根据中国《教师调查报告》,参与调查的教师中仅五分之一的教师在疫情之前开展过在线教学,79.57%的教师在疫情之前未开展过在线教学。可见,中美高校大部分教师都缺少在线教学经验,只有少

① 程良宏.经验传承、实践反思与人生教育:论教学活动的三种形态及与教师发展的关系[J].华东师范大学学报(教育科学版),2014,32(4):47-54.
② 王默,王敏娟.中美比较视角下在线教育的挑战与方法[J].教育研究,2020,41(8):35-39.

部分教师开设过在线课程、接受过在线教学能力的专业培训。

所不同的是,美国高校的在线教学有专门的、小规模的教学设计团队支持。其主要任务是帮助教师将最佳课程设计应用到实践中,工作任务不仅仅是通过简单的剪切和粘贴过程将课堂材料转移到一个新的环境中,而是力图解决教师与学生的在线接触和互动,充分利用在线教学的许多潜在优势来达到良好的教学效果,实现在线技术与课程内容的双向互动。这一现象说明,如果没有大规模在线教学,美国高校的在线教学更多关注的是在线教学的设计质量,由此培训了一大批几乎没有在线教学经验的教师。但现实情况是,美国大多数学校的专门负责教学设计的人数并不多,特别是在疫情初始阶段,一个学校要转换成百上千的课程,例如社区学院的课程转换比例达到了 1∶500,大多数教学设计团队都被前所未有的庞大任务压得喘不过气来。在转换周期间,教学设计人员就只能粗略地看一眼课程转换情况,诚如 CHLOE 5 中一位受访者所指出,"由于仅有两位教学设计师来领导专业发展和教师培训工作,在具体课程中几乎没有时间进行实际的工作,只能为面临转换课程的教师提供一般性的小组建议"①。

与美国不同的是,中国的教师普遍在教学策略、方法、习惯、观念的转变和重新学习新技术等方面,远比心理压力带来的挑战更大。在中国《教师调查报告》中,教师教龄大于 10 年以上的高校教师超过了一半的样本数量。人们对教龄较长的教师的直观印象是,他们或许存在些许的"固化",认为教龄较长的教师们难以改变自身的教学模式。但研究表明,中国新手型教师(教龄 1～10 年)在线教学经历较为丰富,同时熟练型教师(教龄 11～20 年)在疫情发生之前也有丰富的在线教学经历,且后者的在线教学经历还略多于前者。② 而11～20 年教龄的教师也是教师调查报告中占据比例最大的教师群体,达到了38.18%。这些研究证明,丰富的教学经历和教学经验也是在线教学成功的重要保障。这也为中国高校在线教学打下了一定基础,从而一定程度上减缓了教师的在线教学准备压力。即便如此,仍有超过 75% 的教师面临着"需要改变教学策略和教学方法""需要改变以往的教学习惯""需要转变教学观念""需

---

① 吴薇,姚蕊,谢作栩.高校教师在线教学经历对自我教学评价的影响:基于全国 334 所高校在线教学的调查分析[J].高等教育研究,2020,41(8):63-72.

② GARRET R, LEGON R, FREDERICKSEN E E, et al. CHLOE 5: The pivot to remote teaching in spring 2020 and its impact[EB/OL].(2020-07-21)[2020-08-15].ht-tps://www.luminafoundation.org/wp-content/uploads/2020/08/chloe5.pdf.

要重新学习各种教育技术"的挑战(见图 2)。这一对比结果预示,在中国高校未来在线教学的发展计划中,应建立一支在线教学设计辅助团队,帮助教师顺利转换在线教学课程,以提高课程的教学质量。

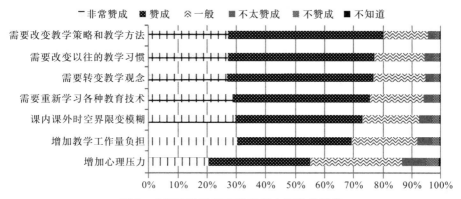

图 2   中国高校教师在线教学中面临的挑战

数据来源:厦门大学《疫情期间高校教师线上教学调查报告》

可以发现,中美高校的大部分教师都缺乏大规模在线教学经验。在疫情之前,中美高校的部分教师在不同程度上开展过在线教学,积累了一定在线教学经验,只是教学规模不大、程度不深、覆盖面不高,大部分教师缺少实践经历。但在突如其来的疫情面前,教师们别无选择,只能在一到两周甚至更少的时间里临阵磨枪,了解在线教学的基本要素,熟悉可用的工具,甚至还有一些对在线教学或是对带有强制性要求的在线教学持怀疑态度的教师,还需要克服对在线教学根深蒂固的抵触情绪,这些情绪也让这些教师们的在线教学准备变得更加困难。

3.中美高校约一半的学生在疫情之前未参加过在线教学,多数学生未做好充足的在线学习准备,在线学习参与度不高

在线教学中,师生互动被视为衡量在线课程质量的"黄金标准",但疫情防控期间在线教学的学生参与度也成为本次在线教学中颇具争议性的话题。根据美国 CHLOE4 报告显示,只有 30% 的院校要求对计划参加在线课程的学生进行定向培训,其他许多院校甚至没有可选择的正式线上学习的入门课程。①

① GARRET R,LEGON R,FREDERICKSEN E E, et al. CHLOE 5:The pivot to remote teaching in spring 2020 and its impact[EB/OL].(2020-07-21)[2020-08-15].ht-tps://www.luminafoundation.org/wp-content/uploads/2020/08/chloe5.pdf.

然而,在 2020 年 2 月底或 3 月初,所有高校都突然面临着需要准备所有线下学生的在线远程学习。数据显示,大多数美国院校有超过一半的本科生(51%)从来没有上过一门网络课程,27% 的研究生没有在线学习经历(见表4)。而中国的调查结果显示,在疫情之前,近六成学生未参加过在线教学,在疫情之前参加过在线教学的学生仅占 44%。

表 4　美国高校中未参加过在线课程的学生比例/%

报告	样本	社区学院	公立院校	私立院校	企业大学	研究机构
本科生	51	46	45	45	39	44
研究生	27	—	28	28	34	49

数据来源:美国 CHLOE 5 报告

疫情防控期间的在线教学中,中美高校为学生提供的培训有限,学生普遍缺乏准备。美国的 CHLOE 5 报告显示,研究机构、企业大学、私立院校和公立院校的学生在以往在线学习中的准备程度高于疫情防控期间的在线学习,仅有多数社区学院认同两次在线学习的学生准备是一致的。美国高校在线教育主管认为,高校为"远程学习"的学生所提供的培训非常有限,不仅是学生自身普遍缺乏准备,学校在这一方面也同样缺乏相应准备。在中国参与调查的学生中,接受过在线学习培训的学生仅占 38.30%,未接受过在线学习培训的学生占 61.70%,有超过六成的学生在疫情之前未接受过在线学习培训。学生对于教学平台技术使用的熟练程度,认为"一般""不熟练""很不熟练"的学生占比达到 42.9%(见图 3),可见高校在提供在线学习培训上还有待加强。

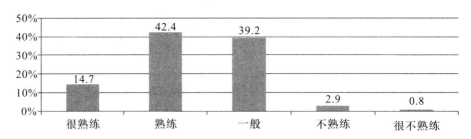

图 3　中国大学生使用在线教学平台的熟练程度

数据来源:厦门大学《疫情期间大学生线上学习调查报告》

从师生参与度而言,疫情防控期间中美两国高校的学生也有类似的反映。根据美国早期的 CHLOE 报告发现,当教师在没有教学设计师的帮助下自主设计课程时,往往偏重于学生对课程材料的参与,而不是师生互动和生生互动。再根据美国高校在线教育主管对疫情前和疫情防控期间在线学习学生参与度的比较：在大多数四年制学校中，72％的研究机构和62％的企业大学的在线教育主管认为，疫情前在线学习中学生的参与度、投入度高于疫情防控期间，只有13％的在线教育主管认为，疫情防控期间学生的在线学习参与度高于疫情前，仅有少数美国高校的在线教育主管对学生参与在线学习有着较为良好的评价。对于这些不同的看法，CHLOE 5试图解释，学生最初是在面对面的环境中与教师、同学接触，这也可能影响到学生对于"远程学习"的适应性。中国的《学生调查报告》中，有超过30％但不到40％的学生认为在线学习中自身参与度不够，以及教师的教学策略和方法不适合在线学习，更有超过50％的学生认为部分教学内容不适合在线学习。

由此可见，中美高校多数学生是在没有做好充足的在线学习准备时，被迫参加了在线学习。可以推测，疫情之前的网络课程大多数都是学生为了自身的学业规划、职业发展等所选择的在线学习资源，具有相当的自主性。但在突发情况下，中美高校大多数学生并没有获得熟练掌握在线学习的指导培训和操作技能。缺乏了自主性选择和学习动机的情况下，也导致在线学习中学生的参与度不高。尤其是对于向往自主选择的美国高校学生来说，猝不及防的完全在线学习更是让其难以适应，甚至会产生轻视、失望和抵触的情绪。即使对于那些准备好的学生来说，也可能由于缺乏足够的技术支持或互联网基础设施，以及与新冠肺炎有关的疾病、失业、出行限制等干扰因素，致使学生被要求专注于新的学习方式时打乱了他们的学习生活。如CHLOE 5报告中的受访者认为："那些准备不足的学生，更像是那些没有报名参加在线课程的学生，却被强制要求参与其中。"[①]在中国《教师调查报告》中，也有超过70％的教师将"线上保持学生注意力"列为在线教学中遇到的最主要困难。尽管中国报告并未完全表明中国学生是否如美高校学生会表现出相类似的失望或抵触情绪，但至少说明，对于向来习惯被动接受听课的中国学生来说，未能深度参与课程教学仍是一个问题，未来如何吸引、保持学生在线学习的注意力是在线教学中的一大难题。

事实上，参与式学习（Engaged Learning）作为在线教学法的核心，不是偶

---

① GARRET R，LEGON R，FREDERICKSEN E E，et al. CHLOE 5：The pivot to remote teaching in spring 2020 and its impact[EB/OL].(2020-07-21)[2020-08-15].https://www.luminafoundation.org/wp-content/uploads/2020/08/chloe5.pdf.

然发生的,而是设计出来的。① 若在线教学中教师的教学策略不足以激发学生的学习热情与好奇心,教学内容与学生的接受能力出现偏差,学生的参与感就会较弱。可以预见的是,由于课程设计时间缩短、课程数量庞大、师资不足等现实问题,为满足学术连续性的需要而设计的课程总体质量较低,学生的参与度不高。教师简单地在网上传输面对面的教学方法和课程材料,也只能造成与面授课程质量不对等的、非有效的在线学习。因此,在突发、强制、非自愿情况下的在线教学,中美高校教师的教学效果、学生参与情况、师生心理准备等都远非理想状态。

4.中美高校大部分教师需自行转换在线课程,美国高校主要依托高校自身自行解决,少数美国院校求助第三方公司来解决大规模在线教学带来的压力,中国高校依靠政府、高校和社会机构协同组织

线上教学的成功不仅仅取决于有效的教学方法、学生的充足准备等,同时还必须为在线师生提供远程的支持服务,并能够应对在线学习带来的远距离挑战。

由于美国特殊的联邦制制度,美国各个州享有高度自治的权力和相对独立的疫情应对系统,因此,每个州,甚至每个学校针对"停课不停学"而提出的举措也不尽相同。但美国在线教育的先发优势,也让美国高校拥有着成熟的课程管理系统和远程教学系统,为大规模在线教学提供了一定的保障。从美国研究报告看,美国大规模在线教学期间主要依托学习管理系统(Learning Management System,简称 LMS),在上面创建或扩大院校中原有的面授课程,并在其中加入教师录制的视频讲座或其他互联网材料的链接,以供学生使用各种视频工具同步和异步访问。根据 CHLOE 5 报告,有 61% 院校的教师在学院领导下利用院校提供的基础设施将面授课程转换为在线课程;21% 的院校,在提供在线课程范本、在线课程的设计等方面为教师提供了帮助;17% 的院校中,教师、系、院校都各自为在线课程转换做出了较大的贡献(见图 4)。只有极少数的院校要求建立一个通用的在线课程模板,让教师按照模板进行教学。

从不同类型院校间对于在线课程的转换方法方式进行比较,可以看出,尽管主流是学院领导的远程课程设计占主导,但是不同院校之间仍存在着微小差异(见图 4)。其中,社区学院、企业大学、区域公立院校对于在线课程的设计有着较强的规定性,而区域私立院校则给予了教师较大的自由度,并且相比

---

① 吴薇,姚蕊,谢作栩.高校教师在线教学经历对自我教学评价的影响:基于全国 334 所高校在线教学的调查分析[J].高等教育研究,2020,41(8):63-72.

于其他类型院校,为教师提供了更多的帮助。CHLOE 5 报告显示,当涉及课程视频的录制、发行、远程监控、辅助工具和学生支持解决方案时,拥有更多在线教学经验的院校有着明显优势。

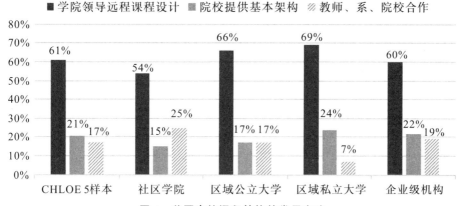

图 4　美国高校课程转换的常用方法

数据来源:美国 CHLOE 5 报告

在教学资源提供方面,19%的院校能够得到大量的额外资源来实现向在线教学的转变,在这类型院校中,社区学院高达 31%,而研究型大学则低至 10%。但从总的方面而言,大约 69%的院校获得了教学资源,另有 31%中的院校不得不将就着使用疫情前的资源,并且这部分院校中大约一半的院校承认,他们的资源已经捉襟见肘,无法承担额外的在线教学任务。而从课程转换成本看,购买新技术的投资是院校中最常见的大额支出,其次是教师培训,然后是学生、教师购买或租用笔记本电脑和互联网接入。对于区域私立院校来说,在教师培训和专业发展上的支出远高于购买新技术;在社区学院中,在学生笔记本电脑上的支出略高于教师培训。

或许是基于成本因素考虑,少数美国院校求助第三方公司来解决大规模在线教学带来的压力。CHLOE 5 报告中指出越来越多的学校开始求助于第三方公司,来寻求课程的设计、开发、后勤和学生支持等服务。以一种被称为"在线项目经理"(Online Project Managers,简称 OPMs)的公司为例,有 16%的院校表示在疫情前至少与一家 OPMs 合作过,但只有不到 10%的美国高校在线教育主管表示 OPMs 在在线教学中发挥了作用。无论是在时间紧迫性、文化、能力还是策略上,很少有学校认为以 OPMs 为中心的解决方案是可行或可取的。OPMs 的课程大多数是录播课程,仅适用于研究生课程和成人课程,而本科生才是大多数学校在线学习的主要参与者。

反观中国，为有效应对疫情防控期间在线教学，教育部动员并组织了包括爱课程、学堂在线、智慧树等在内的37家基础较好的在线课程技术平台，带动110余家社会机构和高校平台积极参与，面向全国高校免费开放4.1万门慕课和虚拟仿真实验。截至2020年4月3日，全国大学生在线学习人次为11.82亿，有力地支持了各高校在线教学。①

从中国《教师调查报告》中对在线教学服务保障评价的调查结果来看，教师总体评价较高，超过75%教师对在线教学服务保障评价为"好"和"非常好"。其中，对领导支持认可度最高，超80%教师认为领导支持是"好"和"非常好"；其次是教学方法培训和技术方法培训支持，超76%教师认为"好"和"非常好"；而对学校电子资源和网络条件支持认可度相对较低，略超50%教师认为电子资源支持"好"和"非常好"，不到60%教师认为网络条件支持"好"和"非常好"（见图5）。在线教学服务的强有力支持力度，保证了在线教学的顺利开展，但在大规模在线教学期间，中国高校在学校政策、电子资源提供、网络条件支持等方面仍有待改进。特别是在线课程的学分认定、考核标准制定、考勤政策制定、电子教材提供、网费补贴等。

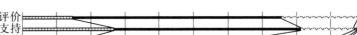

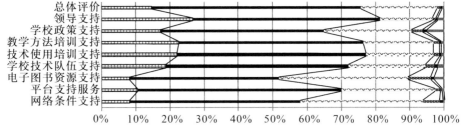

图5 中国高校教师对在线教学服务保障的评价

数据来源：厦门大学《疫情期间高校教师线上教学调查报告》

但由于中国东西部地区的经济差异，导致部分西部院校无法在经济上给予过多的集中援助，如贫困家庭的电子设备、网络条件等问题。同时，中国广袤无垠的国土面积也导致了中国东西部地区的学生存在一定的"时间差"，使得部分西部地区学生要早起或熬夜上课。有部分中国学生在调查中表示，一

① 中国教育在线.吴岩：应对危机化危为机做好在线教学国际平台及课程资源建设[EB/OL].(2020-05-02)[2021-04-25].https://baijiahao.baidu.com/s？id=1665543572921255251 &wfr=spider&for=pc.

些高校在疫情初期未给出明确的排课时间和课程安排表,造成学生们经常错过上课时间,或是两门课的时间有一定程度的冲突;还有一些教师在在线教学的时间安排上处理得不够妥当,导致课堂早退、拖堂或是没有给予学生课间休息时间等现象发生。

5.中美高校所使用的在线教学平台呈现出较大的差异性,美国高校使用的在线教学平台相对集中,中国高校使用的在线教学平台呈多样分散状态

CHLOE 5 的报告显示,美国高等教育中唯一近乎通用的学习和技术平台是学习管理系统(Learning Management System,简称 LMS),97% 的 CHLOE 5 受访者使用了 LMS,其中 70% 的院校使用了 Canvas LMS 管理系统和 Blackboard 教学平台,25% 的院校使用了 Brightspace 和 Moodle 平台。由于使用平台相对集中,这也导致平台负荷过重,超过 90% 的学校说他们只支持一个 LMS 的运行,几乎 100% 的院校采用了 LMS,使得该平台的运行几乎面临崩溃。

使用频率第二高的是视频会议软件。近三分之一的学校表示,视频会议软件是所有偏远地区的特色线上教学模式,也是部分院校在某种程度上采用的唯一工具或技术。70% 的学校支持多个视频会议。只有少数学校表示,他们没有学习管理系统,只使用视频会议软件。对于研究机构和综合学士学位学校来说,视频会议的普及率高达 41%。在所有视频软件中,ZOOM 软件在视频会议软件中占据了主导地位。该软件是一款多人视频会议软件,最多可让 100 位参与者进行视频会议,在屏幕中可以让每位学生"露脸",最大限度地模拟面授课堂体验,同时还具有课程录像功能,方便课后进行回放。报告显示,60% 的院校使用了 ZOOM 软件,还有 13% 使用的是内置在 LMS 里的视频会议工具。但在不同类型院校中,视频使用的比例也有变化,其中在社区学院中,公立和私立四年制学校使用视频会议软件的比例仅为 16% 和 33%。

除了 LMS 和视频会议软件,其他工具或技术在美国高校在线教学中只得到零星使用(见图 6)。从图 6 显示,69% 的美国高校教师经常使用 LMS,29% 的教师经常使用视频会议,其他方面的技术和工具使用高校的频率不超过 10%。按照从高到低依次为其他辅助工具(8%)、录播(7%)、学生支持服务(6%)、远程监控和电子资源(均为 5%),虚拟仿真实验室(1%)和第三方课程(0%)。第三方课程的使用频率较低的原因或许是因为美国高等教育的第三方课程中,涉及领域主要包括商业和计算机科学方面,面向其他领域的第三方课程较少。尤其是以麻省理工学院和哈佛大学的 edX 和斯坦福大学的 Coursera 平台提供的第三方免费课程为代表。报告显示,与在线教学经验较

少的院校相比,有更多在线教学经验的院校会选择使用第三方课程的概率更大。几乎没有高校广泛使用了虚拟仿真实验室等模拟工具,但是报告显示:疫情前在线学生较少的院校更有可能在疫情间广泛使用模拟工具,这可能也反映出模拟工具在在线教学中使用的覆盖面较窄,成本和带宽限制也为其开发和应用带来了阻碍。在学生支持服务上,部分高校设有专门的教与学服务支持部门,以满足学生的学习需求为出发点,帮助学生顺利完成在线学习,这些服务包括教学资源推送、24小时在线技术支持等。而大规模的在线教学也让教与学服务支持部门应接不暇,导致高校教师无法从教与学服务支持部门中获取帮助。相比之下,其他辅助工具和录播得到了更广泛的利用,涵盖了更多的项目并融入了以教师为主导的教学文化。

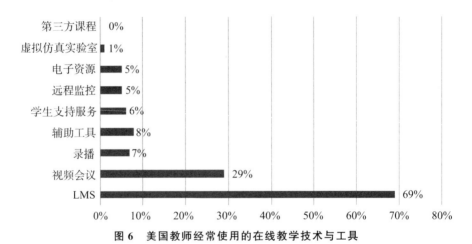

图 6　美国教师经常使用的在线教学技术与工具

数据来源:美国 CHLOE 5 报告

在中国《教师调查报告》中,近一半教师在在线教学中完全使用校外平台,超过三分之一的教师混合使用校内外平台。其中,10.06%的教师使用学校自建平台,49.64%的教师使用校外教学平台,38.86%的教师混合使用校内外平台,1.44%的教师未使用平台。同时,调查时还列举了19个教学平台供教师选择,教师最多可选择三个使用频率最高的平台。从调查结果看,中国高校教师使用教学平台非常多样,呈分散状态。频率最高的是学习通/超星尔雅(10.84%)、中国 MOOC 平台/爱课程(9.28%)、微信或企业微信(8.36%)、腾讯课堂(7.72%)、QQ 直播(7.43%)、腾讯会议(7.33%)、钉钉(6.36%)等(见图7)。除此之外,教师自行填写的平台还包括哔哩哔哩(bilibili)、百度网盘、优酷视频、WPS 会议通等日常功能性平台。在教学平台的使用数量上,有超过一半的教师在线上教学过程中使用了 2 个教学平台,近 25％的教师使用了 3 个教学平台,4 个或 4 个以上教学平台的较少。在具体教学环节中,70％参与调查的教师会提供材料供学生自学,课后答疑辅导和直播使用相对频繁,而 MOOC 和录播则不太经常使用。

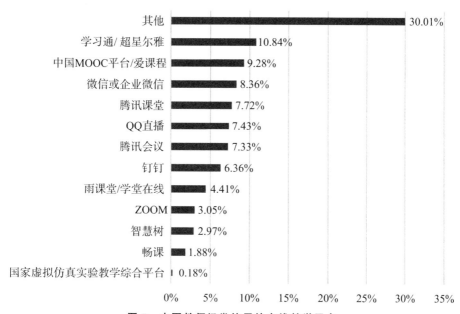

图 7　中国教师经常使用的在线教学平台

数据来源:厦门大学《疫情期间高校教师线上教学调查报告》

　　所以,从在线教学平台的技术支持看,由于美国在线教学技术平台较为成熟,LMS 和 ZOOM 是美国疫情防控期间高校在线教学的主要技术平台和软件支持。但面对疫情防控期间的线上教学,这些平台也不同程度上受到了运行压力。相比而言,由于中国平台技术的相对滞后,尽管中国在仓促应战过程中顺利实现了在线教学,但由于平台技术的成熟度较弱,导致教师不得不使用多个教学平台,以满足在线教学的需求,由此出现中国的在线教学平台数量繁多,既包括专门的在线教学平台,也包含视频会议软件和其余日常功能性平台等。这些说明,中国在线教学的平台选择、使用、相应功能等方面,仍有巨大的改进发展潜力和空间。

　　6.中美高校对于疫情防控期间的大规模在线教学总体较为满意,对于疫情后是否继续使用在线教学,以及在线教学最需要改进的部分仍存在分歧

　　根据 CHLOE 5 报告,25％院校的在线教育主管认为,在经历了在线教学

后,高校教师对在线学习的态度较为积极。30％院校的在线教育主管认为教职工态度不会受到在线教学体验的影响,只有11％院校的在线教育主管对在线教学体验产生了更多的负面看法。这种积极的倾向在企业大学和区域性私立大学最为明显。同时,据美国高校在线教育主管透露,从学生体验看,大多数要求远程完成春季课程的院校中,学生的态度要么是较为积极(32％),要么是不受影响(30％),只有21％的学生对整个在线学习持消极态度,较少有学生对在线学习持极端态度(非常积极或非常消极)。不论是教师还是学生,都深知疫情下的在线教学仅仅只是一种临时性"远程学习",而不是有意设计和开发出来的在线课程。而从学校的态度看,36％的院校认为在线教学"平稳而直接",44％的院校认为"有点困难",20％的院校认为"非常具有挑战性"(见图8)。截至2020年5月,美国高校结束第一阶段的在线课程时,超过四分之三(78％)的在线教育主管认为他们机构的在线教学转换"非常成功"。

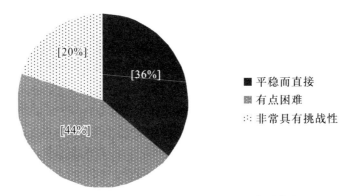

图8 美国高校在线教育主管对在线教学的态度

数据来源:美国CHLOE 5报告

　　CHLOE 5报告假设,如果疫情前和疫情防控期间的在线课程"教师的准备水平和课程质量"被判定为"大致相同",未来将会继续使用在线教学的可能性就会增加1.79倍。相反,认为在线教学"非常具有挑战性"的可能性就会增加2.49倍,这或许也表明:以目前部分或全部现有高校教师的准备程度来看,远不足以进行在线教学。诚如在线教育主管指出,未来的在线教学中,教师专业发展和在线教学培训是最需要改进的一部分。根据CHLOE 5报告,51％的院校计划在未来在线教学中要重点关注教师专业发展和在线教学培训,44％的院校计划提供在线教学培训。

　　总之,在美国高校的在线教育主管看来,在学生能够顺利完成春季学期,且在新冠肺炎传播的背景下,美国高校的大规模的在线教学是成功的。特别是拥有更多在线学习经验的院校对此持有更积极的态度,46%的院校认为在线教学非常成功。这些反映了美国高校在线教育方兴未艾的趋势,即美国在大学入学率整体下降的情况下,网上的入学人数却持续多年稳步增长,并且增长趋势还未停息,目前有大约三分之一甚至更多的本科生通过在线学习来攻读全部或部分课程。并且,通过此次大规模在线学习后,在线学习已经并将继续赢得部分过去完全规避在线学习的师生,无形中扩大了未来在线学习的潜在受众,强化了美国在线学习人数的增长趋势,加速人们对更多样化的教育课程和教学方式的兴趣,这些都将成为美国未来在线学习的净收益。但同时他们也指出:应急背景下的在线教学是远低于常规标准的,只是对"集中式"的保障给予了高度评价。针对该问题,部分在线教育主管重点关注高等教育的结构性改革,希冀扩大高等教育多模式运作的能力,提高应对未知危机的灵活性。部分在线教育主管主张高等教育应提供线下面授、线上教学以及混合式的教学模式,并且允许未来能够实现多种教学模式间的无缝转移。

与之相比,根据中国《管理人员调查报告》,参与调查的管理人员中,27.5%的人认为在线教学比传统线下学习效果好,质量有保障;36.4%的人认为在线教学比传统教学效果差,质量没有保障;13.5%的人认为没有变化。并且,超过80.2%的管理人员表示之后可以部分使用或大规模继续采用在线教学,84.7%的管理人员表示可以部分使用或大规模继续采用线上与线下的混合式教学模式,86.1%的管理人员表示可以部分使用或大规模继续采用线下教学(见图9)。因此,还是有相当一部分的管理人员对混合式教学模式表示了肯定,同时对于在线教学、混合式教学和线下教学的看法也与美国在线教育主管相似。

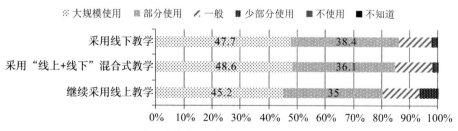

图 9　中国高校教学管理人员对在线教学的态度

数据来源:厦门大学《疫情期间高校教学管理人员线上教学调查报告》

　　而针对未来是否继续使用在线教学，最需要改进的意见上，超过50％的中国管理人员认为要重点关注"学生自律教育""学校教学管理信息化建设""推动教师转变教育观念，改变教学策略与方法""探索线上教学的质量保障与监控体系"四个方面。这一点与美国大不相同，中国除关注教师的专业发展外，还在学生的自律性、教学管理信息化建设和质量保障与监控体系上有更高的关注度，这也与中国的在线教育发展尚在起步阶段有关。

　　总之，从管理者的视角看，中美高校对于在线教学都表现出积极的态度。认为在疫情应急情况下，高等教育对于突发情况所做出的反应以及面授课程向"远程学习"的过渡是成功的。但同时也意识到"远程学习"并不是真正意义上的在线学习，因此中美高校对于未来是否还继续采用在线教学的态度仍存有歧义，在线教学的效果还有待时间和实践进一步检验。通过此次疫情的大规模在线教学，也可能会有越来越多的中美高校逐渐意识到开发高质量在线课程的重要性，如创建可访问的数字内容、反思师生的互动、利用技术实现有效教学等，尤其是在智能设备无法提供完全的学习帮助下，教师在在线教学中必须单独应对的方面。

四、对未来中国高校在线教学的发展建议

　　以上从六个方向比较了中美高校疫情防控期间在线教育的差异，可以说，中美两国高校在线教育的差异，既反映了两国在线教育技术发展的不同阶段，也反映了两国教育理念的差异、教育制度的不同等。对比这些不同可以发现，美国高校在线教育从技术和平台上有着明显的优势，但在具体组织方面却存在着各自为政的天然缺陷。与之相比，尽管中国在技术平台发展滞后于美国，但依靠强大的组织效能，顺利实现了疫情防控期间从线下教学到线上教学的过渡。但同时还要清醒地看到，由于美国技术先发优势，美国对于在线教学的关注已经从技术保障转向更加微观的教学设计，关注在线教学的课程内涵性建设。而中国高校尽管这次成功实现一次在线教学的冲浪，但总体说来，是一种相对粗放的在线教学。所以，从未来在线教学的发展趋势而言，如何充分发挥我们自身的制度优势，补足我们技术的劣势和短板，加强在线教学的微观课程设计等方面的研究，以此实现教育技术与教学深度融合，仍然有相当的工作需要做，据此，本文对我国未来在线教育提出如下建议：

1.转变教育教学观念,提高师生在线教学的参与度

大规模的在线教学让中国在线教育发展向前迈了一大步,但对于师生来说却被打了个措手不及。师生的教育观念、教学模式、学习习惯等都没有获得足够缓冲的时间向在线教学过渡,教师的教学投入和学生的参与度相对较低。

从本次疫情防控期间中美高校在线教学看,无论是中国还是美国高校,都是被逼走上了大规模在线教学。这使被动的在线教学在一定程度上改变了传统"教"的习惯,也改变了"学"的习惯,更是改变了师生的教学观念和学习观念。但是也不可否认,中美高校的师生都把在线教学当成一种临时的应急措施,这使得实际师生在线教学的参与度大打折扣。从这一意义上说,疫情防控期间在线教学不可以常态化的眼光看待,不是以往"能者为师"的线上自由选择,是需要每一位教师改变路径依赖,积极适应新教学模式。在传统线下教学中,教师可以通过阅读学生的肢体语言和与学生面对面交流来发现问题并解决问题,但在在线教学中教师的这一技能便被网络大大弱化。未来,在线教学必会成为高等教育中的重要一环,教师要充分发挥其作为在线教师的潜力。教师不仅需要学习不同的在线教学技能,还需要转换与线下教学不同的思维模式,善于发现和挖掘在线教学的优势与高效使用方法,为在线教学供给侧优化升级提供更多思考。教师还应鼓励学生提出问题,并给他们提供建设性的学习反馈,制定合理有效的评价规则,增强学生对学习成效进行自我评价的意识,并通过有效的学习策略引导来保持学生学习动力和高质量参与课堂学习,扮演好"设计者"和"指引者"的角色来帮助学生由自律走向自立,提高学生的在线教学参与度。

2.加快在线教学质量标准研制,优化教师在线教学设计

从本次中美高校在线教学对比看,我国在线课程设计质量标准发展尚不完善,在在线课程的输入、实施和输出环节与美国仍存在一定的差距,对在线教学设计不够重视,没有专门的教学设计人员和团队支持。这些说明,尽管我国实现了大规模在线教学,但从在线教学的内涵来说,我国需要从外在的大规模在线教学走向更为深层的内涵建设。

从本次疫情防控期间中国高校在线教学情况看,一个普遍现象是中国高校在在线教学的实践中,仅仅是把"线下教学"搬上"线上教学"。而事实上,由于线下与线上两种不同的教学环境,对于教师教学设计、教学组织、讲课方式和学生的学习方式等方面都提出了不同的要求。鉴于这一方面的不足,我国应加强建设教师的在线教学培训体系,重视教师的在线教学培训。在课程输入环节,应明确在线教学中课程的目标、内容、学习活动和学习评价,在教师熟

悉掌握在线教学平台界面设计、功能设计和技术支持的前提下,应对在线课程内容的系统性、科学性、内容编排、交互设计等有明确的质量标准。同时还需要考虑到学生的学习动机、学习态度、先前知识水平、自主学习能力、自律能力和在线学习的适应能力等,尽可能地为学生的在线学习提供支持服务。在课程实施环节,对于不同学习方式应有不同的评价标准。如视频学习中,应强调学习过程的记录、学习策略、知识迁移等;作业练习中,应注重反馈机制的及时有效性;师生交互中,注意师生的交互方式、交互频率、交互有效性等。在课程输出环节,关注学生评教、学生的知识能力和综合素质等状况。通过在线课程的输入、实施和输出,形成一个闭环,完善和优化在线课程的质量评价体系。依据标准、有效的在线课程质量评价建设高素质、高水平、高标准的专业在线高等教育教师队伍,提升中国教师的在线教学设计性。

3.扩大在线教学支持服务力度,保障优质教育资源流动性

在线教学支持是保障在线教学成功的先决条件。对比之后发现,我国在面对重大紧急的卫生防疫事件背景下所体现出的组织协调能力强于美国,不论是教育部、高校、师生还是第三方教学平台都对大规模在线教学给予了一定支持。但我国在线教学的支持服务力度还有较大欠缺,优质教育资源的流动性较弱。

从本次疫情防控期间在线教学调查结果看,总体上我国高校顺利实现了在线教学。但是,由于东西部的巨大经济、地理差异,导致我国在线教学的支持服务还无法完全惠及全国各地,优质教育资源大多集中于东部和沿海地区。这一客观现实既说明了我国在线教学东部和中西部之间的差异,但同时也为未来我国在线教育提供改革方向。换言之,在未来中国高等教育现代化进程中,通过现代教育的技术的后发优势将在很大程度上解决当前教育资源的均衡发展问题。未来,应加大对西部在线教育的投资与技术援助,充分利用在线教育的技术优势来弥补西部地区的教育"短板",实现东部地区带动西部地区,沿海地区带动内陆地区的教育共赢发展。同时,学校应制定在线教学的支持政策,在项目、培训和技术上给予支持,鼓励教师开展教学创新,鼓励教师跨学科、跨领域、跨校和跨地区合作,合力探索在线教学法;打造一支专业的在线教学技术队伍,为教师的在线教学保驾护航。再者,在政策之外,人性化的关怀也不可少。应充分考虑学生对在线学习的接受度,如西部地区学生的时间差。在课程时间安排、教学内容的难易程度等方面上也要满足学生在线学习的个性化需求。

4.提高在线教育服务质量水准,组建专业化的在线教育支持队伍

此次中美高校的大规模在线教学,反映了中美高校在线教育服务体系上的服务质量差异。总体上来看,与中国不同的是,美国高校针对在线教育设立了专门部门和在线教育主管。同时,在在线教育平台体系上,美国高校已形成了全国通用的在线学习与技术平台,平台的综合性、功能性和交互性等都已较为成熟;在课程教学组织体系上,美国高校设有小规模在线教学设计团队,辅助高校教师设计在线教学课程,帮助教师更好胜任在线教学;在政策制度保障体系上,美国高校的在线教育不仅仅只是一种远程教学模式,且与线下教学提供的学位认证相一致。而我国,在此次大规模在线教学之前,不论是高校管理部门、教师,还是学生,对于在线教育的热情不高,在线教育观念和硬件建设也稍稍落后于美国,在高校中主要由教务处、教育技术中心等部门进行分管,管理范围与对象都较为宏观,缺乏相对微观、细致、精准的在线教育服务。未来,我国应加快推进在线教育服务体系的建设,组建专业在线教育人才队伍,细化在线教育服务的领域、范围、对象,从学生的基础性、核心性学习需求出发,对在线教学内容的提供、资源的选择、过程的监管、结果的评价等维度,设立相应的质量保障机制,建立包含在线教育平台体系、课程教学组织体系、政策制度保障体系等三大体系在内的在线教育服务系统,以此来提高我国的在线教育服务质量。

5.加快通用在线教学平台建设,增强平台专业性和便利性

无疑,大规模在线教学是在线教育的"试金石",中国与美国的在线教育差距正在逐步缩小。但缺乏统一、专业的在线教学平台仍是中国在线教育未来需要面对的一个技术瓶颈。从本次中美高校大规模在线教学对比看,中美高校在教学平台的使用上呈现出了巨大的差异性,美国多年的在线教学经验使得教学平台趋于集中,甚至垄断。但中国各大在线教学平台花样繁多,涵盖的教学资源和功能不一,在运行中仍暴露出了一定的问题,如教学平台不能回放、直播课进不去、网络教学平台资源下载难、预习作业不能提交、无法发弹幕等。[①]

这些对比一方面说明我国在线教育平台建设刚刚起步,在线教育平台的专业化建设还有待进一步提高,在线教育平台的市场化方面还不十分成熟。但另一方面也预示着我国在线教育平台有着广阔的发展空间。特别是充分发

---

① 胡小平,谢作栩.疫情下高校在线教学的优势与挑战探析[J].中国高教研究,2020(4):18-22,58.

挥我国制度方面的优势,借助于市场的力量和政府的统一规划,高校的积极参与,我国在线教育在不久的将来就有可能实现弯道超车。基于这一优势,建议国家在鼓励多样化市场发展的前提下,出台相关引导性政策,加强通用在线教学平台建设,集中优秀建设资源、先进技术力量,结合中国本土在线教学状况,打造一个集综合性、先进性、创新型、交互性和便利性的在线教学平台,利用技术革新赋能高等教育向智能化、数字化转型,为中国在线高等教育的发展添砖加瓦。

实证分析篇

我国高校大规模线上教学的
阶段性特征 *

——基于对学生、教师、教务人员问卷调查的实证研究

◎ 邬大光　李文

此次新冠疫情防控期间的高校在线教学,是我国高等教育历史上第一次大规模利用互联网技术开展的教学活动。此次线上教学如同一次浩浩荡荡的现代高等教育和互联网结合的浪潮,几乎席卷了每一所高校、每一个教师、每一个学生、每一个教学管理系统,互联网技术终于进入了教学领域的深水区,使我国呼吁多年的加快教育信息化建设这只靴子终于落了地。厦门大学课题组为了全面了解我国首次线上教学的真实情况,在全国高校范围内针对教师、学生和教务人员群体设计了三份问卷,截至 2020 年 3 月 31 日,累计共有 334 所高校、13997 名教师、256504 名学生参加了此次调研。[①] 通过调研,我们获得了疫情防控期间来自教学第一线的基本数据;通过数据挖掘和分析,大致呈现了此次疫情防控期间线上教学的阶段性特征,这些特征折射出了我国高校现阶段线上教学的水平和能力。准确把握这些特征,对于未来我国高校教育信息化建设、实现线上与线下混合式教学具有重要的参考价值。

一、绪言：互联网和教育技术的力量

这场新冠疫情,几乎席卷了全世界所有的国家,造成了不可估量的损失。

＊　原载《华东师范大学学报(教育科学版)》2020 年第 7 期。
① 厦门大学教师发展中心.疫情期间高校教师线上教学调查报告[EB/OL].(2020-04-07)[2020-05-10].https://mp.weixin.qq.com/s/oxqPcHxL01MaUBN9CTHNug.

当各个产业和行业都面临或受困于资金和产品"供应链"断裂的时候,令人意想不到的是,我国的教育尤其是高等学校利用互联网技术,迅速实现了线上与线下的转换和对接,教学活动依然正常运转,部分教师和学生实现了从"一无所知"到逐步适应,从仓促"应战"到"平稳"过渡,从"痛苦的磨合"到逐渐喜欢,每一所高校都实实在在地感受到了互联网和教育技术的力量,显示出了我国高校强大的教育应急能力和较高的水平。如果没有此次疫情,也许开展如此大范围的线上教学尚需时日。

诚如一位互联网专家所说,任何传统行业,在互联网思维之下,都可以重新做一次。一个传统行业的转型升级,光靠行业内个体的自觉升级、小打小闹是难以实现整个行业的技术升级的,一定是在某种外力的强势入侵下,刺激到痛点,才能改变行业内部生态,进而发生进化与突变。此次疫情防控期间的线上教学,显然并非高校主动选择的结果,而是受疫情的"倒逼",是政府、学校、教师和学生不得已的"被动"选择。但没有想到的是,"倒逼"得如此之快速和彻底,大大加速了互联网和教育技术在我国教育领域的应用进程,高等学校师生借助于互联网成了最大受益者。越来越多的事实证明:每一次教育技术进步都会带来教学质量和教学效率的提升,教育技术尤其是互联网的普及和使用水平是一国教育走向现代化的重要标志。

新冠疫情就像是一次大考,对高等教育领域来说,既检验了高等教育整体治理能力和水平,更检验了一所高校教育信息化的建设能力和水平。这种检验方式让全社会付出了十分惨痛的代价,对教育领域而言,也是如此,尤其是教学质量方面付出的代价目前还无法评估。因为教学活动从线下转到线上,它涉及整个教学系统的"磨合",在这个"磨合"过程中,人们暂时还没有精力去关注"运转"质量,似乎只要把线下线上频道"切换"成功,就已经达到了目的。显然,这是一种底线思维,是线上教学的最基本要求,而不是互联网进入到高校教学过程的最高境界。但无论如何,教学活动没有停止,就是"阶段性"胜利。正如有学者所言:此次疫情,教育"受到的影响最小"[①],大规模在线教学已经在路上。无论人们是否愿意,都已经真切地感受到"互联网+教育技术"所带来的"吹面不寒杨柳风"的气息。

自 20 世纪 80 年代"新技术革命"理论产生以来,关于"新技术"与教育冲突的争论一直没有停止。美国未来学者将"新技术革命"称为"第三次浪潮",

---

① 童世骏.后疫情中国教育之我见[J].基础教育,2020,17(3):8-9.

明确提出了"高技术与高情感危机"①的命题,这一话题一直延续到信息技术和互联网产生,甚至在世纪之交的高等教育界出现了现代信息技术可能导致大学衰微的看法。然而现实告诉人们,信息技术的进步不仅没有带来大学的式微,相反促进了一系列教学方式方法的创新,教育与互联网的结合开始渗透乃至"征服"了教育界,尤其是以MOOCs和翻转课堂为代表的教学方式方法,不仅突破了时间和空间对教育的限制,而且称为"课堂革命"和"教学革命"②。回过头来看,以互联网为代表的教育技术发展到今天,在教育领域内,并没有出现人们担心的"高技术与高情感危机"的现象,或者说还没有实证研究或"事实"证明这一"教育危机"的存在,从而给我们留下了从历史的视角审视教育与技术的关系,尤其是审视我国首次大规模线上教学的机会。

在我国高等教育领域,利用教育技术"倒逼"教学改革,已经呼吁了许多年,但效果一直甚微。因为强大的教育惯性、教学惯性、教师惯性、空间惯性等,严重限制了在线教学在教学第一线的推进。然而一场疫情却几乎让互联网教学一夜之间就走进了高校,甚至说走进了教学活动的每一个角落,即教学改革的"深水区",这几乎是令人难以想象的。就传统认知而言,师生面对面的课堂交流一直被认为是线下教学的优势,是任何技术无法替代的;但从另一方面,这一断言从某种程度上成为教师抗拒接受教育技术的一种合理借口。从本次线上教学看,不论是教师还是学生,当他走进一种全新的互联网空间时,发现尽管师生时空阻隔,但并不都是"冷冰冰"的面孔,依旧可以看到师生互动,甚至在互联网的世界中,师生互动似乎更易于发生,因为互联网恰恰释放了更多的教师与学生交流的机会和空间。这一特点预示着,在未来,即便网络教学只是以一种辅助的教学手段或工具形式出现,此次经历对大多数高校教师和学生来说,也是一笔宝贵的经验财富,必将为疫情后在线教学走向"常态化"奠定坚实的思想观念基础。

在线教学到底在多大层面上改变了师生熟悉的教学方式方法?改变的效果究竟如何?目前还无法对这些问题进行全方位的评估。但至少可以肯定的是:此次在线教学改变了教师对教育技术和互联网的认知,改变了教师的教育观念。此次在线教学,教师受到的"挑战"最大,但收获恐怕也最多。课题组的

---

① 阿尔温·托夫勒.未来的冲击[M].北京:中国对外翻译出版公司,1985:349.
② 吴岩.建设中国"金课"[J].中国大学教学,2018(12):4-9.

数据显示:有76.5%的教师对未来的网络教学有信心①;教育部高教司公布的数据显示,80%的教师对未来的网络教学有信心②。这是一组让人欣慰的"信心指数",因为教学改革的主体和"主动权"掌握在教师手中。疫情防控期间的线上教学表明,教师经受住了考验,当教师能够改变教学方式的时候,学生永远是新方式的欢迎者和受益者。

疫情不仅全面检测了各高校在线教学的能力,也为我们重新审视在线教学的功能和价值提供了新的思考空间。我们认为,只要是能够让学生接受的教学工具和手段,只要是能够有效提升人才培养质量,那么它就是值得信赖的工具和手段,因为教育教学存在的最终价值是培养人才。从更深层次看,在线教学绝不仅仅是对技术和方法的掌握和使用,而是体现当代社会人的"数字能力",包括教师和学生乃至教学管理部门"数字素养"的形成。既包括教师"教"的能力和学生"学"的能力,还包括教师和学生在整个教学环节中显现出来的"教"的理念、方法、艺术和"学"的训练、技巧、策略,这是未来人应该具备的基本素养。因为在互联网技术的冲击下,学习和传播知识的方式在发生重大变化,这已经是不以人的意志为转移的教育规律。

这场新冠疫情,让高校在经受住了"应急式"考验的同时,暴露出许多"短板",但同时也可能催生出另一种教育形态,尤其是新的教学管理形态。我们必须清醒地认识到,真正的网上教学,都有一个"留痕"的教学过程。显然,我们的高等教育管理系统还无法做到这一点。当下许多学者对疫情防控期间在线教学的关注或研究,基本上还是通过个人感受和调查问卷的方式进行,还无法从"历史的"和"国际的"比较中作深入研究。这说明指导我国高校线上教学的理论仍处于缺失状态,在线教学的成功之日还远远没有到来。此次大规模在线教学告诉我们,既要重视教育技术的短期和"应急"力量,更要重视教育技术的长期和"常态"力量。这也意味着想要取得全方位的"成功",不仅要适应新的教学技术,更要转变观念、提升服务能力、掌握新的策略,或者说要为一个"重新开始"做好各种准备。

---

① 厦门大学教师发展中心.疫情期间高校教师线上教学调查报告[EB/OL].(2020-04-07)[2020-05-20].https://mp.weixin.qq.com/s/oxqPcHxL01MaUBN9CTHNug.

② 教育部高等教育司.高校在线教育有关情况和下一步工作考虑[EB/OL].(2020-05-14)[2020-05-20].http://www.moe.gov.cn/fbh/live/2020/51987/sfcl/202005/t20200514_454117.html.

二、大规模线上教学的阶段性特征分析

为应对这场新冠疫情而开展的高校大规模在线教学,为全方位审视我国以往信息化建设的成绩和不足提供了"现场教学"的案例。从"不停课不停学"的角度来看,达到了预期目的;从"质量保障"的角度看,还无法给出令人信服的结论。随着我国疫情的好转,高校教学将逐步恢复常态,让在线教学成为常态下教学活动的有机部分,也逐渐成为人们的共识。因此,及时总结现阶段高校线上教学的经验,评估能力和水平,呈现此次大规模线上教学的特点就显得十分必要。

(一)从师生教学准备看,成功实现了从线下到线上的"切换",但师生对线上教学仍然需要一个熟悉和磨合的过程

师生充分的思想准备是保证线上教学顺利进行的先行条件。但毫无疑问,本次疫情防控期间师生开展的线上教学,是在没有充分思想准备下的一场"遭遇战"。根据调查,近八成教师在疫情之前未开展过线上教学,近六成学生在疫情之前未参加过线上教学。具体而言,根据截至 2020 年 3 月 17 日收集到的 5443 份教师问卷,118191 份学生问卷的调查结果显示,在疫情之前开展过线上教学的教师 1112 人,仅占 20.43%。疫情之前未开展过线上教学的教师 4331 人,占 79.57%;在疫情之前参加过线上教学的学生有 51674 人,占 44%,没有参与过线上教学的学生有 66517 人,占 56%。但在疫情来临之后,超过 97% 以上的师生都经历了线上教学。其中,开展线上教学的教师人数占比为 97.50%,接受线上教学的学生人数占比为 97.37%。为进一步了解教师对于各类平台的技术掌握的熟练程度,调查将教师掌握技术的熟练程度分为"很熟练""熟练""一般""不熟练"和"很不熟练"5 个等级。从调查结果看,教师选项的均值为 3.75。其中,选择"很熟练"的教师 608 人,占 11.17%,选择"熟练"的教师 3027 人,占 55.61%,两部分人数占比达到了 66.78%;选择"一般"的教师 1678 人,占 30.83%。可见,大部分教师对线上各种教学平台技术掌握的程度介于"一般"和"熟练"之间。再来看师生是否接受过线上教学相关培训,参与调查的教师中,接受过线上教学培训的教师占 80.88%,未接受过线

上教学培训的教师占 19.12％；接受过线上培训的学生占 37.51％，未接受过线上培训的学生占 62.49％。

这些调查结果表明，从数量上而言，高校成功实现了从"线下教学"到"线上教学"的切换；但从质量上而言，这种切换无论是教师还是学生，都仅仅是接受简单的技术培训或未接受培训就立刻进行线上教学的实践。所以，线上教学这一"应急"特征决定了广大师生对于线上教学的规律与特点还处于一种熟悉、摸索状态。在短时间内，线上教学的优势不可能充分显现，线上教学的不足也无法充分暴露，线上教学的效果有待于进一步检验，线上教学的组织管理对教师、学生以及管理人员都需要磨合。从这一意义说，对于当前的线上教学，既不要抹杀广大师生付出的巨大努力，但也不宜扩大线上教学的效果，要留待时间来检验。

（二）从教学平台支撑看，线上教学平台多而分散，且各种技术平台支撑水平参差不齐

线上教学的顺利推进有赖于稳定的教学平台支持。在这方面，我国高校有较好的基础。进入新世纪以来，在教育部"本科教学质量与教学改革工程"的推动下，我国高校先后开展了精品课程、精品视频公共课、资源共享课等网络课程资源库建设。在 2012 年 MOOC 元年之后，清华大学、北京大学、上海交通大学等一批高水平大学，先行开启了中国 MOOC 教学平台建设，建设了一批具有中国特色和教学水平的 MOOC 平台，例如好大学在线、清华学堂在线、爱课程网等等。可以说，这些 MOOC 平台在本次在线教学中发挥了重要作用。从调查结果看，所列 19 个主要教学平台，中国 MOOC 平台/爱课程平台是使用最多的平台之一（教师最多可选 3 个平台），占 9.28％的份额。从这一意义上说，本次线上教学也是有准备的线上教学，是受益于前期互联网＋教育教学改革"红利"的结果。

但是，对于中国这样一个高等教育大国，单靠政府是无法支撑起全国线上教学需要的。本次疫情防控期间，教育部共组织了 37 家在线课程平台和技术平台率先面向全国高校免费开放慕课、虚拟仿真实验等在线课程，并提供在线学习解决方案和技术支持，带动了 110 余家社会和高校平台的主动参与[①]。

---

① 教育部高等教育司.高校在线教育有关情况和下一步工作考虑[EB/OL].(2020-05-14)[2020-05-24].http://www.moe.gov.cn/fbh/live/2020/ 51987/sfcl/202005/t20200514_454117.html.

特别是一些民营企业,他们肩负起社会责任,为本次线上教学提供了强有力的支持。以超星学习通平台为例,为响应教育部"停课不停学"的号召,超星主动请战,先后投入1个多亿用于机房的紧急扩容和软件修改,使日访问量从10亿人次提升到百亿人次。

本次线上教学调查问卷共列举了19个主要教学平台,从调查结果看(如图1):教师使用教学平台非常多样,呈分散状态。按照使用频率从高到低排序依次是:学习通/超星尔雅(40.2%)、中国大学MOOC平台/爱课程(28.8%)、QQ直播(27.6%)、微信或企业微信(26.4%)、腾讯会议(22.2%)、腾讯课堂(21.3%)、钉钉(18.1%)、雨课堂/学堂在线(13.2%)、智慧树(6.9%)、ZOOM(4.6%)、畅课(2.3%)、国家虚拟仿真实验教学综合平台(0.6%)。再根据课题组对97所高校线上教学质量报告文本分析,结果显示:(1)97所高校一共使用了66种在线教学平台,其中高校/政府平台共11种,占比17%,市场化平台共55种,占比83%;(2)97所高校平均每校使用平台为6.9个;(3)50%以上高校都在使用超星、QQ、中国大学MOOC、钉钉、微信及腾讯会议,其中有75%的高校使用超星,为所有在线教学平台之首。调查结果说明,没有一家教学平台可以依靠自身的力量支撑起如此庞大的高等教育系统。

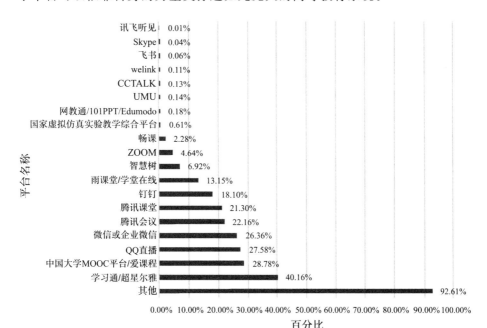

图1 教师经常使用的平台(%)

在参与调查的教师和学生中，每位教师使用的平台数平均为 2.16 个，每位学生平均为 2.99 个。其中，使用 1 个教学平台的教师占 17.65％；使用 2 个的教师占 54.06％；使用 3 个的教师占 24.31％；使用 4 个的教师占 3.09％；使用 5 个及以上的教师占 0.89％。使用 1 个教学平台的学生占 9.24％；使用 2 个的学生占 33.71％；使用 3 个的学生占 30.70％；使用 4 个的学生占 13.31％；使用 5 个及以上的学生占 13.04％。（如图 2）出于应急需要，为了保证线上教学万无一失，教师使用了多个教学平台，但这给师生带来诸多不便。

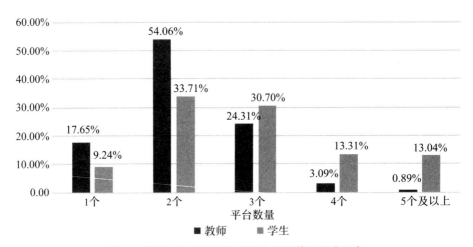

图 2　教师和学生利用教学平台数量情况分布(％)

调查结果表明，在政府的主导下，高校与民间企业开展了紧密合作，保障了疫情防控期间的线上教学。本次线上教学实践提供了政府与民间力量合作的成功范例，为后续线上教学改革、教学平台的建设提供了新的思路以及空间和机遇。但要引起注意的是，此次在线教学，高校是作为"选择者"而非"设计者"的身份，在广阔的线上教学市场中面对的是纷乱复杂的教学平台的选择。在当前阶段，以民间企业力量为主体，各个教学平台仍然处于"各自为政"的状态，但可以预见，未来教学平台想要在激烈的市场竞争中脱颖而出，必须要进一步凝练自身优势，提高优质教育资源的输出能力。

（三）从教学平台的技术服务看，满足了最基本的教学需求，但支撑"以学生为中心"的教学需求有待进一步改进

技术服务是教学平台最基本的保障，也是影响线上教学和学习体验的关键要素。为了解在本次线上教学中，各高校使用的教学平台能否满足线上教学的需要以及满足的程度，课题组选择了"师生互动的即时度""网络速度的流畅度""平台运行的稳定度""作业提交的顺畅度""画面音频的清晰度""工具使用的便捷度"等6个最基本指标进行观测，并将评价程度分为"非常好""好""一般""不好"和"非常不好"5个等级。这6个维度，代表了满足线上教学的最基本要求，即在线课程教学能否满足师生不因时空阻隔而能"看得见、听得清、交流无障碍"。

从调查结果看，师生分别给予3.75和3.57的均值。这一结果说明，师生对各类教学平台技术服务总体上持肯定态度，或者说，目前各类教学平台基本上满足了线上教学的最基本需要。但是，从认知上，教师和学生二者存在明显偏差。从图3可以看出，教师和学生除了在"作业提交的顺畅度"这个指标上意见较为一致外，在其余维度指标上的认识存在着较大不同：在"师生互动的即时度"方面，学生评价均值高于教师。而在其他方面，教师评价均值都大于学生。可见，从教的视角看，教师更关心如何把教学内容平稳流畅地传递给学生；而从学的视角看，学生则更加关心互动是否得到及时反馈、有效反馈。从这一意义上说，将来教学平台的设计，不仅要考虑到教师能否有效地传递教学内容，更应考虑到如何以学生为中心，满足学生问题导向的学习需求。

再看教师对于教学平台功能的评价。调查将教学活动分为"在线备课""课堂考勤管理""课堂讲授""在线课堂讨论""在线实验演示""在线教育测试及评分""在线布置批改作业""在线课后辅导答疑""提交或传输课程资料，包括作业"以及"通过电子数据分析学生学习行为"等10项基本活动，评价分为"完全满足""满足""一般""不能满足"和"完全不能满足"5个等级。

从调查结果看，各类教学平台对各种教学活动的支持满足度均值均在3.0以上。按照满足度高低程度，依次为："提交或传输课程资料，包括作业"（均值为4.01）、"课堂考勤管理"（均值为3.97）、"课堂讲授"（均值为3.84）、"在线布置批改作业"（均值为3.83）、"在线课后辅导答疑"（均值为3.81）、"在线备课"（均值为3.70）、"通过电子数据分析学生学习行为"（均值为3.59）、"在线教育

测试及评分"(均值为 3.55)、"在线课堂讨论"(均值为 3.49)、"在线实验演示"(均值为 2.47)(如图 4)。可以看出,除了在线实验演示外,各类教学平台均能够满足最为基本的课堂教学环节,包括:布置作业、考勤管理、课堂讲授、在线课后答疑辅导等。但随着课堂行为向高阶发展,如通过电子数据分析学生学习行为、在线教育测试及评分、在线课堂讨论等功能,各类教学平台的支撑程度就越来越弱了。

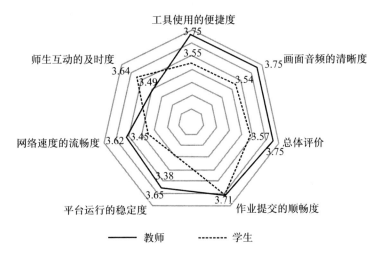

图 3　教师和学生对各种教学平台技术支持的总体评价(均值)

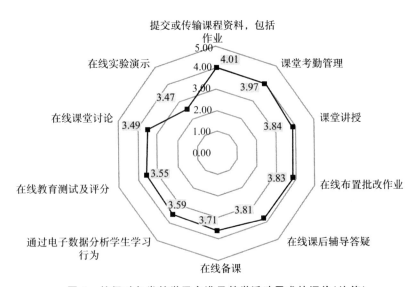

图 4　教师对各类教学平台满足教学活动需求的评价(均值)

从不同类型高校看(图5),教师在在线备课、课程考勤管理以及在线课堂讨论三个方面评价基本一致。相比一般本科高校和高职院校,研究型大学教师的评价更看重课堂讲授和在线课后辅导,而一般本科高校和高职院校,更看重分析学生在线学习行为。差距比较明显的是在线实验演示,研究型大学明显低于一般本科高校和高职院校。这也说明,就在线教学对于实验教学的影响程度而言,研究型大学受到的影响程度要高于一般本科高校和高职院校。在线布置批改作业、在线开展教育测试及评分几项功能也存在类似现象。这可能因为:一是目前各类平台功能还无法适应研究型大学相对灵活复杂的作业需要;二是研究型大学更加重视课堂讲授,布置作业要求可能低于一般本科高校和高职院校。

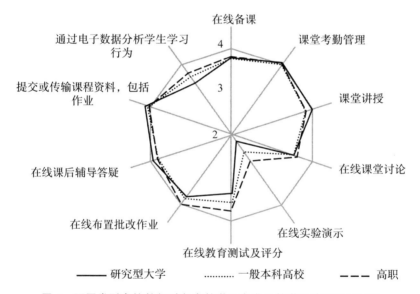

图5 不同类型高校教师对各类教学平台满足教学活动评价(均值)

这些调查结果显示,现有教学平台中基本的技术支撑框架已经搭建,能够满足高校教学的基本需求。但教学平台中的技术发展不能脱离教育理念的发展,不同类型和层次的高校对线上教学需求存在差异,哪怕同一类型、同一层次高校内部在线上教学需求方面也存在差异。而这些依靠市场力量发展起来的教学平台在满足高校多样化的教学需求方面的能力仍有待提高。

（四）从高校提供的线上服务看，师生及管理人员均持积极肯定态度，但从管理者到教师再到学生，对线上教学服务的满意程度有递减现象

与平台技术服务一样，在线教学离不开学校硬件环境、电子图书资源、教学平台以及各项政策的支持。在应急状态下，这些服务能否支持在线教学活动的需要，是在线教学实施必不可少的条件。本次调查将学校线上教学服务分为"网络硬件环境""教学平台""电子图书资源""学校政策"4项，评价分为"非常好""较好""一般""较差"和"非常差"5个等级，并分别赋值5,4,3,2,1。从图6中看出，管理人员、教师和学生三者对于学校提供的线上教学服务评价均高于中间值3，这一结果说明，本次疫情防控期间，高校提供的各类教学服务不存在无法满足需要的情况。管理人员对学校提供的线上服务评价明显高于教师和学生。而从师生体验相比较看，学生对于学校政策支持和电子图书资源支持评价高于教师。总体而言，从管理者到教师和学生，其体验评价呈衰减趋势。这种现象也有趣地解释了教学改革过程中的"上面热""中间温""下面冷"的现象。从这一意义说，如何把"上面热"有效传递下去，使上中下一齐热起来，充分调动师生参与教学改革的主动性和积极性是问题的关键。

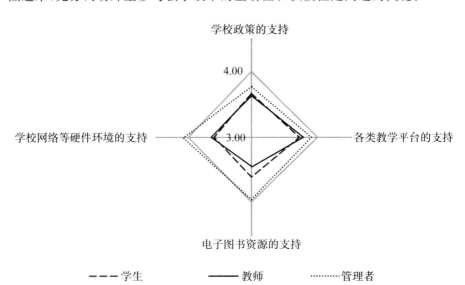

———学生　　——教师　　·········管理者

图6　不同主体对学校提供线上的服务保障评价（均值）

从参与调查的师生及管理者对各类服务评价的高低看(图7),师生及管理人员之间的重叠部分越多,说明三者态度越接近。总体上看,三者对各类服务持积极肯定态度,但在不同服务项目上却存在差异。其中,对"学校政策的支持"三者态度较为一致,其次是各类教学平台的支持服务。而对于学校网络等硬件环境以及电子图书资源,管理人员评价明显高于教师和学生。由此说明,在线上教学初期,教师、学生与管理者对线上教学的认识还存在着"不同频共振"或者"同频但不共振"现象。显然,如何使师生与管理者三者之间对于在线教学在认识上形成同频共振,使各项服务保障能力最终转化成教育教学的效果和效能,依然是一个值得探讨的话题。

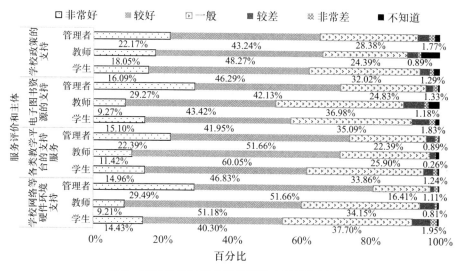

图7 不同主体对各类服务评价人数的比例(%)

从不同类型高校教师对线上教学服务体验看(图8),调查结果显示,在"总体评价""技术队伍支持""技术使用培训支持""教学方法培训支持"等方面,不同类型高校教师体验差别不大。但在网络条件方面,研究型大学明显好于一般本科院校和高职院校。而在领导支持方面,高职院校比一般本科院校和研究型大学更加重视。在学校政策支持方面,高职院校优于一般本科院校,一般本科院校又优于研究型大学。在电子教学资源方面,高职院校和一般本科院校教师体验优于研究型大学。这一结果也揭示了近年来高校课程教学资源建设的电子化趋势。由此说明,研究型大学在硬件建设方面优于一般本科院校和高职院校。但政策支持和服务方面,一般本科院校反而略优于研究型大学。

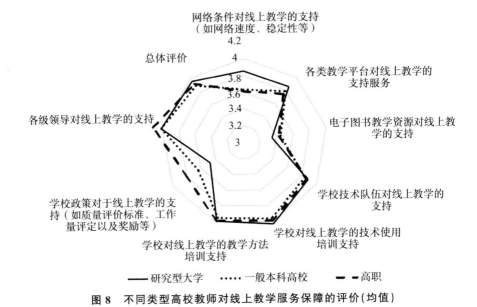

图8　不同类型高校教师对线上教学服务保障的评价(均值)

但从学生体验看(图9),高职院校各项体验明显低于一般本科院校和研究型大学。就一般本科院校和研究型大学比较而言,在线上学习方法培训、教学平台使用培训以及电子资源支持三个方面,二者的学生体验没有差别。但在学校政策支持、网络条件支持以及教学平台支持方面,研究型大学学生体验明显优于一般本科院校。课题组用同样的方法将不同地区师生的线上教学服务体验进行对比,可以发现:西部地区的师生体验程度明显低于中部和东部地区。

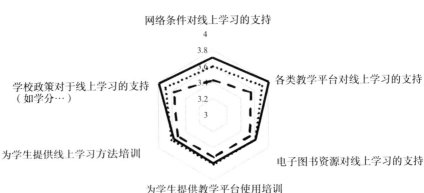

图9　不同类型高校学生对线上教学服务保障的评价(均值)

这些差异说明,尽管疫情防控期间实现了停课不停学、停课不停教,但是不同地区、不同高校在网络硬件、教学平台支持、电子图书资源以及学校政策方面,客观存在着差异和不平衡。这种差异和不平衡会导致师生关于在线教学体验感受不同,甚至会有强烈反差,最终影响后续的教学效果。

(五)从线上教学模式和特点看,总体上沿袭了传统的线下教学模式,直播和课堂互动是本次在线教学的突出特征

就中国高校而言,之前教师并没有大规模采用在线教学的先例和经验。这一特点也就决定了本次在线教学在"应急"状态下只能依靠师生自行摸索。调查将线上教学的主要教学方式模式分为"直播""录播""MOOC""文字+音频""线上互动研讨(包括答疑、辅导等)"和"教师提供材料,学生自学"等6种,并将使用频率分为"非常频繁""频繁""一般""不太经常"和"从不用"5个等级,分别赋值5,4,3,2,1。

从调查结果看(如表1),评价均值从高到低依次为互动研讨(3.79)、直播(3.67)、文字+音频(3.52)、学生自学(3.52)、录播(3.12)和MOOC(2.98)。可见,"直播+互动研讨"是本次在线教学最为突出特征。这一结果说明,在应急背景之下,在线教学大量存在着把线下教学方式"搬到"了线上,而且MOOC在本次在线教学应用过程中被师生排在最后,但师生互动却在本次线上教学得到了突出体现。

表1 不同主体对线上教学的主要教学方式模式的评价(均值)

主体	MOOC	录播	学生自学	文字+音频	直播	互动研讨
管理者	3.43	3.46	3.71	3.71	3.75	3.90
教师	2.53	2.80	3.45	3.45	3.62	3.83
学生	2.97	3.11	3.41	3.41	3.63	3.65
三者均值	2.98	3.12	3.52	3.52	3.67	3.79

与之前比较相类似,从管理者与师生直观感受的比较看,管理人员的直观体验明显高于师生。而就师生比较而言,在直播、提供材料供学生自主学习、文字+音频三个方面,师生态度几乎一致。而在录播和MOOC两个方面,学生体验感高于教师体验感。而在线上互动方面,教师体验感高于学生。(如图10)

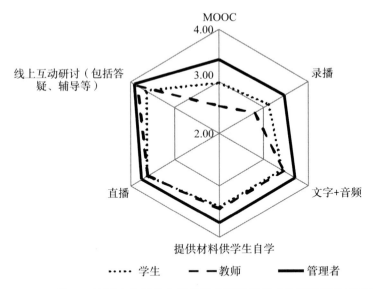

图 10 不同主体对线上教学的主要教学模式的使用情况(均值)

不同主体对线上不同教学模式使用频繁程度的选择人数不一,从师生比较看,除了录播和 MOOC 之外,教师选择"非常频繁"与"频繁"的比例普遍高于学生选择的比例。这些结果进一步说明,线上教学总体上还是沿袭传统线下教学方法,而新兴的 MOOC、翻转课堂以及混合式教学在本次线上教学过程中并未被充分应用。为了进一步说明疫情防控期间线上教学情况,课题组根据有关访谈,将线上教学可能出现的优缺点列为 13 个维度(其中 7 个优点,6 个缺点),并将评价分为"非常赞成""赞成""一般""不太赞成"和"不赞成"5个等级,分别赋值 5,4,3,2,1。

从调查结果看,学生对各项优点的评价均值在 3.50 以上(含 3.50),管理者对各项优点评价均值都在 3.72 以上(含 3.72)(如图 11);从缺点评价看,学生对各项缺点的评价均低于 3.42(含 3.42),管理者对各项缺点的评价均低于 3.55(含 3.55)(如图 12)。这一调查结果说明,本次线上教学,学生与管理者对线上教学所持的积极评价多于消极评价。

从图 11、12 亦可以发现,在所有优点评价中,管理人员评价均值全部高于学生评价,这说明管理人员对于线上教学有着更高的满意度。而在缺点评价中,二者趋于一致。并且,在优点评价中,位列前三是"可以让名师名课充分共享""可以反复回放,便于知识复习回顾""突破时空限制,可以随时随地学习"。这一结果预示着,线上教学将来有着很大的发展空间,充分利用线上教学这一优势,将有可能突破目前教学资源不足的瓶颈。而在缺点评价中,位列前三的是"教师无法即时了解学生的状态""缺乏老师现场指导和督促,课堂纪律松弛""教师无法及时了解学生知识掌握情况"。这一调查结果亦辩证地说明,不管线上教学如何变化,师生之间的面对面交流依然是教学的基本特征,是线上教学所无法替代的。

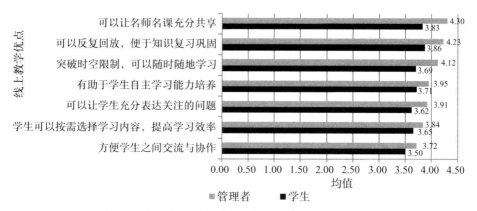

图 11　管理者和学生对线上教学优点的评价(均值)

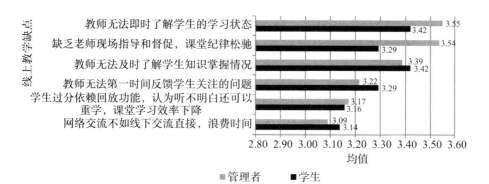

图 12　管理者和学生对线上教学缺点的评价(均值)

　　为了进一步了解管理人员与学生之间评价差异情况,课题组根据二者对各项优缺点选择的人数比例绘制成图 13、14。从图 13 和图 14 中可以发现:管理人员和学生对于线上教学优点的评价中,存在"钟摆"现象。即:双方选择"赞成"评价的人数比例高度一致,而在"非常赞成"选项,管理人员选择人数比例高于学生,而在"一般"选项,学生选择人数比例高于管理人员。相反,双方在缺点评价中呈现"右摆"现象,即双方选择"赞成"人数比例趋于一致,选择"一般"选项,学生人数比例高于管理人员,选择"不太赞成"选项,管理人员比例高于学生。这一调查结果,进一步印证了管理人员与学生之间对于线上教学的认识偏差。这一认识偏差意味着当在讨论线上教学改革"改变了教""改变了学"以及"改变了管"的时候,应当意识到改革的最终成效是以师生反应为"最后一公里",否则诸多的教学改革可能只停留于概念或口号而已。

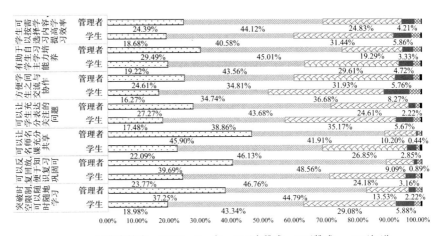

图 13　管理者和学生对线上教学各项优点选择的人数比例(%)

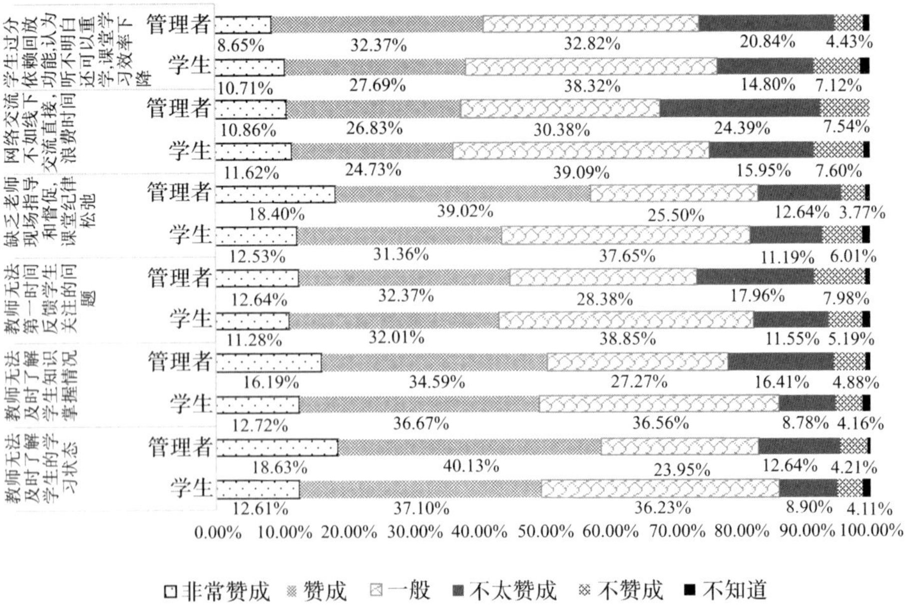

图 14　管理者和学生对线上教学各项缺点选择的人数比例(%)

（六）从线上教学效果看，与传统线下教学相比，线上教学效果还有待时间进一步检验，且不同类型院校师生的评价存在差异

通过教学效果的对比，可以了解与传统线下教学的差距与优势。调查将线上教学效果分为"比传统线下教学效果好""比传统线下教学效果差"和"没有变化"三个维度，并将效果评价分为"非常赞成""赞成""一般""不太赞成"和"不赞成"5个等级。从图15可看出，在"比线下教学效果好"方面，教师与学生的均值为3.02，在"比线下教学效果差"选项，学生评价均值（3.18）略高于教师（2.98），而在"没有变化"选项，学生评价均值（2.75）亦高于教师（2.36）。所以，从这三个维度调查结果看，目前师生对于线上教学的看法可以说是"好""坏"和"没有变化"三分天下，且"比传统教学效果差"这一看法还略占上风。由此说明，对当下线上教学效果还无法做最后判定，有待时间进一步检验，线上教学还有很大的改进空间。

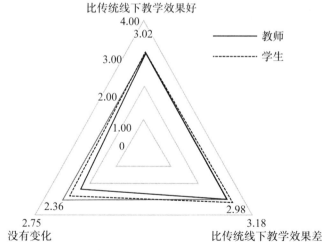

图15 师生对线上教学效果的评价（均值）

为了进一步了解不同地区和类型的高校师生对线上教学效果的评价，课题组根据不同地区和类型高校师生评价均值数据分别做了对比，具体为研究型高校、一般本科院校和高职院校，东部、中部和西部院校6类高校的师生评价对比。结果发现，师生对于线上教学效果评价模型图与全国情况基本一致。

换言之,目前线上教学总体效果评价不因高校类型以及所处地区不同而有显著差异。

但是,如果把不同类型高校教师或学生单独进行比较,会发现不同类型院校师生对于线上教学效果评价还是存在着一定差异(如图16)。就教师给出的评价比较而言,在"效果差"选项,教师的评价均值为:高职院校＞一般本科院校＞研究型大学;"效果好"选项,教师的评价均值为:研究型大学＞一般本科院校＞高职院校;"没有变化"选项,教师的评价均值为:高职院校＞研究型大学＞一般本科院校。就学生评价比较而言,在"效果差"选项,学生评价均值趋势与教师相同;"效果好"选项,学生评价均值为:一般本科院校＞高职院校＞研究型大学;"没有变化"选项,学生的评价均值为:高职院校＞一般本科院校＞研究型大学。由此表明,相对而言,高职院校的师生对于线上教学效果"负面评价"高于一般本科院校和研究型大学。

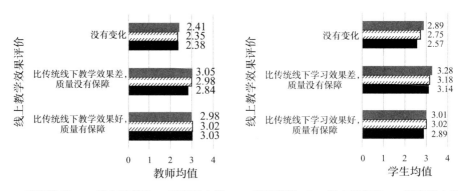

图16　不同类型高校师生对线上教学效果的评价(均值)

同样,如果把不同地区高校教师或学生进行单独比较,会发现不同地区高校师生对线上教学效果的评价也存在着一定差异(如图17)。就教师给出的评价而言,关于"效果好"选项,东部高校教师评价均值高于中西部高校教师;关于"效果差"选项,中西部高校教师评价均值高于东部高校教师。就学生给出的评价而言,上述现象也同样存在。也就是说,关于线上教学"效果好"选项,东部高校师生评价略高于中西部高校师生;而关于教学"效果差"选项,中西部高校师生评价略高于东部高校师生。这说明,师生对线上教学效果是否好于传统线下教学效果的对比评价,在不同类型和不同层次的高校之间、不同区域高校之间存在差异。高职院校、中西部地区评价略低,说明教育发展不均衡问题同样存在于线上教学中。

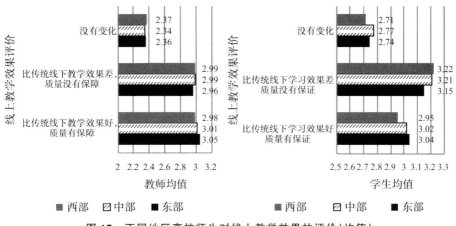

图 17　不同地区高校师生对线上教学效果的评价(均值)

(七)从影响线上教学效果的最主要因素看，不同类型高校的教师、学生和管理者在认识上存在差异，改进线上教学须因校因师生不同需求制定"精准"的改进方案

　　为进一步挖掘影响教学效果的主要因素,课题组根据有关情况将可能影响线上教学因素分为 18 个选项,并按重要程度分为"非常重要""重要""一般""不太重要"和"不重要"5 个等级,并分别赋值 5,4,3,2,1,允许参与调查者选择其中最主要的 3 个选项。从调查结果看,教师与管理人员看法往往比较一致,而学生与教师和管理人员之间还存在着一定"钟摆"偏差。即在"重要"选项上,三者评价人数比例趋于一致,而在"非常重要"选项,教师和管理者选择人数比例明显高于学生,而在"一般"选项上,学生选择人数比例高于教师和管理人员。但也有例外,具体如图 18、图 19 和图 20 所示。

　　为了获得三类人员对于各因素重要性的总判断,课题组根据每个选项的得分高低编排顺序号,然后按照三类顺序号的和进行排序,得出 18 个因素的重要性排序示意图(如图 21)。

　　从图 21 不难看出,前面 1～6 个重要因素中,除了第 5 个因素(学生的学习空间及终端设备支持)之外,其余全部是关于教师教和学生学的因素。中间第 7～12 个重要因素中,除了第 9 个因素(选择适合线上教学的课程内容)之外,其余全部是关于硬件平台及技术服务支持的因素。而最后第 13～18 个重要因素,除了第 18 个因素"配备助教"和 14 个因素"教师的教学空间及设备支

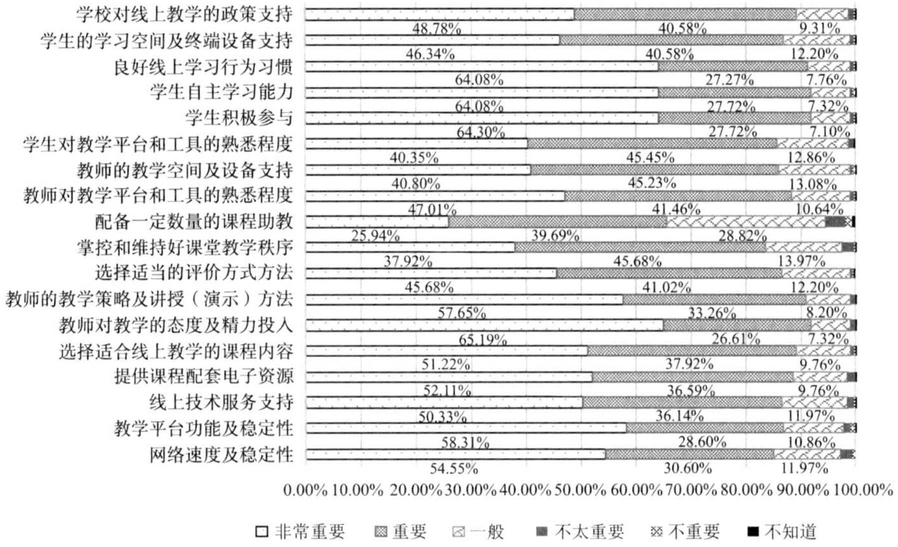

图 18　管理者认为影响线上教学效果最主要因素的人数比例(%)

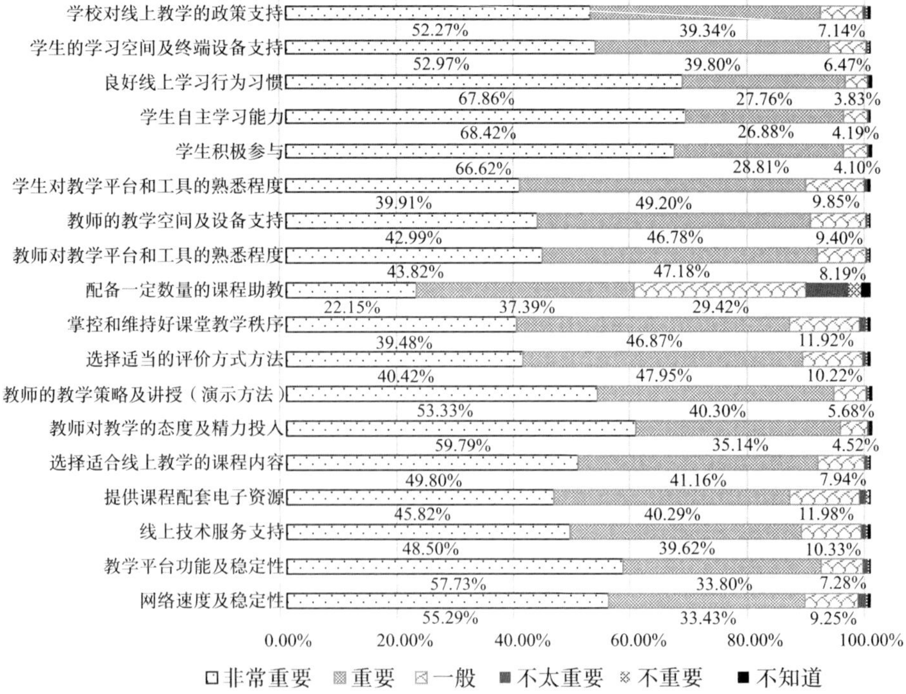

图 19　教师认为影响线上教学效果最主要因素的人数比例(%)

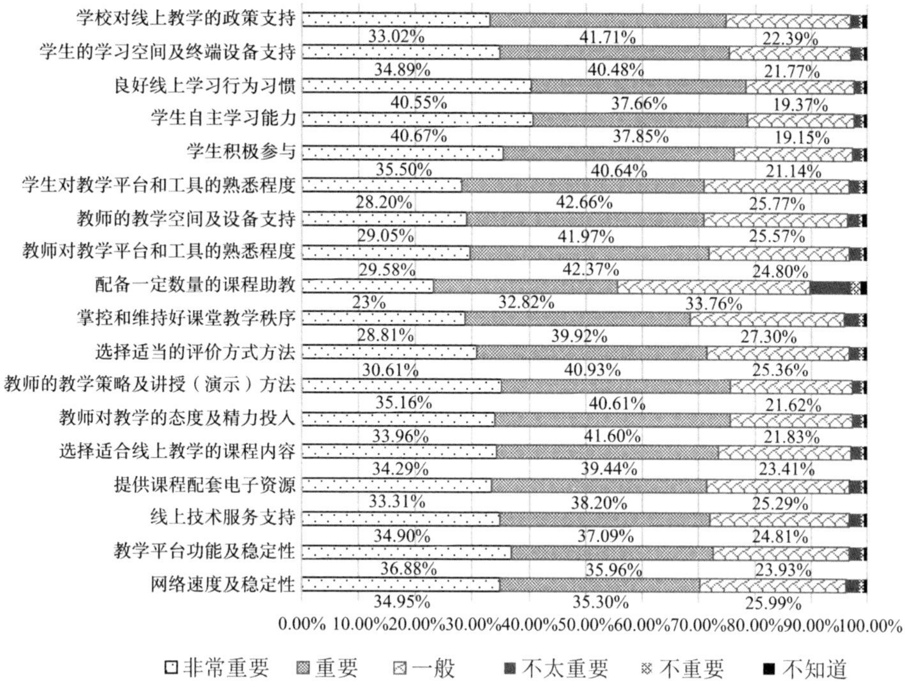

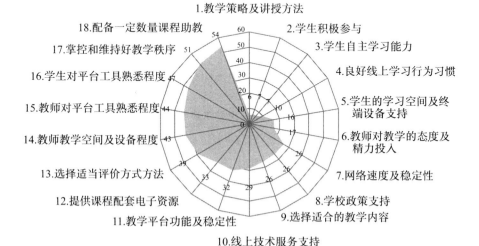

学校对线上教学的政策支持 33.02% 41.71% 22.39%
学生的学习空间及终端设备支持 34.89% 40.48% 21.77%
良好线上学习行为习惯 40.55% 37.66% 19.37%
学生自主学习能力 40.67% 37.85% 19.15%
学生积极参与 35.50% 40.64% 21.14%
学生对教学平台和工具的熟悉程度 28.20% 42.66% 25.77%
教师的教学空间及设备支持 29.05% 41.97% 25.57%
教师对教学平台和工具的熟悉程度 29.58% 42.37% 24.80%
配备一定数量的课程助教 23% 32.82% 33.76%
掌控和维持好课堂教学秩序 28.81% 39.92% 27.30%
选择适当的评价方式方法 30.61% 40.93% 25.36%
教师的教学策略及讲授（演示）方法 35.16% 40.61% 21.62%
教师对教学的态度及精力投入 33.96% 41.60% 21.83%
选择适合线上教学的课程内容 34.29% 39.44% 23.41%
提供课程配套电子资源 33.31% 38.20% 25.29%
线上技术服务支持 34.90% 37.09% 24.81%
教学平台功能及稳定性 36.88% 35.96% 23.93%
网络速度及稳定性 34.95% 35.30% 25.99%

0.00% 10.00% 20.00% 30.00% 40.00% 50.00% 60.00% 70.00% 80.00% 90.00% 100.00%

□非常重要　▨重要　▧一般　■不太重要　※不重要　■不知道

图20　学生认为影响线上教学效果最主要因素的人数比例(%)

图21　影响线上教学效果最重要因素的评价排序

持"外,其余 4 个因素都是关于技术方法培训和课堂教学管理的因素。这一调查结果说明,影响线上教学效果的首先是教师的教学方法和学生的学习方法的改变,其次是硬件、技术服务及学校的政策支持,最后是教学技术使用培训及课堂教学管理等因素。

　　为进一步了解不同类型高校师生对于 18 个选项重要性的排序,按照以上方法,以研究型大学教师排序为参照,分别比较研究型大学、一般本科院校和高职院校教师对于各项因素重要性的看法。从图 22 和表 2 看出,前 5 个因素和后 3 个因素,不同类型高校教师的重要性评价排序基本一致,对于中间各项因素,不同高校教师对其重要性评价尽管有所变化,但变化幅度不大,基本稳定在 1～3 个位次之间。这一结果排序与全国情况基本一致。

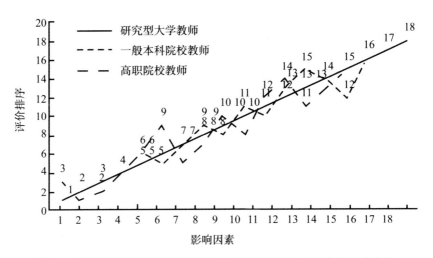

图 22　不同类型高校教师对影响线上教学效果最主要因素的评价排序

表 2　不同类型高校教师对影响线上教学效果最主要因素的评价排序

最主要影响因素	研究型大学	一般本科院校	高职院校
1.学生自主学习能力	1	1	3
2.良好线上学习行为习惯(如按时上课,学习自律能力等)	2	2	1
3.学生积极参与	3	3	2
4.教师对教学的态度及精力投入	4	4	4
5.教师的教学策略及讲授(演示)方法	5	6	6
6.教学平台功能及稳定性	6	5	9

续表

最主要影响因素	研究型大学	一般本科院校	高职院校
7.学生的学习空间及终端设备支持	7	7	5
8.网络速度及稳定性	8	9	7
9.学校对线上教学的政策支持	9	8	10
10.教师对教学平台和工具的熟悉程度	10	11	8
11.选择适合线上教学的课程内容	11	10	12
12.教师的教学空间及设备支持	12	13	14
13.学生对教学平台和工具的熟悉程度	13	15	11
14.提供课程配套电子教学资源	14	14	13
15.线上技术服务支持	15	12	15
16.选择适当的评价方式方法	16	16	16
17.掌控和维持好课堂教学秩序	17	17	17
18.配备一定数量的课程助教	18	18	18

再以研究型大学学生评价排序为参照,分别比较研究型大学、一般本科院校和高职院校学生对于各项因素重要性的看法。从图23和表3看出,不同类型高校学生的重要性评价排序差异变化非常之大。研究型大学学生认为最重要的前3个因素分别是:学生自主学习能力、良好线上学习行为习惯、教师教学策略及讲授方法;一般本科院校学生认为最重要的前3个因素分别是:教师的教学空间及设备支持、学生对教学平台和工具的熟悉程度、选择适合线上教学的课程内容;高职院校学生认为最重要的前3个因素分别是:学生的学习空间及终端设备支持、线上技术服务支持、选择适当的评价方式方法。这一现象反映了不同类型学校学生对于线上教学的不同需求和期待。研究型大学学生更看重的是教师教学策略与教学方法,而一般本科院校和高职院校学生更加关注教学平台功能、技术服务保障支持以及教师的教学精力投入等等。这些结果揭示,进一步改进线上教学,需要根据不同地区、不同类型高校师生的不同需求,制定精准的改进方案。

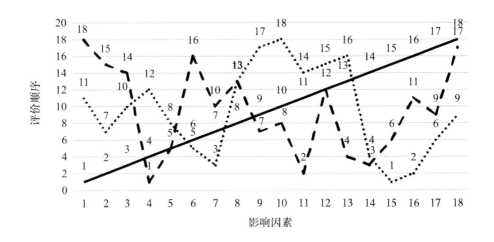

图 23　不同类型高校学生对影响线上教学效果最主要因素评价的排序

表 3　不同类型高校学生对影响线上教学效果最主要因素的评价排序

最主要影响因素	研究型大学	一般本科院校	高职院校
1.学生自主学习能力	1	11	18
2.良好线上学习行为习惯(如按时上课,学习自律能力等)	2	7	15
3.教师的教学策略及讲授(演示)方法	3	10	14
4.学生的学习空间及终端设备支持	4	12	1
5.教师对教学的态度及精力投入	5	8	5
6.教学平台功能及稳定性	6	5	16
7.选择适合线上教学的课程内容	7	3	10
8.学生积极参与	8	13	13
9.提供课程配套电子教学资源	9	17	7
10.学校对线上教学的政策支持	10	18	8
11.线上技术服务支持	11	14	2
12.网络速度及稳定性	12	15	12
13.教师对教学平台和工具的熟悉程度	13	16	4
14.选择适当的评价方式方法	14	4	3
15.教师的教学空间及设备支持	15	1	6
16.学生对教学平台和工具的熟悉程度	16	2	11
17.掌控和维护好课堂教学秩序	17	6	9
18.配备一定数量的课程助教	18	9	17

（八）从对线上教学存在的问题看，普遍认为顺利完成了教学平稳过渡，但由于时间短，问题暴露得还不充分，不同类型高校师生及管理者对问题的认识存在差异

作为一次"应急"的过渡性措施，疫情防控期间大规模线上教学不可避免地会出现一些问题。弄清楚这些问题，既是改进线上教学的依据，也是继续推进线上教学的出发点。对应上文分析的影响因素，调查问卷列了18个线上教学可能存在的问题，并按赞成程度分为"非常赞成""赞成""一般""不太赞成"和"不赞成"5个等级。调查结果显示(如表4)，师生对各种问题赞成的均值都在4以内。由此可说明，尽管线上教学有些问题，但总体上本次线上教学平稳过渡，短时间内线上教学的问题暴露得还不充分。但从另一方面看，由于不同主体对线上教学过程体验不同，其对问题的认识和看法也会有所差异。认清这些差异，将有助于为今后进一步改进线上教学提供更加精准的参考。

表4 不同主体对目前线上教学存在主要问题的评价(均值)

主要问题	教师	学生	管理者	主要问题	教师	学生	管理者
1.部分教学内容不适合线上教学	3.91	3.57	3.93	10.教师的教学空间环境及设备支持不足	3.43	3.02	3.44
2.学生自主学习能力弱	3.82	3.28	3.75	11.线上技术服务支持跟不上	3.4	3.44	3.55
3.学生未养成线上学习的良好习惯	3.77	3.26	3.74	12.学生对教学平台和工具的不熟练	3.24	3.02	3.32
4.网络速度及稳定性差	3.74	3.61	3.94	13.教育评价方式方法不适合网上教学	3.23	3.15	3.47
5.教学平台功能不完善及稳定性差	3.67	3.56	3.86	14.教学策略及教学方法不适应线上教学	3.19	3.17	3.53
6.课堂教学秩序不好	3.66	3	3.69	15.教师对教学平台和工具的不熟练	3.17	3.02	3.39
7.学生参与度不够	3.63	3.13	3.6	16.没有课程助教或数量不足	3.07	2.92	3.28
8.提供课程配套电子教学资源不足	3.56	3.36	3.62	17.学校对线上教学的政策支持不足	3.04	3.02	3.29
9.学生的学习空间环境及终端设备支持不够	3.51	3.18	3.48	18.教师对教学的态度及精力投入不够	2.91	2.93	3.36

其一,从管理人员与师生评价比较看,管理人员评价均值高于教师和学生的评价均值。一方面,在"部分教学内容不适合线上教学""学生自主学习能力弱""学生未养成线上学习的良好习惯""课堂教学秩序不好""学生参与度不够""提供课堂配套电子教学资源不足""学生的学习空间环境及终端设备支持不够""教师的教学空间环境及设备支持不足"等8个问题上,管理人员与教师的评价均值基本一致,或者说二者看法基本一致。另一方面,在"网络速度及稳定性差""教学平台功能不完善及稳定性差""线上技术服务支持跟不上""学生对教学平台和工具的不熟练""教师对于教学平台和工具的不熟练""教育评价方式方法不适合网上教学""教学策略及教学方法不适合线上教学""没有课程助教或数量不足""学校对线上教学的政策支持不足""教师对教学的态度及精力投入不够"等10个问题上,管理人员对于问题评价均值明显高于教师和学生。

将这18个问题进一步划分为"教学平台相关问题""教师相关问题""学生相关问题"三类,通过比较不同主体对线上教学存在问题的评价看出,在"教学平台相关问题"中(图24),管理者对诸如网速、平台功能不完善、配套电子资源、技术服务方面存在问题"非常赞成"的比例高于教师和学生。这一结果说

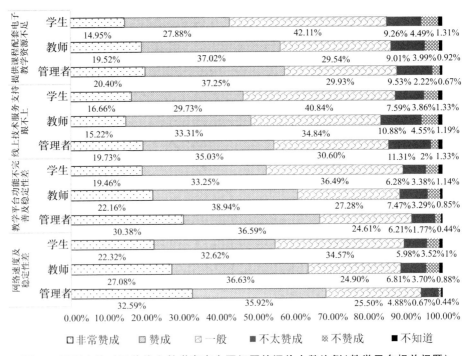

图 24　不同主体对目前线上教学存在主要问题的评价人数比例(教学平台相关问题)

明,教学管理者对于这些问题尤其是教学平台稳定性、线上技术服务、平台工具及使用等方面有着更深的体会。

在"教师相关问题"中(图 25),管理者对教学内容、教师投入度、教学策略、教学评价方式、教学秩序、助教、教师对平台使用熟练度方面存在问题选择"非常赞成"的比例高于教师和学生。管理者相较于教师和学生对于教育评价方法、教师教学策略方法、教师的教学精力投入及教学态度等方面可能存在着更高的期待,这可能是管理人员对于这些问题评价高于教师和学生的主要原因。

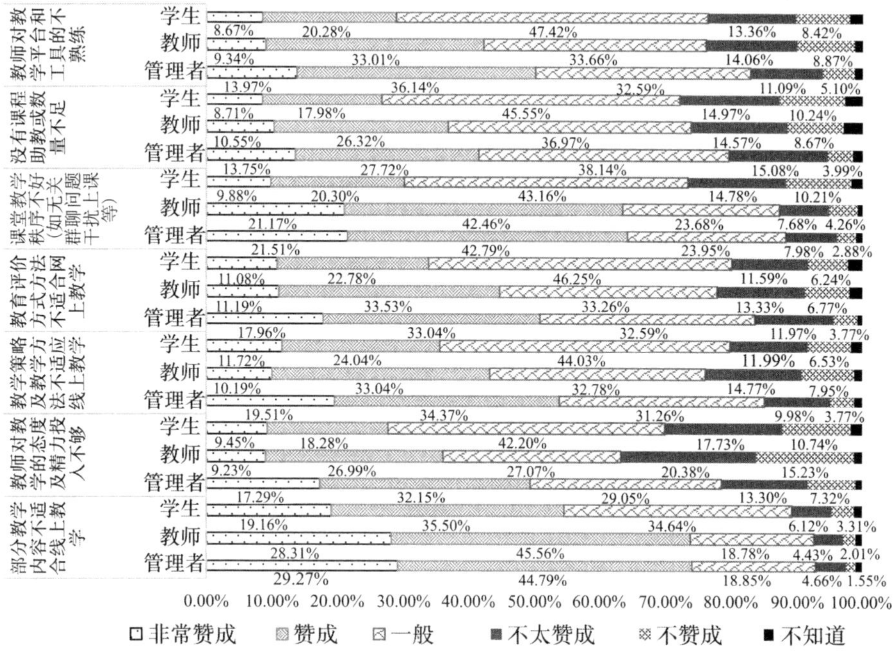

问题	主体	非常赞成	赞成	一般	不太赞成	不赞成
教师对教学平台和工具的不熟练	学生	8.67%	20.28%	47.42%	13.36%	8.42%
	教师	9.34%	33.01%	33.66%	14.06%	8.87%
没有课程助教或数量不足	学生	13.97%	36.14%	32.59%	11.09%	5.10%
	教师	8.71%	17.98%	45.55%	14.97%	10.24%
	管理者	10.55%	26.32%	36.97%	14.57%	8.67%
课堂教学秩序不好(如无关群聊上课干扰上课等)	学生	13.75%	27.72%	38.14%	15.08%	3.99%
	教师	9.88%	20.30%	43.16%	14.78%	10.21%
	管理者	21.17%	42.46%	23.68%	7.68%	4.26%
教育评价方式方法不适合网上教学	学生	21.51%	42.79%	23.95%	7.98%	2.88%
	教师	11.08%	22.78%	46.25%	11.59%	6.24%
	管理者	11.19%	33.53%	33.26%	13.33%	6.77%
教学策略及教学方法不适应线上教学	学生	17.96%	33.04%	32.59%	11.97%	3.77%
	教师	11.72%	24.04%	44.03%	11.99%	6.53%
	管理者	10.19%	33.04%	32.78%	14.77%	7.95%
教师对教学的态度及精力投入不够	学生	19.51%	34.37%	31.26%	9.98%	3.77%
	教师	9.45%	18.28%	42.20%	17.73%	10.74%
	管理者	9.23%	26.99%	27.07%	20.38%	15.23%
部分教学内容不适合线上教学	学生	17.29%	32.15%	29.05%	13.30%	7.32%
	教师	19.16%	35.50%	34.64%	6.12%	3.31%
	管理者	28.31%	45.56%	18.78%	4.43%	2.01%
		29.27%	44.79%	18.85%	4.66%	1.55%

0.00% 10.00% 20.00% 30.00% 40.00% 50.00% 60.00% 70.00% 80.00% 90.00% 100.00%

□非常赞成 ▨赞成 ⊠一般 ■不太赞成 ⊠不赞成 ■不知道

图 25　不同主体对目前线上教学存在主要问题的评价人数比例(教师相关问题)

在"学生相关问题"中(图 26),教师对学生使用平台熟练度、自主学习能力、良好学习习惯、学习空间和环境方面存在问题选择"非常赞成"的比例高于管理者和学生。其次是管理者对学生使用平台熟练度、学生参与度、自主学习能力、良好学习习惯、学习空间和环境方面存在问题选择"非常赞成"的比例接近教师,高于学生。这说明教师与管理者都关注到了线上教学中存在的学生相关问题。

其二,从师生比较看,师生对于各种问题的认识同中有异。从相同方面说,师生认为在线教学最突出的 6 个主要问题中有 4 个问题重合,包括:网络速度及稳定性差、部分教学内容不适合线上教学、教学平台功能不完善及稳定性差、学生自主学习能力弱。由此说明,这 4 个问题是在线上教学过程最需要

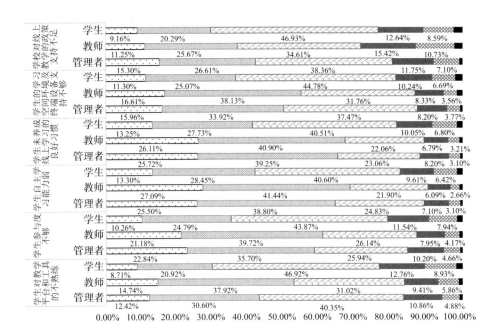

图 26　不同主体对目前线上教学存在主要问题的评价人数比例(学生相关问题)

迫切改进的问题。但从不同方面说,师生对问题的认识存在着不同程度的差距。如果按照排序位置差异看,微小差距有 9 个问题,中等差距有 6 个问题,较大差距有 3 个问题(如表 5)。

表 5　不同主体对目前线上教学存在问题的评价排序

主要问题	教师排序	学生排序	异位差	师生认识差距
1.部分教学内容不适合线上教学	1	2	1	
2.学生的学习空间环境及终端设备支持不够	9	8	1	
3.教师对教学的态度及精力投入不够	18	17	1	
4.教学平台功能不完善及稳定性差	5	3	2	
5.教师的教学空间环境及设备支持不足	10	12	2	微小差距
6.学生对教学平台和工具的不熟练	12	14	2	
7.教师对教学平台和工具的不熟练	15	13	2	
8.没有课程助教或数量不足	16	18	2	
9.学校对线上教学的政策支持不足	17	15	2	

续表

主要问题	教师排序	学生排序	异位差	师生认识差距
10.网络速度及稳定性差	4	1	3	
11.提供课程配套电子教学资源不足	8	5	3	
12.教育评价方式方法不适合网上教学	13	10	3	中差距
13.学生自主学习能力弱	2	6	4	
14.学生未养成线上学习的良好习惯	3	7	4	
15.学生参与度不够	7	11	4	
16.教学策略及教学方法不适应线上教学	14	9	5	
17.线上技术服务支持跟不上	11	4	7	差距较大
18.课堂教学秩序不好	6	16	10	

从微小差距看,主要问题包括:教学内容、教学态度、学生学习空间环境及终端设备,其次为客观的教学平台及功能、教师教学空间环境及设备支持、师生对于教学平台和工具的熟悉以及关于线上教学的政策支持等方面问题。

从中等差距看,主要问题包括:网络速度及稳定性、配套电子教学资源、教育评价方式方法、学生自主学习能力、学习习惯以及学生参与度方面。值得注意的是,在网络速度稳定性方面,尽管师生都把这一问题排在了前6个主要问题中,但是,学生的感受更加强烈。而关于学生自主学习能力、线上学习习惯以及学生参与度方面的问题,尽管大家都把这些问题提到相对靠前的位置,但教师的感受更加突出,或者说教师对于学生这一方面期待和要求更加迫切。

从较大差距看,主要问题包括:教学策略及教学方法不适应线上教学,线上技术服务支持跟不上,课堂教学秩序不好。

其三,不同类型高校教师对存在的问题有着不同的认识。根据表6,三类院校教师认为最突出的前6个主要问题中,均有"部分教学内容不适合线上教学""自主学习能力弱""学生未养成线上学习的良好习惯(如按时上课,学习自律能力等)""网络速度及稳定性差"等4个问题。(如表6和图27)

表6 不同类型高校教师对线上教学存在最主要问题的评价排序

存在最主要问题	研究型大学教师	一般本科院校教师	高职院校教师
1.部分教学内容不适合线上教学	1	1	3
2.课堂教学秩序不好把控	2	5	7
3.学生自主学习能力弱	3	2	1
4.学生参与度不够	4	7	6

续表

存在最主要问题	研究型大学教师	一般本科院校教师	高职院校教师
5.学生未养成线上学习的良好习惯（如按时上课,学习自律能力等）	5	3	2
6.网络速度及稳定性差	6	4	4
7.教学平台功能不完善及稳定性差	7	6	5
8.提供课程配套电子教学资源不足	8	8	9
9.学生的学习空间环境及终端设备支持不够	9	9	8
10.教师的教学空间环境及设备支持不足	10	10	11
11.教育评价方式方法不适合网上教学	11	12	16
12.教学策略及教学方法不适应线上教学	12	14	13
13.教师对教学平台和工具的不熟练	13	15	14
14.线上技术服务支持跟不上	14	11	10
15.没有课程助教或助教数量不足	15	16	15
16.学生对教学平台和工具的不熟练	16	13	12
17.学校对线上教学的政策支持不足	17	17	17
18.教师对教学的态度及精力投入不够	18	18	18

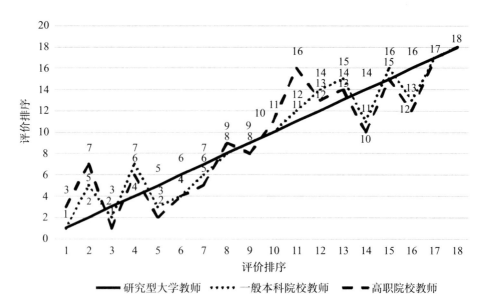

图 27　不同类型高校教师对线上教学存在最主要问题评价的排序

但从总体上看,研究型大学教师与一般本科院校教师对于各种问题认识比较一致,位差在0～3个位次之间。而研究型大学与高职院校位差在0～5个位次之间。其中位次差异最多的问题是"课堂教学秩序不好把控"和"教育评价不适合网上教学",研究型大学与高职院校有5个位差;其次是"线上技术服务支持跟不上""学生对教学平台和工具不熟练",有4个位差;再次是"学生未养成线上学习的良好习惯(如按时上课,学习自律能力等)"有3个位差。最后为其他选项,在2个位差以内。

其四,从不同类型高校学生对线上教学存在主要问题的评价看,不同类型高校学生认为最突出的前6个主要问题中,共有5个问题重合,包括"网络速度及稳定性差""教学平台功能不完善及稳定性差""线上技术服务支持跟不上""部分教学内容不适合线上教学""教师对教学的态度及精力投入不够"。但从不同方面说,与教师的看法相比,不同类型高校的学生对于线上教学存在的问题的看法则更为接近。从图28看出,各种问题的异位差最多4个位次,即第4个问题"提供课程配套电子教学资源不足",其次是第12项"教师的教学空间环境及设备支持不足",第16项"学生未养成线上学习的良好习惯",异位差为3个位次,其余各项目均在2个位差以内。(如表7和图28)

表7 不同类型高校学生对线上教学存在的最主要问题的评价排序

存在的最主要问题	研究型大学学生	一般本科院校学生	高职院校学生
1.网络速度及稳定性差	1	2	3
2.教学平台功能不完善及稳定性差	2	1	1
3.线上技术服务支持跟不上	3	3	2
4.提供课程配套电子教学资源不足	4	7	8
5.部分教学内容不适合线上教学	5	6	6
6.教师对教学的态度及精力投入不够	6	4	4
7.教学策略及教学方法不适应线上教学	7	5	5
8.教育评价方式方法不适合网上教学	8	11	11
9.课堂教学秩序不好(如无关群聊问题干扰上课等)	9	8	7
10.没有课程助教或数量不足	10	9	9
11.教师对教学平台和工具不熟练	11	10	10

续表

存在的最主要问题	研究型大学学生	一般本科院校学生	高职院校学生
12.教师的教学空间环境及设备支持不足	12	12	16
13.学生对教学平台和工具不熟练	13	13	15
14.学生参与度不够	14	14	13
15.学生自主学习能力弱	15	15	14
16.学生未养成线上学习的良好习惯（如按时上课,学习自律能力等）	16	16	12
17.学生的学习空间环境及终端设备支持不够	17	17	18
18.学校对线上教学的政策支持不足	18	18	17

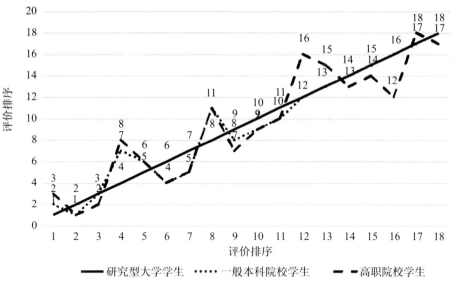

图28　不同类型高校学生对线上教学存在最主要问题的评价排序

（九）从师生对线上教学面临的最大挑战看，教师群体需要改变教学策略和教学习惯，学生群体需要加强自律和自主性学习，但师生总体意愿趋于采用"线上＋线下"混合式教学

教师和学生都面临来自线上教学的挑战，这些挑战来自不同的方面。本次调查结果显示，教师各项得分均值均高于 3.5，说明教师从线下教学走上线上教学还面临着相当大的挑战。按照挑战度高低排序，依次为："需要改变教学策略和教学方法"（均值为 4.01）、"需要改变以往的教学习惯"（均值为 3.96）、"需要转变教学观念"（均值为 3.96）、"需要重新学习各种教育技术"（均值为 3.95）、"课内课外时空界限变模糊"（均值为 3.92）、"增加教学工作量负担"（均值为 3.88）、"增加心理压力"（均值为 3.56）。（如图 29）

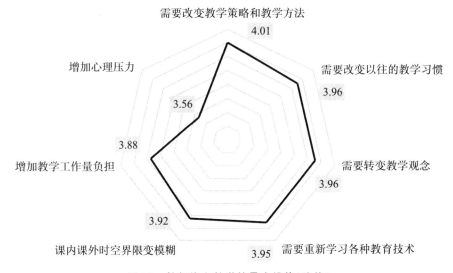

图 29　教师线上教学的最大挑战（均值）

再从学生学习挑战看，调查将线上学习可能存在的挑战列为 7 个方面，并将学生态度分为"非常赞成""赞成""一般""不太赞成"和"不赞成"5 个等级。从调查结果看，所有项目均值都低于 4.00。按照挑战度均值得分从高到低排序，依次是"需要更强自律性，养成良好的线上学习行为和习惯"（均值 3.81）；"对自主学习能力提出更高要求"（均值 3.76）；"提高课堂听课效率，避免浪费时间"（均值 3.73）；"学习任务量、挑战度增加"（均值 3.66）；"网络资源广泛，需

要批判性、研究性学习"(均值 3.66);"需要加强与同学之间的互助协作"(均值 3.61);"对各种平台和学习工具的熟悉和掌握"(均值 3.37)。(如图 30)

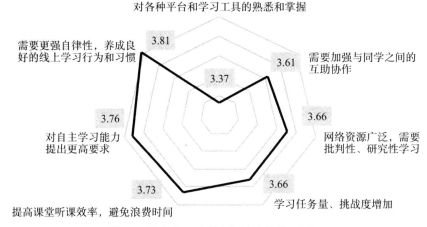

图 30　线上学习对学生的最大挑战(均值)

由此可见,线上教学对于教师而言,最大的挑战是需要改变教学策略和教学方法、需要改变以往的教学习惯、需要转变教学观念。对于学生而言,最大的挑战主要是自律教育、提高自主学习能力以及提高课堂听课效率三个方面。所以,从师生的反馈结果看,线上教学不是简单的线下教学的"搬家",是一个从理念到方法,从技术手段到平台建设的全面"课堂革命"。线上教学将改变传统师生的教学习惯和学习习惯,也可能改变高校管理的习惯,这一改变无疑是一个渐进的过程。

为进一步了解疫情过后,师生及管理者对于线上教学的态度,课题组设计了"继续采用线上教学""采用'线上+线下'混合式教学"以及"不采用线上教学"三个方面。调查结果显示(如图 31):"继续采用线上教学"维度,师生赞成度大体一致,而管理者态度更加积极;"采用'线上+线下'混合式教学"维度,管理者与教师趋于一致,并高于学生;"不采用线上教学"维度,管理者高于学生,而学生又高于教师。但从总体看,采用"线上+线下"混合式教学这一维度,师生反应更积极一些。超过 70% 教师表示"愿意"(包含"非常愿意")采用"线上+线下"混合式教学,45% 多的教师表示"继续采用线上教学",只有 20% 左右的教师表示"不采用线上教学"。① 从学生评价看,超过 50% 的学生

① 厦门大学教师发展中心.疫情期间高校教师线上教学调查报告[EB/OL].(2020-04-07)[2020-05-30].https://mp.weixin.qq.com/s/oxqPcHxL01MaUBN9CTHNug.

表示"接受"(含"非常接受")"采用'线上＋线下'混合式教学",认可度高于其他两种态度。由此可见,学生更希望采用"线上＋线下"混合式的教学模式。近40%的学生表示"接受""继续采用线上教学",但也有30％左右的学生"接受""不采用线上教学"。[①] 从这些统计结果显示,在经历了短时间的线上教学体验后,无论是教师还是学生,无论在思想观念上还是教学行为、学习行为上,都悄悄地发生了一些改变。疫情之后的教学,如果完全回到传统的线下教学模式,很可能已经无法适应教学变革的新需求了,比较可行的做法是采取线上与线下混合的教学模式,并在实践中不断加以完善和改进。

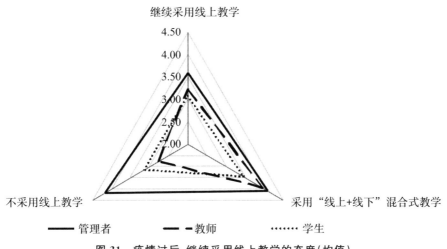

图31　疫情过后,继续采用线上教学的态度(均值)

（十）从师生对线上教学改进的意见看，都有改进的迫切性，但不同主体对改进策略及途径的认识存在差异

对深入了解不同主体对线上教学实践改进的需求,本次调查将管理者、教师和学生可能提出的改进意见列为"提升网络设备等硬件"等12个方面,并将三类人员赞成程度分为"非常赞成""赞成""一般""不太赞成"和"不赞成"5个等级。从调查结果看(如图32),管理者和教师对于线上教学改进的迫切性高于学生。所不同的是,由于不同主体基于自身所处的经历、体验和立场利益等考虑,对于改进的策略及途径有着不同的看法。

---

① 厦门大学教师发展中心.疫情期间大学生线上学习调查报告[EB/OL].(2020-04-07)[2020-05-30].https://mp.weixin.qq.com/s/SLVv7-fWysewkjfepNZJQ.

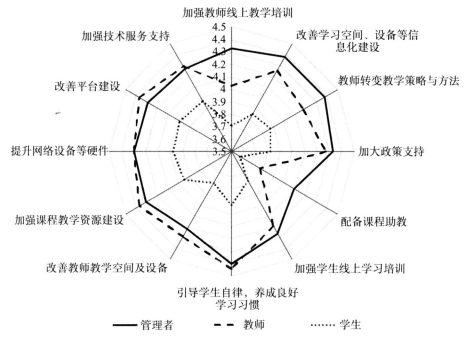

图 32 不同主体对采用线上教学最需要加强(改进)意见(均值)

从图 32 可以看到,在加强教师线上教学培训,改善学习空间、设备等信息化建设,教师转变教学策略与方法,加大政策支持,配备课程助教,加强学生线上学习培训等方面,管理人员的评价均值高于教师评价均值;而在加强学生线上学习培训、引导学生自律、养成良好学习习惯、改善教师教学空间及设备、加强课程教学资源建设、提升网络条件等硬件建设、改善平台建设、加强技术服务支持等方面,教师与管理人员看法趋于一致或者略高于管理人员。为了进一步揭示不同主体对于各项改进意见的看法,课题组将各项评价均值按照高低顺序进行排序,并形成了管理者、教师和学生三者的排序表。以管理者排序作为参照系,发现师生与管理者对于各项改进意见迫切性的选择差异很大。(如表 8 和图 33)

表 8 不同主体对线上教学改进意见的评价排序

改进意见	管理者	教师	学生
1.引导学生自律,养成良好学习习惯	1	1	5
2.教师转变教学策略与方法	2	10	6
3.改善学习空间、设备等信息化建设	3	8	7

续表

改进意见	管理者	教师	学生
4.加强教师线上教学培训	4	11	11
5.加大政策支持	5	7	8
6.加强课程教学资源建设	6	2	4
7.提升网络设备等硬件	7	4	2
8.改善平台建设	8	3	1
9.加强技术服务支持	9	5	3
10.加强学生线上学习培训	10	9	10
11.改善教师教学空间及设备	11	6	9
12.配备课程助教	12	12	12

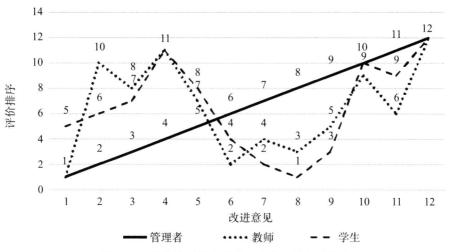

图 33 不同主体对线上教学改进意见的评价排序

表 8 显示,管理者、教师和学生三者除了对第 10 项"加强学生线上学习培训"和第 12 项"配备课程助教"的评价比较一致外,其余各项三者看法差异非常大。以最迫切的前 3 项改进为例,管理者认为最值得改进的是:"引导学生自律,养成良好学习习惯""教师转变教学策略与方法""改善学习空间、设备等信息化建设"。但从教师的视角看,最值得改进的前三项分别是:"引导学生自律,养成良好的学习习惯""加强课程教学资源建设""改善平台建设"。而从学生视角看,认为最需要改进的是:"改善平台建设""提升网络设备等硬件""加强技术服务支持"。

　　暂抛开管理人员的意见,仅从师生对线上教学改革的意见进行对比,发现师生间看法基本相似。如表 9 和图 34,师生在"加强教师线上教学培训"和"配备课程助教"这两个方面看法完全一致。在前 5 个改进意见中,二者看法基本一致。但教师认为第 1、2、3 项重要,而学生则认为 3、4、5 项更迫切。这反映了师生对于线上教学的改进策略和途径的不同看法。从教师的立场看,首先应引导学生自律,养成良好的线上学习习惯,而后加强课程教学资源和平台建设,提升学校的网络设备等硬件,并加强技术服务支持。而从学生视角看,恰恰应该是先改善平台和硬件建设、技术服务支持,而后才是养成良好的学习习惯。在后 5 项改进意见中,这种现象同样存在。从教师视角看,首先应该是改善教师的教学空间及设备,加大政策支持,进一步改善学习空间、设备以及加强学生线上学习培训,最后是转变教学策略与方法。但从学生视角看,这一顺序应该倒过来,先是教师要转变教学策略与方法,而后才是其他方面的改进。可以看出,管理人员、教师和学生三者对于改进意见似乎都有点"本位主义"之嫌,如何求同存异,使三者在认识上取得基本一致,需要一段时间的"磨合"。

表 9　师生对线上教学改进意见的评价排序

改进意见	教师	学生	改进意见	教师	学生
1.引导学生自律,养成良好学习习惯	1	5	7.加大政策支持	7	8
2.加强课程教学资源建设	2	4	8.改善学习空间、设备等信息化建设	8	7
3.改善平台建设	3	1	9.加强学生线上学习培训	9	10
4.提升网络设备等硬件	4	2	10.教师转变教学策略与方法	10	6
5.加强技术服务支持	5	3	11.加强教师线上教学培训	11	11
6.改善教师教学空间及设备	6	9	12.配备课程助教	12	12

　　为进一步了解不同类型高校师生对于线上教学改进意见的不同看法,课题组按照上述同样方法对研究型大学、一般本科院校以及高职院校教师线上教学的各项改进意见进行排序,形成表 10 和图 35。

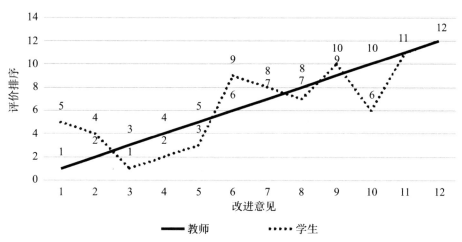

图 34　师生对线上教学改进意见的评价排序

表 10　不同类型高校教师对线上教学改进意见的评价排序

改进意见	研究型大学教师	一般本科院校教师	高职院校教师
1.提高学生的自主学习能力	1	1	1
2.引导学生养成线上学习的良好习惯(如按时上课,学习自律能力等)	2	2	2
3.提高学生的课堂参与度	3	4	5
4.精选适合线上教学的教学内容	4	3	4
5.改善平台的功能及稳定性	5	6	3
6.加大课程配套电子教学资源建设	6	5	6
7.加大对线上教学的政策支持	7	10	9
8.进一步改善教师教学空间环境及设备	8	8	10
9.提高网络速度及稳定性	9	7	8
10.加强线上技术服务支持	10	9	7
11.改变教学策略及教学方法	11	13	14
12.改善学生学习空间环境及设备支持	12	11	11
13.加强学生对教学平台和工具使用引导	13	12	12
14.加强课堂教学秩序管理	14	14	13

续表

改进意见	研究型大学教师	一般本科院校教师	高职院校教师
15.改革教育评价方式方法(如加大平时测验、课堂测验或作业等)	15	15	16
16.教师加大教学精力投入	16	16	17
17.配备课程助教	17	18	18
18.加强线上教学的相关培训	18	17	15

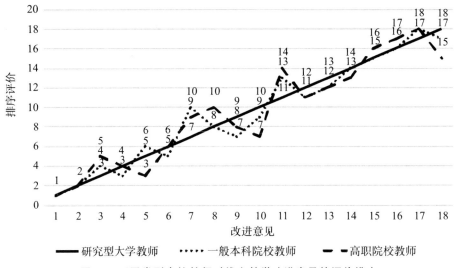

图35 不同类型高校教师对线上教学改进意见的评价排序

从不同类型高校教师对线上教学的评价意见看,三者看法基本趋于一致。尤其前 6 项改进意见:提高学生的自主学习能力、引导学生养成线上学习的良好习惯(如按时上课,学习自律能力等)、提高学生的课堂参与度、精选适合线上教学的教学内容、改善平台的功能及稳定性、加大课程配套电子教学资源建设等改进意见趋于一致。

从不同类型高校学生评价意见看,最需要加强改进的前 6 个意见中,有 4 个意见三方有交集:即精选适合线上教学的教学内容、改善平台的功能及稳定性、加大课程配套电子教学资源建设、提高网络速度及稳定性等。另有两项无交集:提高学生的自主学习能力、引导学生养成线上学习的良好习惯(如按时上课,学习自律能力等)。其中研究型大学学生把这两项排在前二三位置,而一般本科院校和高职院校排在了前六七位置。由此说明,研究型大学学生更加重视自主学习能力和学习习惯的培养。再从中间 6 个改进意见看,除了第 7 个改进意见"加强线上技术服务支持"看法差距较大外,其余各项三者评价基本差别不大。(如表 11 和图 36)

表 11　不同类型高校学生对线上教学改进意见的评价排序

改进意见	研究型大学学生	一般本科院校学生	高职院校学生
1.精选适合线上教学的教学内容	1	1	4
2.提高学生的自主学习能力	2	6	7
3.引导学生养成线上学习的良好习惯(如按时上课,学习自律能力等)	3	7	6
4.改善平台的功能及稳定性	4	2	1
5.加大课程配套电子教学资源建设	5	5	5
6.提高网络速度及稳定性	6	3	2
7.加强线上技术服务支持	7	4	3
8.改变教学策略及教学方法	8	8	8
9.改善学生学习空间环境及设备支持	9	10	10
10.教师加大教学精力投入	10	9	9
11.加大对线上教学的政策支持	11	11	13
12.进一步改善教师教学空间环境及设备	12	13	12
13.提高学生的课堂参与度	13	12	11
14.加强学生对教学平台和工具使用引导	14	14	14
15.加强课堂教学秩序管理	15	15	15
16.加强线上教学的相关培训	16	16	16
17.改革教育评价方式方法(如加大平时测验、课堂测验或作业等)	17	17	18
18.配备课程助教	18	18	17

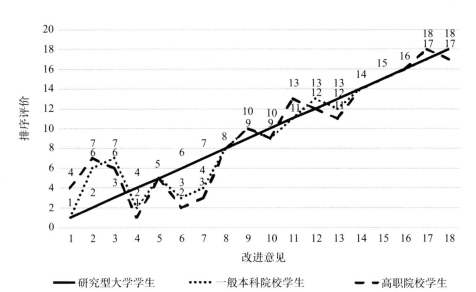

图 36　不同类型高校学生对线上教学改进意见的评价排序

三、结语：关于首次大规模在线教学
"阶段性"特征的思考

　　总之，疫情无情而教育有情。借助于互联网信息技术力量，本次大规模线上教学不但成功实现了教育部提出的"停课不停教、停课不停学"的目标任务，而且大大加速了我国信息技术与教育融合的步伐。本次线上教学使得广大教师、学生以及高校管理者从思想观念到行动实践上经历了一次完整的"实验"，虽然这一"实验"带有"应急"的阶段性特征，虽然从表面看这些阶段性特征反映了人们对于线上教学的不同认识，但从深层次来看，其揭示了在线教学在不同区域发展不平衡，以及不同高校在线教学推进的不同深度。辩证地说，这次大规模在线教学既充分检验和展示了我国"互联网＋教育"的改革成果，也全面探测了我国信息化建设过程中存在的真实短板与不足。

　　从世界范围看，伴随以智能制造为特征的工业 4.0 的来临，教育也迎来了信息技术与教育深度融合的 4.0 时代。基于这一大背景，学生学习将发生深刻的变革：学习可以随时随地进行；学习可以个性化进行；学生可以选择要如何进行学习；学生将接受更多基于项目的学习；学生将通过实习、指导项目和协作项目等现场经验来获得更多动手学习的知识；学生将需要运用理论知识和推理能力进行数据解释和推理；对学生的评估会有所不同；在设计和更新课程时将考虑学生的意见；主要的学习责任从教师转移到学习者[①]。可以预见，在互联网技术的冲击下，高校教学活动正在日益步入高度开放性、多元化且个性化的时代，互联网教学不是"应急"状态下的"专利"，更不是"一次性"工具和手段，它应该是"常态"下的选择和手段之一。经过此次"演练"，从"应急性"在线教学走向常态化教学，在高校已经有了高度共识。

应该承认，我国教育信息化程度和建设，以及互联网教学还相对滞后。例如，以代表我国最高水平的高等教育国家级教学成果奖评审为例，进入 21 世纪以来，在 5 次高等教育国家级教学成果奖评审中，五届获奖总数为 2649 项，然而包含"教育技术"的获奖项目一共 15 项，包含"混合式教学"的获奖项目一共 3 项，包含"互联网＋"的获奖项目一共 5 项，共计 23 项，占五届项目总数的 0.87％。当然，除此以外，我国还有国家级精品课和网络精品课建设项目，但在早期的建设和评审过程中，这些并不是基于线上教学的考量，而是基于线下教学的补充，此时线上教学的生态链尚未建成。

世界上没有一个国家像中国这样开展了如此大规模的线上教学，这对技术的软件和硬件能力都提出了最为刚性的考验。此次调查结果显示，互联网"拯救"了疫情防控期间的教学活动，首次大规模线上教学"实验"基本成功，这为高校教学改革与互联网的结合打开了一扇窗。调查问卷反映出的阶段性特征是我国在线教学的真实写照，但这仅仅是在起步和"磨合"阶段，被"应急"遮蔽的一系列深层次问题还有待于在后疫情时代解决。

为了实现真正的且有高水平质量保障的混合式教学，我们需要深入分析此次在线教学的阶段性特征。我们需要判断，我们做出哪些努力才能使线上教学转变为常态化？教学改革的经验告诉我们，任何教学改革都不是一个直线的、简单的过程，而是一个动态的、复杂的系统工程，目标的达成有赖于一系列的主客观条件。客观地说，此次调查问卷反映出来的十个线上教学的阶段性特征，并不是此次大规模在线教学的全部特征，原因在于：课题组的调查时间为 2020 年 3 月下旬，相对于整个线上教学时间段来说，数据的时间节点相对靠前了，因此只能说这些数据揭示的是此次在线教学初期阶段的"特征"。

[①]　FISK P.Education 4.0…the future of learning will be dramatically different，in school and throughout life［EB/OL］.（2020-05-04）［2020-05-30］. http://www. thegeniusworks. com/2017/01/future-education-young-everyone-taught-together.

但这总体上可以反映高校的"应急能力",但科学性和完整性还有待实践检验。尤其是我们的数据还无法与以往的教学状态做历史的科学的"对比研究"。尽管如此,此次数据还是揭开了许多以往被我们忽略的线上教学的"面纱",尤其在宏观问题上,给我们留下了反思和改进的空间。结合我国线上教学发展的基础来看,线上教学当前需要思考如下几个关系:计划与市场配置线上教学资源的关系,硬件建设与教学理念的关系,公平与效率的关系,不同主体认识与实践的关系,国内实践与国际经验的关系。

第一,计划与市场配置线上教学资源的关系。从我国近几年线上教学资源建设经验看,有两个主体:其一是政府和高校建设的线上教学平台,其二是市场化的线上教学平台。基本经验是以政府主导、高校主体、社会力量参与的方式进行。但此次市场化的课程平台与政府和高校的平台相比,并不逊色,在"覆盖面"和使用率甚至超过"公办"平台。原因也许很多,通过课题组补充的访谈得知:政府和高校平台的优势在于优质的课程资源较多,而市场化的平台优势在于周到的"服务",尤其是"后台"的技术服务。因此对于许多管理者和教师来讲,选择"技术服务"比选择好的课程资源重要。由此看来,服务是保证线上教学质量的关键要素之一。从国外高校线上教学经验看,市场化的专业公司是提供线上课程资源的主体,强大的企业化集团通过市场化运作方式,或者通过收费或者通过共建共享来获得用户的青睐,从而在高校围墙之外形成了一个庞大的教学资源市场。他们通过精准地匹配学生或客户的实际需求,提供多样化、个性化、定制性的服务,从而促进线上教育的整体生态化。因此,我国的线上课程平台,既需要政府全面引导和监管,更需要引入市场化机制,不断挖掘线上教育的发展空间、探索线上教育的新模式。

第二,硬件建设与教学理念的关系。基于调查数据,我国高校经过多年的硬件建设,尤其是我国总体信息化基础设施的建设,基本上可以满足线上教学的开展。但从另一方面看,当前硬件建设的技术"含金量"还很低。教学平台的开发仅限于线上上课、考勤、交作业和考试等基本功能和需求的满足,但还不能满足高阶的需求。基于"管理"的单线条思维存在于整个线上教学平台的设计当中,硬件建设的过程中并未展现以学生成果为导向的教育理念,学生的主体性未得到体现。而科技发展的目的是给教育的发展提供多种可能性,为教育赋能,实现学生的个性化发展。如近年来兴起的自适应学习技术(adaptive learning technology),在设计的过程中,会根据个人的能力或技能水平,自动调整课程内容的水平或类型,从而通过自动化或教师干预来提高学习者的表现①。另一方面,中国高校线上教育理念变革的速度低于技术革新的速度。有的教师仍利用微信群和 QQ 群开展教学,MOOC、翻转课堂并未得到充分的使用,虽然许多高校建有智慧教室,但此次疫情防控期间,智慧教室几乎没有发挥作用,即使有的"双一流"高校已经全部是智慧教室。由此看来,在硬件基本具备的前提下,推进线上教学及实现高质量的线上教学,其核心要素还是教学理念的革新。在线教学作为一种以信息技术为支撑的教学方式,无时无刻不受到教学理念的左右,这也是在线教学活动本身的性质所决定的。在高校基本的信息化建设完成之后,保障在线教学质量的关键是教师运用技术的能力。

第三,公平与效率的关系。从课题组的调查数据及教育部公布的数据来看,我们基本掌握了教师和学生的上线人数、开课门数等基本数据,但无法掌握教师尤其是学生的"缺失率",也无法用此次的数据与过去线下的数据进行对比,故呈现的宏观数据无法揭示和解释此次线上教学的全貌,更无法作出此次线上教学与线下教学是进步了抑或"退步"了的判断。道理十分简单,因为我们过去没有此类数据的积累,即使个别高校积累了此类数据,也不愿意把对比数据呈现出来,原因也十分简单,即数据存在一定的"缺失率"。"一个也不能少"是教育尤其是义务教育的基本理念,高校的课堂教学也应该是"一个也不能少"。线上教育技术的发展为优质教育资源辐射中西部地区、一般本科院校和高职院校提供了契机,但是此次调查数据呈现了不同类型高校的师生在学校提供的服务评价、线上教学效果、线上教学存在的问题等方面存在较大差异,这背后反映出不同类型高校的差距不但体现在硬件设施方面、也体现在能力方面。数字公平(digital equity)是线上教学迅速扩张过程中必须考虑和解决的问题,针对现有的调查结果,在加大中西部地区硬件设施投入的同时必须进行教师的能力建设,促进教师利用现代的互联网技术进行教学。

第四,不同主体认识与实践的关系。调查结果显示,教师、学生、管理者在学校提供的服务评价、线上教学的优缺点、影响线上教学效果的最主要因素、线上教学存在的问题等方面的评价上存在差异。尤其是对在线教学的满意度和技术支撑的评价上,教务人员的评价最高,教师次之,学生最差。这说明不同主体的评价会形成不同的在线教学满意度,也会形成不同的改进策略,对于

---

① LOU P.Adaptive learning systems:surviving the storm[EB/OL].(2016-10-17)[2020-05-31].https://er.educause.edu/articles/2016/10/adaptive-learning-systems-surviving-the-storm.

具体问题而言,也是如此。为解决这一问题,首先要真正明确的是教学实践要围绕谁来展开,要对学生的主体地位进行重新认识。传统的课堂教学不能保证所有课堂有效或都引人入胜,在线上平台也是如此。在线上教学中哪些教学策略、教学服务可以更好地促进师生互动,提高学生的参与度是更值得考虑的问题。任何形式的教学过程,教师的教学理念影响最大,其次才是教学能力。通常来看,教学理念的更新才会引发教学方式转变,新的技术和手段才会被应用到教学中。就目前各大高校实施在线教学的情况来看,主要还是由教师来进行课程录制或是网上教学,但是未来要在数字素养(digital literacy)的基础上发展数字流利度(digital fluency)。"数字素养"是教师对如何使用工具的理解,"数字流利度"是教师使用这些工具创造新事物的能力。教师应利用线上教学中新的技术手段来评估他们的教学实践、使用以学习为中心的教学方法,从而促进学生的学习。因此,对于线上教学的持续改进,需要提倡教学过程反思的自觉化,即针对在线教学过程中的新问题,及时总结和反思现有经验的优势与不足,尤其是教师的教学经验反思要做到以下两点:一是树立反思意识,将以往所积累的教学经验与在线教学中学生的参与积极性、配套资源的完备性以及组织管理的有效性等方面结合起来,从基本的事实和现象中发现问题,以问题带动反思。二是落实反思行为。在线教学中的经验反思带有教师强烈的主观性和个体性,也意味着从树立反思意识到落实反思行为,需要教师发挥主观能动性,将反思的内容和成果转化为具体教学实践,内化为日常教学行动。

第五,国内实践与国际经验的关系。当前国内高校仍将线上教学视为一个技术问题。其实不然,在国外无论是学习管理系统的开发、MOOC的出现、自适应技术的出现,其技术进步的背后是学习理论框架的搭建。从国外成熟的经验来看,线上教学有着自身的教学规律,线上教学的大纲设计、备课、授课、考核、评价、反馈等教学环节与线下教学有着不同的要求。在国外,随着主动学习理念和评测课程质量技术的发展,关注的重点从训练教师的技术能力转向对专业学习设计者团队对课程的设计[①]。有些大学,对于线上教学的课程申请有着严格的过程把关,建立专门的课程指导小组,指导线上课程教学,指导课程内容设计,指导如何提高学生参与的教学活动的设计。不仅如此,在线上教学过程中,所有的教学设计都基于以学生为中心的教学理念,教师在课

---

① BRYAN A, KEVIN A R, NOREEN B M, et al.NMC horizon report: 2019 higher education edition[M].Louisville, CO: EDUCAUSE,2019:15.

上的主导作用趋于弱化,而课后的作业、辅导、答疑、讨论及反馈在整体教学过程中占了较大比重。在这过程中,学生的学习主体地位越来越突出,从而形成了一个新的学习共同体(learning community),每个人的学习经验和体验都是对学习共同体的贡献。从某种意义上说,线上教学,教师已经从一个知识传播者变成了一个知识的组织者和学生学习的观察者。显然,这样一种变化,无疑是对教师课堂教学的组织提出了新的要求,也对高校资源配置(如图书馆线上教学资源)以及学习空间提出了新需求。也正因为如此,有些国外大学的质量保障机构中,专门设置了教学空间设计委员会,以全面协调和设计学生的学习空间,为小组学习、团队学习等新型学习方式创造条件。这些做法对我国高校而言,都是新生事物,都要从头做起,都要虚心学习国外的做法。除此之外,线上教学还包括教育评价与反馈问题、教学组织管理与服务等一系列问题,这些问题都有待于在后疫情时期逐步解决。

这场新冠疫情将会给全社会各个领域带来深刻的变革,这已经成为共识,高等教育也不例外。对大多数高校教师来说,以前互联网只是一个概念、一种理论,改变较多的只是教学内容。而这次,互联网不仅仅改变了教学方式,甚至改变了整个教学过程:教学技术发生了变化,教学时空发生了变化,师生互动发生了变化,质量监测发生了变化,大学与社会关系发生了变化……这些变化究竟是人们期待已久的改革,还是一个"应急性"的短暂阶段,都有待后疫情时期的检验。但愿线上教学不是"昙花一现"。应该承认,我们还没有完全掌握互联网的力量,此次线上教学出现的一些"措手不及",也完全可以理解。但愿在后疫情时期,我们可以从容一些,不断推进我国高校课堂教学的迭代更新。

我国高校开展在线教学的理性思考[*]

——基于 6 所本科高校的实证调查

◎ 邬大光　　沈忠华

新冠肺炎疫情出现以来,全国高校迅速进入在线教学状态,而且进行得比较顺利。此次在全国高校中开展在线教学主要有两个目的:一是为了做到"停课不停教、停课不停学";二是在此基础上积累线上教学经验,为未来实现线下和线上的混合式教学提供借鉴。其实,在线教学不是一个新名词,广义的在线教学被定义为"教师与学生在网际网络的平台上所从事的教学活动"[①]。狭义的在线教学体现出"教育个性化"特征,具有更丰富的内涵。因此,高水平的"在线教学"既应包含广义的含义,又应该体现狭义的内涵。但在当前的形势下,无论是从广义维度还是从狭义维度讨论在线教学的满意度,都显然为时过早。我国高校目前的在线教学主要是基于"应急"要求而开展的,如果离开这个前提去"苛责"在线教学的种种不足,既不理性也不公平,不利于推进我国高校的教学改革。

一、目前在线教学的实施情况

本文关于在线教学实施情况的分析,主要基于 6 所本科高校发布的在线教学质量报告,相关数据也与高校进行了核实。这 6 所高校都是地方本科院校,其中 3 所老本科高校,3 所新建本科院校,基本反映了本科高校目前实施的在线教学现状。

---

[*] 原载《教育科学》2020 年第 2 期。
[①] 杨家兴.在线教学的理论基础与制度选择[J].中国远程教育,2006(7):14-19.

(一) 在线教学开展的基本情况

6 所高校在线教学质量报告显示,各高校开设的在线课程比例均很高,除了有些实践类课程无法在线上开设以外,其他课程基本上都已从线下课堂搬至线上。另外,在平台选择上,我们发现中国大学 MOOC、爱课程、超星等各类课程资源平台以及钉钉、腾讯等技术服务平台成为各高校教师选择较多的在线教学平台(见表 1)。

表 1　6 所高校在线教学开展的基本情况

学校	开课时间	平台使用情况			
		在线课程占计划开课比例/%	课程资源平台占比/%	技术平台占比/%	其他在线形式占比/%
A	3 月 2 日	99.0	57.7	41.3	1.0
B	2 月 24 日	93.5	57.0	41.4	1.6
C	3 月 2 日	97.2	28.1	66.0	5.9
D	2 月 24 日	94.8	51.5	45.2	3.3
E	3 月 2 日	100.0	37.8	57.6	4.6
F	3 月 2 日	95.7	16.5	80.5	3.0

(二) 在线教学模式的使用情况

从各个学校教师选择的在线教学模式方面看,"直播＋在线互动"和"录播(含利用已建平台视频课程)＋在线互动"是目前高校教师开展在线教学的两种主要模式。采用这两种模式的 6 所高校教师都在 90% 以上,其中"直播＋在线互动"模式的使用量在有的高校已经超过了"录播＋在线互动"模式。这一方面说明不少教师还是习惯于自己授课的方式或者是因为对在线教学还不是很熟悉,另一方面也说明在线课程资源的相对不足或者说与各高校课程教学的匹配度还不是很高(见表 2)。

表 2　6 所高校教师选用在线教学模式的情况

学校	直播＋在线互动/%	录播(含利用已建平台视频课程)＋在线互动/%	其他在线教学模式/%
A	41.0	49.8	9.2
B	40.9	51.3	7.8

续表

学校	直播＋在线互动/％	录播（含利用已建平台 视频课程）＋在线互动/％	其他在线 教学模式/％
C	57.4	33.0	9.6
D	45.2	51.5	3.3
E	53.7	40.3	6.0
F	79.1	12.2	8.7

（三）学生对在线教学的满意度

从各高校调研的满意度来看,超过50％的学生对于所在学校开展的在线教学表示"比较满意"或"非常满意"。这一方面说明广大教师前期做了较好的在线教学准备,各高校也为顺利开展在线教学给予了高度重视;另一方面也表明不少教师对在线教学的投入和教学态度得到学生的一定认可。但从中也可以看到,仍然有不少学生对在线教学的效果表示"一般"甚至是"不满意"。这说明各高校在开展在线教学时还有许多可以改进的地方。当然,这里所谓的满意度,很多也是从原有线下教学或线下学习的角度进行感知和评价的(见表3)。

表3　6所高校学生在线教学满意度

学校	参与调查学生占全体在 学学生比例/％	非常满意/ ％	比较满意/ ％	一般/％	不满意/ ％
A	30.9	29.4	43.4	25.9	1.3
B	78.6	17.3	43.3	32.5	6.9
C	41.1	19.3	51.9	25.6	3.2
D	25.8	15.2	40.1	37.5	7.2
E	35.0	17.4	40.3	41.1	1.2
F	41.8	44.6	43.5	6.8	5.1

（四）学生最喜欢的在线教学模式

在对学生最喜欢的在线教学模式调查中,我们发现6所高校中认可"直播＋在线互动"模式的学生比例均超过了其他在线教学模式,这是一个值得注意的现象。一般意义上讲,在线教学的侧重点是鼓励学生开展个性化的自主探究式学习,这就需要学生首先能自主学习课程资源平台上的课程,然后再通过师生间同步或异步的交流互动方式来完成对某课程的学习。"直播＋在线互动"模式对于增加师生间即时互动具有较好的效果,让人有线下师生面对面授课交流的感觉。学生喜欢这样的模式,一方面可能与学生的学习习惯有关,毕竟长期以来他们接受的就是这样的学习模式;另一方面也说明,即使是在在线教学中学生也期待与教师能有直接的互动和交流(见表4)。

表4 6所高校学生最喜欢的在校教学模式情况

学校	参与调查学生占全体在学学生比例/%	直播＋在线互动/%	录播(含利用已建平台视频课程)＋在线互动/%	其他在线模式/%
A	30.9	43.5	41.9	14.6
B	78.6	67.2	30.1	2.7
C	41.1	57.7	29.9	12.4
D	25.8	47.9	34.8	17.3
E	35.0	58.6	22.3	19.1
F	41.8	61.1	36.2	2.7

二、高校在线教学现存的主要问题

本研究从在线教学的认识、教师在线素养、学生在线能力、在线课程运用和在线教学管理等五个方面设计问卷,从中随机抽样调查了633位教师和10471位参加在线学习的学生,梳理出目前我国高校在线教学中存在的问题。

(一)在线教学的认识尚有不足

从调查问卷来看,目前我国高校不少教师和学生对于在线教学已有了一定认识。47.1%的教师和71.6%的学生认为在线教学"可以自由把握学业进程",42.0%的教师和47.9%的学生认为在线教学"能满足不同程度学生的学习需求",60.2%的教师和58.9%的学生认为"网络学习资源丰富",80.9%的教师和73.4%的学生认为自己对在线教学"了解"或"非常了解"。52.9%的教师参加过不同程度的在线教学培训,65.4%的教师和69.8%的学生熟悉教学平台和在线工具的使用。这表明在线教学不仅为大家所了解,且逐步被广大师生接受和采用。

在对"返校后会采用什么样的教学方式"的调查中,发现只有3.9%的教师会采用纯在线教学模式,有47.9%的教师选择混合式教学模式,有36.5%的教师则坚持采用线下教室授课模式,11.7%的教师不置可否。在对"返校后采用什么样的学习方式"的学生调查中,发现只有7.3%的学生会选择线上学习,有45.8%的学生选择混合式学习,有33.1%的学生则选择线下课堂学习,另有13.8%的学生没有对此问题作出肯定回答。这个结果与师生对在线教学的认识情况显现出了不对称,与师生们对"在线教学的总体效果"分别有68.4%和61.2%的满意度也不太吻合。

通过以上分析,可以得出三个结论:一是师生对在线教学的满意度测量是在预设情景下得出的,事实上不少师生还是习惯于传统的线下课堂教学模式。二是师生们对在线教学的认识很多还停留在表面,不少人因为还没有真正实践和体验过,以至于对在线教学的认识还不够深刻。这与调查中发现只有27.17%的教师有过在线课程建设或教学经历的情况相吻合。三是这次"全民体验"式的在线教学,让师生对在线教学的适用性和实施策略有了新认识,会对今后推进"互联网+教学"起到深远影响。

某种程度上讲,以往开展的在线教学大都是教师自觉自愿,师生参与之前都会有所准备。而这次"全民在线教学",很多人在思想和行动上的准备不够充分。尤其从目的性来讲,这次在线教学的主要任务是为了实现"停课不停教、停课不停学"。因此,这种"搬家式""蜂拥式"的教学空间大迁徙,必定会在一定时期内引起不适应,也会使教师固有的教学理念和习惯、学生固有的学习思维和习惯与新的环境、技术和方式发生碰撞。这种碰撞会使得师生对在线教学的看法更为分化,喜欢的会更喜欢,不喜欢的则更不喜欢。很多人会因此而积极投入在线教学或混合式教学的行列中,还有人依然会固守自己原有的教学模式和阵地。原先从未接触过在线教学或者说没有经过专门培训和充分准备的人,通过这次在线教学的洗礼后,也会因此而走入两个不同阵营,有的甚至会更加质疑在线教学的成效。"今天关于教育信息化的很多争论,本质上不是关于技术与教育关系的争论,而是站在印刷技术环境下的教育的立场上,对互联网时代教育探索的质疑和批评。"[①]这种质疑和批评,究其根源还在于我们思维和认识上的惯性。只有打破这种思维和认识上的惯性,在线教学才能真正走入师生的课堂。

---

① 郭文革.教育变革的动因:媒介技术影响[J].教育研究,2018(4):32-39.

（二）教师的在线素养亟待提高

在线教学要取得预期成效，关键在于师生的态度和投入，而其中教师的作用尤为重要。在对教师的调查中，50.4％的教师认为自己的"在线教学设计"能力还需要加强培训，31.3％的教师认为应在"学习评价"等教学环节上加强培训，46.8％的教师认为在线教学过程中的"师生互动不理想"，29.4％的教师认为在线教学"授课不理想"或"课程效率低"，16.3％的教师认为自己"不能很好地根据线上教学特点调整教学方式"。

事实上，由于大多数教师缺乏在线教学经验或准备不充分，以至于他们还不能很好地掌握在线教学的方法和技能，这使许多教师缺乏在线教学的临场感。教学临场感是"为了实现对个人有意义、在教育上有价值的学习结果，而对认知和社会过程进行的设计、促进和指导"[①]，是评价在线教师态度、角色、行为和主要职责最为基本的要素。[②] 而通过这次在线教学的检验，我们发现不少教师缺乏较好应对在线教学的临场素质。

教师的在线教学素养决定了他们对新技术的认知和掌握水平，从而使教师在此基础上找到适合自己的在线教学方式。由于长期受守旧的教学思维影响，教师们一直习惯于"灌输式"和"填鸭式"的讲授模式，在教学方法上的改进不大。很多教师都"重演绎、推理，对归纳、分析与渗透综合不够重视，对灌输式、填鸭式的教学方法改革甚少，对启发式、讨论式的教学方法推而不广，讲授过于强调系统、完整，很少给学生留有思维的空间和余地"[③]。基于这样的现实，要使教师们很快转换角色而进入另一个全新的教学环境，对他们来说是挑战，很多人可能依然会站在原有的角度去处理教学问题。比如我们发现，有为数不少的教师只是把自己录制好的视频、教学资料等上传到网上，像线下课堂教学一样安排几次作业，开设几次交流互动，就完成了所谓的在线教学。调查中还发现，有47.1％的教师认为自己在"各类实用工具培训"方面还需要加强，28.1％的教师认为自己在"各类教学平台培训"方面需要再加强。相信对于大

---

① ANDERSON T，ROURKE L，GARRISON R，et al. Assessing teaching presenceina computer conferencing context[J].Journal of asynchronous learning networks，2001，5（2）：1-17.

② 李慧丽，蒋国珍.在线教学的教学临场感评估：以《远程教育研究方法》在线课程为个案[J].中国远程教育，2009（12）：44-47.

③ 周远清.开展一次教学方法的大改革[J].中国大学教学，2009（1）：1.

多数教师而言,在以往不会也不可能有这样的认识,也只有真正体验过在线教学的人才能有深切体会和感受。因此,虽然很多教师的在线教学素养需要提高,但只有引导他们真正投身其中,才能有改变的可能。"只有在信息化的教学环境下,才有可能培养数字技术素养这类能力。"①关于教师在线教学素养问题,在对学生进行的调查中也得到了较好印证。有 25.2% 的学生认为"教师对教学平台和工具不熟悉",68.4% 的学生不认为"老师的教学设计能较好地调动我的学习热情",62.8% 的学生不认为"教师授课进度把握准确,教学目标清晰"。

(三)学生的在线能力需要加强

线下的课堂教学模式中,由于教学活动在时空上受到很大限制,学生对教学内容和教学进度几乎没有选择,且多数情况下教师处于教学中心地位,学生处于被动接受地位。即便教师在课堂教学中有师生互动,教师主要面向的还是班级整体。从教师的教学过程来看,不少课堂教学还停留在注重知识传授层面,学生在学习能力培养上得不到很好训练。而在线教学则不同,它不仅可以改变师生之间"由上而下"或"以教师为中心"的关系,还可以满足学生个性化学习的需求,并能突破时空限制而使学生自主学习能力得到培养。当然,如要达成在线教学的这些目标,学生就必须具备基本的在线学习能力。在线教学的"教与学"特点,决定了在线课程具有交互性、灵活性和可参与性等特点,它强调课程的组织和设计,需要教育者和学习者都具备较好的信息素养。②

调查数据显示,在此次大规模开展在线教学之前,有 54.4% 的学生没有"参加过线上课程学习",51.8% 的学生认为自己没有"掌握在线学习方法","不是很了解"和"不了解"在线学习方式的学生达 26.6%,20.9% 的学生表示"不习惯在线学习方式",17.0% 的学生表示"没有接受过相关培训"和"不了解教学平台和工具的使用"。而认为自己"清楚课程学习目标"的学生仅为36.3%,认为自己"对在线学习充满激情"的学生仅占 17.3%,还有 20.4% 的学生认为"自制力较差"。这充分说明了当前不少学生的在线学习能力偏弱的现状。

长期以来,我国高校中关于专业设置、课程体系、学分管理、教学班级和学

---

① 郭文革.教育变革的动因:媒介技术影响[J].教育研究,2018(4):32-39.
② OLIVER M.Evaluating online teaching and learning[J].Information services & use,2001,20(2/3):83-94.

生管理等都具有高度的结构化特点,灵活度较小。尤其是学分制管理,还不能实现选择性教育需求和学生个性化发展需要。有学者指出,我国从 20 世纪 80 年代初就开始学分制改革,但时至今日,学分制仅仅作为一种制度形式存在,并没有真正触及学分制的本质,即学习自由:包括选课自由、选专业自由以及选择学习进程自由。[①] 这种无法体现学生自主性的学分制管理几十年没有改变。即使"学分制一直被视为本科教育改革的重点,但现实中学分制只是发挥计算'学习量'的功能,与学分制是最大限度地扩大学生的学习自由的本质名不副实"[②]。学分制如此,其他方面也类似。这种长期以来的结构化思维,造成了很多高校在管理上不能充分体现学生学习的自主性。很多时候学生都处于一种"被选择"的状态,他们不需要去动脑筋,只需要去适应已有的安排。正是因为长期受这样的氛围熏陶,使得很多学生不具备主动学习、主动探究的思维和能力,以至于进入新的学习环境后就开始变得无所适从。

(四)在线课程的建设缺少规划

此次疫情防控期间,为帮助高校顺利开展线上授课和线上学习,教育部先后组织两批 37 个在线课程或技术平台,免费开放包括 1291 门国家精品在线开放课程和 401 门国家虚拟仿真实验课程在内的在线课程 2.4 万余门,供高校选择使用。考虑到课程使用的适应性,教育部要求高校教师择优选用适合的在线课程资源,运用适合的平台空间和数字化教学软件,在此基础上开展线上教学、线上讨论和答疑辅导等教学活动。这些免费开放课程大都是国内高校名师讲授的优质课程,具备较高的水准和质量,可以成为众多师生较好的选择。但调查中发现,师生们普遍反映当前的在线教学平台比较多,但可供选择的适合课程并不多,以至于有 85.3% 的教师认为要采用自己"直播授课"的方式开展在线教学,有 50.1% 的教师还表示要"自建教学资源"。造成这种局面的原因是多方面的,既有教师自身的原因,也有网络通畅的原因,此外,在线课程的适切性也是一个主要问题,有 53.6% 的教师认为在各类课程资源平台上找不到自己合适的在线开放课程。

我国以往的在线课程建设,一般都是在教育部门主导下推进的,高校主动、系统地规划设计在线课程建设的并不多,尤其地方院校更少。诚然,这种推进方式对于鼓励优秀教师参与课程建设等方面具有积极作用。但由于在线

---

① 邬大光.大学人才培养须走出自己的路[N].光明日报,2018-06-19.
② 邬大光.本科教育基因六大特征解析[N].光明日报,2018-11-27.

课程建设需要投入大量的人力、物力,需要教师花不少的时间和精力,再加上大环境下"重科研轻教学"评价机制盛行,使得很多教师不愿意在这上面有较多投入。调查发现,有 69.1% 的教师认为"在线教学要花更多的投入在教学上"而影响自己其他的工作。另一方面,教育部门主导的在线教学课程建设,一般都需要通过各级各类评审,这就导致高校在推进在线课程建设时更注重"能评上",而较少考虑是否"能使用"。因此,对于不少高校而言,在线课程建设的出发点主要在于争取国家级或省级"标签",而不在于是否适用于日常教学,这就直接导致在线课程建设中缺少了与专业和课程体系紧密结合的系统性。从各个课程资源平台上,可以发现绝大部分在线课程都是一些所谓的通识类课程,日常能被各个高校采用的专业课程不多。当然,这并不代表我们不赞成建设在线课程资源,因为真正的在线教学并不是简单的教师直播授课,不是把课堂从线下转移到线上的简单"搬家"。有效的在线教学需要有丰富的课程资源,需要有不同的组织策略和教学设计,还需要用不同的方法和手段。

(五)在线教学的管理有待创新

在线教学与线下教学在教学模式上存在显著差异,这就促使高校必须采用不同的教学管理方式。线下教学中,教师大多强调教学内容的"单向"讲授,他们一般会在课前预设教学目标,再依此目标安排教学过程,最后再通过测验学生对讲授内容的掌握程度来考查教学成效。在线下教学模式中,教学管理往往更注重教学过程的规范性和完整性,并在此基础上提出若干解决教学过程中存在问题的建议。而在线教学更多采用的是一种建构主义的教学模式,在教学法上强调由学生结合自主学习的课程自己组织建构知识,教师则通过在线形式提供一些引导性学习资源,同时根据学生学习情况给出相应的建议和反馈。在这种教学模式下,学生是整个在线教学过程的中心,而教师在更多时候只是起到了指导和辅助作用。有效的在线教学就是要不断鼓励学生自行探索、实验、组织和检讨,从而建构起自己的认知体系。以学生为中心,就意味着教师必须先考虑学生是如何学习的,然后再考虑如何采用一些技术手段去促进学生学习。教师的"导学"和"促学"促进了学生的在线学习,特别是有组织的教学团队的支持服务对督促学生过程性学习发挥了很大作用,学生在课程互动、测验和作业完成率、课程成绩等方面都有很大提高。①

---

① 石磊,程罡,李超,等.大规模私有型在线课程学习行为及其影响因素研究:以国家开放大学网络课程学习为例[J].中国远程教育,2017(4):23-32.

对于管理者而言,应根据在线教学特点,考虑如何在提高学生学习成效上实施有效管理,而不是重点关注在线教学过程中的程式和具体环节。但在目前"全民在线教学"的情形下,高校管理部门依然没有体现出改变管理方式的想法,绝大多数还是延续了线下教学中的督导在线听课、领导在线查课的模式。调查发现,只有 16.9% 的教师对于学校开展的管理模式表示满意,有 67.1% 的教师认为"学校要改变教学管理的模式",51.4% 的教师建议应"采用大数据等手段来完善教学管理和评价",60.2% 的教师认为"督导听课等方式不适合在线教学"。不少教师认为,"很多督导教师对于在线教学并不了解,他们评价课程的标准依然在沿用线下教学标准"。众所周知,有效的教学管理是调动和推进学生积极开展学习的重要因素之一,在高校人才培养中起着重要作用。从理论上讲,教学管理应该是运用管理科学和教学论的原理与方法,充分发挥计划、组织、协调、控制等管理职能,对教学过程各要素加以统筹,使之有序运行,提高效能的过程。因此,高校在推进在线教学的过程中,也应适时地创新教学管理模式,而不是因循守旧地沿用过去的传统做法。

三、高校在线教学的理性思考

与传统课堂教学相比,在线教学确实在很多方面具备优势,但从本质上讲,这些优势或特征应该是围绕解决传统课堂中"历史"问题的创新,还不是一种纯粹的"颠覆性"创新。可以预见的是,传统的线下教学模式在未来一定时期内,必然还会占据相当重要的地位;在较长一段时期内,纯粹的在线教学在教学中不会占据主导地位。虽然如此,随着信息技术的发展和教学改革的深入,在线教学必然会对传统线下课堂教学产生冲击,并最终因其能够满足师生个性化教与学的需要,而成为学校教育中不可或缺的一部分。

(一)建立以学生为中心的在线教学理念

以学生为中心的教学理念,并不只是在线教学所独有,在传统的线下教学中也一直被大家推崇和实践。但在传统的线下教学中,教室里"秧苗式"的座位布局往往以教师为中心;加上惯性使然,很多学生都习惯了教师居高临下的授课方式。"国内高校教学方法改革滞后已然成习,并有着惊人的惯性张力。这种惯性具体可表现为:任凭教学对象从'精英'变成'大众',教育技术条件从粉笔加黑板换成计算机多媒体课室和互联网平台,甚至于不顾国家教育战略思想的转变和对培养创新型人才的反复号召,仍能固守着教师、教材、教室这种传统的所谓'旧三中心'的灌输式教学模式。"①而要改变这样的教学理念,线下课堂教学确实有时会受到客观条件所限,比如学生的学习方式还受到物理条件限制。但在线教学则不同,它从技术上改变了此种状况。学生随时随地可以进行学习的方式,使得以学生为中心的教学理念得到落实成为可能。而且对于实践者来说,往往因"场景"的变换,会将自己置身于"新场景"而对比"旧场景"不足时,对未来有更多期望。具体到在线教学的实践中,以学生为中心的在线教学理念,主要应基于学生个性化和学习力的学习,致力于培养学生自主意识,促使其意识到所学内容和进度都能自己把控。②

(二)建构有助于教学有效的师生角色

高校未来采用的教学模式必然不会是单纯的在线教学,而是线上线下相结合的混合式教学模式。对于教师而言,这就涉及一个角色转换的问题。在特定的线下教学环境中,教师能够给学生最好的教学就是面对面的指导交流。而当开展线上学习时,教学的目标和方式需要重新设计,而且师生之间原本那些可以面对面、有触及感的言语沟通和情感交流已被虚拟空间中的键盘、鼠标和屏幕所代替。因此,此时教的角色和功能就需要重新定位,教师应该更多地致力于为每位学生在设计合适的学习方式时提供支持和帮助,引导师生间相互讨论和学生的学习任务完成,还需要及时评估反馈学生作业。成功的在线教学取决于教师和培训者是否具备新能力,取决于他们是否能够意识到自己的潜力,还取决于他们能否激发学习者,而不仅仅是技术的掌握。③ 线上课堂的主要功能不再只是讲解,而是评价、交流与互动。④ 教师应该从线下教师角色中走出来,将自己从占据中心位置的主导者转变成为学生在学习过程中的创造者、调解者和促进者。"自我角色一定程度上是对他人角色的适应和领会,互动就是角色领会和角色建构,角色建构过程涉及角色确认或校正(role

---

① 宋专茂.慕课何以致高校教学方法革新[J].复旦教育论坛,2014,12(4):55-58.
② 迈克尔·霍恩,希瑟·斯特克.混合式学习:21世纪学习的革命[M].混合式学习翻译小组,译.北京:机械工业出版社,2016:9-11.
③ 翁朱华.在线辅导:在线教学的关键:访在线教学领域知名学者吉利·西蒙博士[J].开放教育研究,2012,18(6):4-8.
④ 宋专茂.慕课何以致高校教学方法革新[J].复旦教育论坛,2014,12(4):55-58.

verification),即个体根据重要任务、相关群体或者认同标准对角色的评价等进行角色确认,进而产生行动者之间持续的互动。"①

(三)完善多维度立体式的课程知识体系

在线上,学生获取知识的方式开始呈现扁平化,知识的来源不再局限于某一两门课程或某个别课程资源平台;而学生学习能力的锻炼则更需要"支架式"的方式进行,作为教师就要为他们学习能力提升搭好"脚手架"。基于这样的认识,教师在采用在线课程之前应重构课程知识体系。课程知识体系的构建一般基于两个方面:一是基于课程的学科基础;二是基于学生学习方式的改变。目前很多教师已经在积极进行新的尝试,比如按照知识点进行模块化授课,建设一些在线的微课等,但总体上还是采用结构性方式来进行授课。也有教师结合新的技术以及与有关人的学习过程和学习理论相一致的方式,重新设计课程。而学习理论也告诉我们,人在学习工作中记忆加工新信息的能力很有限,所以在处理在线教学中的知识信息时就不能采用"灌输"方式,比如不能在屏幕上一次呈现太多的信息等。美国心理学教授理查德·梅耶等通过80多项实验研究,提出了设计多媒体信息的十条原理。比如,其中的切块呈现原理(segmenting principle)就是指当解说的动画按照学习者的进度以分帧的形式呈现时,比以连续单元的形式呈现的效果更好。② 因此,教师开展在线教学时就需要借助这样的认识和理论,通过多维度、立体式的课程知识体系构建,引导学生通过逐步提升学习能力,从而建构起自己的认知体系。

(四)加强基于学生学习力提升的教学设计

技术本身并不会导致学习,而教学方法却是推动学习的关键。"对人们交往性质起决定作用的并不是物质场地本身,而是信息流动的模式。"③所以,教师的注意力应关注在什么样的条件下对哪一类学生建立什么样的教学设计、采用什么样的教学方法会导致什么样的学习效果上。在线教学并不是因为有了功能强大的课程资源平台系统和各类技术工具就可以自然成功,教师一定

---

① 乔纳森·H.特纳.社会学理论的机构[M].邱泽奇,张茂元,译.北京:华夏出版社,2006:363-364.
② VERONIKAS S,SHAUGHNSSY M F,盛群力.教育心理学与教育技术学联盟:促进学习者认知变化:与理查德·梅耶教授访谈[J].远程教育杂志,2008(1):21-26.
③ 郭文革.教育变革的动因:媒介技术影响[J].教育研究,2018(4):32-39.

要在新环境下做好适合的教学设计。新技术的出现往往会创造出新的教学实践,当人们因技术而转换实践方式时,原有实践方式中所富含的内涵将随之消去,新的实践方式将构建起新的实践内涵,但也有可能会因为大家特别倚重于新技术而导致技术被过度地消费。① 教师需要重视技术的运用,但更重要的是要结合新技术做好教学设计。而对于高校则要加强教师的培训,让他们真正理解什么是在线教学,如何设计在线课程,如何组织教学过程,如何管理学生在线学习进程。"支架式"教学是近几年来新兴的一种教学理论,其主体思想来源于著名心理学家维果斯基的"最邻近发展区"理论。在线教学的主要特征是教与学活动在整个过程中不断的"同步"和"异步"直到教与学目标的达成,"支架式"教学模式比较适合具有这样特征的教学过程。因此,教师要基于学生在线学习的特点开展教学设计,为学生的学习目标的达成和学习能力的提升提供"支架",随时了解和掌握学生的在线学习进程,根据变化而适时调整自己的教学设计和行为。

(五)开展形成性与终结性相结合的评价方式

在线教学的兴起,突破了线下传统教学中教室里师生面对面授课的屏障,学生可以不受时空的限制,根据自己的需要自主地选择线上各类课程资源。在这样的背景下,教师也需要因此变化而建立起适合学生这种在线学习特点的有效的评价方式。然而现实中,尽管开放式在线教育具有学习时间地点灵活、内容丰富等优点,但是学习者和教育者之间缺乏互动、教学效果缺乏有效的评价方式是其突出的问题。② 传统的线下教学中,教师往往会采用考试等终结性评价方式来衡量学生的学习成效。在不能很好地掌握学生平时学习痕迹的情况下,这种评价方式有其存在的现实意义。但在线教学则不同,通过技术手段教师可以随时随地掌握学生线上学习的任何痕迹。因此,对在线教学中学生学习行为的评价,应该是一种以学生学习为中心的形成性与终结性相结合的评价方式。而大数据和信息技术又使这种以学生学习为中心的评价方式成为可能。大数据最主要的特征不是数量大,而是它对教与学的变化过程中的动态、权威度的记录。与传统的线下课堂教学相比,在线教学平台发生的

---

① ALBERT B. Holding on to reality: the nature of information at the turn of the millennium[M]. Chicago: University of Chicago Press, 1999: 17-18.

② 沈忠华. 新技术视域下的教育大数据与教育评估新探: 兼论区块链技术对在线教育评估的影响[J]. 远程教育杂志, 2017(3): 31-39.

大量教学和学习行为,会被自动记录下来成为大数据,是开展教学学习行为分析和评价、绩效考核等所要参考的重要依据。而作为管理部门就要为实现这样的评价做好技术支撑和服务,而不再采用简单的方式或组织其他人员去线上监督和检查。

(六)创建多元而跨时空的在线教学组织

在传统的线下教学中,教师们虽然有自己解决教学问题的自主权,然而要实现以学生为中心的教学理念,就需要体现更多个性化和以能力培养为基础进行教学的要求。但在一个教室里依靠个别教师往往是无法做到的,因为教师无法超越学校各种结构化的管理和制度。而在线教学中,这个问题将得以解决。在线教学的跨时空特点,为大家构建了一个可随时联系和互助的虚拟平台,很多教师可以组织起来共同完成某个教学任务。另外,相较于传统教学,在线教学中教师的职能会更加丰富,在原有"传道、授业、解惑"基础上,赋予了更多的监督、引导的职能,要在学生的学习进度控制、学习资源筛选与提供、学习状况评价与后续指导等方面倾入更多的精力。[1] 因此,建立多元而跨时空的在线教学组织将成为必然。所谓多元,就是指学校既要建立以课程组为基础的结构式教学组织以保证日常在线教学的有序进行,另外又要引导教师形成超课程、超专业甚至超学校的超结构式教学组织,以不断交汇教学理念和方法,促使学生得到个性化发展。

总之,无论是现在的特殊时期,还是未来的教学和学习,还有许多关乎在线教学成效的问题需要引起重视,在线教学也必将伴随着数字革命和技术进步融入高校课堂,成为高校教学改革中不可或缺的重要内容。如果说以前的在线教学只是作为高校教学改革的"敲门砖",或者说是师生教与学的"有益补充",那经此"战役"之后,在线教学的受关注程度和影响程度必定会不断提高。

---

[1] 吴军其,赵呈领,许雄.网络教学与课堂教学的比较分析[J].中国电化教育,2000(6):12-14.

高校教师在线教学经历对自我教学评价的影响*

——基于全国334所高校在线教学的调查分析

◎ 吴薇　姚蕊　谢作栩

新型冠状病毒肺炎疫情的发生给中国以及世界高等教育带来了重大挑战,各高校的教学活动受到前所未有的影响。在教育部"停课不停教,停课不停学"号召的指导下,我国高校迅速作出反应,率先开展了在线教学活动。许多高校通过各种方式在较短时间内制定教学组织实施方案,保证了教学的有序开展。教学模式的快速转变对教师的在线教学能力提出了挑战,教师需要快速适应以满足教学需求。然而在疫情发生之前,只有少部分教师开设过在线课程、接受过在线教学能力的专业培训,大部分教师仍缺少在线教学实践经历。[①] 这影响了教师在线教学信心的树立、在线教学方法的运用以及如何与学生进行互动,进而对教学质量产生了影响。[②] 作为在线教学的主要实践者,教师应得到更多的关注。而在已有关于在线教学的讨论中,学者们主要关注在线教学的普及程度、在线教学平台的建设以及教师对在线教育技术的运用等,对教师在线教学的经历、评价和满意度等较少涉及。[③] 斯坦福大学教育学院首席技术官、助理院长金(P.Kim)认为,科技只是辅助在线教育发展的重要

---

* 原载《高等教育研究》2020年第8期。

① 邬大光,沈忠华.我国高校开展在线教学的理性思考:基于6所本科高校的实证调查 [J].教育科学,2020,36(2):1-8.

② ALTBACH P G,et al. Are we at a transformative moment for online learning[EB/OL]. (2020-05-04) [2020-06-07]. https://www. univeristyworldnews. com/post. phpstory=20200427120502132.

③ 崔允漷,余文森,郭元祥,等.在线教学的探索与反思(笔谈)[J].教育科学,2020,36(3): 1-24.

力量,教育者才是推动教育改革最关键的一环。[①] 保证与提升在线教学成效,离不开教师对教育技术的熟练掌握和教学经验的积累,更离不开教师对自身的反思与评价。因此,在疫情防控期间广泛开展的在线教学中,对教师的在线教学经历与自我评价进行研究显得尤为必要。

一、文献综述

1.在线教学评价

教学评价是衡量教学质量的重要标准。国内外学者对教学评价进行了多角度、多方位的研究。从评价的内涵来看,教学评价是依据教学目标或人才培养目标对教学过程及结果进行价值判断并为教学决策与教师发展服务的活动,是一个兼具发展性与过程性的活动。[②] 从评价的内容来看,马什(H.W. Marsh)将教学评价考察内容分为课程价值、教学热情、课堂组织、小组互动、师生关系、知识面、考试等级、作业、工作量和难度九个方面。[③] 从评价的类型来看,当前研究主要集中于线下课堂教学评价和线上线下相结合的混合式课堂教学评价,对在线课堂教学评价还较少涉及。如李逢庆等人根据不同课程类型、教学阶段以及教学环境的特点构建了混合式教学评价体系。[④] 陈耀华等人以学习分析技术为基础,从促进度、投入度、联通度、认可度和调控度五个方面构建了教师在线教学评价模型。[⑤] 从评价的主体来看,教学评价可以分为督导评价、学生评价、同行评价和教师自我评价。综上所述,教学评价指不同评价主体以一定的评价理论为指导,对教师在教学活动中展现的教学能力、教学行为以及教学效果等进行的评判。基于此,本研究中的教师在线教学自

---

① 疫情中的斯坦福大学,如何在 10 天内转变为"全面在线教育"? [EB/OL].(2020-05-02)[2020-05-08].https://mp.weixin.qq.com/s/8OJWjX8fh2CQFd54vQb7TA.

② 徐全忠.回归教师发展本位的综合教学评价研究[J].中国大学教学,2018(10):79-82.

③ MARCH H W.Students' evaluations of university teaching:dimensionality, reliability, validity, potential biases and usefulness[J].Journal of educational psychology,1984,76(5):707-754.

④ 李逢庆,韩晓玲.混合式教学质量评价体系的构建与实践[J].中国电化教育,2017(11):108-113.

⑤ 陈耀华,郑勤华,孙洪涛,等.基于学习分析的在线学习测评建模与应用:教师综合评价参考模型研究[J].电化教育研究,2016,37(10):35-41.

我评价是指教师作为教学评价主体,对自身在线上教学中的教学方法、教学态度、师生互动以及教学技术应用等在线教学能力进行的评价。它能帮助教师了解自身能力、促进教学反思,同时帮助教学管理者了解教师对在线教学的满意程度,为作出相关教育决策和提高教学质量提供依据。

作为对自身教学情况的主观感受,教师自我评价常常被用于探究教师的教学感受和教师发展的内在动机。教师自我评价会影响其教学满意度和专业发展的选择。国内外许多学者通过研究证明了教师自我评价与教学满意度的紧密联系。如卡迈耶-穆勒(J.D.Kammeyer-Mueller)等人通过设计量表,将教师自我评价分为自尊、情绪稳定性、自我效能感和控制点四个维度,四个维度均与教学满意度显著相关。[①] 张翔等人将卡迈耶-穆勒的量表应用到我国教师教学满意度的研究中,结果显示,教师自我评价能够预测教学满意度,并且教学满意度在自我评价与工作绩效之间起到中介作用。[②] 对自我教学评价较高的教师,会对自身工作更为满意,对自身工作的价值也更为认可,进而激励其不断提高自身的教学能力,促进专业发展。[③]

2.在线教学自我评价影响因素

影响教师在线教学自我评价的因素是复杂多样的,其中有许多影响因素与线下课堂相同。学者们将其聚焦于内在因素和外在因素两个方面。内在因素内隐于教师的教学活动中,包括教师的知识掌握、教学技能、教育理念、教学态度、教学责任感以及自身发展的需求等。外在因素包括课堂文化环境、学校规章制度以及奖励的刺激等。[④] 教师的教学经历是影响教师自我评价的重要因素。具体来说,教师教学经历的有无会产生重要影响,如有过海外教学经历的教师更容易提高文化胜任力,并作用于教师自我评价,促进其专业发展。[⑤] 教师教学经历的多少也会产生重要影响,如开课数量会影响其对教学的评价

① KAMMEYER-MUELLER J D,JUDGE T A,SCOTT B A.The role of core self-evaluations in the coping process[J].The journal of applied psychology,2009,94(1):177-195.

② 张翔,杜建政.核心自我评价对员工心理与行为影响的实证研究[J].心理研究,2011,4(1):44-48.

③ BOLLIGER D U, WASILIK O.Factors influencing faculty satisfaction with online teaching and learning in higher education[J].Distance education,2009,30(1):103-116.

④ 计巧.我国高校教师自我评价指标体系研究[D].沈阳:沈阳师范大学教育科学学院,2016:20-21.

⑤ DWYER S C.University educators' experiences of teaching abroad:the promotion of cross-cultural competence[J].Canadian journal for the scholarship of teaching and learning,2019,10(3):1-3.

与满意度,开课数量太多会消耗教师过多的精力而使其产生倦怠感。① 教学年限则通过影响教师的课堂实践和教学效能感进而影响教师的教学评价。② 此外,与线下课堂不同的是,在线教学中,教师能否熟练运用在线教学软件、是否接受了充分的在线教学培训、是否能够不受环境干扰地开展在线教学,以及能否根据在线教学的特点有针对性地进行师生互动等,这些经历都会影响教师的在线教学体验与自我评价。③

在对国内外关于教师自我评价的研究进行梳理后可以发现,当前研究集中于对线下课堂或混合课堂中教学自我评价的探讨,鲜有对在线课堂教师教学自我评价以及教师在线教学经历对教学自我评价影响的研究。伴随着疫情防控期间在线教学的广泛开展与在线课程数量的大量增加,作为最了解自身的人,教师对在线教学的自我评价对于在线教学质量的保障与提升具有重要意义。

本研究主要关注教师在线教学经历与教师在线教学自我评价的关系,以及教师在线教学自我评价对在线教学满意度的影响,并围绕以下问题展开:不同背景教师的在线教学经历有无差异,在线教学经历是否会对教师在线教学自我评价产生影响,在线教学自我评价对教学满意度的影响与作用具体如何。根据已有的研究结果,本研究就教师在线教学经历对在线教学自我评价的影响提出如下假设:不同背景教师的在线教学经历存在差异,教龄较短的教师相较于教龄较长的教师,对技术的运用可能更为熟练,因此疫情发生之前的在线教学经历可能更加丰富,疫情防控期间开设的在线课程门数也更多;教师的在线教学经历对教师在线教学自我评价存在显著影响,疫情发生之前有过在线教学经历的教师对在线教学自我评价更高;在线教学自我评价对教学满意度存在显著影响。

---

① ISMAYILOVA K, KLASSEN R M. Research and teaching self-efficacy of university faculty: relations with job satisfaction[J]. International journal of educational research, 2019, 98(8): 55-66.

② DICKSON M, MCMINN M, KADBEY H. Do years of teaching experience make a difference for teachers working in Abu Dhabi government schools? [J]. Cypriot journal of educational sciences, 2019, 14(4): 471-481.

③ 李春华,周海英."停课不停学"在线教学效果提升研究:基于苏南地区高职院校的调查[J].职教论坛, 2020(4): 125-130.

二、研究设计

1.研究工具与材料

本研究使用的工具是由全国高等学校质量保障机构联盟(CIQA)和厦门大学教师发展中心联合开发设计的"线上教学情况调查问卷"。CIQA 受联合国教科文组织国际教育规划所(UNESCO-IIEP)"高等教育内部质量保障优秀原则和创新实践项目"的启发,是由国内各级各类普通高校负责内部质量保障工作或研究的职能部门以及相关学术组织、专业机构等自愿结成的学术型社会团体。调查问卷是对疫情发生以来全国高校在线教学开展情况的整体调研,于 2020 年 3 月中旬通过在线问卷形式对高校教师、学生和管理者进行发放,共收集到国内 334 所高校的 13997 个教师样本。本研究选用教师问卷中"基本信息"和"教师在线教学评价"两部分题项。"基本信息"包括教师的性别、年龄、教龄、职称、所在学科以及在线教学经历等。除背景信息外,"教师在线教学评价"相关题项均为量表题,采用李克特五点法记分。克龙巴赫 α 系数(Cronbach's coefficient)为 0.918,说明问卷信度良好。使用探索性因子正交方差最大法进行主成分分析来检验问卷的结构效度,结果显示,KMO 系数值为 0.951,Bartlett 球形检验达到显著($P<0.001$),说明调查问卷具有较好的信效度。

本次调查共回收问卷 13997 份,剔除无效问卷与答题后,得到有效问卷12410 份。其中,男女教师占比分别为 43.2% 和 56.8%;教师的教龄分布为 $1\sim5$ 年、$5\sim10$ 年、$11\sim15$ 年、$16\sim20$ 年、$21\sim25$ 年、$26\sim30$ 年、31 年及以上,分别占 24.9%、17.3%、20.2%、16.7%、7.6%、5.8%、7.4%;教师的学科分布为人文学科、社会科学学科和理工农医学科,分别占 24.8%、27.2% 和 48.0%。

2.研究变量

本研究的主要变量包括教师在线教学经历(疫情发生之前是否有过在线教学经历和疫情防控期间开设在线课程的门数)、教师在线教学自我评价和教学满意度。需要说明的是,教师在线教学经历变量包括疫情发生之前开展过在线教学且疫情防控期间继续开展在线教学以及疫情发生之前未开展过在线教学但疫情防控期间开展了在线教学。将教师在线教学经历作为自变量,将教师在线教学自我评价作为因变量,用于分析具有不同在线教学经历的教师在教学自我评价上的差异及影响。各变量的详细描述见表 1。

表 1　变量的定义和描述性统计

	变量	均值	标准差	性质	描述及说明
自变量	疫情发生之前是否开展过在线教学			分类	1＝是,2＝否
	疫情期间开设在线课程门数	1.83	1.172	连续	1＝1,2＝2…,15＝15
因变量	在线教学满意度	3.92	0.621	连续	1～5 分 (1＝非常不满意,5＝非常满意)
	我能设计适合在线教学的教学方案	3.87	0.673	连续	1～5 分 (1＝非常不好,5＝非常好)
	我能根据在线教学特点有效备课	4.01	0.629	连续	1～5 分 (1＝非常不好,5＝非常好)
	我能提交/修改 PPT 等教学材料	4.19	0.658	连续	1～5 分 (1＝非常不好,5＝非常好)
	我能推荐学生使用各种电子教学资源	4.05	0.686	连续	1～5 分 (1＝非常不好,5＝非常好)
	我能有效组织在线教学,维持教学秩序	4.03	0.674	连续	1～5 分 (1＝非常不好,5＝非常好)
	我能开展课堂直播	3.88	1.009	连续	1～5 分 (1＝非常不好,5＝非常好)
	我能利用工具进行录播	3.61	1.186	连续	1～5 分 (1＝非常不好,5＝非常好)
	我能在线布置、批改和反馈作业	4.10	0.748	连续	1～5 分 (1＝非常不好,5＝非常好)
	我能通过各种平台与学生互动	4.02	0.718	连续	1～5 分 (1＝非常不好,5＝非常好)
	我能使用各种工具进行课程测试或评价	3.83	0.845	连续	1～5 分 (1＝非常不好,5＝非常好)
	我能控制教学节奏,避免学生过度疲劳	3.91	0.753	连续	1～5 分 (1＝非常不好,5＝非常好)
	我能采用适当教学策略,提高学生注意力	3.86	0.749	连续	1～5 分 (1＝非常不好,5＝非常好)
	我能利用数据分析和跟踪学生学习行为	3.73	0.849	连续	1～5 分 (1＝非常不好,5＝非常好)

3.研究方法

本研究使用 SPSS 26.0 软件统计与分析数据。首先运用独立样本 t 检验和单因素方差分析,探讨不同背景教师的在线教学经历对在线教学自我评价的差异与影响;再运用多元线性回归分析方法,探究在线教学自我评价对教学满意度的影响和作用。

三、研究发现

教师教学经历的丰富程度会影响教师对教学能力的自我认知,进而影响教学自我评价。教学经验丰富的教师对自身在线教学能力的认知和自我评价更高。[①] 因而教师的在线教学经历可能在一定程度上会影响其对在线教学的自我评价。本研究从问卷中选取"疫情发生之前有无开展过在线教学"和"疫情防控期间开设在线课程数量"两个题项探究其对高校教师在线教学自我评价的影响。

1.不同背景教师在线教学经历的基本情况

(1)教师在线教学经历

疫情防控期间对高校教师在线教学情况进行的全国范围调查为我们了解教师在线教学经历提供了机会。调查结果显示,在"疫情发生之前有无开展过在线教学"方面,20.5%的教师表示在疫情发生之前有过在线教学经历,而79.5%的教师没有开展过在线教学。在"疫情防控期间开设在线课程数量"方面,开设 1 门直至 7 门及以上课程的教师占比分别为 47.3%、34.4%、12.5%、3.5%、1.1%、0.5%、0.8%。开设在线课程数量为 1～2 门的教师数量最多,有10132 人,共占 81.7%,开设 6 门和 7 门及以上的教师数量极少,只有 160 人,二者共占 1.3%。

对高校教师在线教学经历的整体情况进行了解后,本研究继续探究不同背景教师的在线教学经历的差异。将教师的背景因素(性别、教龄、职称和学科)与教师在线教学经历进行交叉分析,结果显示,教师在线教学经历在教龄

---

① CHALACHEW A A, TEREFE A. Teachers' self-perceived skills as the function of gender and teaching experiences in the classroom assessment: a study in high schools of South West Shewa Zone, Ethiopia[J]. International journal of progressive education, 2020,16(1):11-24.

和学科上存在显著差异,在性别和职称上不存在显著差异。因此,本研究继续探究不同教龄和学科的教师的在线教学经历。

(2)不同教龄教师的在线教学经历

教龄作为教师经历的重要体现,在研究中常常作为背景变量用于分析具有不同教学年限的教师在某一问题上的差异。一项关于教师信息技术应用能力的研究发现,教龄对教师的信息技术应用具有显著影响,教龄较长的教师信息技术应用能力较强。[①] 因此,不同教龄教师的在线教学经历有可能存在差异。本研究将教龄变量与在线教学经历变量进行交叉分析,经卡方检验,$P <$ 0.001,达到显著性水平,说明疫情发生之前是否开展过在线教学与教师教龄显著相关。在疫情发生之前开展在线教学方面,教龄为 11~15 年的教师占比最大,其次是教龄为 16~20 年、1~5 年、6~10 年的教师,教龄为 21 年及以上的占比较少(见表 2)。在 1~5 年教龄和 6~10 年教龄的教师中,前者处于由学生身份到教师身份转换的阶段,后者虽已褪去了初入职时的青涩,但仍处于不断适应、摸索的阶段,教学经验还需累积,可以将这两类称为新手型教师。具有 11~15 年教龄和 16~20 年教龄的教师,已经积累了较为丰富的教学经验,能够胜任教学工作,可以称为熟练型教师。而具有 21 年及以上教龄的教师,随着教学实践经历的增加,已经积累了非常丰富的教学经验,可以称为资深型教师。研究发现,相较于经验丰富的资深型教师,新手型教师和熟练型教师的在线教学经历更为丰富。

在开设在线课程门数方面,经卡方检验,$P <$ 0.01,达到显著性水平,表明教师教龄与疫情防控期间开设在线课程门数显著相关。此外,不同教龄的教师开设的在线课程数量主要集中于 1~2 门。

表 2　不同教龄教师在线教学经历及开设在线课程情况

在线教学经历	选项	1~5年/%	6~10年/%	11~15年/%	16~20年/%	21~25年/%	26~30年/%	31 年及以上/%
疫情发生前是否开展过在线教学	是	3.9	3.8	4.8	4.1	1.8	1.4	1.8
	否	21.0	13.5	15.4	12.6	5.8	4.4	5.7

---

① 梁茜.教师信息技术应用能力国际比较及提升策略:基于 TALIS 2018 上海教师数据[J].开放教育研究,2020,26(1):50-59.

续表

在线教学经历	选项	1～5年/%	6～10年/%	11～15年/%	16～20年/%	21～25年/%	26～30年/%	31年及以上/%
疫情期间开设在线课程门数	1门	12.8	7.9	9.3	7.6	3.3	2.6	3.8
	2门	7.9	6.0	7.2	5.9	2.7	2.2	2.5
	3门	2.7	2.4	2.7	2.1	1.0	0.7	0.8
	4门	0.8	0.7	0.7	0.6	0.3	0.2	0.3
	5门	0.3	0.1	0.1	0.2	0.1	0.1	0.1
	6门	0.1	0.1	0.1	0.1	0.0	0.0	0.0
	7门及以上	0.3	0.1	0.1	0.2	0.2	0.0	0.0

（3）不同学科教师的在线教学经历

学科的属性与特点也会对教师教学实践产生影响。不同学科的教师可能采用不同的教学方法，具有不同的教学行为，因而对教学的评价也不尽相同。[1] 从数量上看，理工农医学科的教师在疫情发生之前开展过更多的在线教学，其次是社会科学学科和人文学科的教师，经交叉分析中的卡方检验，疫情发生之前是否开展过在线教学与学科不存在显著相关。在疫情防控期间开设在线课程方面，各学科教师中开设1～2门课程的所占比例较高；开设3门及以上的占比较少。理工农医学科教师开设的在线课程数多于社会科学学科和人文学科的教师（见表3）。经卡方检验，$P<0.001$，达到显著性水平，说明疫情防控期间开设在线课程门数与学科存在显著相关。

表3　不同学科教师在线教学经历及开设在线课程情况

在线教学经历	选项	人文学科/%	社会科学学科/%	理工农医学科/%
疫情发生前是否开展过在线教学	是	5.3	6.2	10.0
	否	19.5	21.0	38.0

---

[1]　DRESSEL P L，MARCUS D. On teaching and learning in college：reemphasizing the roles of learners and the disciplines[M].San Francisco：Jossey-Bass Publishers，1982：32-65.

续表

在线教学经历	选项	人文学科/%	社会科学学科/%	理工农医学科/%
疫情期间开设 在线课程门数	1 门	10.1	12.2	24.9
	2 门	8.7	9.4	16.3
	3 门	3.8	3.7	4.9
	4 门	1.4	1.0	1.2
	5 门	0.4	0.4	0.3
	6 门	0.2	0.1	0.1
	7 门及以上	0.2	0.4	0.3

2.高校教师在线教学经历对在线教学自我评价的影响

在线教学自我评价是教师对自身教学能力的反思,有利于构建教师的身份认同,激发教学热情,反思教学不足。本次调查问卷的"在线教学自我评价"部分共包括 13 个题项。为了更直观地对这些题项进行观察与探索,本研究采用主成分分析法对题项进行降维处理,共提取出三个公因子(见表 4),累计方差贡献率为 69.249%,说明三个公因子可以较好地解释"在线教学自我评价"变量。第一个公因子包括的题项分别是:"我能提交/修改 PPT 等教学材料""我能开展课程直播""我能根据在线教学特点有效备课""我能推荐学生使用各种电子教学资源""我能有效组织在线教学,维持教学秩序""我能设计适合在线教学的教学方案"。这六个题项主要侧重于教师的教学方法,因此将该公因子命名为"在线教学方法"。第二个公因子包括的题项有"我能采用适当教学策略,提高学生注意力""我能控制教学节奏,避免学生过度疲劳""我能利用数据分析和跟踪学生学习行为""我能通过各种平台与学生互动"。这四个题项均侧重以学生为中心,强调教师与学生的互动,因此将该公因子命名为"在线师生交互"。第三个公因子包括的题项为"我能利用工具进行录播""我能在线布置、批改和反馈作业""我能使用各种工具进行课程测试和评价",强调了教师对于技术的运用,因此将其命名为"在线教学技术"。由此,本研究中影响教师教学体验的三个因素分别为"在线教学方法""在线师生交互""在线教学技术"。通过对三个公因子进行加总求平均值,最后得到三个新变量,即"在线教学方法"变量、"在线师生交互"变量和"在线教学技术"变量。

表 4　教师在线教学评价因子分析

在线教学经历	公因子		
	1	2	3
我能提交/修改 PPT 等教学材料	0.740		
我能开展课堂直播	0.686		
我能根据在线教学特点有效备课	0.674		
我能推荐学生使用各种电子教学资源	0.636		
我能有效组织在线教学,维持教学秩序	0.613		
我能设计适合在线教学的教学方案	0.599		
我能采用适当教学策略,提高学生注意力		0.789	
我能控制教学节奏,避免学生过度疲劳		0.757	
我能利用数据分析和跟踪学生学习行为		0.642	
我能通过各种平台与学生互动		0.533	
我能利用工具进行录播			0.708
我能在线布置、批改和反馈作业			0.689
我能使用各种工具进行课程测试或评价			0.657

（1）疫情发生之前有无在线教学经历对在线教学自我评价的影响

疫情背景下快速开展起来的在线教学给教师带来了严峻挑战,许多教师在疫情发生之前没有在线教学实践经历,即便是之前有过在线教学经历的教师,也表示没有作好充分的准备。[1] 教师的在线教学经历影响着教学效果的实现以及教师的自我评价。本研究以疫情发生之前有无开展在线教学为自变量,以在线教学自我评价的三个维度即在线教学方法、在线师生交互、在线教学技术为因变量,进行独立样本 t 检验,分析具有不同在线教学经历的教师在在线教学自我评价上的差别（见表 5）。结果显示,疫情发生之前有无在线教学经历与在线教学方法、在线师生交互、在线教学技术均存在显著相关（$P < 0.001$）,且疫情发生之前开展过在线教学的教师对在线教学自我评价在各维度上的均值均高于疫情发生之前没有在线教学经历的教师。

---

[1]　田蕊,熊梓吟,Normand Romuald.疫情之下全球教与学面临的挑战与应对之策:OECD《2020 应对 COVID-19 教育指南》解析与思考[J].远程教育杂志,2020,38(4):3-14.

表 5　疫情发生前教师有无在线教学经历对教学自我评价影响的独立样本 *t* 检验

项　　目	疫情发生前开展过在线教学		疫情发生前未开展过在线教学		*t* 值
	M	SD	*M*	SD	
在线教学方法	4.1190	0.52524	4.0201	0.51120	8.803***
在线师生交互	4.0243	0.57749	3.8956	0.57401	10.251***
在线教学技术	4.0849	0.58547	3.9216	0.59926	12.538***

注：*** 表示 $P<0.001$，** 表示 $P<0.01$，* 表示 $P<0.05$，以下各表同。

（2）疫情防控期间开设在线课程数量对在线教学自我评价的影响

本研究以疫情防控期间开设在线课程的数量为自变量，以在线教学自我评价为因变量，进行单因素方差分析，探究在线课程数量是否对教师的在线教学自我评价产生影响。结果显示，疫情防控期间开设在线课程数量与在线教学自我评价的三个维度均显著相关（$P<0.001$）。从整体来看，开设 1～6 门课程的教师对自身在线教学方法、师生交互和教学技术的评价均值均高于开设 7 门及以上课程的教师（见表 6）。在在线教学方法维度，开设 2～6 门课程的教师评价较高，其次是开设 1 门课程的教师，开设 7 门及以上课程的教师对自身在线教学方法的评价最低。在在线师生交互和在线教学技术维度，开设 5～6 门课程的教师评价较高，其次是开设 1～4 门课程的教师，开设 7 门及以上课程的教师评价最低。

表 6　疫情防控期间开设在线课程数量对教学自我评价影响的单因素方差分析

项目	1 门	2 门	3 门	4 门	5 门	6 门	7 门及以上	*F* 值
	M(SD)	*M*(SD)	*M*(SD)	*M*(SD)	*M*(SD)	*M*(SD)	*M*(SD)	
在线教学方法	4.02(0.51)	4.06(0.50)	4.07(0.52)	4.07(0.53)	4.09(0.62)	4.08(0.63)	3.74(0.69)	8.894***
在线师生交互	3.91(0.58)	3.94(0.56)	3.94(0.59)	3.94(0.60)	4.02(0.63)	4.00(0.62)	3.70(0.70)	5.249***
在线教学技术	3.94(0.60)	3.98(0.60)	3.98(0.59)	3.98(0.61)	4.00(0.69)	4.01(0.70)	3.74(0.71)	4.853***

3.高校教师在线教学自我评价对教学满意度的影响

教师对于在线教学评价各指标的评分是对自身教学能力与效果的检验与反思。本研究将教师在线教学经历作为控制变量，将在线教学自我评价作为自变量,将在线教学满意度作为因变量,运用多元线性回归分析方法,探究教师在线教学自我评价对在线教学满意度的影响(见表7)。结果显示,Durbin-Waston 检验值为1.955,研究观测值之间相互独立。VIF值均小于3,自变量之间不存在多重共线性。回归模型具有统计学意义,$F = 4365.865$,$P < 0.001$,调整后 $R^2 = 0.637$。在线教学方法、在线师生互动、在线教学技术三个维度与在线教学满意度显著相关。其中,在线师生交互对回归方程的贡献最大($B = 0.474$,$P < 0.001$),其次是在线教学方法($B = 0.448$,$P < 0.001$),在线教学技术对回归方程的贡献率最小($B = 0.053$,$P < 0.001$)。

表7　在线教学自我评价对教学满意度影响的多元回归分析

变量	系数(标准误)	t 值	显著性水平
在线教学方法	0.448(0.027)	40.569	0.000
在线师生交互	0.474(0.011)	45.110	0.000
在线教学技术	0.053(0.009)	5.788	0.000
疫情发生前是否开展过线上教学	0.008(0.000)	0.034	0.097
开设在线课程门数	0.004(0.003)	1.157	0.024

四、研究结论与启示

1.研究主要结论

通过独立样本 t 检验、单因素方差分析和多元线性回归分析,本研究探讨了不同背景教师的在线教学经历及其对在线教学自我评价的影响以及教师在线教学自我评价对教学满意度的影响,得到以下结论。

(1)教师在线教学经历存在教龄和学科背景差异

疫情发生之前有接近八成的教师缺少在线教学经历,随着大规模在线教学的开展,参与在线教学实践的教师群体不断壮大,许多教师实现了在线教学经历从无到有的转变。不同教龄和学科的教师的在线教学经历则表现出了较大差异。

在教龄方面,除了新手型教师在线教学经历较为丰富外,教学经验较为丰富的熟练型教师在疫情发生之前也有丰富的在线教学经历,并且后者的在线教学经历还略多于前者。在假设中我们认为,教龄较短的新手型教师可能在信息技术的掌握与运用方面更为熟练,在日常教学活动中可能更加倾向于使用技术作为辅助,疫情发生之前的在线教学经历可能也更丰富。然而研究发现,疫情发生之前有过更多在线教学经历的还包括那些有着较为丰富教学经验的熟练型教师,而非只有新手型教师,且熟练型教师的教学经历略多于新手型教师。这可能说明在线教学的开展需要一定教学经验的积累。根据教师职业生涯发展的动态变化,教龄为 1～5 年的新手型教师处于职业生涯的起步阶段,需要适应从学生身份到教师身份、从学习状态到教学状态的转变,而教龄为 6～10 年的高级新手型教师已经适应教学工作,但仍需不断学习新事物、在实践中积累经验。[①] 教育技术的学习以及电子设备、软件的使用经历使得新手型教师在在线教学技术应用上具有优势,但在教学设计、教学方法、教学组织以及信息技术与在线教学融合等方面的经验,可能不如教龄较长的熟练型教师,因而其在线教学经历略低于熟练型教师。同样,教龄更长的资深型教师,虽具有丰富的教学经验,但是随着家庭负担、行政事务和健康状况等因素的影响,可能缺少学习新技术的动力与能力。[②] 而教龄在 11～20 年的熟练型教师,一方面有着较为丰富的教学经验,另一方面也具有更强的课堂教学驾驭能力,能够更好地应对教学的挑战,因而是教学改革开展过程中的中坚力量。[③]

研究还发现,相较于其他学科的教师,理工农医学科的教师在疫情发生之前的在线教学经验更加丰富。由于学科的特性,理工农医学科常常通过实验等实践性课程开展教学,师生之间的交流和互动可能更多地借助各种软件和设备,因而理工农医学科的教师对技术的掌握更熟练,疫情发生之前的在线教学经历也较多。而人文社科类课程的学习更加侧重教师与学生面对面的交流与讨论,对设备和技术的依赖较小,因而大部分人文社科类教师应用信息技术的经验可能仅限于播放课件开展教学,对技术掌握的深度不足,疫情发生之前开展在线教学的经历可能也较少。有研究表明,工科类教师在信息化教学资源应用、信息化教学实施能力以及信息化教学实践上均优于文科类教师。[④]

① 赵萍.论当代西方教师职业生涯发展研究的三个理论取向[J].比较教育研究,2016,38(4):78-84.

② 阎光才,牛梦虎.学术活力与高校教师职业生涯发展的阶段性特征[J].高等教育研究,2014,35(10):29-37.

③ 王诺斯,彭绪梅.生态位理论视阈下高校教师教学能力的结构表征与培育路径[J].现代教育管理,2019(8):55-60.

④ 黄露.兰州大学青年教师信息化教学能力发展研究[D].兰州:兰州大学,2015:28.

疫情防控期间,几乎所有学科的教师均开展了在线教学,具有了一定的在线教学经历,而如何缩小不同学科教师在线教学经历的差距,同时根据不同学科的特点开设在线课程,提升教师在线教学的整体满意度,进而推动在线教学质量的整体提升,是今后研究中值得关注的问题。

（2）教师在线教学经历影响在线教学自我评价

疫情发生之前开展过在线教学的教师在在线教学方法、在线师生交互和在线教学技术上的自我评价得分均高于疫情前未开展过在线教学的教师。疫情防控期间开设 1～6 门在线课程的教师,对在线教学的自我评价高于开设 7 门及以上的教师。教师的教学经历对于自身教学的开展具有重要意义。疫情发生之前有过在线教学经历的教师,对自身在线教学能力更为了解,对疫情防控期间在线教学的开展应该更有信心。而对于疫情发生之前没有开展过在线教学的教师,出于对自身在线教学经验的缺乏和技术应用能力的担忧,造成其缺乏教学信心与激情,对自身的在线教学评价也较为消极。由于本次调查距离各高校实施在线教学政策的时间较短,在该阶段许多之前零经验的教师仍然处于在线教学的摸索和适应阶段,加之疫情初期在线教学网络平台和设备的不稳定性,为之前零经验的教师开展在线教学增加了极大困难,可能导致其对在线教学的自我评价较低。因此,在今后在线教学的开展中,重视在线教学经历对教师教学评价的重要作用,对于在线教学质量的提升意义重大。

（3）师生互动是在线教学中教师关注的核心问题

研究发现,在教师的教学自我评价中,教师对在线师生互动的评价对教师在线教学满意度的影响最大,其次才是在线教学方法和在线教学技术。已有研究认为,教师在线备课与教学、教学资源共享、在线教学平台的开发与维护甚至网络的稳定等都离不开信息技术的支持,[①]因而教师对其在线教学技术的评价可能对教师的教学满意度产生较大影响。然而本次研究结果表明,在疫情防控期间开展大规模在线教学,教师们认为技术因素对其在线教学的影响相对较小,影响教师教学的因素更多地来自教师教学方法的掌握和师生之间的有效互动。该结果让我们对在线教育的本质有了更深刻的认识,信息技术支持下的在线教学,其本质仍是促进人的发展,其重点仍是以人为本,技术

---

① 韩筠.以信息技术构建高等教育新型教学支持体系:基于抗疫期间在线教学实践的分析[J].高等教育研究,2020,41(5):80-86.

是为人所用、为人服务的。① 从远程教育的不断推进到大学内外慕课的繁盛，信息技术的进步逐渐改变了教学空间、教学方式、教学策略、教学组织管理以及师生之间的交流，使得教师和学生空中相见线上交流。但是技术对师生交流的影响仍停留在交流方式层面，对于师生之间心灵与情感上的深度沟通影响较小。作为影响教师在线教学的一大因素，教学技术可以通过学习或培训得到改善与提升，而教师与学生之间情感的交流与互动，才是教育教学需要关注的永恒话题。②

2.启示

疫情发生之前，我国高校仅有一部分教师开展在线教学的探索。突如其来的疫情迫使大多数高校教师，不论是否有过在线教学经验，是否作好了思想、资源、方法等方面的准备，都纷纷跳入"在线游泳池深水区"，开设了在线课程。在后疫情时代，大多数教师经过近半年的线上教学，也由之前的零在线教学经验变为在线教学的践行者。教师的教学经历是其教学成长的必要条件，鉴于本研究获得的不同背景教师的在线教学经历与在线教学自我评价之间存在显著相关等结论，笔者对高校教师在线教学的发展提出以下建议。

（1）经历与经验：鼓励教师参与在线教学实践，助力教师教学成长

虽然本次疫情是一次突发性事件，在线教学被当作疫情防控的"战时"应对，但在线教学并不是新事物。在疫情出现之前，各高校教师已经在不同程度上开展了在线教学，积累了一定的经验。只是规模不大、普及程度不高，大部分教师缺少参与机会与经历。随着疫情防控期间大范围在线教学的开展，教师在线教学也经历了从无到有、从少到多的变化，教师从在线教学的"懵懂"经历者不断向经验丰富者转变。特别是那些在疫情发生之前缺乏在线教学需要同时也对自己能否有效开展在线教学心存疑虑的教师，通过在线教学实践的锻炼，获得了对自身在线教学的认同感。这充分体现了在线教学经历对教师开展教学、进行自我评价从而获得满足感的重要性。因此，面对高等教育教学发展的新趋势，高校应鼓励教师积极参与在线教学实践，通过亲身经历获得对在线教学的感知与能力的自我肯定，进而得到成长。在增加在线教学经历的同时，也应鼓励教师对自身的教学实践进行反思，对教学效果作出评价，找出

① 吴南中,夏海鹰.教育大数据范式的基本理念与建构策略[J].电化教育研究,2017,38（6）:82-87.
② 杨刚,徐晓东.远程教育中师生网络互动的本质与特征[J].中国电化教育,2009(12):50-55.

自身发展的不足之处,并加以改进,付诸新的教学实践,从而使经历变为丰富的教学经验,促进自身专业成长与发展。

(2)互助与共进:增进教师同行和师生互动交流,促进共同发展

在线教学的快速开展使得教师面临极大的挑战,教师需快速掌握在线教学能力与技术以保证在线教学的顺利进行。然而本次调查发现,对教师的教学自我评价和满意度影响最大的不是技术因素,而是人与人之间的互动交流,人的社会属性再次得到彰显。作为与教师长期相处、紧密接触的群体,教师同行对教师的教学具有重要影响。[①] 面对教学上的挑战,有时仅仅依靠自我的力量是远远不够的,教师之间的互助协同能够帮助教师更好地应对困难、解决在线教学中遇到的问题,更好地促进教师的专业发展。[②] 教师不应是孤军奋战的个体,而应组成教师在线教学共同体,相互交流,互相促进,形成教师在线教学的合力,为教学质量提供坚实保障。尤其是经验较为丰富的熟练型教师应在新手型教师与资深型教师之间发挥桥梁作用,一方面,鼓励新手教师分享现代信息技术应用知识与技能,提升资深型教师的信息化教学素养,另一方面,推动资深型教师将其丰富的教学经验传授给新手型教师,从而促进不同职业生涯阶段教师之间的沟通交流,实现教师整体发展。

同样,师生互动也一直是影响教师教学评价和教学质量的重要因素。[③] 与线下课堂相比,在线课堂是数字化、信息化和智能化的。面对更加开放的教学环境、更加丰富的教学资源,师生之间的关系不再只是知识的传授者和接受者,更是一种知识共建、共同发展的关系。[④] 在线课堂教学实践和教学评价离不开师生的共同参与和密切的互动。而构建在线教学师生知识共建关系,需要教师强化教学的设计、组织,增强教学内容的趣味性,吸引学生与之互动,增加课堂互动环节,不断提升在线课堂与学生互动的频度和质量。

(3)线上与线下:面向未来,推动混合式教学改革

尽管在线教学是高等教育战"疫"的临时举措,但是随着教师与学生对在线教学的熟悉度、适应性和使用能力不断提高,线上线下相结合的混合式教学模式将成为未来高等教育教学的常态。对在线教学的关注也将从对其开展范

---

① 杜海平.教师同行评价的伦理审视[J].中国教育学刊,2011(10):39-42.

② 高颖,施皓.网络环境下大学英语教师同伴互助的生态模式[J].南通大学学报(社会科学版),2016,32(2):120-125.

③ 彭美云.提高本科课堂教学效果的建议[J].中国大学教学,2010(7):17-19.

④ 夏春明,夏建国.抗疫背景下高校在线教学的实践探索及改革启示[J].中国高等教育,2020(7):19-21.

围、实施情况、实践探索的研究转为对在线教学质量与成效的讨论。教学质量是教学工作的永恒主题,面向未来,如何推动在线教学的高质量发展,推动线上教学与线下教学的深度融合,是高等教育教学改革的主要方向。[①] 推动混合式教学发展,提高教学质量,应重视教师教学能力的提升。纵然在疫情防控期间教师已经获得了在线教学的经验,能够成功地开设和组织在线课程,但对于一些教师来说,在线课堂只是线下课堂的复制版,缺少针对在线课堂特征而进行的教学转变。[②] 此外,大部分教师对于在线教学技术浅尝辄止,认为能够满足基本的教学需求即可,而对于如何使用教学技术更好地服务在线课堂,仍然需要不断地学习与培训。推动混合式教学发展,还应推动教学技术的研发与完善。本次调查发现,平台和技术会影响师生互动和教师教学自我评价,而当前阶段,只有少部分高校拥有独立的教学平台,大部分高校使用的是互联网企业研发的在线教学平台。在线教学的有效进行在很大程度上依赖于企业平台的安全性与稳定性。因此,高校应加快建立健全校园数字化教学建设,加强网络教学技术和平台的开发与维护,为教师在线教学提供良好的支持与服务,促进教师获得对在线教学的正向体验与评价。

---

① 建设更开放、更融合、更有韧性的大学,实现更加普惠的高质量教育[EB/OL].(2020-07-03)[2020-07-06].https://news.tsinghua.edu.cn/info/1043/80415.htm.
② 周跃良.高校教学改革将迎来黄金时代[J].教育发展研究,2020,40(11):3.

高校教师线上教学平台功能及环境
支持认知评价的实证分析 *

◎ 苟斐斐　刘振天

一、问题提出及文献回顾

为应对突如其来的疫情影响,教育部发布了《教育部关于 2020 年春季学期延期开学的通知》。[①] 同时联合有关部委提出"停课不停学"、动员各方面力量组织好线上教学活动的要求。于是,全国展开了一场史无前例的大规模线上教学活动。线上教学离不开技术平台的功能发挥,离不开服务和保障等环境支持。教师既是教学的设计者、组织者和实施者,又是线上教学平台的使用者。教学技术平台及其功能效果如何,环境支持是否有助于教学顺利和高效实施,教师最有发言权。为此,本文基于厦门大学教师发展中心疫情防控期间开展的高校大规模线上教学教师调查,分析探讨高校教师对线上教学平台功能满足度、线上教学环境支持满意度的认知评价状况,主要包括线上教学平台功能及环境支持是否能够满足高校教师的教学需求,高校教师对线上教学平台功能满足度及环境支持(技术支持、服务保障)满意度是否因地区、学校等类型不同而体现差异两个方面。通过相关文献梳理发现,已有文献主要聚焦于线上教学的 SWOT 战略分析、各地区各学科线上教学经验总结及教师在线上教学中的角色与作用探究三个方面:

---

* 原载《教育发展研究》2020 年第 11 期。

[①] 教育部.教育部关于 2020 年春季学期延期开学的通知[EB/OL].(2020-01-27)[2020-03-20]. http://www. moe. gov. cn/jyb _ xwfb/gzdt _ gzdt/s5987/202001/t20200127 _ 416672.html.

其一，线上教学的"SWOT"分析。"S-W-O-T"即线上教学所具有的优势、暴露的劣势、发展之机遇及面临之挑战。线上教学的优势在于，作为联结教师和学生之间的桥梁，是在重大突发事件下的一次关键性教学模式调整，通过线上教学能够实现互通互联、打破时空界限的束缚带来丰富多样的资源；线上教学暴露的劣势或问题也是比较明显的，学生缺乏规范性管理、①学习效率低下、学生心理问题、师生互动少、考核体系不明确、平台技术保障未完善等；②在机遇层面，线上教学虽是一次应急之举，但在信息技术、互联网等迅速发展时代，未来的教学模式变革中线上教学有其发展之机遇，学者们因而探索如何使线上教学常态化及卓越性发展，混合教学、融合教学、"线上＋线下"教学等成为研究的重点及热点。当然，线上教学在发展机遇之下也面临包括教学平台、网络条件、师生互动、学生心理等较大挑战。③

其二，对不同地区、不同学科线上教学效果及经验的总结研究。浙江省某市依托互联网将学校划分层次，从而将自设课程与统一课程结合授课，建立虚拟学习共同体增强学生间的互动与交流；④某学校在数学学科面临如何有效培训、如何实现精准化等问题的瓶颈下提供 14 小时在线保障技术咨询、开发小程序辅助到课率、简化作业收交模式等的有效策略；⑤某高校财政学专业学生在线上学习中面临教学平台多而杂、学生学习压力大、学习效果一般的问题，教师在线上教学中面临教学设计有困难、师生参与度较低、教学效果不高等境况；⑥周凤芹从民办高校视角出发分享其在《概率论与数理统计》学科线上教学中课前准备、课中实施、课后拓展的经验。⑦

---

① 赵卫群,陈敏慧.线上教学新认识:从"内容导向"到"学习导向"[J].中小学数字化教学,2020(5):33-37.

② 李克寒,刘瑶,谢蟪旭,等.新型冠状病毒肺炎疫情下线上教学模式的探讨[J/OL].中国医学教育技术:264-266[2020-05-11].http://kns.cnki.net/kcms/detail/61.1317.g4.20200415.1047.008.html.

③ 刘艳萍,关洪涛,王利霞.疫情之下大学教育的应对措施及面临的挑战[J].决策探索(下),2020(4):57.

④ 葛炳芳.以"即时线上教研"保障线上教学质量[J].中小学数字化教学,2020(5):72-75.

⑤ 张婷.数字赋能教育:疫情期间杭州市长河高级中学的教学实践[J].中小学数字化教学,2020(5):90-92.

⑥ 郭露露."高校停课不停学"财政学专业教学方式改革的思考[J].中外企业家,2020(14):215-216.

⑦ 周凤芹."完全线上教学"的实践与经验:以《概率论与数理统计》为例[J].福建茶叶,2020,42(4):325.

其三,教师在线上教学中的角色及作用厘析。线上教学使教师面临着教学设计、教学资源、课程实施到学习支持等多重角色融合之境遇,从传统课堂到线上课堂中的新形势下教师着力于进行角色转变,调动学生积极性,提高学生线上学习效果;[1]同时汪磊在基于学生核心素养培育的背景下对线上教学中的教师角色进行了探析,发现线上教学模式对传统课堂中的教师提出如角色多元化、教育信息化、学生个性化、课堂互动性等种种挑战,需要重新定位教师角色——学生线上学习的协助者、线上课堂教学的反思者、网络教育技术的策划者、学生成长目标的评价者。[2]

综之,目前还未发现与不同类型高校教师对线上教学平台功能满足度及环境支持满意度评价的相关研究,为此,本研究在基于证据的前提下,探讨人口学变量下高校教师对线上教学平台功能及环境支持认知评价状况。在研究中将高校教师的人口学变量定义为自然性、社会性及环境性三个维度,进而提出以下三个假设:

假设一:高校教师因自然性维度的不同而对线上教学平台满足度及环境支持满意度评价有差异;

假设二:高校教师因社会性维度的不同而对线上教学平台满足度及环境支持满意度评价有差异;

假设三:高校教师因环境性维度的不同而对线上教学平台满足度及环境支持满意度评价有差异。

二、数据来源及研究方法

1.研究数据来源

本研究数据来源于全国高等学校质量保障机构联盟(CIQA)委托厦门大学教师发展中心自 2020 年 3 月发放的《疫情防控期间高校教师线上教学调查问卷》,截至 3 月 31 日,累计全国 334 所高校参与此次调查,最终回收 13997 份教师问卷,剔除无效问卷后,有效问卷为 13695 份,有效问卷率为 97.84%。

---

① 谭晓茗,单勇,张清周.论高校教师在危机应对中的教学攻关[C].武汉:武汉创读时代出版策划有限公司,2020:101.

② 汪磊,魏伟.基于学生核心素养培育的新冠肺炎疫情下教师角色探析:以"大学生心理健康"课程线上教学模式为例[J].中国医学教育技术,2020,34(5):543-547.

2.项目信效度检验

本研究涉及高校教师线上教学平台功能满足度和线上教学环境支持满意度两个项目,而环境支持又分为技术支持及服务保障,因而通过对此三个项目及高校教师的人口学变量进行整体性的信效度检验,得知 $\alpha=0.972$,KMO$=0.769$,可见所分析的题目具有可鉴别力,予以保留。其中,线上教学平台功能涵括在线备课、课堂考勤管理、课堂讲授、在线课堂讨论、在线实验演示、在线教育测试及评分、在线布置批改作业、在线课后辅导答疑、提交或传输课程资料、通过电子数据分析学生学习行为十大功能;线上教学技术支持包括网络速度、平台运行、画面音频、文件传输、工具使用等几大方面;线上教学服务保障包含网络条件、各类教学平台、电子图书资源、学校技术队伍、学校对技术使用的培训、学校对教学方法的培训、学校政策以及各级领导的支持七个子项。

3.项目因素分析

采用主成分分析法对高校教师的线上教学平台功能满足度各子项进行因素分析。结果表明,KMO 值为 0.902,说明有共同因素存在,Bartlett 球形检验 $\chi^2=47228.80$,df$=45$,$P<0.001$,说明数据适合进行因素分析。根据因素分析原理,提取方法采取主成分分析法,旋转方法采取凯撒正态化最大方差法,提取数量限定于特征值大于 1 的因子,得知该项目中所选择的题项之间相关性较高,具有内部一致性,进而根据因素分析结果以及结合问卷题项分析将符合分析要求的主成分因子命名为"线上教学平台功能满足度";同时由于该因子得分中出现负值,故将得分进行平移处理。

4.研究对象与人口学变量的择定

由于本研究设计的角色主体——高校教师,是一个拥有复杂角色特点的大群体,因此了解其对线上教学平台功能满足度及环境支持满意度认知评价状况不应忽视对不同类型的衡量,这不仅有助于了解这一群体之间的差异,也有助于针对性地、差异化地提出相关的建议。因此尽可能地涵盖高校教师在人口学统计变量上的可能维度,如自然性或成长性维度(性别、年龄);生活条件或社会地位维度(教龄、职称、所在学科);环境性维度(学校性质、学校地区、学校类别)。研究对象的选取具体分布情况见表 1。

表 1 调查对象的基本情况

单位:人

项目		人数	项目		人数
年龄段	20～29 岁	900	学校性质	研究型大学	397
	30～35 岁	2868		一般本科院校	12522
	36～40 岁	3466		高职	602
	41～45 岁	2942			
	46～50 岁	1649	学校地区	东部	6433
	51～55 岁	1093		中部	5111
	56 岁以上	757		西部	2084
教龄段	1～5 年	3329			
	6～10 年	2330	学校类别	公办	11325
	11～15 年	2794		民办	2303
	16～20 年	2274	职称	正高	1432
	21～25 年	1056		副高	4837
	26～30 年	849		中级	5834
	31 年以上	1063		初级	1084
学科	人文学科	3496	性别	男	5928
	社会学科	3746		女	7767
	自然学科	6453			

5.研究工具及分析方法

在研究工具的选取上,为更好地了解不同类型高校教师对线上教学平台功能及环境支持认知评价状况,以 SPSS 22.0 版为主要研究工具,辅之以 Excel 作图工具来展现类型差异;在分析方法的使用上,以定量研究为主,在定量研究中将描述性分析与推论性分析相结合,同时对数据分析结果进行可能性的原因剖析。

三、研究结果与分析

(一)高校教师线上教学环境支持总体认知评价分析

经统计测量,高校教师线上教学环境支持中两个维度的满意度均值分别为 3.76、3.89,可见,总体上高校教师对线上教学环境支持满意度较高。进一步对样本进行统计(见表 2),结果发现两个维度的满意度在"一般"等级以上的占比分别为 70.3%、77%,均超过三分之二;满意度在"一般"等级以下的比例分别为 1.8%、1.5%,占比较低;而满意度在"一般"等级的比例为三成左右。这说明高校教师对线上教学环境支持评价总体较高,但同时显现出在线上教学技术支持及服务保障方面还有完善和提升的空间。

表 2　高校教师线上教学环境支持满意度总体表现

项目	A(非常不好)	B(不好)	C(一般)	D(好)	E(非常好)	A+B	D+E
技术支持人数/人	32	219	3762	8381	1116	251	9497
技术支持占比/%	0.2	1.6	27.8	62.0	8.3	1.8	70.3
服务保障人数/人	44	169	2840	8314	2099	213	10413
服务保障占比/%	0.3	1.2	21.0	61.5	15.5	1.5	77.0

注:线上教学平台功能满足度经进行因素分析得来,在此未列入表格进行统计。

(二)高校教师线上教学平台功能及环境支持子项认知评价分析

就线上教学平台功能满足度而言,高校教师对"提交或传输资料"功能的满足度最高达 81.2%,而对"在线课堂讨论"(53.2%)和"在线实验演示"(31.2%)功能的满足度较低,这是由于网上实验不能进行实际操作,虽有虚拟仿真实验教学平台,但不如现场实际实验效果,有些平台在线上实验演示时交互性不好,导致操作不流畅,因此,高校教师对线上实验演示功能的满意度大大降低[①];就线上教学技术支持满意度而言,最高的子项是"画面的清晰度"满意度(69.8%),而对"师生互动的即时度"的满意度最低,为 51.4%;就线上教学服务保障而言,高校教师对"网络条件"(60.6%)与"电子图书资源"(52.8%)满意度较低,其次为学校的各项政策(66.6%)对线上教学的支持,而满意度最高的是各级领导(82.1%)对线上教学的支持以及学校教学技术(78.0%)和教学方法培训(77.0%)对线上教学的支持与保障。总之,高校教师对在线课堂讨论、在线实验演示、通过电子数据分析学生学习行为功能的满足度以及对师生互动即时度、网络速度流畅度、网络条件、电子图书资源、学校政策支持的满意度在整体子项中处于较低的水平,均在 67%以下(见表3)。

表3　高校教师线上教学平台功能及环境支持子项认知评价(单位:%)

教学平台功能		教学技术支持		教学服务保障	
子项	满足度/%	子项	满意度/%	子项	满意度/%
在线备课	65.8	网络速度流畅度	60.0	网络条件	60.6
课堂考勤管理	78.1			各类教学平台	71.8
课堂讲授	72.7	平台运行稳定度	61.8	电子图书资源	52.8
在线课堂讨论	53.2			学校技术队伍	73.3
在线实验演示	31.2	画面音频清晰度	69.8	学校教学技术培训	78.0
在线教育测试评价	61.0				
在线布置批改作业	72.3	师生互动即时度	51.4	学校教学方法培训	77.0
在线课后辅导答疑	70.3				
提交或传输资料	81.2	文件传输顺畅度	66.4	学校政策	66.6
分析学生学习行为	61.2	工具使用便捷度	68.6	各级领导	82.1

(三)自然性维度下高校教师对线上教学平台功能及环境支持认知评价的差异检验

　　人口学变量下的自然性维度是个体本身所固有的特征,不因外部环境的变化而产生"即时反应",如个体的性别特征、年龄大小、身高状况、肤色表征

---

① 朱亚先,周立亚,张树永,等.延期开学期间化学类专业线上教学情况调研分析与建议[J].大学化学,2020,35(5):283-292.

等。在此根据高校教师这一群体角色特质将自然性维度分为性别及年龄两个层面进行差异检验。

1.不同性别差异检验

对不同性别高校教师线上教学平台功能及环境支持认知评价进行差异检验后发现:高校教师对线上教学技术支持满意度在性别上无显著性差异;而在线上教学平台功能满足度及服务保障满意度评价方面有显著差异,且高校女教师的满足度评价显著高于高校男教师,高校女教师在线上教学服务保障满意度方面亦显著高于高校男教师(见表4)。

表4 不同性别高校教师线上平台功能及环境支持认知评价差异检验

因变量	性别	平均值	标准差	t 检验	Sig
线上教学平台功能满足度($N=13695$)	男	4.94	1.050	-5.969^{***}	0.000
	女	5.04	0.957		
线上教学技术支持满意度($N=13569$)	男	3.76	0.631	-1.098	0.272
	女	3.78	0.599		
线上教学服务保障满意度($N=13569$)	男	3.90	0.663	-2.964^{**}	0.003
	女	3.95	0.655		

注:$^{**} P<0.01$,$^{***} P<0.001$

2.不同年龄段差异检验

对不同年龄段高校教师线上教学平台功能及环境支持认知评价进行差异检验得知,高校教师对线上教学平台功能满足度、线上教学技术支持满意度及线上教学服务保障满意度评价均因年龄段的不同而有显著性差异。经过事后检验发现(见表5):

表5 不同年龄段高校教师线上教学平台功能及环境支持认知评价差异检验

因变量	年龄段	平均值	F 检验	Sig 显著性	多重比较
线上教学平台功能满足度($N=13675$)	20～29 岁	5.19	24.667^{***}	0.000	1>2;1>3;1>4;1>5;1>6;1>7;2>4;2>5;2>6;2>7;3>5;3>6;3>7;4>5;4>6;4>7;5>7
	30～35 岁	5.06			
	36～40 岁	5.05			
	41～45 岁	4.99			
	46～50 岁	4.89			
	51～55 岁	4.86			
	56 岁及以上	4.74			

续表

因变量	年龄段	平均值	F 检验	Sig 显著性	多重比较
线上教学技术支持满意度（$N=13616$）	20～29 岁	3.83	10.896***	0.000	1＞4；1＞5；1＞6；1＞7；2＞4；2＞5；2＞6；2＞7；3＞5；3＞6；3＞7
	30～35 岁	3.81			
	36～40 岁	3.79			
	41～45 岁	3.75			
	46～50 岁	3.72			
	51～55 岁	3.69			
	56 岁及以上	3.69			
线上教学服务保障满意度（$N=13616$）	20～29 岁	4.03	26.896***	0.000	1＞3；1＞4；1＞5；1＞6；1＞7；2＞3；2＞4；2＞5；2＞6；2＞7；3＞5；3＞6；3＞7；4＞6；4＞7
	30～35 岁	3.99			
	36～40 岁	3.93			
	41～45 岁	3.89			
	46～50 岁	3.84			
	51～55 岁	3.79			
	56 岁及以上	3.78			

注：*** $P<0.001$；"20～29 岁"＝1，"30～35 岁"＝2，"36～40 岁"＝3，"41～45 岁"＝4，"46～50 岁"＝5，"51～55 岁"＝6，"56 岁及以上"＝7

第一，在线上教学平台功能满足度评价上，20～29 岁年龄段高校教师显著高于其他年龄段，30～35 岁年龄段高校教师显著高于 41 岁及以上，36～40 岁年龄段高校教师显著高于 46 岁及以上，41～45 岁年龄段高校教师显著高于 46 岁及以上，46～50 岁年龄段高校教师显著高于 56 岁及以上的高校教师，说明年龄与高校教师对线上教学平台功能的满足度评价呈负相关关系；第二，在线上教学技术支持满意度上，20～29 岁、30～35 岁年龄段高校教师均显著高于 41 岁及以上群体，36～40 岁年龄段高校教师显著高于 46 岁及以上群体，表征着年龄与高校教师对线上教学技术支持满意度评价呈负相关性；第三，在线上教学服务保障满意度上，20～29 岁、30～35 岁年龄段高校教师均显著高于 36 岁及以上群体，36～40 岁年龄段高校教师显著高于 46 岁及以上群体，41～45 岁年龄段高校教师显著高于 51～55 岁、56 岁及以上群体，亦表明高校教师对线上教学服务保障满意度随年龄的增长而呈递减趋势。

（四）社会性维度下高校教师对线上教学平台功能及环境支持认知评价的差异检验

社会性维度即个体的生活条件或社会地位，包括个体的职业、收入、教龄、职称、工作性质等。本研究主要涉及高校教师的教龄长短、职称高低（正高、副高、中级及初级）及学科性质（人文学科、社会学科、自然学科）三个层面。

1.不同教龄段差异检验

对不同教龄段高校教师的线上教学平台功能及环境支持认知评价进行差异检验后可得，高校教师对线上教学平台功能及环境支持的认知评价状况因教龄的不同而有差异。经多重事后检验发现：

一是在线上教学平台功能满足度方面，具有 1～5 年教龄的高校教师对线上教学平台功能满足度评价显著高于 16 年及以上教龄的教师群体，具有 6～10 年、11～15 年教龄的高校教师显著高于 21 年及以上教龄教师，具有 16～20 年教龄的高校教师显著高于 26～30 年教龄群体；二是在线上教学技术支持满意度方面，具有 1～5 年教龄的高校教师明显高于具有 16 年及以上教龄的高校教师群体；三是在线上教学服务保障满意度方面，具有 1～5 年教龄的高校教师满足度明显高于其他教龄段的高校教师群体，具有 6～10 年、11～15 年教龄的高校教师明显高于 21 年及以上教龄的教师群体（见表 6）。总之，高校教师的教龄长短与其对线上教学平台功能与环境支持认知评价呈负向影响关系。

表 6　不同教龄段高校教师线上教学平台功能及环境支持认知评价差异检验

因变量	教龄段	平均值	F 检验	Sig 显著性	多重比较
线上教学平台功能满足度（$N=13695$）	1～5 年	5.08	11.721***	0.000	1＞4；1＞5；1＞6；1＞7；2＞5；2＞6；2＞7；3＞5；3＞6；3＞7；4＞6
	6～10 年	5.02			
	11～15 年	5.03			
	16～20 年	4.97			
	21～25 年	4.91			
	26～30 年	4.85			
	31 年及以上	4.88			

续表

因变量	教龄段	平均值	F 检验	Sig 显著性	多重比较
线上教学技术支持满意度（N＝13636）	1～5 年	3.81	7.581***	0.000	1＞4；1＞5；1＞6；1＞7
	6～10 年	3.77			
	11～15 年	3.77			
	16～20 年	3.74			
	21～25 年	3.72			
	26～30 年	3.70			
	31 年及以上	3.71			
线上教学服务保障满意度（N＝13636）	1～5 年	4.00	21.973***	0.000	1＞2；1＞3；1＞4；1＞5；1＞6；1＞7；2＞5；2＞6；2＞7；3＞5；3＞6；3＞7；
	6～10 年	3.92			
	11～15 年	3.92			
	16～20 年	3.87			
	21～25 年	3.82			
	26～30 年	3.80			
	31 年及以上	3.82			

注：*** $P < 0.001$；"1～5 年"＝1，"6～10 年"＝2，"11～15 年"＝3，"16～20 年"＝4，"21～25 年"＝5，"26～30 年"＝6，"31 年及以上"＝7

2.不同职称差异检验

对具有不同职称的高校教师线上教学平台功能及环境支持认知评价进行差异检验可知,高校教师对线上教学平台功能及环境支持的认知评价状况因职称的高低不同而体现出差异。同时经过多重事后检验发现:就线上教学平台功能满足度评价而言,初级职称高校教师对线上教学平台功能满足度评价均显著高于正高、副高、中级职称高校教师;就线上教学技术支持满意度而言,不同职称高校教师之间在 $P < 0.05$ 水平上有差异,但进行多重比较后得知职称之间的比较差异并不显著;就线上教学服务保障满意度而言,中级职称高校教师的满意度显著高于副高职称教师,初级职称高校教师满意度均高于其他职称教师群体(见表 7)。

表7 不同职称高校教师线上教学平台功能及环境支持认知评价差异检验

因变量	职称	平均值	F 检验	Sig 显著性	多重比较
线上教学平台功能满足度（N＝13187）	正高	4.95	10.757***	0.000	4＞1；4＞2；4＞3
	副高	4.96			
	中级	5.00			
	初级	5.14			
线上教学技术支持满意度（N＝13176）	正高	3.74	3.082*	0.026	
	副高	3.74			
	中级	3.77			
	初级	3.79			
线上教学服务保障满意度（N＝13129）	正高	3.87	12.207***	0.000	3＞2；4＞1；4＞2；4＞3
	副高	3.88			
	中级	3.92			
	初级	4.00			

注：** $P<0.01$，*** $P<0.001$；"正高"＝1，"副高"＝2，"中级"＝3，"初级"＝4

3.不同学科差异检验

对人文学科、社会学科及自然学科高校教师线上教学平台功能及环境支持认知评价进行差异检验后可知,高校教师对线上教学平台功能满足度评价、线上教学技术支持满意度及线上教学服务保障满意度评价因所任教学科的不同均有显著性差异。进而对其进行事后检验发现,自然学科高校教师在线上教学平台功能满足度方面的评价高于人文学科及社会学科高校教师;线上教学技术支持满意度方面自然学科高校教师亦高于其他学科类别高校教师群体;而在线上教学服务保障满意度方面,人文学科高校教师显著高于社会学科,自然学科高校教师显著高于社会学科(见表8)。

表8 不同学科高校教师线上教学平台功能及环境认知评价差异检验

因变量	学科	平均值	F 检验	Sig 显著性	多重比较
线上教学平台功能满足度（N＝13521）	人文学科	4.96	10.601***	0.000	3＞1；3＞2
	社会学科	4.98			
	自然学科	5.04			

续表

因变量	学科	平均值	F 检验	Sig 显著性	多重比较
线上教学技术支持满意度（N=13636）	人文学科	3.75	5.794**	0.003	3＞1;3＞2
	社会学科	3.74			
	自然学科	3.78			
线上教学服务保障满意度（N=13636）	人文学科	3.91	12.348***	0.000	1＞2;3＞2
	社会学科	3.87			
	自然学科	3.93			

注：** $P<0.01$，*** $P<0.001$；"人文学科"=1，"社会学科"=2，"自然学科"=3

（五）环境性维度下的高校教师线上教学环境及支持满意度差异检验

环境性维度是指高校教师所处的外部环境，既包括高校教师任教学校地区（东、中、西部）、任教学校性质（研究型大学、一般本科院校及高职类院校），也包括任教学校类别（公办、民办）。

1.不同学校地区差异检验

对东、中、西部地区高校教师线上教学平台功能及环境支持的认知评价进行差异检验后发现：学校所在地区的差异对高校教师线上教学平台功能及环境支持认知评价有影响。经过事后检验可知，东部地区高校教师对线上教学平台功能满足度评价高于西部地区，中部地区高校教师高于西部地区；东部地区高校教师对线上教学技术支持满意度及线上教学服务保障满意度均高于西部地区，中部地区高校教师对线上教学技术支持满意度及线上教学服务保障满意度均明显高于西部地区（见表9）。

表9　不同学校地区高校教师线上教学平台功能及环境支持认知评价差异检验

因变量	学校地区	平均值	F 检验	Sig 显著性	多重比较
线上教学平台功能满足度（N=13628）	东部	4.99	32.118***	0.000	1＞3;2＞3
	中部	5.07			
	西部	4.87			
线上教学技术支持满意度（N=13569）	东部	3.78	18.339***	0.000	1＞3;2＞3
	中部	3.77			
	西部	3.69			

续表

因变量	学校地区	平均值	F 检验	Sig 显著性	多重比较
线上教学服务保障 满意度（N=13569）	东部	3.93	33.092***	0.000	1＞3;2＞3
	中部	3.93			
	西部	3.80			

注：*** P＜0.001；"东部"=1,"中部"=2,"西部"=3

2.不同学校性质差异检验

对研究型大学、一般本科院校、高职类高校教师线上教学平台功能及环境支持的认知评价进行差异检验后发现，高校教师对线上教学平台功能的满足度评价及线上教学技术支持满意度评价因学校性质的不同而有显著性差异，而线上教学服务保障满意度评价受学校性质的影响不显著。通过事后检验发现：线上教学平台功能满足度评价方面高职类院校教师高于研究型大学及一般本科院校；线上教学技术支持满意度方面研究型大学高校教师显著高于一般本科院校及高职类院校，一般本科院校高校教师显著高于高职类院校（见表10）。

表 10　不同学校性质高校教师线上教学平台功能及环境支持认知评价差异检验

因变量	学校性质	平均值	F 检验	Sig 显著性	多重比较
线上教学平台功能 满足度（N=13521）	研究型大学	4.98	3.223*	0.040	3＞2
	一般本科院校	5.00			
	高职	5.10			
线上教学技术支持 满意度（N=13463）	研究型大学	3.89	10.871***	0.000	1＞2;1＞3; 2＞3
	一般本科院校	3.76			
	高职	3.70			
线上教学服务保障 满意度（N=13463）	研究型大学	3.98	2.412	0.090	
	一般本科院校	3.91			
	高职	3.92			

注：*** P＜0.001；* P＜0.05；"研究型大学"=1,"一般本科院校"=2,"高职"=3

3.公办—民办高校教师线上教学认知评价差异检验

对公办和民办高校教师线上教学平台功能及环境支持的认知评价状况进行差异检验后发现，高校教师对线上教学技术支持满意度评价受学校类别的影响不显著，而对线上教学平台功能满足度评价及对线上教学服务保障满意度评价因学校类别不同而有显著性差异：民办高校教师对线上教学平台功能的满足度评价高于公办高校教师,线上教学服务保障满意度方面民办高校教师亦明显高于公办高校教师(见表11)。

表 11　公办—民办高校教师线上教学环境及支持满意度差异检验

因变量	学校类别	平均值	标准差	t 检验	Sig
线上教学平台功能 满足度($N=13521$)	公办	5.00	1.006	-3.631^{***}	0.000
	民办	5.07	0.953		
线上教学技术支持 满意度($N=13569$)	公办	3.76	0.631	-1.098	0.272
	民办	3.78	0.599		
线上教学服务保障 满意度($N=13569$)	公办	3.90	0.663	-2.964^{**}	0.003
	民办	3.95	0.655		

注:*** $P<0.001$;** $P<0.01$

四、讨论

通过以上研究发现,总体而言高校教师因人口学变量的不同而对线上教学平台功能及环境支持的认知评价有差异,主要表征为:

(一)高校教师对线上教学平台功能及环境支持的认知评价因自然性维度的不同而有差异

人口学变量中的自然性维度引起的线上教学平台功能满足度评价及环境支持满意度评价差异体现在:一方面,不同性别高校教师对线上教学平台功能满足度、服务保障满意度评价体现明显差异,高校女教师的满意度显著高于男教师群体,而在线上教学技术支持满意度上性别差异不显著;另一方面,高校青年教师对线上教学平台功能满足度、技术支持满意度、服务保障满意度评价均高于中老年教师群体,这进一步验证了本文中的第一个假设。究其原因分析可能与高校教师年龄大小所引致的对技术掌握的熟练程度有关,高校青年教师是信息化时代的"产儿",了解和掌握各种技术较多,接受新事物能力强,日常接触网络技术频繁,面对突发事件时能够及时运用自身所掌握的技术,更快适应技术环境所引起的教学方式之变化;同时对于高校所提供的各类教学技术培训、教学方法培训,青年教师群体容易接受和内化,从而能够将其很好地运用于教学当中,而中老年教师群体相对来说属于"五十、六十年代"群体,对新生事物学习能力和内化能力相对弱,对在线教学平台的功能不够熟悉,不能很好地挖掘平台功能,教学技术、教学方法培训未能在短期内掌握和运用,综合运用多种平台提高线上教学质量的能力不足,导致对线上教学环境及支持评价低于青年教师群体。

(二)社会性维度对高校教师线上教学平台功能及环境支持的认知评价有影响

其一,教龄较短的高校教师对线上教学平台功能满足度评价、线上教学技术支持满意度评价及线上教学服务保障满意度评价均高于教龄较长的高校教师群体。一方面是由于教龄较长的高校教师在疫情之前大多采用线下教学的方式,对原有的教学方式具有"惯性及路径依赖",在面对线上教学这一突然转变时,短时期内难以适应,面对屏幕教学时教师没有真实课堂的教学激情,同时也无法知晓学生的听课情况,致使对平台使用的体验效果有差异;另一方面则是因为教龄较长的高校教师大都属于中老年教师群体,未能最大化地发挥线上教学平台功能之功效,对技术的接受能力弱,最终导致对其评价有所不同。

其二,职称较低的高校教师对线上教学平台功能及环境支持认知评价高于职称较高的教师,可能有两个缘由:一方面职称较低的高校教师一般来说是青年教师,接受能力及运用技术能力强,较短时间内对"应急之策"有其应变能力。另一方面,高职称教师线上教学不仅仅拘泥于简单的屏幕分享,还要将知识融会贯通后讲授于学生,这对线上教学平台技术及支持的要求较高,而在大规模线上教学的初期平台技术及支持可能不满足教学要求。

其三,自然学科高校教师对线上教学平台功能及环境支持的认知评价均高于人文学科及社会学科高校教师。出现差异的原因可能是学科性质不同导致对平台的需求不同,社会学科和人文学科更多需要师生之间进行交流和学生自身表达陈述观点的能力,更多注重课堂讨论,对师生之间的互动要求较高,而在线上教学"试验期"未能很好地解决这一问题,师生之间沟通与交流达不到教师的期求,相对而言自然学科在此方面需求较小,从而致使人文学科与社会学科高校教师对技术支持及服务保障满意度较低。

(三)环境性维度的差异形塑着高校教师对线上教学平台功能及环境支持的认知评价

一是在研究型大学中任教的高校教师对线上教学技术支持满意度均高于

一般本科院校、高职类高校教师。这与高校教师自身、学生特点及技术设备有关;其一,研究型大学教师在一定程度上比较善于提升自己、容易接受新事物,熟练掌握平台技术,及时学习和内化如何使用线上教学平台的突破点,而相对而言,一般本科院校及高职类院校高校教师在此方面较弱,对新生事物的容纳和接受思想及行为可能低于研究型大学;其二,研究型大学的教师和学生之间由于师生本身特质使得互动频率高于其他类型高校,这主要体现在师生互动即时度上较高,师生之间互动较多对高校教师线上教学评价会产生正向影响;其三,研究型大学学生自身可控能力与自学能力相对而言较强,教师易于把握课堂秩序与洞察学生境况,这也会引起教师的满意度评价较高;其四,研究型大学高校教师可能在非疫情期已使用线上平台进行小规模的授课或传输课件等,高校教师及技术管理人员对线上教学设备相当熟悉。

二是民办高校教师在线上教学平台功能满足度评价上明显高于公办高校教师。在细分项"提交或传输课堂资料"和"课堂考勤管理"上满意度高达80.41%、77.42%;在线上教学服务保障满意度评价上民办教师亦高于公办教师,尤其是在细项中的"各级领导对线上教学支持""学校对线上教学技术使用培训支持"满意度上民办高校教师的满意度达85.45%、78.24%。这说明,教学是民办高校教师的首要任务,无论是线上、线下,学校领导皆对教师的教学工作重视,教师也重视自身线上教学能力的发展,积极参加技术培训,以教学为重、不断提高教学的理念和氛围,使其对线上教学服务保障的满意度较高[①]。此外,民办高校教师在在线课堂讨论及师生互动即时度上满意度较低,这与民办高校学生的生源质量可能有关,民办高校生源质量相对而言较弱,参与学习的积极性不高,在屏幕上进行线上教学时更容易表现出学习的懈怠状况,虽然考勤与管理较易实现,但是讨论与互动少,"易管不易教"的现象可能出现,导致线上教学中教师引导学生投入学习的难度较大,从而引起高校教师在这些细项中的满意度大大降低。

三是东中部地区高校教师在线上教学平台功能及环境支持上的认知评价均高于西部地区。这有三个方面的原因:一是西部地区高校教师对线上教学平台功能的挖掘和运用不够充分导致对平台功能的满足度评价较低;二是与高校教师对线上教学的期望值有关,高校教师作为社会群体之一,皆追求良好的教学环境及氛围,然而西部地区由于经济发展相对欠发达,教育发展与东中

---

① 　史少杰,周海涛.民办高校教师教学效能感及其影响因素分析[J].山东高等教育,2016,4(10):44-52.

部相比也较弱,各种技术支持未能够满足教师的教学需求,线上教学所必需的网络条件、技术条件均因客观原因不能很好地满足,"期望与现实"之间出现错位,导致高校教师对线上教学技术支持的满意度评价较低;三是西部地区对线上教学服务保障的支持力度欠缺。一则教师和学生在线上"教与学"过程中网络使用条件有限、卡顿现象时有出现以致教师对线上教学的预期效果达不到,二则学校的重视、对教师线上教学平台使用的技术培训、教学方法培训等也会对教师线上教学产生影响,西部地区在这些支持上稍欠于东中部地区,进而影响到教师教学体验。

五、建议

总体而言,高校教师对线上教学平台功能及环境支持的认知评价较高,但通过分析也发现暴露出一些亟待解决的问题,如在线课堂讨论少、在线实验演示功能未能充分发挥、师生互动效果差、地区及类型差异明显等。针对上述问题提出以下几方面建议。

(一)"扶老助老":关切高校中老年教师群体,尤其是线上教学平台技术使用培训及线上教学方法指导

在对教师线上教学支持方面各大高校可能会重视青年教师群体的适应状况,但会忽视同样需要进行线上教学的中老年教师群体,这不论对当下特殊时期还是对未来的在线教育都有着十分关键的意义,应得到充分的重视。首先联合中老年教师群体共同建立线上教学技术及方法培训团体,强化中老年教师使用线上教学平台的技术及能力,使其逐渐适应从"线下"到"线上"的过程;其次,应及时与中老年教师群体进行交流和沟通,了解在线上教学中出现的"硬件"和"软件"使用上的困境,以及时进行调节和解决,让中老年教师群体对线上教学模式因有能力而产生信心和"行为倾向";其三,可实行"青年带中老年"方式,鼓励高校教师群体以团队的方式协作,让青年教师帮助中老年教师解决线上教学中出现的种种问题;其四,学校可以以机构为单位进行指导,有针对性地发布线上教学技术指南,帮助中老年高校教师群体能够在实现"无障碍"教学的基础上进行高质量教学。

（二）"多方协力"：优化整合地方高校资源提升教师教学水平

从数据分析中得知研究型大学高校教师对线上教学技术支持六方面的满意度均高于一般本科院校及高职类院校，侧面反映出亟须加强对地方类院校群体的关注，这源于一般本科高校和高职类院校是高等教育容量中的重要承载部分，承载着人才培养及为社会培养相适应人才的重大责任，因此在研究型大学发展的同时也要重视地方院校线上教学问题。

其一，地方院校在思想观念上重视线上教学模式，认识到线上教学是当前的应急之举及未来发展的趋势，从思想上转变传统的教育观念，逐渐接受线上教学这一"新生事物"；其二，在教学平台的选择及使用上以学校为单元，对因各个学科性质不同而导致的平台需求有针对性地引进适合线上教学的平台，在此基础上有能力的地方高校组织专业技术团队开发适合于高校自身的线上教学平台；其三，高校教师亦需要重视线上教学中的各个环节，在备课过程中考虑学生学习的接受能力和思考如何能提高师生互动的方式方法，在授课过程中避免"满堂灌"的方式，加入吸引学生注意力的元素，如减少直播时间，设置任务完成型的闯关或项目式的方式等关注学生学习动向与提升互动即时度。也可借鉴高水平大学（或研究型大学）在线上教学支持方面的经验，如清华大学在线教育支持等，当然在这一过程中需要根据学校自身性质和特点有针对性地借鉴经验；其四，在提升师生互动即时度方面需要高校教师及教研部门多方研究线上教学新模式下如何能够提高师生之间互动频率及互动质量问题。

（三）"资源倾斜"：加大西部地区高校线上教学支持力度，以更好地提升高校教师线上教学效果

与东中部相比，西部地区高校教师对线上教学平台功能及环境支持的认知评价最低，这与学校各方支持、教学技术培训、教师适应能力、教学保障等方面有关，因此加大西部地区高校线上教学的支持力度尤为重要，这既需要国家的得力支持更需要西部地区自身对这一"新"事物的接纳、重视及支持。其一，西部高校在思想观念上须重视线上教学，可能由于先前传统的较为封闭的观念导致对线上教学的重视程度不够，但在信息化时代须认识到转变观念的重要性，西部地区教育管理部门、高校领导、教师理应有如此认识：线上教学在非常态化时期虽是应急之举，但也要追求常态化时期的发展，时代及科技发展趋

势所赋予教育领域的使命是在未来的教育中如何将线上教学与线下教学进行融合,因而必须在理念层面重视线上教学;其二,加大对教师线上教学技术使用的培训力度。西部地区大多数高校教师在疫情之前未曾进行线上教学,教师对教学平台短期内难以掌握和熟练操作,为此需要学校组织教师进行培训,可采用"定期＋不定期""正式＋不正式"方式对线上教学技术及教学方法进行培训;其三,提升西部高校教师自身适应线上教学的能力。疫情防控期间线上教学是一种应急之举,但高校教师对此应急之举也需进行反思及汲取经验,提升自身适应突变的能力,日常加强学习及提升自身运用技术水平;其四,西部地区高校线上教学需要更为得力的外部环境来保障,学校技术团队根据各校情况、学科性质及教师自身状况引进适合的线上教学平台,提升网络的流速避免教学过程中的卡顿现象,同时也应注意因城乡、学生家庭差异而出现的线上教学能否顺利开展的问题。

(四)"科研助力":加强对线上教学的研究,提高师生互动频率与质量

师生互动是教师和学生在平等关系下发生的相互影响的言行或举动,其作用在于一方面是教师及时了解学生学情状况的"风向标",另一方面亦是教师检验自身教学效果是否切合学生实际学习需求的"检验器",因此师生互动是否良好很大程度上关系着"教与学"的质量问题,因此,如何提升师生之间的互动频率及质量成为一个重要且亟须解决的问题。疫情背景下的线上教学对于高校教师和学生来说都是一次对传统教学模式的转变,师生对线上教学及学习的不熟悉感和不适应感、缺乏足够的经验等困境比较突显,导致在线上教学的过程中高校教师对师生互动即时度的满意度最低,这既是线上教学对高校教师提出的挑战,也是各利益相关者须解决的问题,在高校教师自身思考教学的基础上学校教学研究管理部门及其他研究人员更需要加强对线上教学的研究,提出适合于学科、学段、学情特点的线上教学新模式。其一,学校教学研究管理部门要加强对线上教学的"校本研究",针对各个学校具体境况、学科差异、学生特点来研究适合自身学校的线上教学方式,在研究的基础上建立和推广一些有效的师生互动制度或渠道,促进线上教学师生互动的整体化提升;其二,由广大教育研究工作者为主力牵头带领多学科或跨学科团队致力于线上教学各个环节的研究,包括对如何在线备课、分析学生学习行为以及提升师生互动方面的研究,在理论层面提出合理的策略引导高校教师线上教学;其三,各学校之间可采取联动方式进行有效线上教学的策略交流、沟通及研究,将线

上教学实践较好的经验分享于其他高校,其他高校在进行各自的校本研究后将其付诸于实践。

(五)"平台优化":完善线上教学平台以保障高校教师线上教学外部环境得力

线上教学在通过特殊时期的"考验"之后,亟须针对各自存在的问题加以改进。解决问题的宗旨在于坚持"形式应服务于内容,经济价值须产生在社会价值之后"的原则,致力于为师生提供多样的优质的平台,从而提升教师和学生对线上教学的整体满意度。具体可从以下几个方面展开:

一是线上教学平台功能的"增加"。平台的开发者需要在进行深入调研、根据学校师生的切身需求基础上,对教学平台现有功能进行审慎增加以适合各类教师和学生的需求;二是对线上教学平台功能的"优化"。调查中发现,无论是不同年龄、教龄、学科、学校类型还是课程类型各异的高校教师均对线上教学平台的"在线实验演示"功能满意度较低(<50%),表明线上教学平台虽有此功能,但是未能最大限度地发挥作用,因而需要对线上教学平台的现有功能进行优化,从而满足各类型教师的教学需求,实现资源的最大化利用;三是对现有线上教学平台进行取舍,对于明显不符合教育规律、影响教学正常秩序的平台予以取缔,同时也要逐步提高现有线上教学大平台的"同屏"承载能力及网络流畅度;四是加快虚拟仿真实验项目建设。汲取此次大规模线上教学的经验与教训,建设功能齐全、操作实用简单的虚拟仿真实验平台,开发出更多交互性好的虚拟仿真实验项目以满足在线实验之需求。

线上教学是在重大突发事件下的一次关键性教学模式调整,虽是在特殊时期的一次"教育实验",但也是一场推进新时代教育教学改革的契机,更可能是大学教育步入崭新时代的"引领器"。面对各种评判之声,教育行政部门、高校及教师各方群体应带有辩证的态度和眼光看待线上教学,既要积极认识线上教学所发挥的在线教育优势,同时也要尽可能通过各种方式来避免其存在的缺点,如硬件软件的支持、在线教育的稳定性、互动效率低等等,以更好地实现"云端"教书育人之目标。同时,各方也应思考线上教学的"快速反应"与"常态卓越性发展"之间的平衡问题,在线教育有助于在应急时期达到"不停课、不停学"之效果,而常态卓越性发展则需要克服种种困难,如何在两者的张力之中寻求平衡点,"线上+线下"式混合或融合教育将在未来发挥积极作用。

在线教学的系统准备与"平台化管理"*

——以西安欧亚学院为例

◎ 胡建波　赵军镜

长期以来,高校教学一直以面对面形式存在,从线下变为线上面临很多障碍和困难。教师方面,要通过再学习更新教学观念和习惯并非易事,掌握新的在线教学技能也很难一蹴而就,而在线教学对师生交互行为提出了更高要求。学生方面,在线教育的师生分离、时空分离、教学分离特点,要求学生具备较高的学习自主性和自我管理约束能力。社会认可方面,关键在于在线教学的人才培养质量,但这需要较长的反馈周期,研究和实践中也还缺少相关数据和信息。此外,高校内部管理体制与组织形态也是在线教学更大的挑战,因为高校的科层制组织和行政导向与在线教学需要的扁平、高度灵活的柔性化组织环境不完全匹配。上述种种困难,让 2020 年初新冠肺炎疫情下国内高校的"停课不停学"无异于一场"遭遇战"。本文从学校管理者视角对西安欧亚学院的在线教学进行案例研究,客观描述这场"遭遇战"下学校长期的训练与准备、事前的部署与安排、过程中的做法与评测、得与失的复盘与评价,并对在线教学转型发展历程进行总结与反思。

一、案例研究：在线教学有赖于高校的全面和系统变革

(一)加强教学信息化建设和组织准备

有质量的在线教学不是将授课环节简单搬到线上,而是涵盖教育教学全

＊　原载《教育科学》2020 年第 4 期。

要素的系统工程。当面临类似于新冠肺炎疫情这样的突发情况时,高校需要围绕各教学要素做好全面准备,大规模在线教学的临时布置与安排毕竟只是一小部分工作,更需要高校的长期布局、组织基础和信息化建设积累,这则依赖于大量的长期训练与系统的组织准备。

案例高校西安欧亚学院 2006 年就已开始推动"以学生为中心"(Student Centered Learning,简称 SCL)的教学范式变革,改革过程中注重应用信息技术改善师生体验,信息化建设是学校长期的战略主题之一。从在线教学角度看,学校经历了外部平台引进、SCL 教学模式改革促进平台定制、数字化转型赋能教与学三个特征鲜明的发展阶段,每个阶段里都有曲折反复的决策与行动,学校投入巨大,但也取得了显著成效。

此外,与信息化相融合的课程体系重构及课程建设是开展在线教学的重要基础。为激发一线教师课程改革的积极性,学校出台系列制度提升一线教师的学术自主权和决策权,还实施了机动灵活的课程小组制。获得授权的课程团队和教师能够主动适应信息技术变革对教学活动的影响,研究学习微课、MOOC、SPOC 等课程技术,重构课程内容,并在教学中大胆尝试,学生的课程满意度和学习投入度逐步提升。清华大学 CCSS 课题组连续多年的调查数据显示,西安欧亚学院学生的"主动合作学习水平""师生互动交流"等指标表现高于地方本科院校常模 5～12 个百分点。课程建设也获得了外部认可,目前学校自建课程已跨校共享 14 门,累计选课学校 1904 所,累计选课 285348 人次。

(二)构建五位一体的在线教学体系

本次疫情下的高校在线教学是一场"遭遇战",但这场教学"大作战"的各种要素是齐全的,只不过"作战"周期短,更集中表现而已。疫情发生后,西安欧亚学院发挥民办高校的机制优势,在筹备阶段快速响应,围绕学习者、教学者、教学资源、教学平台与环境等进行全面准备,匹配各教学要素的在线化需求,保证了在线教学的顺利开展。

学习者准备:学习的主动性、学习条件及体验是影响学生在线学习效果的核心。学校针对学生"在线学习条件"和"期望网课体验"开展调研,以便合理设计授课方式及课程内容,并对特困学生给予流量补贴;提前发布课表及学习要求、学习平台技术操作手册和优质学习材料等,使学生适应在线学习状态,积极参与并完成在线学习任务。

教学者准备:教师是这次全面实施在线教学的具体实施者,其在线教学能力决定了学生学习所能达到的高度,决定了学生是否能充分地参与学习。[①]教师需要做好学情调研、重构课程设计、数字技术平台应用及角色转换的准备。学校将调研结果中学生提出的问题和期望及时反馈给课程小组和教师,为完善课程设计提供依据。此外,职能部门针对调研结果开发系列培训课程,发布《畅课平台线上直播教学操作手册》《ZOOM 线上直播教学操作说明》,对开课教师进行技术操作和在线教学课程设计培训。

教学资源准备:课程资料、课程案例等教学资源是教师在线教学和学生居家学习的重要支撑。因疫情部分教材未能按期到位,学校通过各种渠道获取电子讲义或者其他学习资料供教师备课使用。教师通过学习平台提前发布课件、讲义、教学案例等供学生下载学习。

平台与环境准备:平台和网络环境是在线教学顺利开展的保障,也是实时观测教学效果的数据支持。为了提升学生的学习体验效果,经过多方面调研和测试,学校将 Tronclass 平台和 ZOOM 直播工具集成作为第一直播教学方案,将腾讯课堂作为备用方案,制定《畅课平台线上直播教学解决方案》;开展了多次服务器扩容和系统性能优化;每天实时监控网络和系统数据,如系统访问量、当前线上人数、网络带宽数据等,保障线上教学平台平稳运行。

(三)在线教学实施和教与学模式转型

经过充分准备,原教学计划中 70.2% 的课程(100% 理论课)开展了在线教学,累计在线运行课程 16323 门次,在线授课教师 8095 人次,参加学习学生668855 人次,校园网络及第三方直播平台、校内学习平台总体运行稳定,1 个多月的运行效果良好,在线教学"遭遇战"也进一步促进了教与学模式转型。

教学组织形式多样化。在线教学倒逼课程小组重新进行教学设计,教师依据课程特点、授课内容灵活选用直播、录播、混合式甚至是线上对话的在线教学形式;突破了地域限制,教师可根据授课内容选用不同的场景嵌入课堂教学。

师生构建学习共同体。教师将微信群、QQ 群等即时沟通工具作为Tronclass 学习平台的补充,师生沟通频次增多,距离拉近;网络便利使更多来自企业、行业的优质资源充实到课堂当中。教与学中的师生关系转变为协作与对话,师生、生生在线上教学环境中结成了学习共同体。

---

① 宋灵青,许林,李雅瑄.精准在线教学+居家学习模式:疫情时期学生学习质量提升的途径[J].中国电化教育,2020(3):114-122.

学习过程记录精准化。为确保学生学习效果及教学质量,教师对课程进行闯关式、项目递进式、案例等教学设计,通过在线测试、小组作业等各种途径了解学生的学习情况,利用信息化平台全程记录学生的学习行为及学习效果,从而能够有针对性地对学生开展辅导,保障学生学习效果。

(四)建立多维教学质量管理与保障机制

学校从开课前、开课中、开课后的不同阶段构建在线课程教学质量管理体系,从学生、教师、督导等多重视角对教学过程运行情况、后台数据、师生反馈等进行数据分析和信息公开,持续提高在线课程教学质量(见图1)。

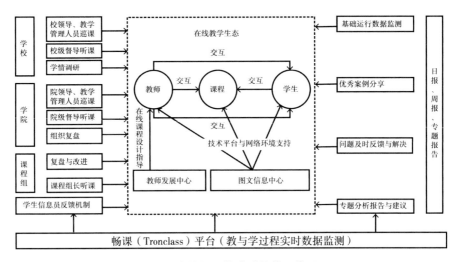

图 1   在线课程教学质量管理体系

建立督导、教学管理人员、课程组组长三级在线巡课机制。基于信息化的便利,校院两级督导、教学管理人员及课程组组长深入在线课堂观测教师授课和学生在线学习情况,覆盖所有开展线上教学课程并形成 2170 份在线课堂巡课报告,整理分院及一线教师优秀案例,搭建校内分享平台,共享教师智慧。

建立以课程组为中心的支持服务保障体系。针对线上教学设计,教师发展部门为教师提供在线课程设计方法的培训及指导手册,并设立在线咨询服务;针对线上教学技术操作及网络环境问题,技术部门面向教师和学生分别提供在线培训、操作手册及 24 小时在线咨询服务。

建立以学生学习为中心的问题收集及解决机制。每个班级设立学生信息员 1 名,及时收集学生学习中遇到的困难、问题和建议。学校对反馈上来的意见进行分类并组织相关部门跟踪,确保每项问题都得到及时解决。

形成校院两级日报、周报、专题报告机制。通过督导、课程组、学生不同视角的数据,结合系统后台数据,校级教学检查联合小组对数据进行分析发布日报、周报和学情报告,为分院提供教学改进参考,各二级分院针对问题改进建立日报及周报机制,持续改进教学中存在的问题。

(五)基于数据的在线教学效果测量、评价

为及时了解在线教学运行效果,保证教学质量,采取平台数据常态监测与问卷调查结合方式跟踪学生学习情况,持续提升学生学习体验和教学效果。常态数据监测主要基于 Tronclass 学习平台对"课前准备、课中实施、课后活动"在线教学全流程各个环节数据的采集和观测来进行(见图 2)。

1. 轻松备课	【直播工具及平台】	1. 直播视频回放
2. 在线教学工具准备	1. Tronclass + ZOOM/腾讯课堂	2. 布置线上讨论、作业
3. 教学资料准备并发布于 Tronclass 平台	2. 超星尔雅/智慧树	3. 线上辅导答疑
4. 实时推送开课公告、预习要求等	【运行数据采集】	4. 批改线上作业
5. ……	1. 访问量	5. 学生学习情况及数据分析
	2. 活动发布数量	6. ……
	3. ……	
Tronclass 平台(课前)	课程资源平台、直播工具(课中)	Tronclass 平台(课后)

图 2 在线课堂教学效果监测模型

Tronclass 学习平台数据显示,师生在线教与学运行效果良好,在线开课以来,平均每周课程访问达到 655 万人次,平均每周新增学习活动数 9856 个,布置在线作业 1958 个,比去年同期增长 3 倍,音视频教材上传量比去年同期高出 14 倍,说明师生普遍在积极适应和主动参与在线教学。

此次问卷调查主要从三个维度入手对在线教学的效果进行评价:一是师生对在线教学的适应性评价;二是技术环境、教学资源、教学平台对在线教学的保障性评价;三是在线教学实施效果的评价。为了体现其客观性,学校采用第三方麦可思教学质量管理平台问卷,识别在线教学的关键改进点,以确保线上教学与线下课堂教学质量实质等效的目标达成(见表 1)。

表 1　在线教学实施效果评价调查结果

观测维度	主要观测点	调研结果
师生适应性调研	1.提前发布/获取课程学习资料的情况	课程学习资料 100% 提前发布；86.48% 的学生了解并获得了学习资料
	2.学生期望的线上学习形式	62.1% 的学生选择直播；42.47% 的学生选择录播；45.74% 的学生选择平台＋辅导
	3.学生期望的课堂组织形式	85.95% 的学生对当前教师设计的课堂形式表示满意
	4.学生期望的课下辅导频次	40.93% 的学生选择每周开展；26.89% 的学生选择每个课程单元结束后开展
	5.学生学习参与度评价（预习、复习、研讨）	67.39% 的学生通常会完成课下预习、复习、研讨
	6.师生期望的在线互动形式和渠道	66.86% 的学生选择通过微信、QQ 群等在线交流工具
	7.学生对学习内容掌握程度的自评	81.24% 的学生认为掌握了大部分在线课程中教师教授的内容
技术环境、教学资源及平台保障性调研	1.对教学平台/课程平台的使用满意度评价	57.69% 满意；30.42% 一般；11.89% 不满意主要的不满意原因：高峰期卡顿
	2.对在线教学资源的满足性评价和满意度评价	74.32% 的学生对在线教学资源表示满意并认为其对学习非常有帮助
实施效果评价	1.督导/同行/学生对课堂设计/教学活动设计的评价	74.11% 课程被督导/同行评为优秀课程；22.32% 被评为良好 88.01% 的学生对课堂及课程设计满意；43.54% 的学生认为教师能设计丰富多彩的教学活动；1.91% 的学生认为教师在课堂教学中没有设计教学活动
	2.学生对教师使用信息技术开展课堂教学评价的满意度	89.74% 满意；9.01% 一般；1.25% 不满意
	3.学生对课程总体满意度	89.85% 满意；7.13% 一般；3.02% 不满意

　　调查范围为校内所有专业、年级、班级。发放问卷总量 17305 份（参与线上授课学生总数），回收有效问卷 12370 份（占线上学习学生总数的 71.5%）。

　　调研结果表明，师生在线教与学适应性良好；技术环境、教学资源、教学平台保障性基本满足；实施效果师生基本满意。尽管如此，但还存在两个主要问题：一是学生当前学习自主性有待进一步提升（学生自主完成课下预习、复习、研讨的比例相对较低，仅为 67.39%）；二是在线教学环境和平台的稳定性不佳，在大规模高并发量时段使用时仍会出现卡顿现象，仍需技术提升。

　　基于数据分析可以发现,本次学校大规模在线教学运行平稳,教学效果基本达到既定目标。将本次在线教学实施效果数据与 2019 年线下教学同期数据进行比较可以发现,督导、同行对课程设计评价的优良率提高了 3.42%,学生对教师使用信息技术开展课堂教学评价的满意度提高了 13.39%,但学生对线上课程教学的总体满意度下降了 3.43%。经过追踪分析可以发现三点原因:一是学生在提交作业、教师在上传课程视频过程中,由于上传量过载或者网络原因造成卡顿,影响了学生体验;二是首次开展大规模线上教学,教师与学生均需要一段时间去适应新的方式;三是少部分教师对信息化教学掌握不熟练,无法按照既定设计开展课堂互动,影响了学生对课程的整体评价。

　　总之,案例学校西安欧亚学院本次全面启动线上教学不仅运行状态良好,同行评价及学生部分评价也高于同期线下授课。学生通过线上教学之所以能获得良好的学习体验,得益于教师充分的教学准备和技术准备,更得益于学校多年来推动的 SCL 教学范式变革,使得教师对线上教学环境、学生学习方式及新的课程设计模式有较好的认知和应用效果。当然,学校首次实施大规模在线教学,运行过程中不可避免地存在一些问题,需持续提升和改进。一是课程访问高峰期在线教学平台偶尔出现网络卡顿现象。采取策略是引导师生错峰进入直播间,同时做好平台的升级和第二平台备选方案的启动。二是不同学段学生的自主学习能力各不相同,学生学习的自律性和持续性需要加强。措施是教师科学地进行教学设计、把控学习过程,扩大学生自主学习空间,让学生根据兴趣选择适合自己的资源进行学习[1],同时也要积极引导学生尤其大一新生学会自主学习,学会自我管理。三是线上教学中师生互动仍需提升,一方面加大对教师信息技术应用的培训,引导教师充分利用视频板书、实物演示、微课视频、多媒体课件等多种功能与学生进行交流互动[2];另一方面创新在线教学模式,可利用弹幕、评论、小组作业、团队 PK 等技术和课堂设计相融合的方式,增强师生的互动性和学生学习的积极性。

①　宋灵青,许林,李雅瑄.精准在线教学＋居家学习模式:疫情时期学生学习质量提升的途径[J].中国电化教育,2020(3):114-122.

②　王渊,贾悦,屈美辰.基于"见屏如面"在线教学的实践和思考[J].中国医学教育技术,2020,34(2):138-142.

二、关键要素：基于平台化管理模型重构
高校教育形态

"此次疫情下的大范围线上教学，有助于重新认识教育技术的力量和价值，促进'应急式'线上教学成为'常态化'教学的组成部分，以弥补高校教育技术的短板，甚至催生出新的教育形态，不断推进我国高校课堂教学的迭代更新。"[①]西安欧亚学院的线上教学转型发展历程体现了这一价值论断，起初基于朴素的质量目标，希望发挥信息化教学的平台和工具价值；其后在教学改革实践中逐步将信息化融于教学体系的全过程、全要素，信息化成为 SCL 教学范式改革必不可少的组成部分；疫情防控期间，环境改变加速了学校从信息化建设到数字化转型的系统升维，赋能师生有质量地开展线上教与学，新的教学形态初具雏形。

从平台化管理理论来看，西安欧亚学院的线上教学转型，也是逐步构建高校平台化发展能力模型的过程，为推动未来高校特别是应用型高校新的教育形态提供了探索实践。所谓平台化管理的定义是：顺应数字变革趋势，人和组织需要共同升维（认知）与微粒化（手段）的一种新型管理理念和实践，其宗旨是实现关系多元化、能力数字化、绩效颗粒化、结构柔性化、文化利他化，基本要素是基于数字技术进行流程重构，基于个体自我驱动开展组织变革以及基于相互成就的心态集体升级。[②] 具体而言，西安欧亚学院在全系统升维和重构上作出了有益探索：其一，关系多元化，通过平台化建设及作用发挥，打破了学校原有体系中的各种边界，让人与人、人与组织、组织与组织之间从单一机械的线性关系变成了灵活、多变的连接与合作关系；其二，能力数字化，通过长期的培训和准备提升了师生的数字化素养和整个组织的数字化能力；其三，绩效颗粒化，通过线上教学的数据测量与分析和大数据应用，改变了教学成效和学习效果测量的粗线条模糊状态，从更细微层面观测教师的教学绩效与学生的学习绩效并进行针对性反馈与改进；其四，组织柔性化，通过各个层面的组

---

① 邬大光.教育技术演进的回顾与思考：基于新冠肺炎疫情背景下高校在线教学的视角[J].中国高教研究，2020(4)：1-7.

② 忻榕，陈威如，侯正宇.平台化管理：数字时代企业转型升维之道[M].北京：机械工业出版社，2019：61-66.

织变革与重构,调整刚性的计划安排,让整个教学组织变得更为灵活、有弹性,适应变化环境的系统柔性能力显著提升;其五,文化利他化,以成就学生、知识管理和利他分享为核心的新的教学文化开始逐步建立。

这里就关系多元化进行重点阐述。对西安欧亚学院而言,实现了三大关系的多元化转变:一是师生关系多元化,持续推动的 SCL 教育理念应用和教学范式改革,让师生关系从"权威和被指导"转变为"平等与直接对话",从批量化对待学生转变为重视每一个学生的个体独立性;二是学校内部组织关系多元化,以授权为核心的体制改革完成了内部平台化管理,让一线教师、课程小组、学生社团和社区成为能够便捷获取支持和服务的前台用户,而原来发号施令的行政职能部门成为支持服务教学的大中台,学校成为提供基础设施、配置资源、搭建制度环境的大后台,传统的层级分明的"金字塔"组织形态被重构,师生活力得到激发;三是学校与校外机构和行业关系多元化,在授权体制下,承载着学科建设和人才培养任务的各个二级院系成为学校外部合作关系的拓展建设平台,构建了多元化外部关系,大量产业力量和资源融入了教学活动过程,如国内外名师在线授课,具有产业背景的教师利用周末、晚上的闲暇时间在家授课等,解决了以往各个关系主体难以有效参与、难以协调的痛点。

在上述分析的基础上,本文试图进一步探析教育技术变革促进高校多个层面走向关系多元化的本质。厦门大学薛成龙教授认为,线上教学给大学学习空间、教学过程、教育评价和教育组织保障等方面都带来了显著影响。从国际经验看,加拿大阿尔伯塔大学的线上教学更是基于一个新的理念,他们将 IT 视角下大学(university)一词重新解释为"多样的统一"(unity in diversity),即通过 IT 技术标准能够把学校多样性整合到一起。① "统一中的多样性"是一个非常妙的词,西安欧亚学院的校训"和而不同",对应的拉丁文原意就是"统一中的多样性"。"多样"的含义前文已述及,那"统一"是什么呢?在于信息技术让师生回归人性中的"支持与尊重"这一本质需求,在于高校的核心价值观,这是西安欧亚学院基于实践给出的思考与回答。

---

① 薛成龙,李文.国外三所大学线上教学的经验与启示[J].中国高教研究,2020(4):12-17.

三、未来展望：平台化发展将成为高校数字化转型的显著趋势

伴随着数字智能时代的到来，社会各类在线教育资源的丰富与开放、教师角色的转型及个人品牌形象的建立，以及"00后"网生代对个性化教育的诉求日益增强，使得未来的高等教育将会呈现平台化发展趋势。高质量的在线教育依赖于高校的全面变革，大学在线教育可以而且应当学习企业数字化转型的实践经验，实行平台化管理，从关系、能力、组织、绩效、文化等五个方面进行系统变革。在推进线上教学与数字化转型的过程中，也需要对以下几个方面予以重点关注。

（一）依据"网生代"行为特质，探索提升在线教育在人才培养中的地位与作用

此次开展大规模线上教学因疫情所迫，学校并没有做好万全准备，特别是线上教学对学生学习自主性要求极高，因此并未对线上教学效果有过高的期待。但连续三周的周报数据表明，学生到课率比同期在校期间高出2个百分点，师生互动、生生互动、作业提交及教师及时反馈情况均优于面对面授课。这让我们不得不重新认识我们的教育对象——"00后"大学生。2018年《"00后"学习新姿势，"网生代"的 ONLINE 解码》研究报告显示，超3成"00后"都安装了学习类 APP，利用互联网进行在线学习，且在线教育 2018 年为每个学生节省了 76% 的时间和 58% 的资金投入。由此可见，"00后"对在线教育的适应性极强，也享受到了在线教育所带来的便利，因此我们需要重新定位在线教育在学校人才培养中的地位与作用。

（二）提升教师信息化素养，系统推动教师由知识传授者向课程设计者、技术应用推动者和个性化学习辅导者转变

随着互联网技术、虚拟现实技术的发展和学习者学习行为特征的转变，在线教育的规模化发展是必然趋势。最新发布的《地平线报告（2019年高教

版)》指出,需要转变教师在教育技术战略中的角色,同时,要求教育者采用基于能力的个性化教学方法,制订基于学习者学习情况、学习需求和能力水平的个性化学习计划。[①] 由此可见,教师是在线教学内容的设计者、信息技术应用的推动者和个性化学习的辅导者,除了学科知识以外,教师还必须学习课程设计、评价等相关知识且具备很强的信息化素养。因此,高校必须投入大量的人力、财力、物力加强对在线教师的培训,以适应未来个性化人才培养的需要。需要强调的是,教师角色的转型需要整个教育环境以及高校相关政策的支持,否则转型将很难达到预期效果。

(三)促进教学服务部门转型,加强师生在线教与学全过程支持与服务

在线教育发展带来了教学者和学习者在时间、空间上的不确定性和交互方式的多样化,因此,辅助教师开展线上教学、学生顺利完成在线学习过程变得十分关键。调查显示,美国高校发展在线教育,设有专门的教与学服务支持部门,基本功能是帮助教师设计在线课程(如学期开始前为教师提供课程设计模板与在线教学大纲;学期中为教师提供学习管理系统的培训;学期末提供考试测验的设计支持);为教师和学生提供实时技术支持和咨询等,如遇到问题可以即时(Just-in-time)向教与学服务支持部门请求帮助,通过系统提交问题(ticket),拨打热线电话预约与教学设计人员面谈等。[②] 目前国内大多数高校建立了服务教师的相关部门,但能够做到即时响应帮助的不多,建立学生在线学习支持部门尚未得到足够重视,这或许是影响学生学习效果的关键。"平台化管理"的核心理念是"支持与尊重",高校需要持续更新观念和组织形态,同时大幅增加课程设计师、教育技术工程师、学业指导师等教学支持人员的编制,调整预算结构,保障在线教学的充足经费。

---

① 汪雅君,何晓萍.《地平线报告(2019年高教版)》对高校信息化建设的启示[J].中国教育信息化,2019(23):6-12.

② 钱玲,徐辉富,郭伟.美国在线教育:实践、影响与趋势:CHLOE3报告的要点与思考[J].开放教育研究,2019(3):10-21.

高校师生在线教学持续使用意愿的差异研究*

◎ 覃红霞　周建华　李政

2020 年春,为应对新冠肺炎疫情的影响,教育部号召"停课不停学、停课不停教",我国高校在短时间内组织了有史以来规模最大、人数最广、课程最多的在线教学①②。为全面了解高校在线教学情况和师生在线教学体验,同年 2 月,受全国高等学校质量保障机构联盟秘书处委托,厦门大学教师发展中心开展了在线教学情况调查,来自全国 334 所高校的 13997 名教师和 256504 名学生参与了此次调查。众所周知,师生是教育教学的主体,师生教学观决定了教学实施的质量③,真正影响教育品质的事情发生在师生互动的教学情景中④,那么,师生如何评价在线教育和教学的质量,师生在线教学的满意度和持续使用意愿是否存在差异等就是特别值得关注的问题。其中持续使用意愿是教学路径选择以及未来教学战略中重要的指标,其背后是师生群体对在线教学这一新型教学方式的整体判断和价值考量,会长远影响教学绩效和教育质量的提升,因而也是当前大规模在线教学实践中非常值得追踪的风向标。然而已有文献大多只针对教师或者学生群体进行小样本教学评价及反馈,缺乏两个

---

* 原载《高等教育研究》2021 年第 1 期。
① 厦门大学教师发展中心.疫情期间大学生线上学习调查报告[EB/OL].(2020-04-07)[2020-10-10].https://mp.weixin.qq.com/s/SLVv7-fWysewk-L01MaUBN9CTHNug.jfepNZJQ.
② 厦门大学教师发展中心.疫情期间高校教师线上教学调查报告[EB/OL].(2020-04-07)[2020-10-10].https://mp.weixin.qq.com/s/oxqPcHxL01MaUBN9CTHNug.
③ 刘小强,何齐宗.跨越师生教学的观念鸿沟:走向微观深层的高校教学质量建设[J].高等教育研究,2012(9):63-68.
④ BOK D.Our underachieving colleges:A candid look at how much students learn and why they should be learning more[M].Princeton University Press,2006:900-902.

群体同步进行的大数据研究。就此而言，大范围考察教师和学生群体在线教学满意度及持续使用意愿的异同，对我国在线教学的改进和发展具有重要的研究价值和实践意义。

一、理论综述与分析框架

1.理论综述

一般而言，师生作为在线教学的"消费者"，会基于各自角度对在线教学的体验及持续使用意愿进行综合评价。由于师生认知、社交和教学经验的差异，导致双方对在线教学的体验有所同也有所不同，进而影响在线教学的使用意愿。[①] 研究者普遍认为感知有用性对教师在线教学使用意愿的影响较大，这与在线教学能否满足教师的教学需求和提高其教学水平的期许密切相关[②]。瓦希德（M.Waheed）和詹姆（F.A.Jam）指出，感知有用性、感知易用性和教学平台的有效性对教师持续使用在线教学平台具有积极影响[③]。张思、李勇帆的研究进一步表明，感知有用性和感知易用性对教师在线教学行为的效果较为明显[④]。方旭、韩锡斌的研究证明感知有用性会明显提升教师对教学大数据的采纳。[⑤] 此外，也有研究发现绩效期望、努力期望、在线教学动机和创新水平等对教师在线教学行为意向有显著的作用[⑥]，而个性化的教学设计、丰富

① SOONHWA S，BOAVENTURA D，CAROLYN K，et al.Comparison of Instructors and students' perceptions of the effectiveness of online courses[J].Quarterly review of distance education，2010，11(1)：25-36.

② LEONARD J，GUHA S.Education at the crossroads：online teaching and students' perspectives on distance learning[J].Journal of research on technology in education，2001，34(1)：51-58.

③ WAHEED M，JAM F A.Teacher's intention to accept online education：extended TAM model[J].Interdisciplinary journal of contemporary research in business，2010，2(5)：330-344.

④ 张思，李勇帆.基于技术接受模型的高校教师网络教学行为研究[J].远程教育杂志，2014，32(3)：56-63.

⑤ 方旭，韩锡斌.高校教师教学大数据技术行为意向影响因素研究：基于清华"学堂在线"的调查[J].远程教育杂志，2017，35(6)：76-86.

⑥ MICHAEL S.Faculty motivation&intent to teach online[D].Georgia：Georgia Southern University，2014：146-147.

的教学资源、便捷的师生互动是教师持续使用在线教学的重要标准[①]。比较而言,学生在线学习使用意愿则更强调在线教学资源的可获得性、便利性和教学平台的稳定性等[②]。杨(P.Yeung)、乔丹(E.Jordan)的研究显示,感知有用性、感知易用性和平台服务质量等是促进学生持续使用在线教学的主要因素[③]。胡勇认为,系统的兼容性(在线学习平台的功能与学习者的学习需要之间的一致性)越高,学生使用在线平台的意向越强[④]。詹海宝和张立国的研究表明,信息技术的支持和感知易用性对学生的在线学习意愿有显著的正面影响[⑤]。此外,在线教学中教师的教学设计、教学态度、执教能力、教学技巧和网络课程的特性也是影响学生在线学习积极性和使用意愿的重要因素[⑥⑦]。已有研究表明,在线教学持续使用意愿的确存在师生差异,教师更加关注在线教学的教学效果,学生则更加重视在线平台与技术的兼容性与便捷性,但对师生在线教学使用意愿的影响因素、异同以及原因仍待进一步明确。

满意度和持续使用意愿是在线教学评价的重要指标。研究发现,师生的在线教学满意度会正向影响在线教学的使用意愿。奥利弗(R.L.Olive)的研究表明,满意度可以直接或间接地影响使用者的态度和行为[⑧]。有研究证实,学习者对在线教学平台的满意度越高,则越乐于持续使用在线学习[⑨]。随着

① WINGARD R G.Classroom teaching changes in web-enhanced courses:a multi-institutional study[J].Educause quarterly,2004,27(1):26-35.

② KOOHANG A,DURANTE A.Learners' perceptions toward the web-based distance learning activities/assignments portion of an undergraduate hybrid instructional model [J].Journal of information technology education research,2003,2(1):105-113.

③ YEUNG P,JORDAN E.The continued usage of business e-learning courses in HongKong corporations[J].Education and information technologies,2007,12(3):175-188.

④ 胡勇.在线学习平台使用意向预测模型的构建和测量[J].电化教育研究,2014,35(9):71-78.

⑤ 詹海宝,张立国.理解大学生对网络教学平台的采纳:基于 TAM 的实证研究[J].现代远距离教育,2015(3):53-59.

⑥ 马婧,韩锡斌,周潜,等.基于学习分析的高校师生在线教学群体行为的实证研究[J].电化教育研究,2014,35(2):13-18,32.

⑦ 李莹莹,张宏梅,张海洲.疫情期间大学生网络学习满意度模型建构与实证检验:基于上海市 15 所高校的调查[J].开放教育研究,2020,26(4):102-111.

⑧ OLIVE R L.A cognitive model for the antecedents and consequences of satisfaction [J].Journal of marketing research,1980,17(4):460-469.

⑨ CHIU C M,HSU M H,SUN S Y,et al.Usability,quality,value and elearning continuance decisions[J].Computers and education,2005,45(4):399-416.

教学满意度研究的逐步深入,更多的学者认为,满意度和持续使用意愿的研究应同步进行,从而更好地揭示教学满意度的形成机理和持续使用意愿的中介作用[1][2]。霍根(R.L.Hogan)和麦克奈特(M.A.McKnight)认为,感知易用性、感知有用性、外部环境等因素对在线教学满意度产生影响,而教学满意度又对持续使用意愿产生影响[3][4]。部分研究者则明确指出,教学满意度是一个中间变量[5][6],师生在线教学感知易用性、感知有用性、外部环境等因素是直接影响持续使用意愿的重要因素[7][8],同时这三个因素又可以通过教学满意度这一中间变量间接影响持续使用意愿。但也存在不同的结论,有研究者指出,感知易用性对持续使用意愿没有显著影响[9],因此,教学满意度的中介作用,特别是二级层面自变量、教学满意度与持续使用意愿之间的关系仍需进一步证明。

2.分析框架

为进一步探讨在线教学感知有用性、感知易用性、外部环境、教学满意度等因素对师生持续使用意愿的影响差异,本研究选用技术接受模型作为研究工具。技术接受模型(Technology Acceptance Model,TAM)最早由戴维斯

① 李志茹.高校在线学习平台用户接受度的实证研究[D].武汉:华中师范大学教育信息技术学院,2017:30.

② 李雅筝.在线教育平台用户持续使用意向及课程付费意愿影响因素研究[D].合肥:中国科学技术大学人文与社会科学学院,2016:37.

③ 杨根福.混合式学习模式下网络教学平台持续使用与绩效影响因素研究[J].电化教育研究,2015,36(7):42-48.

④ HOGAN R L,MCKNIGHT M A.Exploring burnout among university online instructors:an initial investigation[J].The internet and higher education,2007,10(2):117-124.

⑤ DAI H M,TEO T,PAPPA N A.Understanding continuance intention among MOOC participants:the roleof habit and MOOC performance[J].Computers in human behavior,2020,112(11):1-11.

⑥ GAO Y.Applying the technology acceptance model to educational hypermedia:a field study[J].Journal of educational multimedia and hypermedia,2005,14(3):237-247.

⑦ 朱小栋,王亚非,邓光辉,等.MOOC持续使用意愿的影响因素研究[J].中国教育信息化,2019(19):8-14.

⑧ 张哲,王以宁,陈晓慧,等.MOOC持续学习意向影响因素的实证研究:基于改进的期望确认模[J].电化教育研究,2016,37(5):30-36.

⑨ 覃红霞,李政,周建华.不同学科在线教学满意度及持续使用意愿:基于技术接受模型(TAM)的实证分析[J].教育研究,2020,41(11):91-103.

(F.D.Davis)提出,其理论基础是理性行为理论(Theory of Reasoned Action,TRA)①。由于 TAM 能较好地解释使用者接受新兴技术的行为及其影响因素②,因而广泛应用于管理学、经济学等领域,被认为是影响最大、解释面最广的行为分析模型之一③。TAM 最早由感知有用性、感知易用性、满意度等基础模块组成④,随着 TAM 的广泛应用,学者们尝试增加其他的模块变量不断完善该模型,使得 TAM 的解释力得到进一步提升。

近年来,教育学界也开始引入 TAM 研究师生在线教学使用意愿。阿尔哈比(S.Alharbi)、德鲁(S.Drew)证实了使用 TAM 测量学生使用信息学习系统(Learning Management Systems)意愿的可行性⑤;蔡雅茹(Y.R.Tsai)、恩斯特(C.A.Ernst)运用 TAM 研究课程管理系统支持英语写作教学的成效⑥;冯瑞基于 TAM 研究高校教师开展慕课的行动意向及其动因⑦;吕宛青、葛绪锋整合 TAM 和 TPB(Theory of Planned Behavior)模型揭示了高校学生对混合式教学接受意愿的影响机制⑧。

从现有的研究来看,运用 TAM 研究在线教学持续使用意愿不仅可行,而

① DAVIS F D.A technology acceptance model for empirically testing new end-user information systems:theory and results[D].Cambridge,Mass:Massachusetts Institute of Technology,Sloan School of Management,1986:7-10.

② DAVIS F D.Perceived usefulness,perceived ease of use,and user acceptance of information technology[J].MIS quarterly,1989,13(3):319-340.

③ ARBAUGH J B.Managing the online classroom:a study of technological and behavioral characteristics of web-based MBA courses[J].Journal of high technology management research,2002,13(2):203-223.

④ DAVIS F D.User acceptance of information technology:system characteristics,user perceptions and behavioral impacts[J].International journal of man-machine studies,1993,38(3):475-487.

⑤ AlHARBI S,DREW S.Using the Technology acceptance model in understanding academics' behavioural intention to use learning management systems[J].International journal of advanced computer science and applications,2014,5(1):143-155.

⑥ TSAI Y R,ERNST C A.The model and implementation of a course-management-system(CMS)-assisted EFL reading strategy instruction[J].International journal of digital learning technology,2009.1(3):206-226.

⑦ 冯瑞.高校教师开展慕课的行动意向及其动因研究:基于扩展的技术接受模型[J].江苏高教,2017(7):68-73.

⑧ 吕宛青,葛绪锋.高校学生对混合式教学接受意愿的实证研究:基于 TAM 和 TPB 的整合模型[J].云南大学学报(自然科学版),2020,42(S1):97-105.

且已取得相当丰富的研究成果,但由于采集大样本数据的难度较大,研究者或从学生视角出发,或从教师视角而言,缺乏对在线教学的"双主体"(教师和学生)进行同步分析的研究。事实上,"教育是一门合作的艺术,尤其教和学的艺术显然是合作的艺术"①,在线教学是一种依靠信息技术实现师生"隔空"教学的教学模式②,教师和学生都是在线教学的"用户",故理应同步分析,以便客观评价在线教学质量。基于此,本研究在超过 25 万样本数据的基础上,以教学满意度为中介变量,力图系统探讨高校师生在线教学持续使用意愿方面的异同,并深入挖掘差异背后的可能成因。

二、研究设计

1.研究数据

(1)数据来源

本研究所使用的数据来源于厦门大学教师发展中心开展的"线上教学情况调查"报告,并选用学生卷和教师卷的有关数据进行研究,学生卷由 17 个大题、138 个题项组成,教师卷由 19 个大题、148 个题项组成,两套问卷中共有 103 个题项内容相同或相近。

(2)数据收集与清洗

调研收集到的初始可利用数据有 270501 组,删除有缺失值和疫情防控期间未开展在线教学的数据条目,并对学生卷中"否定提问"的题项得分进行了反向处理,最终形成有效数据共 223293 组,其中学生 214054 组、教师 9239 组。

从图 1 中可以清楚地看出,师生在各个类别中的占比基本相当,调研样本的基本特征具有可比性,研究师生间的差异符合统计学要求。

2.研究变量

根据 TAM 的基本框架,本研究从教师卷和学生卷内容相同或相近的 103 个题项中,提取了与在线教学持续使用意愿相关的全部数据。提取的数

① 华东师范大学教育系,杭州大学教育系.现代西方资产阶级教育思想流派论著选[M].北京:人民教育出版社,1980:234-240.
② 韩筠.以信息技术构建高等教育新型教学支持体系:基于抗疫期间在线教学实践的分析[J].高等教育研究,2020,41(5):80-86.

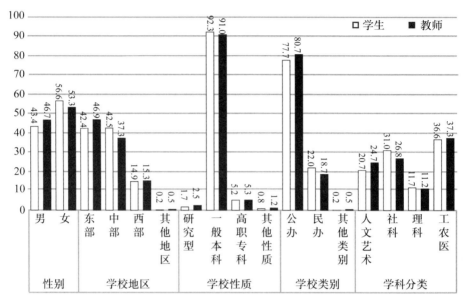

图 1 调查样本分布图

注：图中数字为频率的百分比。

据主要包括：一是高校师生的个人信息；二是影响高校师生在线教学持续使用意愿的各种因素，共 31 个题项，14 个观测变量，5 个潜变量。

（1）感知有用性（Perceived Usefulness，PU），主要反映师生对在线教学是否有效增强教学效果的主观认知，是本研究的潜在自变量。本研究从教师卷和学生卷提取了描述在线教学特点的 9 个题项，分为 3 个观测变量。观测变量一为"课程资源"（PU1），主要调查师生关于在线教学是否有利于课前准备的情况，包括对提供教学方案、备课、分享电子资源等方面的感知；观测变量二为"课堂教学"（PU2），主要调查师生关于在线教学是否有利于课堂教学的情况，包括对教学讲授、组织教学、课题讨论、实验演示与辅导答疑等的感知；观测变量三为"教学评价"（PU3），主要调查师生关于在线教学是否有利于课后评价的情况，包括对分析评价学生学习行为、教学测试等的感知。

（2）感知易用性（Perceived Ease of Use，PEU），主要反映师生对在线教学是否使用便捷的主观认知，是本研究的潜在自变量。本研究从教师卷和学生卷提取了描述在线教学使用操作的 3 个题项，分为 3 个观测变量。观测变量一为"技术操作"（PEU1），主要调查师生对在线教学技术操作难易程度及其培训的感知；观测变量二为"教学方法"（PEU2），主要调查师生对在线教学方法难易程度和培训的感知;观测变量三为"熟练程度"(PEU3),主要调查师生对在线教学模式熟练程度的感知。

(3)外部环境感知(Perception of External Environment,PEE),主要反映师生对在线教学应具备的外部条件的感知,是本研究的潜在自变量。本研究从教师卷和学生卷提取了描述在线教学外部条件与环境的 10 个题项,分为 3个观测变量。观测变量一为"技术服务"(PEE1),主要调查师生对在线教学平台提供的技术服务,包括流畅度、稳定度、清晰度、即时度、顺畅度和便捷度的感知;观测变量二为"教学支持"(PEE2),主要调查师生对在线教学的外部软硬件条件,包括网络配置、在线教学平台以及电子资料的感知;观测变量三为"政策支持"(PEE3),主要调查师生对学校是否出台政策支持在线教学的感知。

(4)教学满意度(Teaching Satisfaction,TS),主要反映师生对在线教学实施过程与效果的综合价值评价,是本研究的潜在中介变量。本研究从教师卷和学生卷提取了描述在线教学满意度的 7 个题项,分为 3 个观测变量。观测变量一为"教学效果"(TS1),主要调查师生对在线教学效果的评价判断;观测变量二为"教学体验"(TS2),主要调查师生在在线教学过程中的体验感受;观测变量三为"教学收获"(TS3),主要调查师生通过在线教学取得的收获。

(5)持续使用意愿(Continuance Intention,CI),主要反映师生继续采用在线教学的态度,是本研究的潜在因变量。本研究从教师卷和学生卷提取了描述继续采用在线教学态度的 2 个题项,分为 2 个观测变量。观测变量一为"线上模式"(CI1),主要调查师生对继续采用在线教学模式的接受程度;观测变量二为"线上+线下"(CI2),主要调查师生对采用"线上+线下"混合式教学的接受程度。

以上五个潜变量都采用均值法计算因子得分,分数越高,表示师生对该变量的正面认知越高。

3.研究模型及假设

(1)构建模型

本研究根据 TAM 的基本框架,结合"在线教学情况调查"题项和数据,运用 AMOS 24.0 软件不断修正、完善和优化结构方程模型,最终构建了基于TAM 的在线教学持续使用意愿的研究模型(见图 2)。

(2)研究假设

本研究希望通过探讨教学满意度的中介效应研究在线教学持续使用意愿的师生差异、影响因素及影响作用,并提出后疫情时代在线教学持续使用意愿

的提升策略。鉴于 TAM 各变量之间的作用关系已得到多次证实,本研究提出的基本假设主要集中于师生差异领域:

H1:教师群体与学生群体的感知有用性、感知易用性、外部环境感知有显著差异;

H2:教师群体与学生群体在教学满意度上存在显著差异;

H3:教师群体与学生群体在持续使用意愿上存在显著差异;

H4:教师群体与学生群体都认为教学满意度在本研究的潜在自变量(感知有用性、感知易用性、外部环境感知)与潜在因变量(持续使用意愿)之间具有显著的中介效应;

H5:教师群体与学生群体在感知有用性、感知易用性、外部环境感知对教学满意度及持续使用意愿的关系上存在显著差异。

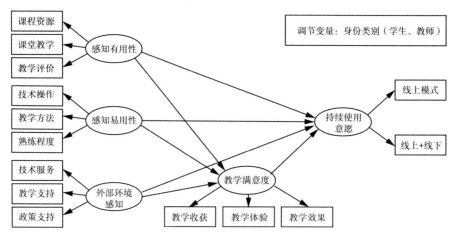

图 2　在线教学持续使用意愿的研究模型

4.研究方法

本研究利用 SPSS 25.0 软件对变量数据进行了信效度检验、描述性统计和 t 检验,分析了高校在线教学在感知有用性、感知易用性、外部环境感知、教学满意度和持续使用意愿五个方面的师生差异;运用 AMOS 24.0 和极大似然法对本研究 TAM 进行拟合、修正完善和优化,构建了在线教学满意度和持续使用意愿的研究模型,通过偏差校正的非参数百分位 Bootstrap 法探讨教学满意度的中介效应;运用"加法法则"和"链式法则"研究在线教学持续使用意愿各影响因素的作用。

三、研究结果

1.信度和效度检验

（1）信度检验

目前，统计学中大多数学者用 Cronbach's alpha 系数作为检验问卷信度的统计指标。为确保结论的可靠性和有效性，本研究运用 SPSS 25.0 软件可靠性分析模块分别对学生、教师的 31 个题项、14 个潜变量进行了信度检验（见表 1），结果显示学生、教师的 31 个观测变量和 14 个潜变量的 Cronbach's alpha 系数均大于 0.9，表明问卷数据具有很高的可靠性。

表 1　问卷数据的信度及效度检验情况

统计量		学生模型	教师模型
有效数据个数		214054	9239
题项测量	变量个数	31	31
	Cronbach's alpha	0.955	0.946
	KMO	0.971	0.959
	Barlett's 球形检验 P 值	***	***
观测变量	变量个数	14	14
	Cronbach's alpha	0.918	0.901
	KMO	0.920	0.897
	Barlett's 球形检验 P 值	***	***

注：本研究中，* 表示 $P<0.05$，** 表示 $P<0.01$，*** 表示 $P<0.001$。

（2）效度检验

根据统计学研究的观点，如果 KMO 值大于 0.9，表明样本数据效度好。利用 SPSS 25.0 软件对样本进行 KMO 统计和 Barlett 球形检验（见表 1），结果显示学生、教师的 KMO 值分别是 0.971 和 0.959，Barlett 球形检验达到显著（$P<0.001$），并且都在效度好的参考值范围内，说明样本数据具有良好的效度。

2.独立样本 t 检验

为直观地观察分析数据，并检验师生两个群体在各观测变量是否存在显著差异,本研究利用 SPSS 25.0 软件分别对教师、学生的数据进行了独立样本 t 检验(见表 2)。

表 2　独立样本 t 检验

变量		学生（M±SD）	教师（M±SD）	t 检验	
				P	t
感知有用性（PU）	课程资源	3.74±0.76	4.06±0.53	***	−56.72
	课堂教学	3.37±0.63	3.84±0.58	***	−75.16
	教学评价	2.69±0.89	3.73±0.71	***	−137.73
感知易用性（PEU）	技术操作	3.67±0.80	4.00±0.72	***	−42.62
	教学方法	3.67±0.80	4.00±0.73	***	−42.65
	熟练程度	3.73±0.76	3.82±0.67	***	−13.42
外部环境感知（PEE）	技术服务	3.57±0.68	3.69±0.58	***	−19.55
	教学支持	3.67±0.73	3.70±0.61	**	−4.07
	政策支持	3.75±0.79	3.87±0.79	***	−14.29
教学满意度（TS）	教学效果	3.35±0.81	3.53±0.65	***	−26.43
	教学体验	3.63±0.73	4.02±0.56	***	−63.22
	教学收获	3.65±0.81	3.93±0.71	***	−36.76
持续使用意愿（CI）	线上模式	3.13±1.16	3.32±1.09	***	−16.67
	线上+线下	3.51±1.03	4.01±0.95	***	−49.14

表 2 显示,教师各项得分均高于学生得分,从 t 检验结果来看,高校教师和学生两个群体对课程资源(PU1)等 14 个观测变量的认知存在显著差异,间接证明了两个群体在感知有用性、感知易用性、外部环境感知、教学满意度及持续使用意愿上均存在显著差异,且教师群体在教学满意度和持续使用意愿方面的得分明显高于学生群体,本研究的假设 H1—H3 得到证实。

3.模型拟合与分析

在信度检验和效度检验通过的基础上,利用 AMOS 24.0 软件对图 2 所示的研究模型进行拟合,以进一步判断潜变量与观测变量的因果关系是否显著。

(1)拟合优度指数

在上述研究基础上,利用 AMOS 24.0 软件对教师、学生的调研数据分别进行拟合,模型的拟合优度指数详见表 3。结果显示两个模型的拟合优度指数良好,说明本研究构建的模型适用于师生群体教学满意度和持续使用意愿影响因素的分析。

表 3　拟合优度指数

指标名称		评价标准	学生模型	教师模型
绝对拟合指标	P	**	***	***
	GFI	＞0.9	0.962	0.948
	AGFI	＞0.9	0.941	0.907
	RMR	＜0.05	0.025	0.031
	RMSEA	＜0.08	0.062	0.080
	ECVI	越小越好	0.259	0.393
增值拟合指标	NFI	＞0.9	0.977	0.959
	CFI	＞0.9	0.977	0.959
	TLI	＞0.9	0.968	0.936
综合拟合指标	PNFI	＞0.5	0.719	0.611
	PGFI	＞0.5	0.614	0.524
	CMIN/DF		825.98	60.98
	CN	＞200	275	235

从 AMOS 24.0 软件对模型拟合的结果可以看出,学生模型中的变量解释了教学满意度 79％的变异量($R^2=0.79$)、持续使用意愿 42％的变异量($R^2=0.42$),教师模型中的变量解释了教学满意度 67％的变异量($R^2=0.67$)、持续使用意愿 40％的变异量($R^2=0.40$),具有统计学意义。

(2)路径系数

结构方程的路径系数可反映潜变量之间、潜变量与观测变量之间的相互关系和影响程度。本研究模型拟合后的路径系数如表 4 所示。

表 4　路径系数

作用类型	影响路径			学生模型	教师模型
直接作用	感知有用性	→	持续使用意愿	0.227 ***	0.090 ***
	感知易用性	→	持续使用意愿	−0.089 ***	——
	外部环境感知	→	持续使用意愿	0.156 ***	——
间接作用	感知有用性	→	教学满意度	0.377 ***	0.166 ***
	感知易用性	→	教学满意度	0.339 ***	0.331 ***
	外部环境感知	→	教学满意度	0.268 ***	0.250 ***
	教学满意度	→	持续使用意愿	0.400 ***	0.366 ***

续表

作用类型	影响路径			学生模型	教师模型
直接作用	课程资源	→	感知有用性	1.080***	0.659***
	课堂教学	→	感知有用性	−0.045***	0.720***
	教学评价	→	感知有用性	0.025***	0.560***
	技术操作	→	感知易用性	0.930***	0.927***
	教学方法	→	感知易用性	0.930***	0.953***
	熟练程度	→	感知易用性	0.509***	0.422***
	技术服务	→	外部环境感知	0.859***	0.876***
	教学支持	→	外部环境感知	0.922***	0.876***
	政策支持	→	外部环境感知	0.830***	0.587***
	教学效果	→	教学满意度	0.802***	0.694***
	教学体验	→	教学满意度	0.923***	0.828***
	教学收获	→	教学满意度	0.859***	0.710***
	线上模式	→	持续使用意愿	0.749***	0.762***
	线上＋线下	→	持续使用意愿	0.718***	0.773***

从表 4 可发现，师生在多条路径的系数存在明显差异，主要体现在以下四个方面。

第一，教师模型中"感知易用性→持续使用意愿"和"外部环境感知→持续使用意愿"两条路径的系数不存在，表明教师群体认为在这两条路径上没有直接作用，而学生模型中这两条路径存在路径系数。

第二，学生模型中"课堂教学→感知有用性"（−0.045）、"教学评价→感知有用性"（0.025）的路径系数明显低于教师模型，表明本次在线教学学生群体在"课堂教学""教学评价"等方面体验不佳，但教师群体却未觉知到学生的真实感受，反而认为"课堂教学""教学评价"体验感较好，这是值得注意的一个问题。

第三，两个模型中，"感知有用性（感知易用性、外部环境感知）→教学满意度""教学满意度→持续使用意愿"作用明显，表明师生两个群体均认为教学满意度是感知有用性、感知易用性、外部环境感知与持续使用意愿之间的中介潜变量。

第四，师生在持续使用意愿的结构性成因上存在显著的认知差异，学生群体认为线上模式（0.749）＞线上＋线下（0.718），而教师群体则认为线上＋线下(0.773)＞线上模式(0.762)。这表明,面对在线教学"常态化"的大背景,学生对"线上模式"有更高的期望值,对在线教学的优势与特点有更加天然的亲近感,反而对"线上＋线下"的混合模式持更加疑虑的态度,而教师则对在线教学存在"本领恐慌",对在线教学的态度略显"保守",认为"线上＋线下"的混合模式才是今后在线教学的正确选择。

4.Bootstrap 分析

为进一步验证教学满意度的中介效应,进而深入研究持续使用意愿,本研究在模型拟合的基础上采用 Bootstrap 分析(抽样的次数设定为 5000 次)进行检验,检验结果见表 5。

表 5　教学满意度中介效应的 Bootstrap 分析

类别	路径	效应	Boot SE	Z	P	Bias-corrected 95％CI		中介作用
						Lower	Upper	
学生	PU→TS→CI	0.151	0.002	75.50	***	0.146	0.156	部分中介
	PEU→TS→CI	0.136	0.002	68.00	***	0.132	0.140	部分中介
	PEE→TS→CI	0.108	0.002	54.00	***	0.104	0.111	部分中介
教师	PU→TS→CI	0.061	0.004	15.25	***	0.054	0.068	部分中介
	PEU→TS→CI	0.121	0.006	20.17	***	0.108	0.133	完全中介
	PEE→TS→CI	0.092	0.005	18.40	***	0.082	0.101	完全中介

从表 5 可知,学生、教师两个群体在"感知有用性→教学满意度→持续使用意愿""感知易用性→教学满意度→持续使用意愿""外部环境感知→教学满意度→持续使用意愿"三条路径上,P 值都小于 0.001 且 95％的置信区间都不包括 0,具有统计学意义。这表明师生两个模型中教学满意度在感知有用性、感知易用性、外部环境感知与持续使用意愿之间都存在显著的中介效应,本研究的假设 H4 得以证实。

值得一提的是,由于教师模型中感知易用性、外部环境感知与持续使用意愿之间没有直接作用,因此可以推断,教师群体认为教学满意度在感知易用性、外部环境感知与持续使用意愿之间起完全中介作用,在感知有用性与持续使用意愿之间起部分中介作用;而学生群体则认为,教学满意度在感知有用性、感知易用性、外部环境感知与持续使用意愿之间都是起部分中介效应。

5.影响作用

统计学中一般以"效应"来说明影响作用。通过 AMOS 24.0 软件的 Bootstrap 分析可以计算三种效应:总效应(Total Effects,TE)、直接效应(Direct Effects，DE）和间接效应（Indirect Effects，IE），它们之间可以运用"加法法则"和"链式法则"进行运算：

$$
\begin{cases}
TE = DE + IE \\
IE_{(A,C)} = DE_{(A,B)} \times DE_{(B,C)}
\end{cases}
$$

所以，变量 A 对变量 C 的影响作用的计算公式可以概括为：

$$
TE_{(A,C)} = DE_{(A,C)} + DE_{(A,B)} \times DE_{(B,C)}
$$

基于教学满意度的中介效应，本研究"追根溯源"测算了师生持续使用意愿各自变量的影响作用（即总效应），详见表 6。

表 6   持续使用意愿的影响因素及其影响作用

影响因素	影响作用	
	学生模型	教师模型
感知有用性	$0.227 + 0.377 \times 0.400 = 0.378$	$0.090 + 0.166 \times 0.366 = 0.151$
感知易用性	$-0.089 + 0.339 \times 0.400 = 0.047$	$0.000 + 0.331 \times 0.366 = 0.121$
外部环境感知	$0.156 + 0.268 \times 0.400 = 0.264$	$0.000 + 0.250 \times 0.366 = 0.092$
课程资源	$1.080 \times 0.378 = 0.408$	$0.659 \times 0.151 = 0.100$
课堂教学	$-0.045 \times 0.378 = -0.017$	$0.720 \times 0.151 = 0.109$
教学评价	$0.025 \times 0.378 = 0.009$	$0.560 \times 0.151 = 0.085$
技术操作	$0.930 \times 0.047 = 0.044$	$0.927 \times 0.121 = 0.112$
教学方法	$0.930 \times 0.047 = 0.044$	$0.953 \times 0.121 = 0.115$
熟练程度	$0.509 \times 0.047 = 0.024$	$0.422 \times 0.121 = 0.051$
技术服务	$0.859 \times 0.264 = 0.227$	$0.876 \times 0.092 = 0.081$
教学支持	$0.922 \times 0.264 = 0.243$	$0.876 \times 0.092 = 0.081$
政策支持	$0.830 \times 0.264 = 0.219$	$0.587 \times 0.092 = 0.054$

从表 6 可以发现，各影响因素对师生的持续使用意愿有着明显不同的作用，主要体现在以下三个方面。

第一，从潜在自变量来看，学生模型中感知有用性（0.378）、外部环境感知（0.264）正向影响持续使用意愿，但感知易用性（0.047）与持续使用意愿呈弱正相关，这充分体现了学生在信息技术方面的比较优势，学生很容易轻松驾驭在线教学的操作技巧；教师模型中，感知有用性（0.151）、感知易用性（0.121）和外部环境感知（0.092）正向影响持续使用意愿，影响作用依次等差递减。

第二,从可观测自变量来看,学生认为影响持续使用意愿的第一要素是课程资源(0.408),影响作用远大于其他八个因素,其次是教学支持(0.243)、技术服务(0.227)和政策支持(0.219),而技术操作(0.044)、教学方法(0.044)、熟练程度(0.024)和教学评价(0.009)与持续使用意愿呈弱正相关,课堂教学(-0.017)与持续使用意愿呈弱负相关;教师认为影响持续使用意愿的关键要素是教学方法(0.115)、技术操作(0.112)、课堂教学(0.109)和课程资源(0.100),其次是教学评价(0.085)、技术服务(0.081)和教学支持(0.081),最后是政策支持(0.054)和熟练程度(0.051)。可以发现,教师认为影响在线教学使用意愿的关键在于教学方法、技术操作和课堂教学等"软性环境",而学生群体则认为关键在于课程资源、教学支持和技术服务等"硬性条件"。

第三,从师生差异来看,师生在影响持续使用意愿的路径上作用差异明显。一是感知有用性的作用差异(学生0.378>教师0.151),学生群体认为在线教学的"有用性"集中体现为课程资源,课堂教学、教学评价对持续使用意愿的作用较小,而教师群体则认为课程资源、课堂教学、教学评价均对持续使用意愿产生正向作用;二是感知易用性的作用差异(学生0.047<教师0.121),学生群体因信息技术优势,认为在线教学的"易用性"与持续使用意愿之间的关系较弱,但教师群体则认为在线教学的"易用性"对持续使用意愿的正向作用比较明显;三是外部环境感知的作用差异(学生0.264>教师0.092),学生群体认为技术服务、教学支持、政策支持对持续使用意愿的作用明显强于教师,特别是政策支持,师生间差异率达306%,这是因为此次在线教学,学校对教师的支持力度明显大于学生,而学生也希望获得更多的外部支持。本研究的假设H5得以证实。

四、讨论与建议

1.研究结论

第一,教师与学生群体无论是在线教学满意度及持续使用意愿,还是教学评价与体验等均存在显著差异。一般认为,师生在线教学的体验有所同也有所不同,合理的师生差异是正常的,可以理解与接受,但在本次超25万样本量的大规模调查中,师生之间几乎在所有的观测变量上均呈现非常显著的差异性,这种广泛的差异无疑成为一个特殊信号。鉴于师生均对在线教学的教学满意度和持续使用意愿趋向肯定[①②],因而这一信号的意蕴更可能指向线上与线下的差异。也就是说,出于应急考虑,在线教学复制传统线下教学组织方式和教学模式开展一场在线教学突击是可以理解的,但长期来看,在线教学还是必须遵循自身特殊的教育规律、教学原则和程序,超越线下教学的传统思维模式,这也是在线教学作为特殊教育系统的应有之义。

第二,教学满意度在感知有用性、感知易用性、外部环境感知与持续使用意愿之间具有显著的中介效应。教学满意度指向持续使用意愿的中介效应得到证实[③④],这也意味着提升在线教学的持续使用意愿最为关键的因素是提升师生的教学满意度。本研究发现,学生模型中教学满意度在感知有用性、感知易用性、外部环境感知与持续使用意愿之间起部分中介效应;而教师模型中教学满意度在感知易用性、外部环境感知与持续使用意愿之间起完全中介效应,在感知有用性与持续使用意愿之间起部分中介效应。

第三,师生在线教学持续使用意愿的差异突出表现为学生对在线教学有更多的认可和接纳,导致师生差异的结构性成因是师生感知有用性、感知易用性以及外部环境因素的影响差异,具体表现为"软性环境"和"硬性条件"等因素的作用差异。在潜在自变量中,学生群体认为感知有用性>外部环境感知>感知易用性,而教师则认为感知有用性>感知易用性>外部环境感知。在此基础上,本研究运用"加法法则"和"链式法则"测算了在线教学持续使用意愿各自变量的影响作用,结果发现,教师认为影响在线教学使用意愿的关键在于教学方法、技术操作和课堂教学等"软性环境"因素,而学生群体则认为关键在于课程资源、教学支持和技术服务等"硬性条件"因素。需要指出的是,师生在未来在线教学使用意愿上的得分显示"线上模式"低于"线上+线下"模式,但在结构方程模型中证实学生对"线上模式"表现出更多的期待,显然,成长于信息发达的网络时代的大学生们对"线上"学习有更多的亲近感与更高的接纳度。更加丰富的课程资源、更加自由的空间与时间选择、更为熟练的技术与平

① 厦门大学教师发展中心.疫情期间大学生线上学习调查报告[EB/OL].(2020-04-07)[2020-10-10].https://mp.weixin.qq.com/s/SLVv7-fWysewk-L01MaUBN9CTHNug.jfepNZJQ.

② 厦门大学教师发展中心.疫情期间高校教师线上教学调查报告[EB/OL].(2020-04-07)[2020-10-10].https://mp.weixin.qq.com/s/oxqPcHxL01MaUBN9CTHNug.

③ 刘博楠.关于国内外 MOOC 平台持续使用意愿影响因素的比较研究[D].大连:大连理工大学,2018:57.

④ 陈美玲,白兴瑞,林艳.移动学习用户持续使用行为影响因素实证研究[J].中国远程教育,2014(12):41-47.

台都是学生要求适应教学改革一步到位采用"线上模式"的主要原因,但简单地复制线下课程的教学模式、缺乏有效的课堂讨论、实验演示与即时评价仍是提升在线教学使用意愿需要解决的关键问题。比较而言,面对在线教学的挑战,教师群体整体趋于保守,希望通过"线上+线下"的方式平稳过渡[1],其原因不仅是对在线教学"目中无人"状态的焦虑,对如何适应在线教学新工具新技术的困惑,也包含对教学改革与体制改革以及自身前途的担忧。

2.主要建议

首先,应关注师生在线教学差异的综合影响,推进基于师生共识的在线教学课程体系建设。师生差异可谓观测在线教学质量的"显微镜",本研究证实,由于本次在线教学的应急性,教师成为教学组织中的核心主体,但在"以学生为中心"方面做得不够[2]。值得关注的是,作为教学主导的教师与作为学习主体的学生在在线教学需求、教学满意度以及技术基础上体现出越来越明显的差异性,也凸显出传统教学理论的局限与限制,在线教学的教学设计如何从"教师中心"转向"教师学生双中心"应是在线教学理论工作者重点突破的问题,一方面,应积极回应学生更为具体、更为多元的在线教学需求主张;另一方面,教师也应转变以知识传授和课堂讲授为中心的教学设计,以能力与核心素养发展为核心,整体推进在线课程体系建设,积极培养学生正确的知识观和学习观,把传统被动接受的教学观转变为学生主动学习、构建知识,发展能力与素养,积极促建师生间的知识共同体、情感共同体与发展共同体。

其次,应重视在线教学满意度评价中的师生差异,加强教学设计与评估、实施与结果的统一。教学满意度可谓教学质量的"反光镜",本研究发现,在教学满意度的所有观测变量中,教师评价均高于学生评价,但在教学满意度的三个潜在自变量的影响作用方面,教师评价却均低于学生。导致这一现象出现的成因可能与师生教学满意度的来源路径有关,教师作为教育主体,其教学满意度更多依据"教学活动结果是否实现教育设计初衷"来判断,因而对教学满意度直接予以较高赋值;而学生作为学习主体,其教学满意度则更多地依据"教学进程中是否取得良好成效、体验和收获"来判断,因而对这些潜在自变量作用路径予以更高的系数考量,师生对于在线教学结果及教学进程的重视度

①　郑宏,谢作栩,王婧.后疫情时代高校教师在线教学态度的调查研究[J].华东师范大学学报(教育科学版),2020,38(7):54-64.

②　邬大光,李文.我国高校大规模线上教学的阶段性特征:基于对学生、教师、教务人员问卷调查的实证研究[J].华东师范大学学报(教育科学版),2020,38(7):1-30.

的差异值得引起高度关切。教师在开展在线教学过程中,除了需要对教学设计及教学成效有宏观的把控以外,应当更加重视新一代青年学生对于教学进程的学习感受、个人体验和实践收获的"隐性疾呼"。简言之,在教学进程中,学生更多希望自身作为个性化主体而非机械式客体而存在[①]。

再次,应积极促进师生在线教学持续使用意愿的稳步提升,推进在线教学的可持续发展。持续使用意愿可谓教学质量的"望远镜",本研究发现,教师的持续使用意愿评价强于学生,但在相关潜在自变量的整体作用方面却出现教师弱于学生的情况。导致这一状况的原因,除可以用以上教学满意度的赋值判断倾向来分析以外,另外一个原因可能在于教师群体对本次应急式在线教学模式的短期认可及长期忧虑的矛盾。疫情防控期间,我国在极短时间内组织教育史上最大规模的在线教学,充分体现出我国高等教育的组织水平和统筹能力,但这并不能说明我们就此获得了在线教学全面发展的内生动力,影响持续使用意愿的机制性成因强度普遍偏低就是一个重要的"警示"。和其他教学形式一样,内因在发展中发挥更大的决定性、持续性作用,我们需要积极总结本次"应急施教"的经验教训,及时将各种教学成果转化为持续性、自发性的内在动能,为在线教学的可持续发展提供动力源泉。

最后,应促进师生对于在线教学发展方向的认知趋同,形成基于充分共识的发展规划。研究发现,师生群体就"今后将在线教学置于何种地位"这一问题认知差异较大,分析认为这与在线教学本身战略定位模糊有较大关联,当前关于在线教学的发展定位存在两种误区:一是将在线教学视为传统课堂教学的备选方案;二是将在线教学视为与课堂教学完全平行、对等的教学模式。实际上,在线教学和线下教学并不是简单的附庸或者平行关系。从长远来看,随着信息技术的蓬勃发展,在线教学与传统课堂教学将会出现相互耦合、相互革新的辩证关联,大概率会形成一种混合型、交互式的教学新模式,这种新模式有望成为我国高等教育实现弯道超车以及"双一流"愿景的重要助推器。当前我国高等教育事业正面临制定"十四五"规划的战略抉择期,师生群体必须就教学革新形成共识,充分吸纳我国在信息产业取得飞跃式发展的重要经验,找到一条将传统教学经验与新型信息技术充分融合的线上线下互促道路,共同努力提升在线教学的满意度和持续使用意愿,推进在线教学的可持续发展。

---

① 毛齐明,王莉娟,代薇.高校翻转课堂的实践反思与超越路径[J].高等教育研究,2019,40(12):75-80.

不同学科在线教学满意度及持续使用意愿 *

——基于技术接受模型(TAM)的实证分析

◎ 覃红霞　李政　周建华

一、引言

2020 年初,为应对新冠肺炎疫情影响,教育部提出以政府主导、高等学校主体和社会参与的方式,在高等学校中全面实施在线教学,实现"停课不停教、停课不停学"[1]。自此开始,有史以来我国实施规模最大、上线课程最多、覆盖学科最广的在线教学全面展开。"在线教学不仅在疫情防控期间可以起到救急的作用,同时也是中国高等学校这几年来一直致力推动的教育教学领域的一场学习革命。"[2]数千万高等学校师生"停课不停学"的在线教学实践,不仅对传统的教学组织形式带来挑战,更对高等学校教学治理体系和治理能力提出了全新要求。

如何科学地评价疫情防控期间在线教育的教育质量,以及如何准确测量

---

* 原载《教育研究》2020 年第 11 期。

[1] 教育部.疫情防控期间做好高校在线教学组织与管理工作[EB/OL].(2020-02-05)[2020-06-09]. http://www.moe.gov.cn/srcsite/A08/s7056/202002/t20200205_418138.html.

[2] 教育部.教育部回应学校疫情防控 12 热点[EB/OL].(2020-02-13)[2020-03-16]. http://www.moe.gov.cn/jyb_xwfb/s5147/202002/t20200213_420702.html.

在线教育的满意度及持续使用意愿,并据此判断下一阶段高等学校教学应当采取的主要模式,都是具有重要现实意义的研究课题。已有研究表明,学生在线学习成效和满意度受多种因素影响[①],但研究者往往难以从繁杂的因素中归纳影响在校教育的关键维度,相比其他维度,我们认为学科是研究在线教学满意度的适切视角,因为学科首先是纵贯高等教育的学理基础和核心结构,不同的学科文化对学生的求学进程、学业表现、学理思维及学习习惯等都影响深远[②],而且学科代表了大学组织内部一种非常重要的差异性逻辑本源,学科本身的逻辑自洽和体系建构能为教学满意度研究提供一个天然的"分光镜"视角。

在针对学科本身的研究中,首当其冲的是分类标准问题,不同的分类依据必然导致不同的分类结果,如限制性学科和非限制性学科、科学文化学科和人文文化学科等。[③] 本研究采用比彻(Becher, T.)的分类方法,将不同学科分为纯硬科学、纯软科学、应用硬科学和应用软科学四类。[④] 其中纯硬科学对应我国《学位授予和人才培养学科目录》中的理学,纯软科学对应其中的哲学、文学、历史学、艺术学,应用硬科学对应其中的工学、农学、医学,应用软科学对应其中的经济学、法学、管理学、教育学。与线下课堂教学相比,目前关于不同学科在线教学满意度的研究仍属鲜见,据此,本研究以学科作为切入口,分析四类学科师生的在线教学满意度及其持续使用意愿,并在戴维斯(Davis, F.D.)提出的技术接受模型及理论基础上,提出适用于我国高等学校在线教育实际的改良技术接受模型(Technology Acceptance Model,以下简称 TAM),以此进一步分析导致四类学科满意度和持续使用意愿差异的内部机理。

---

① 沈忠华,邬大光.大学生在线学习成效及满意度的影响因素探究:基于结构方程模型的实证分析[J].教育发展研究,2020(5):25-36.

② BIGLAN A.The characteristics of subject matter in different academic areas[J].Journal of applied psychology,1973(3):195.

③ PANTIN C F A.Relations between sciences[M].Cambridge, Eng:Cambridge University Press,2010:37-40;SNOW C P.The two cultures and the scientific revolution[M].Cambridge, Eng: Cambridge University Press,1960:67-70;BIGLAN A.The characteristics of subject matter in different academic areas[J].Journal of applied psychology,1973 (3):195.

④ KOLB D A.Learning styles and disciplinary differences[J].The modern american college,1981(1):232-235.

二、理论基础和分析框架

(一)理论基础

在线教学是一种以联网技术为基础、通过信息技术实现人机和人际跨境交流和远距交互的异地同步教学形态。近年来,随着在线教学技术的迅速发展,"线上＋线下"的教学方式日益获得认同,越来越多的学者开始关注在线教育的特殊学习体验和教学设计,并加强在线教育教学效果、教学评价等领域的研究。教学满意度是衡量教学实践的天然标尺,一般认为在线教学满意度可以参考课堂教学满意度研究,从课程介绍、学习目标、教学形式、师资水平、互动体验等常见教学因素进行综合测评;[①]而帕尔默(Palmer,S.R.)和霍尔特(Holt,D.M.)则认为在线教育满意度应更多关注自身的特殊因素,如教学舒适度、技术熟练度、自我评价等;[②]波利格(Bolliger,D.V.)和奥莎娜(Oksana,W.)则认为应当从教育主客体角度进行分析,关注教师自身信息技术运用能力、学生交流沟通水平和学校政策支持及工作安排等因素的综合影响。[③] 关于影响满意度的主因素考量中,有学者认为关键因素是教师能否设计出令人满意的在线课程和及时回应学生的需求和质疑,[④]艾伦(Allen,I.E.)和西曼(Seaman,J.)则认为影响满意度的主要因素取决于学生的

① 朱连才,等.大学生在线学习满意度及其影响因素与提升策略研究[J].国家教育行政学院学报,2020(5):82-88.
② PALME S R,HOLT D M.Examining student satisfaction with wholly online learning[J].Journal of computer assisted learning,2009(2):101-113.
③ DORIS U.BOLLIGER O W.Factors influencing faculty satisfaction with online teaching and learning in higher education[J].Distance education,2009(1):103-116.
④ KRANZOW J.Faculty leadership in online education:structuring courses to impact student satisfaction and persistence[J].MERLOT journal of online learning and teaching,2013,9(1):131;ARBAUGH J B.Managing the online classroom:a study of technological and behavioral characteristics of web-based MBA courses[J].Journal of high technology management research,2002(13):203-223.

持续反馈,[①]霍根(Hogan,R.L.)和麦克奈特(McKnight,M.A.)认为教学环境、技术支持等因素才是影响满意度的主要原因。[②] 此外,媒体工具使用焦虑感等负面情绪也被认为会极大降低学习满意度。[③] 显然,关于影响在线教学满意度的因素分歧较大,满意度研究不仅需要给出科学的测评结果,还需要运用合理的模型解释成因。

在使用移动网络服务时,用户对应用程序的服务感到满意将更有可能采取持续使用行为。同样地,在线教学使用满意度被认为是持续使用行为的关键要素,因此满意度和持续使用意愿经常被同时予以研究。[④] 一般认为,影响满意度的因素也会经由满意度变化而间接影响持续使用意愿,如乔丹(Jordan,E.)等人的研究显示,影响在线教学的感知有用性、感知易用性和服务质量等因素同样对持续使用意愿具有促进作用。[⑤] 杨(Young,J.R.)等人也有类似的结论,并认为满意度在这一进程中发挥积极的中介作用。[⑥] 但也存在不同的观点,如特罗沙尼(Troshani,I.)等人的研究发现感知易用性对持续使用意愿没有显著影响。[⑦] 除此之外,有研究者认为,存在其他因素影响持续

① ALLEN I E,SEAMAN J.Changing course:ten years of tracking online education in the united states[EB/OL].(2013-01)[2020-03-17].http://www.onlinelearningsurvey.com/reports/changingcourse.pdf.

② HOGAN R L,MCKNIGHT M A.Exploring burnout among university online instructors:an initial investigation[J].The internet and higher education,2007(2):117-124.

③ PICCOLI G,et al.Web-based virtual learning environments:a research framework and a preliminary assessment of effectiveness in basic IT skill training[J].MIS quarterly,2001(4):401-426.

④ CHIU C M,CHIU C S.Examining the integrated influence of fairness and quality on learners' satisfaction and web-based learning continuance intention[J].Information systems journal,2007(3):271-287.

⑤ YEUNG P,JORDAN E. The continued usage of business e-learning courses in Hongkong corporations[J].Education and information technologies,2007(3):175-188.

⑥ YOUNG J R. What professors can learn from 'hard core' MOOC students[N]. The chronicle of higher education, 2013-05-20 (37) [2020-06-09]. https://www.chronicle.com/article/what-professors-can-learn-from-hard-core-mooc-students/.

⑦ TROSHANI I,et al.On cloud nine? an integrative risk management framework for cloud computing[EB/OL].(2011-01-01)[2020-03-18].https://aisel.aisnet.org/cgi/viewcontent.cgi? referer=&httpsredir=1&article=1046&context=bled2011.

使用意愿,如较好的互动方式和激励措施可以有效地增强持续使用意愿;①社会认同、社会影响、社会声誉等因素都会间接或直接影响学习者的学习态度,进而影响持续学习意愿。② 总体来看,已有研究表明,在线教学的满意度或多或少影响使用意愿,用户的持续使用意愿取决于用户对被持续使用行为的满意度,也就是说用户满意度是影响用户持续使用意愿和行为的关键前因变量。③ 但满意度和持续使用意愿在二级因素层面的关联仍有待进一步考证。

(二)分析框架

20 世纪 80 年代后,美国学者戴维斯借鉴期望理论、自我效能理论的成果,提出 TAM,该模型主要用以预测行为主体对新型信息技术的接受、使用或拒绝的倾向程度,④TAM 问世之后经过诸多学者不断的验证调整,逐渐发展成为影响最大、解释面最广的行为分析模型之一,被广泛运用于管理学、心理学、教育学等多个领域。⑤

鉴于传统的 TAM 在解释复杂用户环境容易出现信效度偏低的问题,TAM 运用的关键在于对模型基本单位的选择、组合与重新调整。一般认为感知有用性和感知易用性是最不可或缺的两个变量,其中,感知有用性(perceived usefulness)指使用者认为使用某一项信息技术会有助于增强或提高用户在工作中的表现,有助于工作效率的提升;感知易用性(perceived ease of use)则指使用者认为某一信息技术的容易程度。⑥ 国内学者在引用 TAM 的

① CHEN C A.Discussion on increasing college teachers' willingness to adopt web-based learning in teaching[J].Business and management research,2012(3):1-8.

② WU C C,et al.Factors affecting reuse intention of mobile value-added services:a statistical examination[J].Journal of statistics & management systems,2016(2):183-217.

③ BHATTACHERJEE A. Understanding information systems continuance:an expectation confirmation model[J].MIS quarterly,2001(3):351-370.

④ DAVIS F D.A technology acceptance model for empirically testing new end-user information systems:theoryand results[D].Ph.D.Dissertation,Cambridge Mass:Massachusetts Institute of Technology Sloan School of Management,Cambridge,MA,1986.

⑤ ROGERS P J.Logicmodels in Sandra Mathison(ed)encyclopedia of evaluation[M].Beverly Hills,CA:Sage Publications,2005:232.

⑥ DAVIS F D.Perceived usefulness,perceived ease of use,and user acceptance of information technology[J].MIS Quarterly,1989(3):319-340.

时候,将这两个变量分别翻译为有用性认知与易用性认知,①其内涵解释基本类似,随后,国内已有的研究普遍接受感知有用性和感知易用性的翻译。随着TAM不断被修正,其解释力也在逐渐提高,并被广泛应用于各个领域的研究。这些研究基本是以这两个变量为主要结构,如国内有学者基于改良的TAM构建高等学校教师慕课教学行为意向影响因素模型,认为感知有用性和感知易用性对教师慕课使用意愿具有显著影响。② 然而,戴维斯指出,在运用TAM理论进行研究时,要综合考虑包括内在动机等在内的诸多外部变量,因为其可能会对内生变量及行为意向产生复杂影响。③ 之后的学者,以文智媛和金永居为代表普遍认为,以未经调整的TAM来解释复杂环境下的用户选择时有所不足,特别是用户对产品产生抵触心理时相应解释力明显下降,因而需要根据研究对象不断调适,④如法拉哈特(Faraha,T.)运用改良的TAM研究在线教学意愿,结果表明,除了感知有用性和感知易用性以外,在线学习的学生态度、社会影响同样是决定学生网络学习意愿的重要因素,⑤巴泽莱(Bazelais,P.)等人的研究则强调外部影响等变量的作用。⑥ 除了教育领域广泛应用TAM之外,其他领域也逐渐将该模型作为分析框架。这些研究表明,用技术接受模型研究"用户持续使用意愿"具有可行性,其解释效力也得到了众多实证研究的检验。

鉴于以上理论基础,本研究采用TAM作为基本分析框架,将感知有用性、感知易用性作为基本变量,并根据在线教学的实际特点,增加了外部影响变量,以此构建不同学科师生在线教学的满意度和持续使用意愿研究模型。(见图1)

---

① 李武,黄扬,杨飞.大学生对移动新闻客户端的采纳意愿及其影响因素研究:基于技术接受模型和创新扩散理论视角[J].图书与情报,2018(4):62-71.

② 方旭,杨改学.高校教师慕课教学行为意向影响因素研究[J].开放教育研究,2016(2):67-76.

③ DAVIS F D,et al.Extrinsic and intrinsic motivation to use computers in the workplace[J].Journal of applied social psychology,1992,22(14):1111-1132.

④ MOON J W,KIM Y G.Extending the TAM for a world-wide-web context[J].Information& man agement,2001(4):217-230.

⑤ FARAHAT T. Applying the technology acceptance model to online learning in the egyptian universities[J].Procedia-social and behavioral sciences,2012(64).

⑥ BAZELAIS P,et al.Investigating the predictive power of tam:a case study of cegep students' intentions to use online learning technologies[J].Education and information technologies,2018(23):93-111.

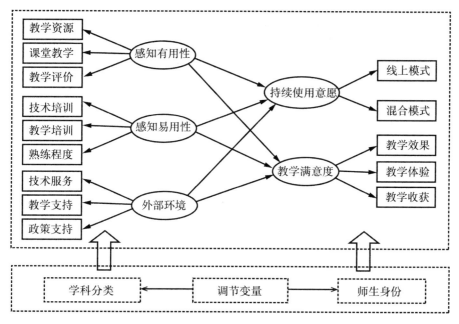

图1 不同学科在线教学满意度和持续使用意愿的差异分析模型

本研究中的满意度,是指师生对在线教学实施结果相对于教学期望做出的综合价值评价;持续使用意愿是指师生对选用在线教育模式作为主要教学方式之一的综合态度及持续使用判断;感知有用性指高等学校师生对于在线教学前期教学资源提供、中期教学秩序维持、后期教学绩效评价的综合价值判断;感知易用性是指师生对于在线教学软件操作及模式运行的难易程度综合判断、包括技术培训、教学培训等内容;外部环境是指实施在线教学所必需的基本外在条件,包括技术服务、教学保障和政策支持等方面。

三、研究设计

(一)数据来源

本研究数据来源于厦门大学教师发展中心在2020年2—3月进行的全国范围在线教学基础调查后形成的《疫情时期大学生线上学习调查分析报告》(简称《线上学习报告》),来自334所高等学校的13997名教师、256504名学生参加了本次调研。从"在线教学情况调查"教师卷和学生卷数据库中,提取与在线教学满意度相关的全部数据。数据主要包含两部分,第一部分是师生的基本信息。被调查师生中,男性有116487人,占43%;女性有154014人,占57%;东部地区高等学校师生117479人,占43%,中部地区111216人,占41%,西部及其他地区41806人,占16%;研究型大学师生5050人,占2%,一般本科高等学校249531人,占92%,高职与其他15920人,占6%;公办高等学校师生209608人,占77%,民办及其他院校60893人,占23%;纯软科学师生57644人,占21%,应用软科学83990人,占31%,纯硬科学31153人,占12%,应用硬科学97714人,占36%。第二部分是不同学科使用在线学习影响因素的各项满意度认知测量,共33个题项,测量的变量共5个维度:感知有用性(11个题项)、感知易用性(3个题项)、外部环境(10个题项)、教学满意度(7个题项)、持续使用意愿(2个题项),前三者为潜在自变量,后两者为潜在因变量,其中感知有用性对应的潜在变量为教学资源、课堂教学和教学评价,其余对应变量及问题条目详见表1。

表1　不同学科在线教学各因子变量及问题

变量	潜在变量	观测变量及问题条目	对应问卷题项编号	
			教师卷	学生卷
感知有用性（Fl）	教学资源（F11）	C01:个性化设计在线教学的教学方案	c4_1	c6_7
		C02:根据在线教学特点有效备课	c4_2	c6_1
		C03:提交和使用PPT等教学材料	c4_3	c6_4
		C04:分享各种电子教学资源	c4_4	c6_3
	课堂教学（F12）	C05:在线课堂教学讲授	b4_3	c6_8
		C06:有效组织在线教学,维持教学秩序	c4_5	c6_11
		C07:在线课堂讨论	b4_4	c6_5
		C08:在线实验演示	b4_5	c6_10
		C09:在线课后辅导答疑	b4_8	c6_2
	教学评价（F13）	C10:通过电子数据分析学生学习行为	b4_10	c6_12
		C11:在线教学测试及评分	b4_6	c6_9

续表

变量	潜在变量	观测变量及问题条目	对应问卷题项编号	
			教师卷	学生卷
感知易用性 (F2)	技术培训 (F21)	C12:学校对在线教学的技术使用培训支持	b6_5	b3_4
	教学培训 (F22)	C13:学校对在线教学的教学方法培训支持	b6_6	b3_5
	熟练程度 (F23)	C14:对各种在线教学平台技术的熟练程度	c2	c2
外部环境 (F3)	技术服务 (F31)	C15:网络速度的流畅度	b5_1	b2_1
		C16:平台运行的稳定度	b5_2	b2_2
		C17:画面音频的清晰度	b5_3	b2_3
		C18:师生互动的即时度	b5_4	b2_4
		C19:文件传输的顺畅度	b5_5	b2_5
		C20:工具使用的便捷度	b5_6	b2_6
	教学支持 (F32)	C21:网络条件对在线教学的支持	b6_1	b3_1
		C22:各类教学平台对在线教学的支持服务	b6_2	b3_2
		C23:电子图书教学资源对在线教学的支持	b6_3	b3_3
	政策支持 (F33)	C24:学校政策对于在线教学的支持	b6_7	b3_6
教学满意度 (F4)	教学效果 (F41)	C25:比传统线下教学效果好	c5_1	c7_1
		C26:对在线教学的总体满意度	c4_14	c5_10
	教学体验 (F42)	C27:课堂直播效果	c4_6	c5_1
		C28:课堂录播效果	04_7	c5_2
		C29:网络提交作业	c4_8	c5_6
		C30:线上课堂交流与互动	c4_9	c5_4
	教学收获 (F43)	C31:使用网上各种学习工具	c4_10	c5_9
持续使用 意愿(F5)	线上模式 (F51)	C32:继续采用在线教学为主教学方式	d1_1	d1_1
	混合模式 (F52)	C33:采用"线上+线下"混合式教学	d1_2	d1_2

(二)数据预处理

调研收集到的可利用数据 270501 组,对不规范和缺失值进行剔除,对缺乏对应性的条目,如持续使用意愿中关于"线下教学"使用意愿的条目进行删除,最终形成有效数据共 223293 组,其中纯软科学 46472 组、纯硬科学 26064 组、应用软科学 69048 组、应用硬科学 81709 组。对所有数据观测变量进行量度区间调整,对否定式提问分值进行反向调整,以统一不同问题的量度区间及效度。此外,由于各观测变量同等重要,我们采用均值法分别计算 14 个潜在变量的得分,并精确到两位小数,以此来计量潜在变量。

(三)研究方法

利用 SPSS 25.0 软件分别对纯软科学、纯硬科学、应用软科学及应用硬科学等四个学科的变量数据进行了描述性统计,运用 AMOS 24.0 进行模型构建、模型修正及模型解释,研究采用基于结构方程理论的差异分析 TAM。

四、研究结果

(一)信度分析

为保证本研究结论的可靠性和有效性,运用 SPSS 25.0 软件分别对纯软科学、纯硬科学、应用软科学及应用硬科学等四类学科的 33 个测量变量、14 个潜在变量进行信度分析。结果表明,纯软科学、纯硬科学、应用软科学和应用硬科学中的调研题项 Alpha 值分别为 0.950、0.948、0.947 和 0.950,均接近 0.95,说明四类学科对应的问卷数据具有很高的可靠性,问卷信度高。四类学科中观测变量的 α 值分别为 0.913、0.912、0.910 和 0.914,均大于 0.9,在信度分析中利用均值法计算潜在变量的得分,仍具有相当高的可靠性,说明数据的信度极好,四类学科的数据均适合进一步进行回归模型检验。(见表 2)

表 2　问卷数据的信度分析情况表

统计指标	学科分类			
	纯软科学 （模型 1）	纯硬科学 （模型 2）	应用软科学 （模型 3）	应用硬科学 （模型 4）
有效数据个数	46472	26064	69048	81709
调研题项个数	33	33	33	33
Cronbach's alpha（调研题项）	0.95	0.948	0.947	0.95
观测变量个数	14	14	14	14
Cronbach's alpha（观测变量）	0.913	0.912	0.91	0.914

（二）学科变量的单因素分析

对四类学科的观测变量做单因素分析,四类学科的观测变量的差异均具有显著统计学意义（$P<0.05$）,而且除了教学评价变量表现为显著统计学意义（$P<0.05$）、政策支持、教学收获等变量表现为中等显著意义（$P<0.01$）以外,其他变量均表现为最高的显著统计学意义（$P<0.001$）。（见表 3）

表 3　四类学科观测变量的单因素分析（x±S）

变量	学科								t/F 值	P 值
	纯软科学		纯硬科学		应用软科学		应用硬科学			
	均值	标准差	均值	标准差	均值	标准差	均值	标准差		
教学 资源 F11	3.763	0.759	3.743	0.757	3.749	0.738	3.745	0.773	69.90	<0.001***
课堂 教学 F12	3.122	0.626	3.073	0.604	3.094	0.61	3.082	0.626	1.41	<0.001***
教学 评价 F13	2.752	0.913	2.707	0.9	2.736	0.889	2.717	0.915	−6.61	0.013*
技术 培训 F21	3.709	0.792	3.668	0.799	3.678	0.778	3.674	0.815	16.67	<0.001***
教学 培训 F22	3.714	0.793	3.669	0.799	3.677	0.78	3.676	0.813	13.93	<0.001***

续表

变量	学科								t/F 值	P 值
	纯软科学		纯硬科学		应用软科学		应用硬科学			
	均值	标准差	均值	标准差	均值	标准差	均值	标准差		
熟练程度 F23	3.725	0.76	3.694	0.763	3.709	0.75	3.761	0.77	5.41	<0.001***
技术服务 F31	3.599	0.679	3.569	0.682	3.579	0.658	3.566	0.692	16.06	<0.001***
教学支持 F32	3.69	0.726	3.666	0.734	3.667	0.711	3.662	0.745	28.21	<0.001***
政策支持 F33	3.764	0.791	3.758	0.789	3.749	0.775	3.761	0.804	107.54	0.006**
教学效果 F41	3.39	0.797	3.349	0.801	3.344	0.781	3.341	0.817	4.94	<0.001***
教学体验 F42	3.684	0.731	3.637	0.728	3.635	0.708	3.642	0.744	8.48	<0.001***
教学收获 F43	3.69	0.81	3.649	0.808	3.651	0.795	3.662	0.823	15.51	0.001**
线上模式 F51	3.174	1.162	3.142	1.141	3.123	1.147	3.121	1.16	2.20	<0.001***
混合模式 F52	3.511	1.045	3.529	1.021	3.529	1.016	3.536	1.048	42.96	0.001**

　　研究发现,四类学科教学满意度的三个观测变量(教学效果、教学体验、教学收获)得分较高,表明四类学科整体满意度维持较高水平;比较而言,各学科在感知易用性上得分高于外部环境高于感知有用性。其中各组在政策支持维度上得分最高,接近比较满意的水平,说明疫情背景下,各校都采取了比较多样而灵活的政策支持在线教学。其次是在教学资源上,也基本达到比较满意的水平,反映出学校能够提供个性化设计在线教学的教学方案、教师能够根据在线教学特点有效备课,实现分享电子教学资源等,这也是在线教学的优势所

在。值得关注的是,在教学评价维度上,各学科组都呈现出低于平均分的水平,反映出在线教学最不满意的维度在于教学评价上,即在线学习在通过电子数据分析学生学习行为、在线教学测试及评分、给予及时学习反馈上远远达不到一般满意水平;其次在课堂教学维度上,得分也偏低,仅仅达到一般水平,反映出高等学校师生对线上课堂教学讲授、有效组织在线教学,维持教学秩序、线上课堂讨论、线上实验演示、在线课后辅导答疑等方面比较不满意。

(三)结构方程模型分析结果

1.模型的构建和拟合

为探究高等学校师生在线教学各影响因素之间的关系,在图1的基础上,考虑感知有用性、感知易用性、外部环境三者之间的相互关系,运用Amos24.0软件构建结构方程模型,采用最大似然法对初始模型进行估计,以纯软科学为例,纯软科学的初始模型模拟后的结果显示,"e2<→e3""e12<→e13"等残差路径的修正指数 MI 值较大,考虑到课堂教学(F12)与教学评价(F13)、教学效果(F41)与线上模式(F51)也确实存在理论上的关联性,需对初始模型进行修正。增加"e2<→ e3""e12<→e13"等残差路径,修正后各路径P 值均小于 0.05,具有统计学意义。最终模型如图 2 所示。

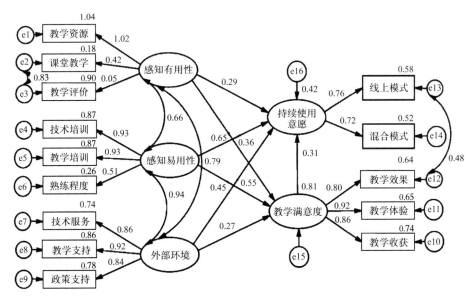

图 2　纯软科学的 TAM

纯软科学的修正模型模拟以后的结果显示,由于研究样本量较大从而导致 CMIN/DF 指标偏大,但其他拟合指数结果较好。以此修正思路对纯硬科学、应用软科学、应用硬科学等三类学科类型同样进行拟合。结果显示,四个模型的 12 项拟合优度指标中除 CMIN/DF 指标偏大以外,其他 11 项指标均在标准范围。综合来看,四个模型的拟合程度较好,可以依此模型进行相关评估和预测工作。(见表 4)

表 4　四类学科 TAM 的拟合优度指标

指标名称		评价标准	纯软科学	纯硬科学	应用软科学	应用硬科学
绝对拟合指标	P	<0.01	<0.001	<0.001	<0.001	<0.001
	GFI	>0.9	0.954	0.956	0.956	0.957
	AGFI	>0.9	0.928	0.932	0.931	0.932
	RMR	<0.05	0.025	0.025	0.025	0.027
	RMSEA	<0.08	0.068	0.066	0.067	0.066
	ECVI	越小越好	0.315	0.301	0.300	0.298
增值拟合指标	NFI	>0.9	0.973	0.973	0.972	0.974
	CFI	>0.9	0.973	0.974	0.973	0.974
	TLI	>0.9	0.963	0.964	0.963	0.964
综合拟合指标	PNFI	>0.5	0.716	0.717	0.716	0.717
	PGFI	>0.5	0.609	0.610	0.610	0.611
	CMIN/DF		217.37	116.15	307.79	361.71

2.拟合模型的路径分析结果

四类学科类型的修正模型拟合以后,可以依次分析各主要变量之间的作用关系,显然,除了感知易用性负向影响持续使用意愿外,其余自变量与因变量之间的作用关系均呈现正向而且是直接的影响,各路径系数呈现较强的显著性。通过标准化影响分析看见,影响教学满意度的总效应依次为感知有用性(0.362)>感知易用性(0.348)>外部环境(0.274),影响持续使用意愿的总效应依次为教学满意度(0.330)>感知有用性(0.301)>外部环境(0.113)>感知易用性(-0.048)。(见表 5)

表5 四类学科不同因素的路径系数

路径			纯软科学	纯硬科学	应用软科学	应用硬科学	总体情况
教学满意度 F4	←	感知有用性 F1	0.364***	0.362***	0.363***	0.361***	0.362***
教学满意度 F4	←	感知易用性 P2	0.346***	0.347***	0.348***	0.349***	0.348***
教学满意度 F4	←	外部环境 F3	0.274***	0.275***	0.271***	0.275***	0.274***
持续使用意愿 F5	←	感知有用性 F1	0.293***	0.298***	0.289***	0.315***	0.301***
持续使用意愿 F5	←	感知易用性 F2	−0.052***	−0.052***	−0.042***	−0.050***	−0.048***
持续使用意愿 F5	←	外部环境 F3	0.145***	0.125***	0.109***	0.095***	0.113***
持续使用意愿 F5	←	教学满意度 F4	0.306***	0.336***	0.336***	0.337***	0.330***
教学资源 F11	→	感知有用性 F1	1.019***	1.019***	1.012***	1.010***	1.013***
课堂教学 F12	→	感知有用性 F1	0.423***	0.396***	0.427***	0.439***	0.427***
教学评价 F13	→	感知有用性 F1	0.051***	0.016***	0.069***	0.067***	0.059***
技术培训 F21	→	感知易用性 F2	0.932***	0.929***	0.924***	0.931***	0.929***

续表

路径		纯软科学	纯硬科学	应用软科学	应用硬科学	总体情况
教学培训 F22	→ 感知易用性 F2	0.934***	0.931***	0.926***	0.934***	0.931***
熟练程度 F23	→ 感知易用性 F2	0.513***	0.512***	0.504***	0.507***	0.507***
技术服务 F31	→ 外部环境 F3	0.858***	0.861***	0.849***	0.860***	0.856***
教学支持 F32	→ 外部环境 F3	0.921***	0.920***	0.914***	0.915***	0.917***
政策支持 F33	→ 外部环境 F3	0.836***	0.830***	0.820***	0.826***	0.827***
教学效果 F41	→ 教学满意度 F4	0.803***	0.791***	0.790***	0.799***	0.796***
教学体验 F42	→ 教学满意度 F4	0.923***	0.924***	0.920***	0.927***	0.924***
教学收获 F43	→ 教学满意度 F4	0.860***	0.861***	0.852***	0.859***	0.858***
线上模式 F51	→ 持续使用意愿 F5	0.761***	0.732***	0.743***	0.736***	0.743***
混合模式 F52	→ 持续使用意愿 F5	0.722***	0.730***	0.714***	0.731***	0.724***

　　第一,从潜变量之间的路径来看,四类学科的对应路径系数之间横向比较,可以发现

　　四类学科的"感知有用性→持续使用意愿""感知易用性→持续使用意愿""外部环境→持续使用意愿""教学满意度→持续使用意愿"等四条路径的路径系数差异比较明显。具体而言,其一,在路径"感知有用性→持续使用意愿"方面,应用硬科学高于其他三类学科,说明对于应用硬科学而言,师生更加关注在线教学的教学资源、课堂教学和教学评价,并对持续使用意愿产生了更为显著的影响。其二,在路径"感知易用性→持续使用意愿"方面,四类学科均呈现

负弱相关性,但也存在一定差异,表现为应用软科学略高于其他三类学科。一个合理的解释是:师生对在线教学的感知易用性评价已经是比较满意的状态,但感知易用性对持续使用意愿的影响微弱,特别是对应用软科学而言,这种影响更是微弱,师生更在意的是感知有用性和外部环境。其三,在路径"外部环境→持续使用意愿"方面,各学科存在一定差异,表现为:纯软科学(0.145)>纯硬科学(0.125)>应用软科学(0.109)>应用硬科学(0.095),表明师生对外部环境的要求上,纯软科学最高,应用硬科学最低。其四,在路径"教学满意度→持续使用意愿"方面,纯软科学略低于其他学科,表明相比其他三类学科,纯软科学的师生认为教学满意度对持续使用意愿的作用更小。

第二,从潜变量的观测变量来看,影响感知有用性最重要的因素是教学资源,教学评价对感知有用性的影响微弱;影响感知易用性的最重要的因素是教学培训和技术培训,教学培训略高于技术培训,但二者差异较小;影响外部环境的最重要的因素是教学支持,表明当前在线教育整体上仍处于硬件设施配置和教学技术培训的初级阶段,物化因素对学习满意度的贡献力大于人的因素对学习满意度的贡献力,这与线下教育的相关研究结论恰恰相反。

第三,综合来看,影响教学满意度的关键因素是教学资源、教学培训、教学支持和教学体验;影响持续使用意愿的关键因素是教学满意度和感知有用性,导致在线教学持续使用意愿偏低的主要因素是感知有用性,特别是课堂教学和教学评价,这两个变量的得分较低,导致持续使用意愿较低。

第四,与 TAM 应用于其他一些领域的研究结论不一致的是,感知易用性与持续使用意愿间呈现负弱相关,说明师生感知到在线教学的易用性对持续使用意愿反而起到削减作用。

五、讨论与建议

(一)研究结论

通过实证分析,本文比较了四类学科的在线教学满意度和持续使用意愿,分析了感知有用性、感知易用性、外部环境对在线教学满意度和持续使用意愿的影响及其路径,主要得出以下六点结论。

第一,在线教学满意度总体较好,但低于线下教学满意度。从单因素分析,四类学科在线教学满意度都较高(三个观测变量中有两个超过3.6,一个接近3.5),但这一结果与采用相近调研问卷得出的线下教学满意度(均值为4.0)相比仍有较大差距,[①]表明线上教育尽管有长足进步,也有相当的便利性,但线上教育的质量与线下教学仍有一定的差距,不能完全代替课堂教学的职能。此外,四类学科教学满意度存在显著差异,整体表现为软科学高于硬科学,理论性科学高于应用科学。[②] 可能的解释是相较于软科学和理论性科学,硬科学和应用性科学需要更多的实验设备和现场教学,因此,文科学生更多地关切教学目标、教学过程和教学学术,而理科学生更多地关切教学资源、教学场地和教学条件,[③]以在线教育为主的教学模式对于文科和理论学科教学没有造成大的影响,但对于理科和应用学科教学冲击较大,使得教学效果被大大削弱,也因此导致教学满意度的文理"反转"。

第二,在线教学持续使用意愿普遍偏低。从单因素分析,四类学科的在线教学持续使用意愿存在显著差异,且总体上都弱于同学科的教学满意度,而且持续使用意愿涉及的潜在变量的方差明显高于其他潜在变量,表明师生对是否继续使用在线教学模式作为主要授课模式整体持保守意见,对今后采取何种教学模式意见不统一,存在较大分歧。不过比较"线上教育为主"和"线上线下混合模式"两种意见可以发现,后者的整体认可度远远大于前者,说明师生们整体倾向于采用混合教学模式,从而间接承认了线上教育的使用范围与限制,这也与当前很多学者的意见一致,即在今后的教学中,"线上线下混合式教学将成新常态"。

第三,感知有用性是影响在线教学满意度和持续使用意愿的最关键因素,师生对现阶段在线教学的"教学资源"比较认可,但对"教学评价"和"课堂教学"持不满意态度。因此,应着重提高各学科在线教学的感知有用性,特别是开发和完善教学评价功能,关注教师线上课堂教学的教学质量,包括教学秩序、在线教学的课堂讨论、线上实验演示、辅导与答疑等,努力提升在线教学的实效。

第四,感知易用性对于在线教学满意度有正向影响,但对持续使用意愿有

① 史秋衡,文静.大学生学习满意度测评逻辑模型的构建[J].大学教育科学,2013(4):53-60.

② 王芳.基于分层线性模型的大学生教学满意度影响因素分析[J].复旦教育论坛,2018(1):48-55,97.;王运武,杨曼.从高校学生课堂教学满意度透视课堂教学创新性变革[J].现代远程教育研究,2016(6):65-73.

③ 熊华军,马大力.本科教学满意度影响因素的多群组分析[J].教育科学,2013(5):24-32.

弱负相关作用。本研究在构建四类学科的 TAM 时,发现感知易用性对持续使用意愿的作用呈现弱负相关性,这在同类研究中较为少见。可能的解释是学校虽然对在线教学的技术使用、教学方法进行培训支持,帮助师生熟练使用相关平台和技术,但实际上,学校和各门课程都推荐使用了自己需要或适合的平台和技术,导致师生都不得不应付多个平台和不同的技术,而且师生在在线教学的过程中,深深感觉到了在线教学带来的工作量的增加和新任务的挑战,对持续使用意愿反而起到相反的作用。

第五,外部环境正向影响在线教学满意度和持续使用意愿,并且外部环境是影响在线教学持续使用意愿的第二关键因素,但对四类学科的影响系数有显著差异。研究发现,四类学科对于在线教学的持续使用意愿存在显著差异,且"是否采用在线教学模式为主要模式"的差异性大于"是否采用线上线下混合制",显示四类学科师生在这一问题上缺乏统一认识;关于在线教学持续使用意愿的方差值均很大,表明师生群体对于"下一阶段应当采取什么怎样的教学模式这一问题"争议很大,这也是持续使用意愿应当关注的重点问题。此外,四类学科内不同变量的作用强度和秩位排序整体趋同,整体保持正向作用,尤以教学满意度对持续使用意愿的正向影响最为显著,再次证实了相关研究结论,即"用户满意度是影响用户持续使用意愿和行为的关键前因变量"。[①]实际上,影响持续使用意愿的可能因素有很多,除了感知有用性、感知易用性、外部环境之外,在线教学的社会认同、社会影响、质量声誉等都可能影响持续使用意愿,[②]但在各类决策变量考量中,还是应当多从师生群体自身的前期使用满意度和持续使用意愿入手,这原本是持续使用意愿调查的本意,但也恰恰成为最容易被忽视的因素。

第六,研究中我们发现,TAM 在四类学科满意度评价中均适用,相关结论针对论文最初的问题做出较好的回答,达到预期效果,符合技术接受理论观点,有利于 TAM 在教育学范畴中满意度研究拓展。在今后的研究中,可以在此基础上,建立四类学科满意度及持续使用意愿评价指标体系,进行评估与预测分析。

---

①　BHATTACHERJEE A.Understanding information systems continuance:an expectation confirmation model[J].MIS quarterly,2001(3):351-370.

②　IGBARIA M,et al.Personal computing acceptance factors in small firms:a structural equation model[J].Mis quarterly,1997(3):279-305.

(二) 主要建议

首先,在线教育应注重学科差异导致的复杂影响,分类、分阶段予以循序建设。一方面需要重视不同学科学生乃至教师在教学经历、教学期望和教学评价上的差异,根据不同学科的教学内容、教学思想进行不同的学理设计、实施不同的教学方式。另一方面,需要依据不同学科的学理内涵进行系统性在线课程设计,增强同一学科中不同在线课程的关联度和协同性,以课程革新推动教学方式的变革,促进一流在线课程与一流学科建设的深度融合,建设以学科为基础、体现学科优势特色的在线教育体系。

其次,在线教育应同等重视在线教育的易用性和有用性问题。本次全国性在线教育实践形成的管理共识、教学经验和学习能力,极大改变在线教育的整体易用性,将成为我国高等学校乃至经济社会全面迈入"在线时代"的教育生产力,为国家经济发展和科技创新提供持续动能,需要在下一阶段的教学实践中继续坚持推进。与此同时,应从有用性视角出发,加紧进行前一阶段在线教育的学习考核、教学反馈和管理反思,在线教育需要"以线上促线下",不能"为在线而在线",需要融合线上线下的教学管理及实施经验,积极探索易用性与有用性相结合的混合式教学改革及教学管理机制创新实践。

再次,在线教育需要强调对外部情境的重新审视和持续开发,建立体现在线文化特质的全链条管理服务体系。在顶层设计上,在线教育需要克服"百分百复刻课堂教育"的机械思维,摆脱课堂教育运行思想的束缚,创造出本质不同于传统课堂教学的新型范式;在实际运行中,在线教育需要依托信息科技,积极建立、完善网络教育平台,运用无线网络平台积极开拓新型教学路径和运行方式,为师生提供更多翻转式、综合式、探索式、合作式、交互式教学体验,促成师生知识、能力及素质的全面优化;在评估反馈中,在线教育需要强调将学科知识有效融入虚拟课堂创设的知识情境,更好地促进知识和能力的解构、迁移与重新建构。

最后,应"精准施策""靶向治疗",以人才培养质量和发展潜力为根本标准,针对不同学科的建设短板,对传统的教学理念、学科结构和组织形式做持续改变。一是对纯软科学,应着重改善在线教学的外部环境,促进产学研等利益相关者需求对接、资源共享、优势互补、提高网络条件、教学平台、电子教学资源等对在线教学的支持和服务能力。二是对应用软科学,应着力提高在线教学的感知易用性,强化在线教学的技术使用和教学方法的培训,提高师生对各种在线教学平台技术的熟练程度,实现理论教学与实践教学的深度融合、在线教育与线下教育的全面贯通。三是对纯硬科学和应用硬科学,应着力提高在线教学的感知有用性,提升课堂教学效率;同时积极开发和完善在线教学绩效评价,建立在线教学与新兴产业之间的关联和序列,促进联合开发、产学共建、市场反馈、综合评估,实现信息时代下的生态共赢。

六、局限与不足

本研究的局限之处有两点。其一,尽管为增加研究结论的可信性,尽量增加了被试样本的容量,以不同学科为分类标准,将 334 所高等学校共 223293 组经甄别验证的数据纳入,但是样本容量过大也会出现学科差异被稀释的可能,而且不同类型高等学校中的学科设置和教学导向在整体上虽然趋同,但细节上肯定存在差异,"文科理科化、理科工科化"的情况也有不同程度呈现,一定程度上会对本研究形成误差和干扰,希望在下一步研究中予以改进。其二,已有研究表明被试者的所在地区、高等学校层次、就读年级等因素可能会对其教学满意度产生影响,本研究中受限于庞大的试样容量,没有将这些可能存在的干扰残差因素逐一排除或者纳入模型,只是一并将之统为干扰因素予以区分,未能就学科差异与其他因素差异做仔细比对,因此可能会出现影响因素选取不够全面或者归类不够科学的问题,需要在后续研究中持续改善。另外,分别从教师和学生的视角研究在线教学也是非常有必要的,因此,下一步的研究将聚焦于教师和学生的对比分析。

后疫情时代高校教师在线教学态度的调查研究 *

◎ 郑宏　　谢作栩　　王婧

一、问题的提出

　　随着互联网技术的发展和普及，高校教师也在不断地探索线上教学。2020 年春节之后（截至 5 月 8 日），为了应对突发的疫情，全国 1454 所高校开展了在线教学，103 万教师开出了 107 万门在线课程，合计 1226 万门次课程；参加在线学习的大学生共计 1775 万人，合计 23 亿人次。① 在"停课不停学，停课不停教"的疫情应对阶段，"线上教学"由之前的"探索性"教改活动，一时间成为全体高校师生必须面对的"日常性"活动。在这期间，不少高校教师在思想意识、教学资源储备、教学手段与方法等方面准备不足，陷入了"在线游泳池深水区"②。那么，在疫情大规模暴发之后，教师们对"继续采用在线教学"的态度如何？他们对未来的"线上教学"（含"线上＋线下"混合式教学）有什么改进意见？这两个关于在线教学的态度问题，是后疫情时代中国高校在线教学改革能否实现可持续发展的关键。

＊　原载《华东师范大学学报（教育科学版）》2020 年第 7 期。

①　教育部高等教育司.高校在线教育有关情况和下一步工作考虑[EB/OL].（2020-05-14）[2020-06-02].http://www.moe.gov.cn/fbh/live/2020/51987/sfcl/202005/t20200514_454117.html.

②　ALTBACH P G, WIT H D. Are we at a transformative moment for online learning? [EB/OL].（2020-05-02）[2020-06-02].https://www.universityworldnews.com/post.php? story＝20200427120502132.

在疫情暴发之前,关于大学教师对在线教学态度的研究成果不多。有人调查分析了医学院校教师对在线教育的认可度和态度问题,①研究对象局限在医学院校;一项针对高校教师信息化教学手段使用意愿的调查发现,当前在线教学存在的主要问题是缺乏学校的技术和制度支持,同时教师对自身技术素养也不够自信;②还有学者研究了教师对学校变革积极态度形成的策略。③针对未来高校如何改进混合式教学的问题,有学者提出可以尝试完善高校支持框架和提升教师混合式教学能力,④有人认为应该构建混合式教学模式的教学管理机制和健全混合式教学模式的教学管理体制;⑤还有人认为应当转变教学观念,重塑教学格局,加大教学资源库建设,完善支持在线教学的制度。⑥ Beall 研究了教师面对虚拟课堂应该采取的在线教学态度⑦;Chiou Wen-Bin 探讨了对网络课程不感兴趣的大学教师进行激励的实际意义;⑧还有学者指出,在线教育不仅会改变教师的教学方式,而且会改变教师对教学意义的认识。⑨ 以上这些成果对我们设计研究假设和选择研究方法具有一定启发意义。但是,在后疫情时代大学教师对在线教学的态度问题,是一个全新的研究领域,因为我们从未经历过这样突如其来的大规模在线教学。因此,本文主要探讨两个问题:一是不同背景下的教师在后疫情时代对线上教学方式的态度差异;二是不同背景下的教师对后疫情时代在线教学改进意见的差异。

---

① 张浩,唐红梅,张梅,等.医学院校教师对在线教育的认可度与态度调查分析[J].中国高等医学教育,2018(12):31-33.

② 张鲜华,李越.高校教师信息化教学手段使用意愿调查:基于会计教师的问卷分析[J].郑州师范教育,2019,8(2):65-70.

③ 杨润东.关于教师对学校变革积极态度形成策略研究[J].比较教育研究,2019,41(4):75-82.

④ 赵芳,卢诚.高校混合式教学存在的问题及其改进策略研究[J].教育观察,2019,8(7):96-98.

⑤ 刘玉玲.高校混合式教学模式发展现状及改进对策研究[J].大众标准化,2019(14):179-181.

⑥ 李玮炜,吕映霄.新冠肺炎疫情下高职在线教学的作用、局限及改进策略[J].中国成人教育,2020(7):60-63.

⑦ BEALL M L.The online teaching guide:a handbook of attitudes,strategies,and techniques for the virtual classroom[J].Communication education,2003,52(1):70-71.

⑧ CHIOU W-B.Attitudes of faculty members toward teaching online courses:view from dissonance theory[J].Psychological reports,2007,101(1):39-46.

⑨ GLASS C R.Self-expression,social roles,and faculty members' attitudes towards online teaching[J].Innovative higher education,2017,42(3):239-252.

通过对这两个问题的探讨,我们试图找到后疫情时代如何让大学教师积极看待和开展"线上+线下"教学有机结合的解决方案,为高校教学管理部门、网络平台和教师个人提供相关的对策建议。

二、研究假设与数据采集

(一)研究假设

本文所要探讨的问题涉及两个重要概念,其一是"后疫情时代"。本文的"后疫情时代"并不是指疫情完全结束之后的时代,它是一个相对的时间概念。对于中国来说,随着 2020 年 4 月 8 日"武汉解禁",大规模疫情得到基本控制,全国大中小学陆续复学,我们就进入了在常态化疫情防控中推进教学秩序全面恢复的阶段。在这个恢复阶段之中和之后,"线上教学"都将成为高校师生教与学不可或缺的重要组成部分,因为我们将这个阶段称之为教育领域的"后疫情时代"。可见,我们的研究不仅关乎当下,也面向未来。其二是高校教师对在线教学的态度。态度指个体以一种持续的赞成或不赞成的方式对某一客体做出评价性反应的习得性心理倾向,其中,态度通常的外显方式表现为个体对某一对象的有意识评价。① 基于这一认识,厦门大学教师发展中心开展的"疫情防控期间中国高校教师线上教学调查问卷"中设计了两个与在线教学态度相关的问题。一个是在大规模疫情过后,教师对线上教学的态度是"继续采用""不采用"或者是"采用'线上+线下'混合式教学"? 这个问题主要考察教师对在线教学的倾向性态度。第二个问题是让教师进一步回答,如果继续采用线上教学(包括"线上+线下"混合式教学),那么最需要加强(或改进)的问题是什么? 答案包含对高校、网络技术支持和保障、教师、学生等多个方面的改进意见。例如是否赞成"改变教学策略""加强平台技术服务"等。第二个问题通过分析教师对"继续采用线上教学"态度的外显性评价意见,更深入地探讨和认识不同组别教师对后疫情时代在线教学是否具有显著差异的诉求。因此我们提出两个研究假设:

假设 1:在线教学经历会影响教师的在线教学态度;

---

① 杨润东.关于教师对学校变革积极态度形成策略研究[J].比较教育研究,2019,41(4):75-82.

假设 2：教师在线教学的态度同样会影响教师今后改进教学的意愿与行为。

(二)数据来源和样本选择

本研究所使用的数据来源于厦门大学教师发展中心于 2020 年疫情防控期间(3 月 13 日—3 月 31 日)开展的《全国高等学校质量保障机构联盟——线上教学情况调查》(教师卷)。通过此次调查，我们累计回收了 13997 份有效问卷。本研究采用统计工具 SPSS 26.0 软件对"线上教学环境及支持"板块的相关调研数据进行信效度检验。首先，我们运用 Cronbach's alpha 信度系数来估计问卷的内部一致性，结果表明整份问卷 123 道题的总体信度系数是 0.952；其次，我们使用探索性因子正交方差最大法进行主成分分析，以检验问卷的结构效度。结果显示，整份问卷 123 道题的 KMO 系数值为 0.967，Bartlett 球形检验均达到显著($P<0.001$)，证明数据的信效度非常理想。

在分析中，我们只选择有效选项，即去掉了"不知道""其他"的选项，涉及的数据包括：教师个人信息、教师所处学校相关信息、线上教学的相关信息(课程类型、性质、教学平台等)以及教师对线上教学态度、对线上教学的改进意见等。

调查题目"大规模疫情过后，教师对继续采用线上教学的态度"共分为三个独立的问题，分别是继续采用线上教学、采用"线上＋线下"混合式教学、不采用线上教学。每个小题设置了 6 个意愿程度，分别为不知道、不愿意、不太愿意、一般、愿意、非常愿意。我们采取了调整变量等级的方法对因变量数据进行处理，将 5 级定序变量转化为 3 级定序变量，也就是将"不愿意"和"不太愿意"合并为"不愿意"，将"愿意"和"非常愿意"合并为"愿意"，保留"一般"，然后再进行卡方检验。各种教学态度的频数及百分比如表 1 所示。从表中可见，超过 3/4 的高校教师(76.5％)愿意在疫情后采用"线上＋线下"混合式教学，近一半的教师(45.9％)愿意继续采用线上教学，选择不采用线上教学的占 23.1％。

表 1　教师对疫情后继续采用线上教学的态度类型的频数及比例

选项	继续采用线上教学		采用"线上＋线下"混合式教学		不采用线上教学	
	频率	百分比	频率	百分比	频率	百分比
不知道	78	0.6	62	0.5	503	3.7
不愿意	3256	23.8	1023	7.5	3928	28.7
一般	4069	29.7	2139	15.6	6107	44.6
愿意	6292	45.9	10471	76.5	3157	23.1
总计	13695	100.0	13695	100.0	13695	100.0

(三)研究路径与方法

为了分析和研究不同背景组别教师对其外显的线上教学态度的影响,我们运用 SPSS 26 软件,并采用描述性统计分析、卡方检验、单因素方差分析和多重比较等统计学方法,以查看不同背景组别教师对于线上教学方式态度及改进意见是否具有显著性的差异。

教师在线教学情况调查问卷中对线上教学(含"线上＋线下"混合式教学)的改进意见共有 18 小题,我们先采用探索性因子分析从中获得三个特征值大于 1 且累计方差贡献率为 70.778％(具体见表 2)的有关"学生""教师"和"网络平台"的改进意见的公因子。其中,KMO＝0.954,Bartlett's 球形检验 $P＝0.000<0.001$,说明满足因子分析条件。接着,我们再将与每个主因子相关题项的平均得分制作三个新的数据列,见表 3。结合教师基本信息和教师对线上教学态度的数据进行方差分析,我们可以观察不同背景组别教师对于线上教学改进意见的差异。

表 2　因子分析总方差解释表

公因子	提取载荷平方和			旋转载荷平方和		
	总计	方差百分比	累积/％	总计	方差百分比	累积/％
P1 学生	10.084	56.023	56.023	4.496	24.980	24.980
P2 教师	1.426	7.923	63.946	4.313	23.962	48.942
P3 网络平台	1.230	6.832	70.778	3.930	21.836	70.778

表 3　继续采用线上教学(含混合式教学)的改进意见指标

公因子	具体指标	因子权重(贡献率/总贡献率)
学生改进意见	1.引导学生养成线上学习的良好习惯(如按时上课,学习自律能力等)	0.7915
	2.提高学生的自主学习能力	
	3.提高学生的课堂参与度	
教师改进意见	1.改革教育评价方式方法(如加大平时测验、课堂测验或作业等)	0.1119
	2.教师加大教学精力投入	
	3.改变教学策略及教学方法	

续表

公因子	具体指标	因子权重（贡献率/总贡献率）
网络改进意见	1.改善平台的功能及稳定性	0.0965
	2.提高网络速度及稳定性	
	3.加强线上技术服务支持	

三、研究结果分析

（一）不同背景教师对采用"线上＋线下"混合式教学方式的差异性分析

我们将教师在后疫情时代线上教学的三种态度分别与教师相关背景信息进行卡方检验时发现，"继续采用线上教学"和"不采用线上教学"与所有的背景信息变量都不具有统计学意义，只有"采用'线上＋线下'混合式教学模式"具有统计学意义。因此，我们对混合式教学进行了单独的统计分析，运用SPSS 26 软件对问卷中相关题项所得数据进行处理，在获得相关数据后，再采用列联分析表的方法对通过卡方检验的变量进行分析，结果显示：性别、年龄、教龄、学校性质、学科、疫情之前是否开展过线上教学等双侧显著性均小于 0.05，即上述背景因素与采用"线上＋线下"混合式教学之间有相关关系，见表 4。

表 4　采用"线上＋线下"混合式教学与教师相关背景因素的卡方检验汇总表

项　目	值	df	sig.（双侧）
您的性别	120.748	2	0.000
年龄分组	19.378	4	0.001
教龄分组	20.222	4	0.000
您的职称	10.784	6	0.095
学校地区	0.307	4	0.989
学校性质	17.354	4	0.002
学校类别	1.067	2	0.586
您所在的学科	58.948	6	0.000
疫情之前是否开展过线上教学	163.03	2	0.000

我们在研究过程中还发现,疫情之前未开展过线上教学的教师不愿意采用"线上＋线下"混合式教学的比例高达 90.2%,而疫情之前开展过线上教学的教师不愿意采用混合式教学的比例只有 9.8%。这验证了我们研究的第一个假设是成立的,即在线教学经历会影响教师在后疫情时代选择不同教学方式的态度。

(二)不同背景教师在线教学改进意见的差异分析

1.不同教龄教师的改进意见差异

由于部分教龄数据偏离正态分布,因此我们采用非参数 Kruskal-Wallis 方差分析算法进行检验。Kruskal-Wallis 检验的 P 值均<0.05,说明原假设不成立。这表明,在教龄分组的类别中,三种改进意见的差异显著,11～20 年教龄的教师对三种改进意见的意愿均最高。

在关于"学生"和"网络"改进意见的方差分析中,不同教龄组教师的改进意见均存在显著性差异;在"教师"改进意见的分析中,只有 11～20 年教龄组与 20 年以上教龄组之间存在显著差异(见表 5)。其中,"学生"和"教师"改进意见未通过 Levene 方差齐性检验,事后多重比较采用 Tamhane 成对比较算法分析;"网络"改进意见通过 Levene 方差齐性检验,事后多重比较采用 LSD 成对比较算法分析。各教龄分组样本量为:A 组 1～10 年 5494 人,B 组 11～20 年 4894 人,C 组高于 20 年 2844 人。

表 5　不同教龄教师的改进意见均值比较与方差分析结果

公因子	分组	均值±标准差	多重比较	均值差	标准误差	F
学生改进意见	A	4.46±0.61	A－B	−0.0292**	0.0120	14.328***
	B	4.49±0.60	B－C	0.0771***	0.0144	
	C	4.41±0.62	C－A	−0.0479***	0.0142	
教师改进意见	A	4.14±0.72	A－B	−0.0270	0.0144	3.553**
	B	4.17±0.74	B－C	0.0433**	0.0170	
	C	4.13±0.71	C－A	−0.0162	0.0165	
网络改进意见	A	4.33±0.70	A－B	−0.0591***	0.0136	9.427***
	B	4.39±0.70	B－C	0.0274*	0.0163	
	C	4.37±0.68	C－A	0.0317**	0.0160	

注:***、** 和 * 分别表示差值在 1%、5% 和 10% 水平上显著。

2.不同学科教师的改进意见差异

由于部分学科数据偏离正态分布,因此我们采用非参数 Kruskal-Wallis 方差分析算法进行检验。Kruskal-Wallis 检验的 P 值均<0.05,说明原假设不成立。这表明,在学科分组的类别中,三种改进意见的差异显著。

由表 6 可知,不同学科组教师对线上教学的改进意见均存在显著性差异。具体而言,农医学组对"学生"和"教师"的改进要求最高;所有学科组的教师对"学生"的改进意见均值最高,对"教师"的改进意见均值最低。其中,"学生"和"教师"改进意见未通过 Levene 方差齐性检验,事后多重比较采用 Tamhane 成对比较算法分析;"网络"改进意见通过 Levene 方差齐性检验,事后多重比较采用 LSD 成对比较算法分析。各学科分组样本量为:A 组人文学科 3347人,B 组社会学科 3629 人,C 组理工学科 2844 人和 D 组农医学科 782 人。

表 6 不同学科教师的改进意见均值比较与方差分析结果

公因子	分组	均值±标准差	多重比较	均值差	标准误差	F
学生改进意见	A	4.48±0.62	A−B/A−C	0.0474*** / 0.0175	0.0149/ 0.0134	5.971***
	B	4.43±0.63	B−C/B−D	−0.0299/ −0.0855***	0.0132/ 0.0232	
	C	4.46±0.60	C−D	−0.0556*	0.0223	
	D	4.52±0.58	D−A	0.0381	0.0233	
教师改进意见	A	4.12±0.77	A−B/A−C	−0.0350/ 0−.0318	0.0178/ 0.0164	10.571***
	B	4.16±0.72	B−C/B−D	0.0032/ −0.12746***	0.0153/ 0.0273	
	C	4.15±0.69	C−D	−0.1307***	0.0264	
	D	4.28±0.69	D−A	0.1625***	0.0279	
网络改进意见	A	4.45±0.68	A−B/A−C	0.0981*** / 0.1333**	0.0166/ 0.0152	28.253***
	B	4.35±0.70	B−C/B−D	0.0353** / −0.0748***	0.0148/ 0.0273	
	C	4.31±0.70	C−D	−0.1100***	0.0264	
	D	4.42±0.66	D−A	−0.0233	0.0275	

注:***、** 和 * 分别表示差值在 1%、5% 和 10% 水平上显著。

3.疫情前是否开展线上教学教师的改进意见差异

由于部分分类数据偏离正态分布,因此我们采用非参数 Kruskal-Wallis

方差分析算法进行检验。Kruskal-Wallis 检验中教师和网络改进意见的 P 值均 <0.05，说明原假设不成立。这表明，在疫情前是否开展线上教学的类别中，"教师"和"网络"改进意见的差异显著。

由表 7 可知，疫情前是否开展线上教学的教师对线上教学中"教师"和"网络"的改进意见存在显著性差异，且教师对"网络"的改进意见要求更高。疫情前开展过线上教学的教师对"教师"和"网络"改进意见的意愿程度较高，而疫情前没有开展过线上教学的教师意愿程度较低，这再次证明了我们的研究假设 1 是成立的，即在线教学经历会影响教师的在线教学态度。其中：选择"是"的 A 组样本为 2693 人，选择"否"的 B 组样本为 10539 人。

表 7　疫情前是否开展线上教学教师的改进意见均值比较与方差分析

公因子	分组	均值±标准差	标准误差	F
教师改进意见	A	4.23±0.71	0.0137	40.361***
	B	4.13±0.73	0.0071	
网络改进意见	A	4.40±0.69	0.0071	7.407***
	B	4.36±0.70	0.0068	

注：***、** 和 * 分别表示差值在 1%、5% 和 10% 水平上显著。

4.不同地区教师的改进意见差异

由于部分学校地区数据偏离正态分布，因此我们采用非参数 Kruskal-Wallis 方差分析算法进行检验。Kruskal-Wallis 检验的 P 值均 <0.05，说明原假设不成立。这表明，在学校地区分组的类别中，三种改进意见的差异显著。

由表 8 可知，不同地区教师对线上教学的改进意见均存在显著性差异。东部地区教师对线上教学的改进意愿均最低，西部地区对"学生"和"网络"的改进意愿更高，中部地区对"教师"的改进意愿最高；三个地区的教师均是对于"学生"的改进意见均值最高，对"教师"的改进意见均值最低。"学生"和"教师"改进意见均已通过 Levene 方差齐性检验，事后多重比较采用 LSD 成对比较算法分析。其中，A 组东部地区样本为 6201 人，B 组中部地区样本为 4957 人，C 组西部地区样本为 2010 人。

表 8　不同地区高校教师对线上教学的改进意见均值比较与方差分析

公因子	分组	均值±标准差	多重比较	均值差	标准误差	F
学生改进意见	A	4.44±0.62	A－B	－0.03904***	0.0116	7.827***
	B	4.48±0.60	B－C	－0.0092	0.0161	
	C	4.49±0.61	C－A	0.04826***	0.0157	
教师改进意见	A	4.13±0.74	A－B	－0.05271***	0.0139	7.332***
	B	4.18±0.72	B－C	0.0374*	0.0192	
	C	4.15±0.72	C－A	0.0153	0.0187	
网络改进意见	A	4.34±0.71	A－B	－0.04057***	0.0132	6.481***
	B	4.38±0.68	B－C	－0.0090	0.0183	
	C	4.39±0.67	C－A	0.04953***	0.0178	

注：***、** 和 * 分别表示差值在 1％、5％和 10％水平上显著。

5.不同类型高校教师的改进意见差异

由于部分学校类型数据偏离正态分布,因此我们采用非参数 Kruskal-Wallis 方差分析算法进行检验。Kruskal-Wallis 检验中"教师"和"网络"改进意见的 P 值均＜0.05,说明原假设不成立。这表明,在学校类型的类别中,"教师"和"网络"改进意见的差异显著。

由表 9 可知,不同类型高校教师对线上教学的"教师"和"网络"改进意见存在显著性差异。三种类型高校教师对"网络"的改进意见均高于对"教师"的改进意见。"学生"和"教师"改进意见均已通过 Levene 方差齐性检验,事后多重比较采用 LSD 成对比较算法分析。其中:A 组研究型大学样本 381 人,B 组一般本科高校样本 12106 人,C 组高职样本 581 人。

表 9　不同类型高校教师的改进意见均值比较与方差分析

公因子	分组	均值±标准差	多重比较	均值差	标准误差	F
教师改进意见	A	4.05±0.71	A－B	－0.10367***	0.0379	3.764**
	B	4.16±0.73	B－C	0.0087	0.0309	
	C	4.15±0.72	C－A	0.09492**	0.0480	
网络改进意见	A	4.21±0.77	A－B	－0.15523***	0.0360	10.368***
	B	4.37±0.69	B－C	－0.0386	0.0294	
	C	4.41±0.764	C－A	0.19390***	0.0457	

注：***、** 和 * 分别表示差值在 1％、5％和 10％水平上显著。

6.不同性质高校教师的改进意见差异

由于部分学校性质数据偏离正态分布,因此我们使用非参数 Kruskal-Wallis 方差分析算法进行检验。Kruskal-Wallis 检验中"学生"和"网络"改进意见的 P 值均<0.05,说明原假设不成立。这表明,在学校性质的类别中,"学生"和"网络"改进意见的差异显著。

由表 10 可知,公民办高校教师对线上教学的"学生"和"网络"改进意见存在显著性差异,民办学校对于两者的改进意愿均高于公办学校,民办和公办高校对"学生"的改进意见要求均高于对"网络"的改进意见。其中:A 组公办高校样本 10926 人,B 组民办高校样本 2242 人。

表 10　不同性质高校教师的改进意见均值比较与方差分析

公因子	分组	均值±标准差	标准误差	F
学生改进意见	A	4.45±0.69	0.0059	13.050***
	B	4.50±0.70	0.0126	
网络改进意见	A	4.35±0.69	0.0067	15.914***
	B	4.42±0.67	0.0141	

注:***、**和*分别表示差值在 1%、5%和 10%水平上显著。

(三)对线上线下教学持不同态度教师的改进意见的差异分析

我们将后疫情时代继续采用线上教学、采用"线上+线下"混合式教学、采用线下教学的态度(不愿意、一般、愿意)教师群作为自变量,将"线上教学改进意见"的三个"公因子"作为因变量,在不考虑其他变量的影响下,采用单因素方差分析,分别考察不同态度的教师间的"线上教学改进意见"是否存在显著性差异。

1."继续采用线上教学"不同态度的教师的改进意见差异分析

在对"学生"和"教师"改进意见的方差分析中,对于线上教学态度不同的教师组之间存在显著性差异($P<0.01$),在"网络"改进意见的方差分析中,"愿意"和"一般""不愿意"态度之间存在显著性差异($P<0.001$),"一般"和"不愿意"无显著差异。此外,采用线上教学的教师对于三种改进意见都是持"愿意"态度的最多,教师改进意见中持"不愿意"态度的教师最少,学生改进意见中持"一般"态度的教师最少。但是,不论愿意与否,教师对"学生"的改进意见均值最高,对"教师"的改进意见均值最低,对"网络"的改进意见均值居中,如图 1 所示。

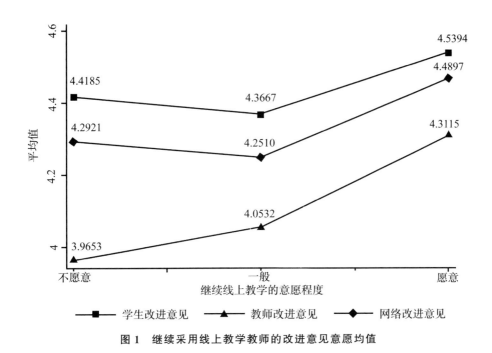

图 1　继续采用线上教学教师的改进意见意愿均值

2.采用"线上＋线下"教学不同态度教师的改进意见差异分析

在对"学生"和"教师"改进意见的方差分析中,对于采用"线上＋线下"教学持不同态度的教师组之间都存在显著性差异($P<0.05$),在"网络"改进意见的方差分析中,"愿意"和"一般""不愿意"态度组之间存在显著差异($P<0.001$),"一般"和"不愿意"无显著差异。采用"线上＋线下"教学的教师对于三种改进意见都是持"愿意"态度的最多。在"教师"改进意见中持"不愿意"态度的教师最少,"学生"改进意见中持"一般"态度的教师最少;不论愿意与否,教师对"学生"的改进意见均值最高,对"教师"的改进意见均值最低,对"网络"的改进意见均值居中,见图 2。

3."采用线下教学"不同态度教师的改进意见差异分析

在对"学生"改进意见的方差分析中,"不愿意"和"一般""愿意"的教师组之间存在显著性差异($P<0.001$),"不愿意"态度的教师多于"一般"和"愿意"的教师。在对"教师"改进意见的方差分析中,对于采用线下教学持不同态度的教师组之间存在显著性差异($P<0.001$),其中,持"不愿意"态度的教师最多,持"愿意"态度的教师最少。在"网络"改进意见的方差分析中,"不愿意"和"一般""愿意"态度的教师组之间存在显著性差异($P<0.001$),"不愿意"态度

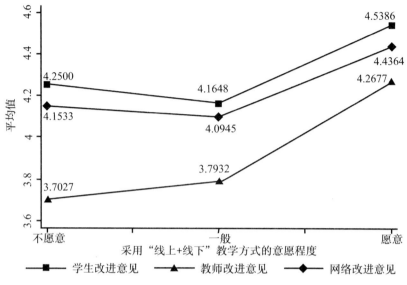

图 2 采用"线上＋线下"教学教师的改进意见意愿均值

的教师多于"一般"和"愿意"的教师。采用线下教学的教师都是持"不愿意"态度最多,"愿意"态度最少;不论愿意与否,教师均对"学生"的改进意见均值最高,对"教师"的改进意见均值最低,对"网络"的改进意见均值居中,见图 3。

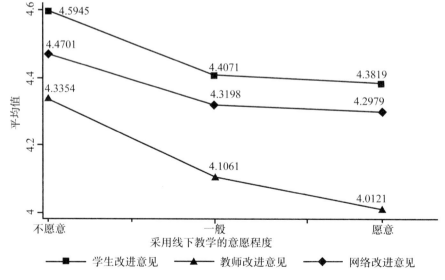

图 3 采用线下教学教师的改进意见意愿均值

综上所述,选择继续采用线上教学(含"线上＋线下"混合式教学)的教师愿意改进三项因素的均值明显高于选择线下教学的教师,这表明他们更乐于通过各种手段改进在线教学。这也表明本研究的第二个假设也是成立的,即教师对在线教学的态度同样会影响教师改进教学的意愿与行为。

四、结论与建议

(一)主要结论

通过对后疫情时代高校教师采用线上教学态度的调查分析,我们得出了以下主要结论:

第一,在后疫情时代,超过 3/4 的高校教师乐于接受"线上＋线下"的混合式教学,这种经历也是影响教师在线教学态度的重要因素。调查显示,有76.5％的高校教师愿意在疫情发生后采用"线上＋线下"混合式教学,45.9％的高校教师愿意继续采用线上教学,而不愿意采用线上教学的只占23.1％,这说明在线教学已经深入"师心",得到大部分老师的认可。而在疫情之前,开展过在线教学与未开展过在线教学的教师,对疫情之后在线教学的态度存在显著差异。有过在线教学经历的教师大多数对在线教学持积极的接受态度,未开展过线上教学的教师不愿意采用"线上＋线下"混合式教学的比例高达90.2％。相比之下,疫情之前开展过线上教学的教师不愿意采用混合式教学的比例只有9.8％。此外,疫情前开展过线上教学的教师对于教师和网络改进意见的意愿程度较高,而疫情前没有开展过线上教学的教师意愿程度均较低。

疫情之前有过在线教学经历对疫情之后在线教学的认可与接受态度不仅证明了我们的研究假设是成立的,而且印证了有些专家的观点:人们对那些他们经历和体验过的活动持有更积极的态度①。突发的疫情让全国高校 103 万教师主动或被动地参与到在线教学的第一线。对于后疫情时代的教学改革而言,这些"有过在线教学经历"教师,他们通过自身经历逐渐认识到了在线教学的优势,更乐于采用继续线上教学(包括"线上＋线下"混合式教学)的方式,这

---

① 杨润东.关于教师对学校变革积极态度形成策略研究[J].比较教育研究,2019,41(4):75-82.

为后疫情时代的在线教学改革奠定了非常有利的思想和行动基础。

第二,在后疫情时代,不同类型、不同性质、不同地区的高校教师以及不同教龄、学科的高校教师对在线教学改进意愿的差异显著。具体而言,民办高校对"学生"和"网络"平台两个因素的改进意愿较高,公办高校这两项的改进意愿相对较低;研究型大学对"教师"和"网络"的改进意愿相对较低;东部地区高校对三个因素的改进意愿都最低;20年以上教龄的教师无论是选择"线上+线下"的混合式教学的意愿还是对"学生"和"教师"因素的改进意愿都最低。在"学生"改进意见中,农医学科改进意愿最高,社会科学改进意愿最低;在"教师"改进意见中,农医学科改进意愿最高,人文科学最低;在"网络"改进意见中,人文科学改进意愿最高,理工科改进意愿最低。

不同类型高校、不同性质高校、不同地区高校教师对教学改进意愿的差异反映了中国高校师资、办学条件(含网络条件)、教学水平本身的差距以及地区间的差异。研究型大学和东部高校各方面条件较好,所以改进意愿不强;一般本科、高职院校和西部地区高校相对来说办学条件不完善,所以改进的意愿强烈,这也提醒我们在后疫情时代高校开展在线教育应该坚持差异化发展,阶段性推进,不可全国一刀切。20年以上教龄的教师教学经验最为丰富,同时传统教学的惯性也最大,他们将成为在线教学改革的主要帮扶对象;一般本科院校、专业必修课及理论课教师,年龄20~39岁和1~10年教龄的教师选择在疫情之后继续进行在线教学的比例最多。但是这个调查数据是疫情防控期间在线教学正在进行的时候完成的,如果疫情结束之后,学生回到传统课堂中时,这些教师是否还能继续保有在线教学的热情?他们是否也会受到传统教学惯性的影响?这些问题值得进一步追踪研究。由于各个学科之间的差异,不同学科的教师对于在线教学的要求有所不同,这也导致在改进意见方面存在一定的差异性。如人文社会科学偏重理论,且理论体系较为稳定,对在线教学形成的挑战不大,所以对"教师"改进的意愿比较低;农医学科对实地调研要求较高,学生在线学习缺乏实践经历,要理解学习内容比较困难,所以农医学科对"学生"的改进意愿最高;理工科教师本身对网络更加熟悉,所以对"网络"的改进意见不像人文科学的教师那么强烈。

第三,对线上线下教学持不同态度的教师均把"学生"改进意见看作最需要加强的因素。在后疫情时代,选择继续采用线上教学、采用"线上+线下"混合式教学或采用线下教学的三组教师在三个改进意见方面存在意愿程度的差异。选择继续采用线上教学(含"线上+线下"混合式教学)的教师对三项因素的改进意愿均值明显高于选择线下教学的教师,但是三组教师共同对"学生"

的改进意见均值最高,对"教师"的改进意见均值最低,对"网络"的改进意见均值居中。

学生因素在所有教学改进意见中都得到了重视,主要是因为在线教学本身的特点对学生的学习能力以及良好的学习习惯提出了更高的要求。因此,广大教师通过这次疫情防控期间的在线教学,深刻意识到了学生自主学习的重要性。但是教师把学生改进意见列为第一,把教师改进意见排在最后,也隐约反映出高校教师缺乏教学反思的意识,还没有真正认识到自身作为教学设计者、学生学习引导者的责任。因此,教师应当充分利用网络技术,通过在线教学设计调动学生的学习兴趣,加强课堂互动,培养学生的自主学习能力和良好的学习习惯,从而提高在线教学质量。

(二)对策建议

疫情终究会过去,但是教学方式的变革是大势所趋,"线上+线下"混合式教学将成为"新常态"。因此,在后疫情时代,如何促使更多教师认可并继续开展线上教学,我们提出以下三点建议:

首先,在政策制度方面,学校应该继续鼓励教师尝试各种在线教学。我们发现,有过在线教学经历的教师会对在线教学持更加积极的接受态度,良好的态度又能促使教师更加乐于改进教学,形成一个良性循环。在这次疫情防控期间,不少老师"试水性"的在线教学经历在无形中推动了他们对在线教学态度的积极转变。因此,高校要继续加大在线开放课程的绩效考核权重,鼓励教师尝试在线教学方法。同时,我们要看到不同教龄、学科和不同地区、不同性质高校的教师态度差异与需求差异,进一步优化教学工作考核与评价方法,出台差异化管理及激励机制,调动绝大多数教师从事线上教学的积极性。从长远来看,在线教学能力应该成为今后教师的教学基本功,教师发展应该着力提升教师的在线教学设计和组织课堂互动的能力。

其次,在技术支持方面,需要加快完善网络平台建设和线上服务。就在线教学而言,网络的支持是关键因素。在教师的改进意见中,网络平台的因素位居第二位,很多老师要求改善平台的功能,提高网络速度及稳定性,并且加强线上的技术服务和支持。这次大规模的在线教学活动,暴露了我们在软件和线上服务的诸多不足。因此,对于一些网络条件较好的高校,应着力让网络技术服务更上一层楼,如配备智能化的多媒体录播间,适时升级灯光、音响、录像等各种设备,支持教师随时录制教学视频,让教师们便于并乐于进行在线教学,同时打造更多适应学生自主学习需求的智慧课堂和智慧实验室。对于一些民办高校、一般本科院校和高职院校来说,应当继续完善网络平台功能,提高网速和加强教师在线教学技能培训。对西部地区高校而言,应当加强信息化建设,政府在这方面应该给予更多的支持,尽快缩小与沿海地区之间的数字化资源差距。

最后,教师应抓住契机,进一步提升在线教学能力。面对混合式教学的"新常态",教师的在线教学形式不再是一种应急的短期行为,而是一种长期存在的教学形态。在后疫情时代,高校应该收集整理疫情防控期间优秀的在线教学案例,邀请出色的教师分享在线教学的经验和体会,消除部分中老年教师对在线教学的畏难情绪,使广大教师能够更加从容地适应未来在线教学的"新常态"。

大学生在线学习体验的影响因素探究 *

◎ 陈武元　贾文军

一、研究问题的提出

关注大学生的学习体验是高等教育发展到一定历史阶段的产物,也是体现高等教育发展水平的重要标志(亦是体现一所大学发展成熟度的重要标志)。由信息技术和网络技术的发展而引发的我国高校教学模式的变革,在最近 20 年间已从"悄然进行"到"普遍进行"的过渡中。这种变革的一个重要方向就是充分利用现代信息技术的优势,把信息技术与教育教学深度融合,转变传统的"为了教师教而教"的教师中心的教学方式,形成"为了学生学而教"的学生中心的教学方式,实现教学方式的根本性变革。① 有学者指出,网络教学模式所要解决的核心问题主要包括:(1)学生个性化学习的问题;(2)课堂教学的互动效率问题;(3)学生的学习反馈问题。在当下乃至未来,学科知识的系统性和结构性等不应再是教学实践追求的目标,如何将学生能力发展这个最终目的贯穿在教学中才是教学模式改革的关键所在。② 可见,网络教学正在深刻地改变着我国高校的管理方式和教学模式,其重要指向是满足大学生个性发展需求。而满足大学生个性发展需求的重要衡量指标就是大学生的学习体验。换句话说,无论教学模式如何变革,大学生的学习体验都是检验改革成

---

* 原载《华东师范大学学报(教育科学版)》2020 年第 7 期。

① 邬大光.教育技术演进的回顾与思考:基于新冠肺炎疫情背景下高校在线教学的视角[J].中国高教研究,2020(4):1-6,11.

② 赵婷婷,田贵平.网络教学到底能给我们带来什么:基于教学模式变革的历史考察[J].教育科学,2020,36(2):9-16.

效的重要指标。

综观国内外相关研究,对大学生学习体验的关注为数不少,但多集中于线下教学层面,而对大学生在线学习体验的研究尤其是基于大样本调查的研究并不多见。这与以往的教学实践未能为在线学习体验研究提供合适的土壤和机会有密切关系。2020年初,突如其来的新冠肺炎疫情,迫使我国高校大规模开展在线教学,也为我们开展大范围的在线学情调查和研究提供了难得的契机。开展大学生线上学习体验调查和研究,既可以掌握此次线上教学的学习体验,也可以为未来推进"线下+线上"的教学模式提供参照系。那么,大学生在线学习体验如何? 其影响因素有哪些? 本研究试图回答这些问题。

二、文献梳理与综述

(一)学习体验的内涵

学习体验从词源的性质来看,既是一种过程,也是一种结果。[①] 英国是最早开展学习体验调查的国家,2005 年政府通过组织全国大学生调查机构(National Student Survey),采用问卷调查的方式来了解学生的学习体验。[②] 而国内外关于在线教学的研究始于 E-Learning、MOOCs 兴起之时,研究重点多集中于 MOOCs 开展形式的探讨、课程质量的改善、教学模式转变、未来 MOOCs 的发展趋势和高等教育变革等宏观层面,对大学生学习结果等微观层面的问题也有涉及,但关于大学生的学习体验与实际需求的研究却相对较少。

(二)学习体验的构成要素

在线上教学学生学习体验构成要素的相关研究中,国外较早开展研究的是美国 EDUCAUSE 分析研究中心,该机构于 2013 年通过调查问卷的形式,与 251 所高等教育机构开展合作,获得本科生对于在线教育中信息技术、使用

---

① 刘斌,张文兰,江毓君.在线课程学习体验:内涵、发展及影响因素[J].中国电化教育,2016(10):90-96.

② 喻恺,吴雪.学生体验:英国高等教育质量保障体系的新内容[J].中国高教研究,2009(5):47-49.

模式和学习环境等的学习体验状况。[①] Alraimi K M 等人探析了感知开放、感知荣誉、感知获得和感知趣味四个层面的学习体验对于 MOOC 持续使用意向的影响。[②] 在国内学者的研究中,研究主要集中于学习体验的定义、构成要素以及影响因素等,研究方法多采用问卷调查法或理论分析法。例如,李艳等人以线上学习平台中学生的学习日志作为研究基础,从学生的情感体验、师生交流、课程内容、课程形式、网络技术和网络质量以及网络环境等方面展开对学生学习体验的探讨。[③]

在研究学生线上学习体验构成要素时,学者多以学生为研究对象切入,贺媛婧等人将学习体验分为学习资源体验、平台设计体验、社会化交互体验、学习进度管理体验及考核方式体验等五个方面。[④] 胡新华和周月则是借鉴顾客体验理论,从感官、情感、思考、知识和关联体验五个方面对学习体验进行分析。[⑤] 吴筱萌等人则主要关注在线课程的学习效果方面,进而将学习体验划分为对于课程的主观反应、课程效果、课程满意度、课程设计等部分。[⑥]

(三)学习体验的影响因素

学生作为在线学习最直接的参与者和体验者,其学习体验受到来自各方面因素的影响。宿晓华研究发现影响网络课程体验的因素主要有感官、情感、增值体验、技术功能和课程内容。[⑦] 陈梅芬的研究则发现在线课程的视觉特征、可用性和支持服务是影响学习体验的主要因素,并且学习体验和学生的学

① 盛开.美国 EDUCAUSE 分析中心.关注在线教育的学习体验[J].中国教育网络,2014 (6):33-36.
② ALRAIMI K M,ZO H,CIGANEK A P.Understanding the MOOCs continuance:the role of openness and reputation[J].Computers & Education,2015,80:28-38.
③ 李艳,张慕华.高校学生慕课和翻转课堂体验实证研究:基于 231 条在线学习日志分析 [J].现代远程教育研究,2015(5):73-84,93.
④ 贺媛婧,袁亚兴.基于用户学习体验的 MOOC 学习模式对比研究:以 Coursera 和 Edx 为例[J].中国信息技术教育,2015(9):122-124.
⑤ 胡新华,周月.MOOC 冲击下高校教师的因应策略:学习体验视角[J].现代教育技术, 2014,24(12):19-25.
⑥ 吴筱萌,雍文静,代良,等.基于 Coursera 课程模式的在线课程学生体验研究[J].中国 电化教育,2014(6):11-17.
⑦ 宿晓华.基于用户体验的网络课程设计研究[J].智库时代,2019(5):278,280.

习行为、学习动机具有相关性。[①] 张敏等人认为学习体验极大地影响着在线教学平台持续使用态度。[②] 胡靓菲的研究得出在学习体验的各方面中,课程体验最为重要,社交体验影响较小的结论。[③] Paechter M 等人对 2196 名学习者的在线体验进行研究后得出,其影响因素主要包含在线学习环境、学习资源、个体学习过程、师生及同伴互动、在线学习效果等。[④] Songlak Sakulwichi-tsintu 等人研究了协作学习对在线学习体验的作用,致力于设计适宜的协作学习活动以提高学生的在线体验。[⑤]

通过梳理国内外学者的研究可以发现,先行研究者对线上学习体验问题各执己见,其研究视角与内容差异较大,研究尚处于起步阶段,并未形成完整的研究体系。同时也可以看出线上教学中大学生的学习体验需要从多个维度进行评价判断,影响因素也具有复杂性,学习体验对于大学生学习、线上教学效果的影响也具有多样性。本研究旨在研究大学生在线学习体验的影响因素,以期能够为广大教师乃至学校更好地开展在线教学提供一些有益的思路。

三、研究设计与方法

(一)调查程序与对象

本研究样本来自全国 334 所高校学生的问卷调查,调查时间为 2020 年 3 月 13—31 日,共获得问卷 256504 份,清洗后的有效问卷 209099 份。其中男生占 44.1%,女生占 55.9%;年级分布为大一 39.7%、大二 31%、大三 23%、大

---

① 陈梅芬.大规模在线课程用户体验与学习动机的关系研究[D].武汉:华中师范大学,2017:139.

② 张敏,尹帅君,聂瑞,等.基于体验感知的中外慕课学习平台持续使用态度对比分析:以 Coursera 和中国大学 MOOC 为例[J].电化教育研究,2016,37(5):44-49.

③ 胡靓菲.MOOCs 平台课程学习体验与满意度研究[D].北京:北京邮电大学,2018:31.

④ PAECHTER M, MAIER B, MACHER D.Students'expectations and ex-periences in e-learning: their relation to learning achievements and course satisfaction[J].Computer &Education,2010,54(1):222-229.

⑤ SAKULWICHITSINTU S, COLBECK D, ELLIS L, et al.Online peer learning: what influences the students' learning experience[EB/OL].(2015-09-17)[2020-04-14].ht-tps://aisel.aisnet.org/cgi/viewcontent.cgi? article=1046&context=bled2011.

四 4.9%、大五(五年制)0.2%、研究生 0.3% 和专科生 0.9%;高校区域分布为东部 41.9%、中部 43.1%、西部 14.8% 和其他 0.3%;高校性质分布为公办学校 78.3%、民办 21.4% 和其他 0.3%;高校类型分布为研究型大学 1.7%、一般本科高校 92.4%、高职院校 5.1% 和其他院校 0.8%;专业分布为文科 50.9%、理科 13.9%、医科 4.5% 和工科 30.7%。

(二)调查工具和变量

本研究分为两个阶段。主要阶段为定量研究,采用厦门大学教师发展中心在线教学课题组编制的线上教学情况调查(学生卷),其中包括学生个体特征的相关变量和线上主要教学模式量表、线上主要教学环节量表、线上教学效果总体评价量表。

大学生个体特征有关的类别变量包括高校区域、高校类别、学生年级、学生性别、学科类别和学生学习平台技术掌握的熟练程度,研究对类别变量进行重新编码。其中,高校区域变量中,东部=1,中部=2,西部=3,其他=4;高校类别变量中,按性质分类,公办=1,民办=2,其他=3,按类型分类,研究型大学=1,一般本科高校=2,高职=3,其他=4;学生年级变量中,大一=1,大二=2,大三=3,大四=4,大五(五年制)=5,研究生=6,专科=7;学生性别变量中,男=1,女=2;学科类别变量中,文科=1,理科=2,医科=3,工科=4;熟练程度变量中,很不熟练=1,不熟练=2,一般=3,熟练=4,很熟练=5。

使用 SPSS 23.0 对每个量表进行探索性因子分析,通过主成分分析和最大方差法旋转后确定量表的相应因子结构。如表 1 所示,各量表的信效度水平良好。

表 1 学生调查各量表的信效度水平及样题

量表	题数	克龙巴赫 α 系数	KMO	样题
教学模式体验	6	0.681	0.742	
授课模式	4			录播是线上教学的主要教学模式,您认为教师的使用情况是:
互动模式	2			线上互动研讨(包括答疑、辅导等)是线上教学的主要教学模式,您认为教师的使用情况是:
教学环节体验	8	0.855	0.893	

续表

量表	题数	克龙巴赫 α 系数	KMO	样题
授课环节	5			课堂研讨是线上教学的主要教学环节，您认为教师的使用情况是：
考核环节	2			课堂小测验是线上教学的主要教学环节，您认为教师的使用情况是：
教学体验评价	10	0.942	0.985	您对目前线上教学中课堂录播效果的评价是：

教学模式量表包括直播、录播、MOOC、文字＋音频、线上互动研讨和教师提供材料学生自学，共 6 道题目，采用李克特 5 点量表计分（1＝从不用、2＝不太经常、3＝一般、4＝频繁、5＝非常频繁）。因子一命名为"授课模式"，可以采用录播、MOOC、文字＋音频和教师提供材料学生自学这四种模式。因子二命名为"互动模式"，一种是线上互动研讨，另一种是在直播时互动。

教学环节量表包括课堂讲授、实验演示、课堂研讨、课堂提问、课堂小测验、布置作业、课后答疑辅导和教师提供材料学生自主学习，共 8 道题目，采用李克特 5 点量表计分（1＝从不用、2＝不太经常、3＝一般、4＝频繁、5＝非常频繁）。因子一命名为"授课环节"，包括课堂讲授、实验演示、课堂研讨、课堂提问、课后答疑辅导。因子二命名为"考核环节"，包括提供学习材料自主学习、课堂小测验和课后布置作业。

教学效果总体评价量表包括课堂直播效果、课堂录播效果、文字音频效果、与教师课内外交流互动、课程配套电子教学资源、网络提交作业、教师反馈作业、同学间互助讨论、使用网络各种学习工具和对线上教学总体评价，共 10 道题目，采用李克特 5 点量表计分（1＝非常不好、2＝不好、3＝一般、4＝好、5＝非常好）。

辅助阶段为质性研究，主要是通过口头谈话的方式从被研究者那里收集到第一手资料①。为了对定量分析结果进行补充、验证和扩展，笔者根据第一阶段问卷的发放和回收情况，以及问卷的初步分析与整理情况，本着适切性原则和便捷性原则，以目的性抽样的方式选取了 10 位参与过问卷调查的学生作为研究对象，抽样过程考虑到了学科、年级、性别以及地域等影响因素，他们分享了关于在线学习的直观体验、亲身感受和主观看法。访谈采用半结构化访

---

① 陈向明.质的研究方法与社会科学研究[M].北京:教育科学出版社,2000:165.

谈的形式以及扎根理论的方法进行资料收集与质性转录,以便能够追根溯源、有的放矢。为了更加方便地整理质性资料和更加清晰地展示分析结果,笔者依据访谈时间的先后顺序,用"S(Student 单词的英文首字母)＋阿拉伯数字"进行了编码。

(三)数据分析思路

首先,对数据进行描述性统计,分析在线学习体验的总体情况;其次,通过单因素方差分析,以学生的个体特征变量(性别、不同学科、不同年级、不同区域高校、不同类型高校、不同性质高校、教学平台使用熟悉度)为自变量,以在线学习体验为因变量,分析不同背景因素对在线教学体验的影响,然后根据因子分析得到的 4 个因子(授课模式、互动模式、授课环节、考核环节)与在线学习体验效果评价,共 5 个变量进行聚类分析,对目前在线学习学生的类型进行画像分析;再次,以在线学习体验为因变量,学生的个体特征变量和各在线学习体验变量(课堂直播效果、课堂录播效果、师生互动、作业提交等)为自变量,采用逐步添加新变量的多元线性回归模型,探讨各自变量对在线学习体验的影响程度,从而确定影响因素;最后,结合质性访谈资料进行结论的丰富和补充,使得得出的结论更加具有说服力和可靠性。

四、大学生在线学习体验描述性分析和 影响因素分析

(一)在线学习体验情况的描述性统计分析

表 2 总结了各变量的描述性统计,针对线上学习体验,大学生的平均得分为 3.61 分,高于理论中值 3 分,说明学生在线上的学习体验评价中等偏上;在线上授课模式、互动模式、授课环节和考核环节四个因子上的评价得分分别为 3.36 分、3.68 分、3.74 分和 3.54 分,也均高于理论中值 3 分,说明大学生在线上学习的过程中教师在这四个方面都比较注重。

表 2　不同背景因素在各量表得分对比

项目		M(SD)				
		授课模式	互动模式	授课环节	考核环节	在线学习体验
性别	男	3.38(0.71)	3.65(0.72)	3.53(0.70)	3.70(0.67)	3.59(0.91)
	女	3.34(0.65)	3.70(0.67)	3.54(0.61)	3.77(0.61)	3.62(0.81)
学科	文科	3.36(0.67)	3.70(0.69)	3.57(0.64)	3.74(0.64)	3.62(0.84)
	理科	3.34(0.68)	3.66(0.68)	3.51(0.65)	3.71(0.64)	3.59(0.86)
	医科	3.49(0.66)	3.61(0.68)	3.50(0.64)	3.84(0.64)	3.59(0.85)
	工科	3.35(0.69)	3.66(0.71)	3.52(0.68)	3.74(0.65)	3.60(0.86)
年级	大一	3.39(0.67)	3.69(0.68)	3.54(0.65)	3.76(0.63)	3.61(0.85)
	大二	3.35(0.68)	3.69(0.69)	3.53(0.65)	3.76(0.63)	3.57(0.86)
	大三	3.32(0.70)	3.68(0.71)	3.56(0.66)	3.73(0.65)	3.62(0.86)
	大四	3.42(0.69)	3.52(0.74)	3.54(0.70)	3.60(0.69)	3.75(0.83)
	大五	3.48(0.71)	3.55(0.75)	3.52(0.73)	3.62(0.74)	3.71(0.86)
	研究生	3.28(0.78)	3.77(0.75)	3.62(0.68)	3.71(0.68)	3.80(0.86)
	专科	3.36(0.68)	3.68(0.69)	3.54(0.65)	3.74(0.64)	3.61(0.86)
区域	东部	3.32(0.70)	3.69(0.70)	3.54(0.65)	3.72(0.64)	3.64(0.85)
	中部	3.42(0.66)	3.65(0.69)	3.54(0.63)	3.79(0.64)	3.61(0.86)
	西部	3.28(0.67)	3.73(0.68)	3.54(0.63)	3.68(0.63)	3.54(0.85)
	其他	3.40(0.81)	3.69(0.80)	3.58(0.78)	3.72(0.77)	3.57(0.94)
高校类型	研究型大学	3.10(0.75)	3.81(0.70)	3.52(0.64)	3.70(0.61)	3.68(0.84)
	一般本科	3.36(0.68)	3.68(0.69)	3.54(0.65)	3.74(0.64)	3.61(0.86)
	高职	3.41(0.68)	3.66(0.67)	3.52(0.65)	3.68(0.66)	3.52(0.86)
	其他	3.49(0.76)	3.91(0.72)	3.79(0.71)	3.86(0.70)	3.92(0.85)
高校性质	公办	3.35(0.67)	3.67(0.69)	3.52(0.65)	3.74(0.63)	3.60(0.85)
	民办	4.14(0.63)	3.86(0.70)	3.89(0.68)	3.66(1.08)	4.05(0.74)
	其他	3.41(0.80)	3.70(0.79)	3.60(0.75)	3.73(0.77)	3.58(0.93)
教学平台熟练度	很不熟练	3.10(1.05)	3.04(1.13)	2.92(1.06)	3.41(1.07)	2.17(1.24)
	不熟练	3.09(0.69)	3.21(0.78)	3.07(0.65)	3.48(0.70)	2.75(0.95)
	一般	3.18(0.55)	3.40(0.61)	3.27(0.53)	3.23(0.58)	3.26(0.75)
	熟练	3.78(0.63)	3.75(0.60)	3.60(0.56)	3.79(0.56)	3.72(0.73)
	很熟练	3.77(0.86)	4.19(0.72)	4.08(0.74)	4.17(0.70)	4.27(0.84)
全样本		3.36(0.68)	3.68(0.69)	3.74(0.64)	3.53(0.65)	3.61(0.86)

（二）学生背景因素的差异性分析

将大学生个体的特征变量作为因子，授课模式、互动模式、授课环节、考核环节和在线学习体验作为因变量进行单因素方差分析，得到的 F 与 P 值如表3所示。

表3　大学生背景因素的差异性分析

项目	F/P				
	授课模式	互动模式	授课环节	考核环节	在线学习体验
性别	154.38***	235.89***	9.62*	602.37***	90.81***
学科	129.54***	83.00***	132.46***	94.64***	11.52***
年级	72.83***	105.8***	11.76***	115.87***	79.65***
区域	72.829***	92.83***	2.88*	288.80***	99.99***
高校类型	207.00***	110.55***	90.01***	55.55***	122.31***
高校性质	24.82***	136.33***	358.04***	16.11***	24.04***
教学平台熟练度	59.374***	104.419***	83.047***	60.432***	65.440***

注：* 表示 $P<0.05$；** 表示 $P<0.01$；*** 表示 $P<0.001$

由表2和表3可见，大学生的授课模式体验在性别上有差异，男生比女生更易接受频率较高的授课模式更换；在学科类别上有显著差异，授课方式的更换频率医科＞文科＞工科＞理科；在年级上存在显著差异，毕业班的更换频率高于其他阶段的学生；在不同区域的高校也存在差异性，中部和其他地区的授课方式较为多样化；高职和其他类型的学校，民办的高校更注重授课模式的多样化；大学生对教学平台的使用熟练度越高，授课模式更换频率越高。

大学生的互动模式体验在性别上有差异，女生比男生更倾向接受高频的课堂互动；在学科类别上有显著差异，授课方式的更换频率医科＞文科＞工科＞理科；在年级上存在差异性，处于研究生阶段的学生互动频率最高，大一、大二和专科学生次之，毕业班学生最低；在不同区域的高校也存在差异性，西部高校学生的互动频率最高，东部次之，中部最低；研究型大学和其他类型的互动频率高；民办高校课堂互动频率高于公办高校；大学生对教学平台的使用熟练度越高，互动频率越高。

大学生的授课环节体验在性别上差异不明显；在学科类别上有显著差异，授课环节设计的灵活度顺序为文科＞工科＞理科＞医科；在年级上存在显著差异，授课环节设计的灵活度在研究生阶段最高，其次是大三阶段，其他阶段相当；在不同区域的高校差异不明显；其他类型的学校，民办的高校更注重授课环节的设计；大学生对教学平台的使用熟练度越高，授课环节的设计可以越丰富。

大学生的考核环节体验在性别上存在差异性，女生比男生接受的考核环节更多；在学科类别上有显著差异，医科学生的考核频率最高，其次是文科和工科，理科最低；在年级上存在显著差异，考核频率的排序为大一＝大二＞专科＞研究生＞大三＞毕业班；在不同区域的高校也存在差异性，中部的高校最注重考核，东部和其他次之，西部最低；一般本科院校、公办和其他类型高校更注重考核环节的设置；学生对教学平台的使用熟练度较高时，考核环节设置频率也较高，熟练度一般时，考核环节频率最低。

大学生的线上学习体验在性别方面存在差异性，女生在线上学习的得分略高于男生；在学科方面有差异，文科学生的体验最好，工科次之，理科和医科最差；在年级方面有显著差异，处于研究生阶段的学生体验最好，其次是毕业班学生、大三学生、大一和专科类学生，最低的是处于大二阶段的学生；对不同区域的高校，东部学生的体验最好，西部学生的体验最差；对于不同类型的高校，研究型大学和其他类型高校学生的体验最好，一般本科院校学生的体验次之，高职院校学生的体验最差；对于不同性质的高校，民办高校学生的体验好于公办高校学生；学生对教学平台使用的熟练度越高，在线学习体验就越好。

（三）大学生在线学习体验类型的聚类分析

将授课模式、互动模式、授课环节、考核环节和大学生在线学习体验进行K-means快速聚类为 3 类学生后，并对 5 个变量进行个案数和平均值的统计，得到表 4 的均值特征表，我们先定义了各均值的含义，把明显低于总体均值项定义为差，介于总体均值±10％区间项定义为一般，高于总体均值 10％以上为好，然后根据分类结果关联每类学生的背景特征分析每一类学生的画像。

表 4　3 类大学生聚类均值特征表

分类（个案数）	授课模式	互动模式	授课环节	考核环节	在线学习体验
1（40775）	3.41	3.66	3.38	3.87	2.64
2（80897）	2.94	3.16	3.05	3.22	3.35
3（1291）	3.72	4.17	4.06	4.16	4.29
总计（209099）	3.36	3.68	3.54	3.74	3.61

第一类大学生的在线学习体验差,教学模式、互动模式、授课环节和考核环节体验差,其中考核环节过于频繁。这类学生中女性高于男性,医科和理科学生比例高于其他两类学生,本科生占比高,其中大一学生占比最高,大多数来自中部和西部的公办一般本科院校,对教学平台的使用熟练度低。

第二类大学生的在线学习体验一般,尽管教学模式、互动模式、授课环节和考核环节低于总体均值,但是授课环节和考核环节频率相当。这类学生中女性略高于男性,文科和工科生比例高,工科占比是三类学生中最高的,本科生为主体,大一占比最高,大多数来自东部和中部的公办一般本科院校,对教学平台的使用熟练度较高。

第三类大学生的在线学习体验好,教学模式、互动模式、授课环节和考核环节均高于总体均值。这类学生中女性高于男性,文科和工科生比例高,本科生依旧是主体且大一学生比例最高,大多数来自东部和中部的一般本科院校,民办的比例高于其他两类,对教学平台的使用熟练度很高。

(四)大学生在线学习体验的多元线性回归分析

表 5 为大学生在线学习体验的影响因素分析模型。模型 1 和 2 展示了大学生的背景因素对学习体验的影响机制。模型 1 仅包含大学生的基本个体特征变量的模型,模型的可解释方差为 0.3%;模型 2 纳入了"各种教学平台使用熟练度"变量,模型的可解释方差达到了 20.1%,其中熟练度的影响力最大($\beta =$ 0.500),高于其他个体特征变量,说明了学生对平台使用的熟练度是所有个体特征中影响力最大的一个变量。从模型 3 开始纳入学生各种在线学习体验的变量,但模型 3 仅添加了"使用网上各种学习工具"的变量,该模型的可解释方差达到了 64.3%,比模型 2 提高了 43.9%,且新加入的变量影响力最大($\beta =$ 0.781),说明教师在线教学过程中能够熟练地使用各种教学工具对学生学习体验的影响最大;模型 4 添加了"课堂直播效果""课堂录播效果""文字音频效果"的变量,方差解释度提高了 10%,其中"使用网上各种学习工具"的影响力($\beta = 0.400$)最大,"课堂直播效果"的影响力($\beta = 0.274$)次之,说明在线教学时教师的直播授课效果较录播和文字加音频的方式更能影响学生的在线体验;模型 5 中进一步添加了"师生课内外互动""同学间互助讨论""课程配套资源"的变量,方差解释度提高了 0.7%,其中"使用网上各种学习工具"的影响力($\beta = 0.338$)仍然最大,"课堂直播效果"的影响力($\beta = 0.252$)次之,但在新增的变量中"同学间互助讨论"的影响力($\beta = 0.114$)高于"师生课内外互动"和"课程配套资源",说明同学间的讨论可以提高大学生的在线学习体验满意度;模

型 6 中添加了"网络提交作业""教师反馈作业"的变量,方差解释度提高了 0.5%,其中"使用网上各种学习工具"的影响力($\beta=0.308$)仍然最大,"课堂直播效果"的影响力($\beta=0.238$)次之,"网络提交作业"的影响力大于"教师反馈作业",说明学生对在网络提交作业的高效性是认可的。

表 5　大学生在线学习体验的影响因素分析

控制变量	模型 1	模型 2	模型 3	模型 4	模型 5	模型 6
性别	0.036***	0.048***	0.008*	0.004 (0.063)	0.003 (0.111)	0.000 (0.879)
年级	0.015***	0.006***	0.003*	0.004***	0.004***	0.004***
学校地区	−0.049***	−0.016***	−0.009***	−0.005***	−0.007***	−0.005***
学校性质	−0.008 (0.214)	0.026***	0.019***	0.008*	0.001 (0.762)	0.003 (0.284)
学校类别	0.042***	0.022***	0.020***	0.011***	0.005 (0.018)	0.013***
学科	−0.001 (0.681)	−0.007***	−0.005***	−0.001 (0.311)	0.000 (0.587)	0.000 (0.615)
各种教学平台使用熟练度		0.500***	0.113***	0.023***	0.017***	0.011***
使用网上各种学习工具			0.781***	0.400***	0.338***	0.308***
课堂直播效果				0.274***	0.252***	0.238***
课堂录播效果				0.097***	0.081***	0.073***
文字音频效果				0.090***	0.065***	0.056***
师生课内外互动					0.070***	0.050***
同学间互助讨论					0.114***	0.092***
课程配套资源					0.080***	0.055***
网络提交作业						0.095***
教师反馈作业						0.049***
R2	0.003	0.204	0.643	0.743	0.750	0.755
调整后 R2	0.003	0.204	0.643	0.743	0.750	0.755
ΔR2	0.003	0.201	0.439	0.100	0.007	0.005
F 值	91.429***	7595.56***	46791.1***	500032.34***	44577.82***	39964.88***

注:* 表示 $P<0.05$;** 表示 $P<0.01$;*** 表示 $P<0.001$

(五)大学生在线学习体验的词频分析

笔者利用 NVivo 软件对访谈的 10 个转录文本稿进行词频分析,最小分词设置为 2 字词,去掉部分停用词后,得到词频数排在前 100 的词语,并制作出高频词的社会网络关系图,如图 1 所示。

由图 1 可知,样本访谈文本转录稿的高频词依次为(按照频率由高到低排序):学习(279)、老师(252)、在线(106)、教学(98)、课程(98)、学生(89)、平台(76)、疫情(71)、学校(66)、上课(59)。根据高频词的呈现情况可以看出,学生普遍关注的疫情防控期间在线学习情况为课程情况和平台使用情况,并且非常注重学习的效果和老师在教学过程中的知识传授。

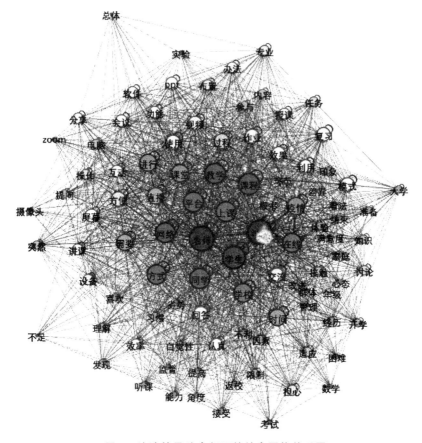

图 1　访谈转录稿高频词的社会网络关系图

五、结论与建议

(一)结论与讨论

通过以上分析,本文主要获得了以下三个方面的研究结论:

结论 1:大学生个体特征对在线学习体验的影响。从区域类型来看,东(M=3.64)、中(M=3.61)、西部(M=3.54)区域高校之间学生线上学习体验存在差异性;从高校类型来看,研究型大学(M=3.68)、一般本科院校(M=3.61)和高职院校(M=3.52)之间学生线上学习体验存在差异性;从高校性质来看,民办高校(M=4.05)与公办高校(M=3.60)之间学生在线学习体验差异显著;从年级来看,大二学生(M=3.57)体验较差,且大大低于其他年级,大四(M=3.75)学生体验较好。

在访谈过程中,两位受访大学生提出了自己关于地域和网络差异的看法:

> 有一些学生由于家庭所在地域原因,网络信号不是特别好,但为了线上学习,不怕辛苦地寻找信号比较好的地方,弓着背打着灯光学习,看起来挺心酸的,所以说线上学习还有待普及。(S4)

> 有些同学所在地区网络条件不好,或者家庭条件不是特别好、设备不全的情况下,就会带来一些困扰,因为我记得我们当时期中考试,老师说必须要有两台设备,一台设备要开摄像头,全程要把自己的手录进去,然后用另一台设备获取题目。有的同学可能家庭条件不好,只有一个手机而没有电脑,这种情况就可能比较难以完成。(S6)

从性别来看,女生(M=3.62)相对男生(M=3.59)在在线学习体验方面更容易得到满足;从学科来看,文科(M=3.62)学生体验略好于理(M=3.59)工(M=3.60)医(M=3.59)科学生;从熟悉程度来看,对网络教学平台越熟悉,自身的体验就越好。

一位理科研究生同学表述了他在在线学习体验过程中的不适:

> 文科,如果老师只打 PPT 或者只说话的话,或只靠文字的话,我觉得

可能线上线下没有太大的区别。但是对于数学来说,一个题目你搞不懂,有一个地方你不会,你又没有问到老师,那下节课就可能听不懂了。(数学)有很多很多板书,就是一黑板一黑板的板书,所以有的老师在不熟悉的情况下,就写得很慢。这样课程内容就会缩水,而且还没讲得很清楚。很多老师讲习惯了,讲了这么多年,一段时间改不过来。(S9)

针对熟悉程度来看,也有同学提出了自身对网络较为熟悉,在线学习体验就较好的观点:

（开展在线教学过程中）优势的话就是我自己本来电子设备玩的时间比较长,很多不管是课上或者课下的这些作业都会,自己运用起来觉得很简单、很便利。(S2)这个挺简单的,处理 word、处理文档、处理分享或者什么的,对我来说都挺简单的,这应该算是优势吧。(S9)

结论 2:教学模式、互动模式、授课环节和考核环节对大学生在线学习体验的影响。聚类分析显示,这四个变量的不同,直接关系着大学生在线学习体验的好坏。授课模式(M＝3.72)和互动模式(M＝4.17)越灵活,以及授课环节(M＝3.54)和考核环节(M＝4.16)的设置越合理,大学生在线学习体验(M＝4.29)就越好。以上结果可能从侧面显示了目前线上教育资源和教育投入的不平衡问题,以及线上教学模式多样性和教学平台统一性的不一致问题。

其中,大学生的在线学习体验受到考核环节的影响最大。该环节包括提供学习材料自主学习、课堂小测验和课后布置作业,教师在进行在线教学的过程中,对考核环节的设计尤为重要,既要起到检验教学效果的作用,又不能过于频繁。

在访谈中,有学生提出了对课程考核和评价的疑虑:

我们每一门课程都会有考核,包括平时成绩和期末考试成绩,变成了线上教学后,考核项目会变多,或者说作业变多了。除此之外,由于平台有很多形式、很复杂,使得一些评分细则也变得很复杂,让大家比较难于把握。再就是等返校之后继续去开展这个课程的话,我们分数是具体怎么去计算,这也是一个大家比较困惑的点。(S2)

其次是互动模式对学习体验的影响,即教师以何种授课模式上课会影响学生的学习体验。调查表明,互动性越强(M=4.17)的教学模式,学生在线学习体验(M=4.29)越好。

在访谈中,学生对于教学平台使用情况方面的回答,存在两种声音。下面几位学生观点非常具有代表性:

> 课堂参与度会不同,同学们的课堂参与度在线下会更高一点,在线上学习就不是很好。(S4)我觉得线下学习会比较好讨论。因为很多同学本来线下就不好意思举手,线上就更不好意思开麦了,就没有人问什么问题。(S9)现在因为疫情,咱们上课也不是特别方便,师生互动就会减少,在家学习有时候感觉上着课就听不进去东西,就会有一些走神。(S8)

> 因为没有面对面,所以可能因为看不到老师,就会比较敢于发言一些;另外大家也会在聊天区发表看法,我觉得这个还蛮有意思的。(S5)每次课前老师都会提前开直播,等我们进去,课中也会对我们进行提问,跟我们互动。钉钉有一个帮大家回答问题或者提问的设置,就是通过互动框来进行。我们和老师的互动也蛮多,很接地气。并且老师他会开摄像头,就会让大家觉得一是老师很真诚,二是自己注意力也会更集中一些。(S7)

授课环节(M=3.54)的影响力低于考核环节(M=3.74)和互动模式(M=3.68),教师在课堂讲授时需要清晰合理地讲授知识内容,在课前做好有效的教学设计和计划,在课后积极地进行教学研讨与反思。实验演示对理工医科更为重要,学生在课堂的体验会直接影响他们对知识的掌握;课堂研讨和提问及课后答疑辅导的设计是为课堂上更好的互动做更好的准备。

从访谈内容来看,学生对于授课环节的体验呈现褒贬不一的现象,这一方面取决于课程类型的不同,另一方面也取决于教师教学设计的精心程度和网络使用的熟练程度:

> 举个例子,我们英语课本来是每个人都要到讲台演讲的,但现在视频方式演讲的话就没有讲台的那种效果。而且有时候网络卡顿也不那么流畅,后来就变成学生自己录音上传,就更达不到原来演讲的效果了。(S6)主要是因为没有器材,比如说我们的单片机实验,在家就没有办法实现,像别的专业应该也会有类似问题。人文社科好一点,而理工科会

有这个问题。毕业班同学的毕业设计受疫情影响,没办法做实验,没有数据挺难受的。(S7)

结论3:熟练程度、教学模式、作业提交对大学生在线学习体验的交互影响。多模型多元线性回归分析显示,相比于其他个体特征,大学生的在线学习体验受到平台使用熟练程度($\beta = 0.500, \beta = 0.113, \beta = 0.023, \beta = 0.017, \beta = 0.011$)的影响最大,并且教师在在线教学过程中能够熟练地使用各种教学工具对大学生学习体验($\beta = 0.781, \beta = 0.400, \beta = 0.338, \beta = 0.308$)的影响最大。在线教学的过程中,大学生对课程平台使用的熟练程度尤为重要,在进行课堂讲授时,不仅需要教师准确熟练地运用教学平台和工具开展授课,同时也需要学生敏锐及时地给予反馈,当然这其中还涉及平台服务和网络支撑的问题,平台服务和网络支撑是提高学生平台使用熟练度的重要前提条件,而地区差异、学科差异和高校类别差异等都造成了不同群体线上学习体验的鸿沟,即学生之间平台使用熟练程度的鸿沟和教师之间教学工具使用熟练程度的鸿沟。

一位学生这样描述了教师在使用教学工具熟练程度方面的问题:

老师刚开始第一节课的时候,老师会去问,你们看得到吗?你们听得到吗?有没有卡?就一直在问,问了几分钟还一直在问。其实一直都挺顺畅,但是老师就非常地担心会出现什么样的状况。后来老师可能也习惯了,然后就没怎么再问了。(S1)老师一开始就是使用各种平台,非常不熟练,我们就在下面发信息给他告诉他怎么用,慢慢他就熟悉了,效率就提高了。(S8)

在线教学中采用直播的教学模式($\beta = 0.274, \beta = 0.252, \beta = 0.238$),和同学间互助讨论($\beta = 0.114, \beta = 0.092$),能在更大程度上提高大学生在线学习体验。在线上教学过程中,课堂囿于时空的障碍而被分割成分散的教学单元,因而,教师和学生,以及学生群体之间的屏障应运而生,因此师生互动和生生互动受到阻碍,相比于录播或文字加音频,直播和讨论都是互动性较强的教学模式,能够最大程度地减少互动中的壁垒和障碍,学生参与感提高,线上学习体验随之提升。

受访的大学生对平台满意度的描述和对同辈交流的描述也体现了上述结论:

腾讯课堂没有互动，就是一个单向的讲课。中国大学慕课它是一个录播的形式，网络教学平台也是老师自己录好的视频。腾讯会议可能是最好的一个……老师和学生互动的时候更加方便，因为可以直接开麦。如果是用钉钉直播的话，可能会需要老师喊半天学生，然后学生申请连线等。(S2)因为直播是老师用画笔在上面讲解，老师会边讲边在知识点上做备注，同学们也可以在老师讲解的屏幕上添加自己的备注。如果我不懂，我就在他讲的这个题上面画个圈，打个问号，老师就知道我这里没弄懂，他就会再讲一遍。这种反馈是非常及时的。(S10)

有印象比较深的事情，是我在大学英语课上和小伙伴一起准备报告。因为我们几个人线下都没见过面，就组成了一个小组。这种感觉就很奇妙。仅仅是通过网络，我们就建立起了这样互信的感情，和一些所谓的同院的陌生人，一起在网络上成为朋友，一起完成了老师布置的任务。(S8)谈到缺点，我觉得还是少了一些课堂的氛围。隔着屏幕，就少了那么一点点和老师、同学在一起的感觉。我可能会更习惯这十几年来保持的传统的学习方式。身边有同学，讲台上有老师这样的。(S7)

网络虽然对课堂的物理空间进行了分割，但便捷的操作和有速度的传输为学生提交作业($\beta=0.095$)、教师反馈作业($\beta=0.049$)的及时性提供了可能，这种便捷甚至在一定程度上超越了线下教学，师生之间通过点对点的传输，有效地提高了学习和工作效率。正如一位学生分享的在线学习体验：

我觉得很方便的就是，老师线上上课是用他自己的电脑，在讲课过程中，老师有时会突然想起他有某个很好的案例，就直接从自己电脑上导出文件、病例、处方给我们看了。但如果是在教室，可能就没这个条件……总之，线上教学文件、案例分享就很方便。(S3)

与此同时，以下的情况值得我们留意和进一步讨论。从现有的在线学习情况来看，目前还只是在线学习的狭义阶段，即在线课堂。在广义的概念之下，在线学习应是未来的一种教育趋势和教育模式，教师主动提供有效学习材料，学生全身心投入自学反思，外部硬件保障和内部教学动力双管齐下，在师生共同体的相互促进下，学生学有所获，教师学有所教，二者形成良性互动，最终在保障教育质量的前提下实现教学相长。目前疫情防控期间掀起的大规模在线学习热潮仍然停留于应急状态，但真正实现全方位、立体化的线上教育模式,恐怕还有较长的一段路要走,这不仅涉及外部硬件设施、教师和学生群体,更需要在制度设计和宏观规划方面下足苦功。

(二)改善建议

基于以上研究结论,结合与大学生线上学习密切相关的三大主体,提出以下三点改善建议:

1.完善课程平台建设,加强线上学习技术保障

这一点是针对学校层面的网络技术中心和教务管理部门而言的。平台使用种类繁多,课程信息相对分散,线上教学技术和水平的缺位,是影响大学生在线学习体验的客观性因素。平台建设和网络设施建设是保障线上学习的首要条件之一。从教学平台数量来看,由《疫情期间高校教师线上教学调查报告》[1]可知,教师目前使用教学平台数量非常多,涉及范围非常广,呈分散状态。从区域和高校类别来看,不同区域、不同类别高校大学生之间对于线上学习体验存在差异性。从学生对教学模式的评价来看,学生评价较高的教学模式多集中在作业提交和反馈、使用学习工具等较为浅显的层次。完善课程平台建设,不仅要规范线上教学平台使用,减少教师平台使用的随意性和盲目性,缓解区域和高校类别带来的教育资源不公平现象,并且要打通学生课程平台和学习通道,减少使用诸多平台所带来的"软件绑架",还要加强师生互动路径的思考与设计,为师生、生生互动教学创造更多机会[2],提升学生的线上学习体验。

2.回归"以本为本"理念,夯实自身信息技术素养

这一点是针对教师而言的。教师复制性地将传统课堂搬到线上,惯性地秉持传统的教学观念和教学设计,是影响大学生在线学习体验的主导性因素。教师是线上教学的主体之一,教师教学平台的选择和使用,教学理念的更新和进步,以及教育技术的水平和素养都直接关系着学生对线上学习体验的好坏。从教学模式来看,学生对于互动性较强的直播和线上互动研讨等教学模式更为满意,而对于录播、MOOC 等单一的、以教师输出为主的教学模式体验较差。教师在线上教学过程中,应当结合课程重新设计教学目标,不仅要能掌握一定的技术技能,更重要的是致力于为学生设计合理的学习方式,提供差异化

---

① 厦门大学教师发展中心.疫情期间高校教师线上教学调查报告[EB/OL].(2020-04-07)[2020-05-30].https://mp.weixin.qq.com/s/oxqPcHxL01MaUBN9CTH-Nug.

② 刘振天.一次成功的冲浪:应急性在线教学启思[J].中国高教研究,2020(4):7-11.

的学习支持和帮助,引导师生和生生互动,激励学生完成课后的作业。[1] 因此,教师要主动提升自身的信息技术素养,提高网络教学设备使用的熟练程度,积极融入线上教学改革大趋势;要践行"以学生为中心"理念,结合所在学科和课程性质,注重采用探究式在线教学模式,鼓励学生主动学习、深度参与,实现教学内容与形式相统一;要加强师生互动和交流,充分利用网络的便捷性与及时性对学生的学习情况进行及时评价与反馈,从而有效激发学生学习兴趣,提升在线教学效果。

3.改变传统学习方式,注重养成良好学习习惯

这一点是针对大学生群体而言的。相当一部分大学生线上学习自制力比较差,良好学习习惯尚未养成,这是影响大学生在线学习体验的决定性因素。疫情驱动下的教学"革命",给大学生的学习带来了更多的机遇与挑战。线上学习平台的增加,线上学习内容的丰富,以及线上学习形式的多样化,意味着大学生在进行自主学习时有了更多的自主选择空间,学生们可以依据自身兴趣和专长选择适合自己的学习内容,但如何提高辨别能力,提升自主学习能力,便是大学生们面临的主要问题。大学生应当提高辨别能力,选择优质课程资源作为学习材料,努力拓宽知识面、提高综合素质;应当改变被动式听课的学习惯性,主动适应线上学习要求,积极加入课堂互动;应当注重养成良好的学习习惯,加强线下自学自省,带着疑问走进线上课堂,培育勤于思考和敢于质疑的精神,做线上课堂的主人。高校更应该开设相关课程培养学生的自主学习能力,引导学生制定人生方向和学习规划,设立学习目标,传授自主学习方法,加强学生的自律和自我激励。[2]

---

① 翁朱华.在线辅导:在线教学的关键:访在线教学领域知名学者吉利·西蒙博士[J].开放教育研究,2012,18(6):4-8.

② 陈武元,曹荭蕾."双一流"高校在线教学的实施现状与思考[J].教育科学,2020,36(2):24-30.

大学生在线学习体验：影响因素与改进策略 *

◎ 贾文军　黄玉珍　陈武元

一、引言

　　网络教学正在深刻地改变着我国高校的管理方式和教学模式，其重要指向是满足大学生个性发展需求。而衡量大学生个性发展需求满足程度的一个重要指标就是大学生的学习体验。从国内外已有的研究成果来看，对大学生学习体验的研究关注较多，且集中在线下教学层面，而对大学生在线学习体验的研究尤其是基于大样本调查的研究并不多见。这与以往的教学实践未能为在线学习体验研究提供合适的土壤和机会有密切关系。2020 年初，突如其来的新冠肺炎疫情迫使我国高校大规模开展在线教学，也为我们开展大范围的在线学情调查和研究提供了难得的契机。① 目前国内有多所高校开展了线上教学情况调查，研究成果也呈"井喷"之势，但这些成果主要是基于结构化数据进行研究。全国高校质量保障机构联盟（CIQA）和厦门大学教师发展中心联合开展的线上教学情况调查（学生卷）中设置了开放性问题并收集到大量的文本数据，为了充分利用这次"难得的机遇"，本研究尝试对这些非结构性数据进行深入的文本挖掘。虽然文本挖掘是自然科学领域的方法，但在教育领域也有所建树，可以解决定量分析难以解决的问题或是对量化分析加以补充和印

＊　原载《高等教育研究》2021 年第 3 期。

① 　陈武元，贾文军.大学生在线学习体验的影响因素探究[J].华东师范大学学报（教育科学版），2020(7)：42-53.

证,如利用学生的评论来预测学生的成绩,①根据社交媒体上的发言内容自动识别存在特定问题的学生,②采集学生在学习过程中产生的关于教学和课程的文本数据,通过主题抽取和情感分类,对定性文本进行量化分析③等。因此,本研究通过深入挖掘文本中的信息,力图从大学生的视角查找目前线上教学存在的不足,并提出相应的改进建议,为后疫情时代推进"线上+线下"的混合式教学模式提供参考。

二、文献综述

1.学习体验

20 世纪 50 年代后,各国的高等教育先后进入大众化乃至普及化阶段,伴随着高等教育规模扩张,其质量问题备受关注。1952 年罗杰斯(C.R.Rogers)提出了"以学生为中心"的理念,从此关于教学质量与学生体验的研究越来越多,一些国家开发了以学生为中心聚焦教学过程和产出的教学质量调查工具,如澳大利亚的大学课程体验调查(Course Experience Questionnaire,CEQ)、全美大学生参与度调查(National Study of School Evaluation,NSSE)、全英大学生调查(National Student Survey,NSS)等。有学者从哲学意义的角度认知学习体验,认为它取决于学习者及其学习环境中各种外界条件的相互作用④。有学者从体验发生的角度认知学习体验,认为它是指学习者在学习过程中获得的认识和情感;从体验内容的角度来认知学习体验,认为它是学习者对学习

① WONG G，LI S.Academic performance prediction using chance discovery from online discussion forums[C]//Proceedings of the IEEE 40th Annual Computer Software and Applications Conference(COMPSAC).Atlanta，GA，USA,2016；706-711.

② CHEN X，VORVOREANU M，MADHAVAN K.Mining social media data for understanding students' learning experiences[J].Transactions on Learning Technologies，2014,7(3):246-259.

③ KOUFAKOU A，GOSSELIN J，Guo D.Using data mining to extract knowledge from student evaluation comments in undergraduate courses[C]// 2016 International Joint Conference on Neural Networks. Vancouver，Canada,2016;3138-3142.

④ 李英.体验:一种教育学的话语:初探教育学的体验范畴[J].教育理论与实践,2001,21 (12):1-5.

环境、学习活动和学习支持服务等学习过程涉及的各种要素的感知、反馈和收获①。综上,我们认为,学习体验是学习者在一定环境下开展学习活动过程中对各种外界要素的反馈和感知。

为提高教学质量,欧美等发达国家以学生的发展理论和学习理论为依据,实施了大规模的学生学习体验调查。NSSE 侧重的是学生对学习以及各种学习活动的投入和参与的程度,CEQ 则是以 3P 模型(presage-process-product,即"预知—过程—结果")为理论基础,从学生对学习情境的体验来预测学习成果,从而为改进人才培养方案提供方向。NSS 在 CEQ 量表的基础上又增加了课程教学、学习机会、评估与反馈、学术支持、组织管理、学习资源、学习社区、学生建议、总体满意度 9 项指标②。2009 年清华大学将 NSSE 引进国内并推出 NSSE-China 版本,大学生学习体验的评价模式得到越来越多国内学者的重视。

关于学习体验评价的研究主要聚焦两个领域:一是研究学生的学习体验行为与教学活动的一致性问题;二是研究学生自我报告的准确性问题。马什(H.W.Marsh)等人认为,以不同院系学生的学习体验来评价教学质量不太合理,因为学生不可能同时体验几个院系的教学情况③。因此,我们需要对不同学科、类型、层次和院系的课程设计不同的指标和问题,制定个性化的评价方案。费尔德曼(K.Feldman)等人指出,调查的样本数达到一定临界值(20 或 20 以上)时,学生评价的可靠性是可信的④。沙(M.shah)等人强调将质性评估与量化分析相结合,因为结构性数据提供的信息是有限的,所以应通过文字的反馈来深入了解学生的心声⑤。

---

① 拉尔夫·泰勒.课程与教学的基本原理[M].罗康,张阅,译.北京:中国轻工业出版社,2014:65-66.

② 王小青,王九民.中国大学生学业成就评估研究:二十年的回顾(1998—2017 年)[J].苏州大学学报:教育科学版,2018,6(3):62-73.

③ MARSH H W, GINNS P, MORIN A J S, et al.Use of student ratings to benchmark universities:multilevel modeling of responses to the Australian course experience questionnaire(CEQ)[J].Journal of educational psychology,2011(3):733-748.

④ FELDMAN A K.Consistency and variability among college students in rating their teachers and courses:a review and analysis[J].Research in higher education,1977,6(3):223-274.

⑤ SHAH M, CHENG M, FITZGERALD R.Closing the loop on student feedback:the case of australian and scottish universities[J].Higher education,2017(1):115-129.

2.在线学习体验

以慕课为代表的网络在线开放课程,自2013年以来在我国高校掀起了一股热潮,高校慕课的数量急剧增加,并使学习人数在短时间内达到世界最大规模。与此同时,网络在线课程问题也引发了学者们的关注和思考,在线学习体验研究成为学习体验研究的子领域。哈利勒(H.Khalil)等人认为,虽然慕课促进了在线学习的发展,但在线学习的实际效果并没有达到人们的预期,如学生的参与度不够,学习效率低下等①。刘丽芳等人认为,虽然在线课程带动了教育改革,但在线学习过程中教学内容与学习体验个性化缺失的问题也逐渐暴露出来②。近年来,学者们从不同的角度对在线学习体验进行了探索。金善京(K.S.Kim)等人研究了教师信息技术能力、学生学习模式、师生和生生互动对在线学习体验的影响,结果显示师生和生生互动、信息技术能力会影响学生在线学习体验,而学习模式对学习体验的影响并不显著③。帕赫特(M.Paechter)等人调查了2196名学习者的在线学习体验后指出,影响学习体验的关键因素有网络学习环境、网络学习资源、学习者的学习过程、师生和生生的互动以及在线学习效果等④。刘斌等人通过文献研究深入探讨了网络对学习体验的影响,揭示了网络学习体验的主要影响因素有学习环境、教学设计、助教的参与、学生之间的互动行为⑤,但并未用数据证实。陈武元等人通过新冠肺炎疫情暴发期间大规模问卷调查和小规模质性访谈方式研究大学生在线学习体验的影响因素,研究发现学生的个体差异对学习体验有显著影响,教学

① KHALIL H,EBNER M.MOOCs completion rates and possible methods to improve retention-a literature review[C]//Proceedings of World Conference on Educational Multimedia,Denver,Colurado:Hypermedia and Telecommunications,2014:1305-1313.

② 刘丽芳,李盛聪.MOOCs在欧洲高等教育发展中的机遇与挑战[J].中国成人教育,2017(1):116-119.

③ KIM K S,MOORE L J.Web-based learning:factors affecting students' satisfaction and learning experience[EB/OL].(2005-11-07)[2020-06-11].https://journals.uic.edu/ojs/index.php/fm/article/view/1294/1214/.

④ PAECHTER M,MAIER B,MACHER D.Students' expectations and experiences in e-learning:their relation to learning achievements and course satisfaction[J].Computers & education,2010(1):222-229.

⑤ 刘斌,张文兰,江毓君.在线课程学习体验:内涵、发展及影响因素[J].中国电化教育,2016(10):90-96.

模式、互动模式和课程设计对学习体验有直接的影响①。分析国内外已有的研究成果,发现国外对在线学习体验研究起步早,学者关注的主要领域是学习体验的影响因素,且限于个别因素对学习体验的影响,鲜有从学习者的角度深入系统地分析学习体验的影响因素。

随着智能时代的到来,教育大数据愈发具有复杂性和多样性,对其进行挖掘和分析成为教育研究的热点,而教育领域中的文本挖掘是一个蕴含重要价值且有待深度发展的新兴领域。文本数据属于非结构化数据的主要成分,有研究表明非结构化数据可以真实地反映学习者的学习动机、认知过程、情感倾向和学习体验等②③。在新冠肺炎疫情暴发初期,有研究者利用网络爬虫抓取微博平台上的文本数据,运用聚类方法分析了大学生在线学习体验的类型④。目前具有代表性的通用文本挖掘模式,是坦(P.Tan)于1999年提出的两阶段模型,将数据进行文本精炼和知识蒸馏⑤。常用的挖掘方法有聚类、关联规则、异常检验等⑥,还有深度学习的相关算法如卷积神经网络、词向量法、LDA主题模型等。其中,LDA主题模型由于是无监督的机器学习,省略了文本标注样例的过程,只需要设定好参数,就可以自动运行出结果,使其作为自然语言处理研究方向的一种主题模型得到了广泛的应用。因此,本研究选择LDA主题模型对文本数据进行挖掘,利用大规模问卷调查中产生的文本数据,对大学生的学习体验进行更微观的内容解读,以验证文本分析是否与结构化数据研究具有同等的功能和效果。

---

①　陈武元,贾文军.大学生在线学习体验的影响因素探究[J].华东师范大学学报(教育科学版),2020(7):42-53.

②　GRIMES S.Unstructured data and the 80 percent rule[EB/OL].(2008-08-01)[2020-06-12].http://breakthroughanalysis.com/2008/08/01/unstructured-dataand-the-80-percent-rule/.

③　IAN H W,EIBE F,MARK A H,et al.Data mining:practical machine learning tools and techniques[M].San Francisco,CA:Morgan Kaufmann,2016:7-8.

④　贾文军,郭玉婷,赵泽宁.大学生在线学习体验的聚类分析研究[J].中国高教研究,2020(4):23-27.

⑤　TAN A H. Text mining:The state of the art and the challenges[J] Proceedings of the Pakdd 1999 Workshop on Knowledge Discovery from Advanced Databases,1999:65-70.

⑥　TAN P N.Introduction to data mining,Second Edition[M].London:Pearson Education,2018:15-17.

三、研究数据与方法

1.数据收集

本研究样本来自全国高校质量保障机构联盟（CIQA）和厦门大学教师发展中心联合开展的线上教学情况调查（学生卷）中最后一道开放式题目中的文本数据。该问卷涉及全国334所高校，调查时间为2020年3月13—31日，共获得问卷256504份，其中回答了开放题目的问卷数为64899份，剔除含"无"字以及无文字意义的文本后有效问卷数为31717份，即收集到了31717条有效意见，文本字数共计499666个。

2.分析工具

针对本研究收集到的文本数据，采用LDA主题模型和文本编码的方法进行分析和研究。LDA主题模型是NLP（Natural Language Processing）领域中常用的模型之一，它是两种模型Linear Discriminant Analysis和Latent Dirichlet Allocation的简称。本研究中的LDA是指Latent Dirichlet Allocation，既是一种常用于文档主题生成模型，又是一个三层贝叶斯概率模型，包含词、主题和文档三层结构。LDA由布雷（D.M.Blei）、吴恩达（A.Ng）和乔丹（M.Jordan）于2003年提出，用于推测文档的主题分布。[①] 所谓生成模型，是指将一篇文章中的每个词都通过"以一定概率选择某个主题，并从这个主题中以一定概率选择某个词语"的过程中得到，它能够将文本数据中的主题以概率分布的形式提取出来，通过分析抽取的主题后，再根据主题的分布进行主题聚类或文本分类。

文本编码法是利用NVivo 12 Plus软件对文本资料进行编码，编码形成的各级节点构成从属关系。参考点的个数是指每个节点在原始文本资料中出现的次数。根据文本可以进行多级编码，一级节点主要围绕文本主题，在一级主题中对文本资料逐份逐句提取摘要，并以简短的语句表达相关现象，提取的所有原始信息点构成三级节点；将含义相近、重复出现的三级节点进行分类、整合和组织，形成二级节点；将概念内涵属于同一范畴的二级节点归并到一级节点，形成三级节点编码体系。

---

① BIEI M D, NG Y A, JORDAN M I.Latent dirichlet allocation[J].Journal of machine learning research,2003(3):993-1022.

3.数据分析思路

首先,对数据进行文本词频分析,筛选出原始资料中的关键词,然后对含有关键词的样本采用 Python 编程实现 LDA 主题模型的训练,根据主题的困惑度确定文本的主题个数。将每个主题的关键词按照出现概率的高低进行罗列,同时根据这些关键词的意义归纳出每个主题的含义,统计每个主题的样本数,得到热门主题的排序,通过以上的步骤完成对文本数据的基础处理,并呈现出文本资料的基本内容框架。结合内容框架,利用 Nvivo 12 plus 软件对31717 条有效意见进行三级编码,并对每个主题的内容进行更深入的分析,经过逐级编码使得文本数据的内容可量化展示,同时得出文本框架,由此原本看似杂乱无章的文本数据可梳理清晰,并真实客观地呈现大学生在线学习体验的影响因素。

四、研究发现

1.文本词频分析

词频是一种用于文本挖掘的常用技术,以评估一个词语在一个语料库中的重复程度。字词在语料库中出现的次数越多,说明它越重要性。利用 Nvivo12 plus 软件对本研究的文本数据进行分词,设置最小词汇字数为二字词,分词结果得到 8075 个词汇,从中筛选出有意义词汇即关键词 1842 个,只显示词频数为前 100 的词汇得到词云图,见图 1。

图 1 词云图

在图 1 中我们根据词语的大小分布可以看到大学生们最关注的是教师的教学,其次是自身的学习,再次是作业、网络、平台、时间和互动等。

2.LDA 主题模型分析

基于词频分析筛选出关键词,利用 python 的自然语言处理 gensim 训练库中的 ldamode 函数构建 LDA 主题模型并对文本数据进行训练,进而用困惑度(perplexity)来评估模型的拟合程度。困惑度用来度量一个概率分布或概率模型预测样本的好坏程度,它也可以用来比较两个概率分布或概率模型。评估主题模型计算主题数为 1~20 之间的困惑度指标,指标计算如图 2 和表 1 所示,困惑度越小越好,当模拟到 8 个主题之后困惑度下降趋势变缓,所以本研究选择 8 个主题的模型。

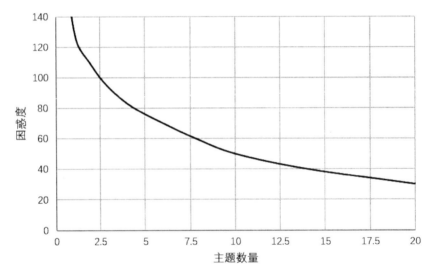

图 2　困惑度曲线

表 1　模型困惑度值列表

主题数	困惑度	变化幅度(后者/前者－1)
1	133.87057	
2	109.932084	－18％
3	93.754248	－15％
4	83.051572	－11％
5	76.384859	－8％
6	70.291037	－8％

续表

主题数	困惑度	变化幅度（后者/前者－1）
7	64.477827	－8％
8	58.258602	－10％
9	55.667016	－4％
10	53.839248	－3％
11	50.870881	－6％
12	47.362268	－7％
13	45.095804	－5％
14	43.583432	－3％
15	41.197568	－5％
16	39.411672	－4％
17	38.357104	－3％
18	36.245271	－6％
19	35.132097	－3％
20	35.445439	1％

执行输出函数后得到表 2,8 个主题输出词向量前 10 位关键词如表 2 所示。

排名第一的主题样本数为 4609 个,根据输出的前 10 位主题词将主题一定义为"教学模式",主题词整体关注教学的课前、课中和课后;排名第二的主题样本数为 4096 个,根据主题词的分布将其定义为"教学效果",教师选择不同的教学模式会影响教学效果。排名第三的主题样本数为 3296 个,主题词围绕着"平台支持"的话题,平台是在线教学中最重要的依托手段。排名第四的主题样本数为 2748 个,根据主题词的意义命名主题为"自主学习",大学生的自主学习能力在在线学习期间是重要的影响因素。排名第五的主题样本数为 2664 个,主题词围绕"师生互动"的主题。排名第六的主题样本数为 2309 个,主题词关注"负面作用"。排名第七的主题样本数为 2163 个,根据主题词表达的含义将主题归纳为"技术支持"。排名第八的主题样本数为 1813 个,主题总结为"教学内容"。

表 2　主题与主题词列表

主题排名	样本量	主题	前 10 位主题词
1	4609	教学模式	0.361×教学＋0.193×作业＋0.060×布置＋0.028×适当＋0.023×设备＋0.023×适合＋0.022×授课＋0.020×自主＋0.018×课后＋0.018×网上
2	4096	教学效果	0.368×教师＋0.082×直播＋0.051×效率＋0.045×任务＋0.044×能力＋0.037×互动＋0.032×效果＋0.023×师生＋0.022×讲解＋0.020×流量
3	3296	平台支持	0.173×平台＋0.126×软件＋0.078×网络＋0.074×稳定＋0.065×稳定性＋0.061×问卷＋0.048×电脑＋0.040×完善＋0.034×浪费时间＋0.023×调查
4	2748	行为调节	0.364×学习＋0.180×时间＋0.035×资源＋0.029×方便＋0.025×自主＋0.021×功能＋0.020×资料＋0.019×形式＋0.017×监督＋0.016×掌握
5	2664	教学互动	0.534×学生＋0.079×课堂＋0.031×支持＋0.026×讲课＋0.025×讨论＋0.020×上线＋0.018×答疑＋0.017×积极性＋0.016×结合＋0.013×适应
6	2309	负面作用	0.140×线下＋0.130×视频＋0.086×教师＋0.061×及时＋0.059×眼睛＋0.050×手机＋0.034×安排＋0.032×回放＋0.027×质量＋0.026×课本
7	2163	硬件环境	0.184×网络＋0.175×需要＋0.042×改善＋0.039×自律＋0.039×重点＋0.038×听课＋0.033×家里＋0.028×卡顿＋0.020×学习效果＋0.018×兴趣
8	1813	教学内容	0.193×课程＋0.071×知识＋0.069×平台＋0.052×签到＋0.050×增加＋0.036×认真＋0.031×作业量＋0.031×统一＋0.022×减少＋0.022×屏幕

3.编码分析

将 LDA 主题模型归纳的主题当作编码的一级节点开始文本编码,深入分析每个主题的内容,通过二级和三级编码,展现所有主题内容的内在脉络。一级节点及其下属的二级和三级节点在 NVivo 中的编码参考点如表 3 所示。

表3 各级编码与参考点列表

第一节点	参考点	第二节点	参考点	第三节点	参考点
教学模式	4085	课前	1010	教学资源	613
				签到问题	276
				课程安排	66
				备课问题	55
		课中	1381	教师授课态度	720
				授课模式	455
				课堂纪律管理	128
				课堂测验	78
		课后	1694	作业量增大	1160
				担忧成绩	370
				反馈不及时	164
教学效果	4218	总体评价	1530	学习效果差	1530
		教学技能	1948	教师设备不佳	1093
				视频质量不高	855
		教学安排	740	上课时间延迟	548
				跟不上教师的进度	192
平台支持	2635	稳定性	1245	稳定性差	1245
		数量	585	减少平台数	572
				增加平台数	13
		功能完善	805	优化平台	369
				回放功能	122
				提醒功能	49
				记录功能	16
				智能功能	16
				交流功能	11
				完善系统	121
				优化服务器	84
				改进硬件	17

续表

第一节点	参考点	第二节点	参考点	第三节点	参考点
行为调节	1243	自律性	759		
		学习能力	430		
		缺乏时间	54		
教学互动	788	互动模式	634		
		参与感	75		
		生生互动	73		
		师师互动	6		
负面作用	3086	眼睛	624	视力损伤	624
		沟通效果	2174	交流不畅	493
				不如线下	1681
		电子设备报废	288		
硬件环境	1406	网络稳定性问题	1128		
		流量不够	239		
		家里无网	39		
教学内容	388	课程	256	课程需要精选	256
		知识讲授	132	讲解不到位	99
				枯燥乏味	33

由表3可以看出,教学模式是学生最为关注的话题,围绕着这个主题分为课前、课中和课后三个阶段进行编码。在课前阶段最突出的是教学资源问题。学生普遍反映获得的资源乱而杂,针对性不强,需要花许多课余时间去观看,希望教师在备课时能精选教学资源。其次是上课的签到问题。教师使用的平台多,签到软件五花八门,这样会影响学生的在线学习体验。另外,还有部分教师的课程安排不明晰。有的教师甚至将线下教学使用的PPT作为课件在线上宣读,令学生感觉到教师对线上课程的敷衍和不重视。课后作业量的问题极为突出,是课后阶段中编码最多的一项,因为网课的作业量比线下教学翻了好几倍,学生的负担明显加重,由此部分学生产生了厌学情绪。

教学效果主要分为三个方面。第一是对教学效果的整体评价,认为学习效果差。第二是教学技能方面,学生普遍认为教学效果不佳是由于教师的教学设备不佳造成的。部分教师未能熟练使用各种直播或录播设备,或教师在授课过程中因家里的网络不畅,会出现各种延迟及卡顿现象;部分教师因未使用专业设备录制视频,从而出现视频清晰度不高、充满杂音等问题。第三是教学安排方面,失去了校园里铃声的提醒,教师把控在线教学时间的能力显得不足。学生在家的所有时间都被网课占据,几乎没有自主学习时间。另外,一部分教师在线教学的进度过快,学生反映跟不上教师的进度,从而使得他们对自己的课业成绩产生了严重的担忧。

平台支持是第三个关注的主题。其中的焦点是平台的稳定性,此因素直接影响学生在线学习的体验。在平台数量方面,学生普遍建议应减少在线教学的平台数,也有少数人建议增加平台数;但优化平台是学生反馈较多的问题。在平台功能方面,学生提及的功能主要有回放功能、提醒功能、记录功能、智能功能和交流功能;完善系统、优化服务器也是学生的重点需求;部分学生还提出应改进硬件设备。

自主学习问题是学生关注的第四大问题。其主要涉及学生的自律性、学习能力以及自主学习时间。其中,自律性是学生关注的重点,其次是学习能力,最后是自主学习的时间问题,主要表现为学生自主学习的时间不足。大多数学生认为在线学习的学习自律性会直接影响学习效果,学习能力是影响学习效果的第二大因素,而学生缺乏相对充足的自主学习时间是影响在线学习效果的第三大因素。

师生互动是大学生关注的第五大问题。在师生互动方面,互动模式是学生关注的焦点,其次是师生互动中学生的参与感。此外,生生互动也是学生比较关注的需求,部分学生对教师与教师之间的互动也提出了建议。

长期的在线学习会暴露出不少负面作用,大学生的反馈主要体现在视力损伤、交流不畅和设备损耗等方面。

技术支持在大学生关注的主题中排名第七。学生主要反映网络建设存在问题,包括网络的稳定性问题,流量不够用。此外,部分学生反映家中无网络和家中信号不好的问题。

教学内容问题排名第八。大多数学生的反馈集中在两个方面:一是课程问题,教师在在线教学过程中会盲目地提供很多慕课课程,而这些课程与实际课程的匹配度不高,影响学生的学习效率。二是教学内容问题,教师的在线讲解不到位且内容枯燥乏味。

五、结论与建议

1.结论

从编码的主题词分析可知,高校学生在线学习体验的影响因素主要集中在教师、学生和环境支持三个方面,并得出以下结论:

第一,教师因素是影响学生在线学习体验的重要因素,它包括教学模式、教学效果、教学内容和教学互动四个主题内容,且每个主题的子因素都不同程度地影响学生的在线学习体验。陈武元等人利用本次调查问卷的量表部分的结构化数据进行了回归分析,指出教学模式中互动模式、授课环节和考核环节对在线学习体验存在影响,其中考核环节影响最大,其次是互动模式,再次是授课环节[①],但对其中更具体的影响因素未进行探究。与结构化数据呈现的结果相比,本次文本挖掘产生了新的关注点。通过本研究得出的节点和量化的因子存在部分重合,但在教学模式的编码分析中,考核环节在课后的子节点中属于第二大节点,而作业量增大成为第一大节点,虽然在访谈中有学生也提到了作业问题,但没有成为主要的倾诉点。其次,互动模式成为师生互动主题下的一个节点,不仅包括互动模式,还涉及学生的参与度,生生互动和师师互动,对互动进行了更详细的解读。此外,授课模式是教学模式中的三级节点,也是课中节点的第二大子节点,所以除了授课模式,教师的授课态度、在线课堂的纪律和课堂测验都会影响学生的在线学习体验。

第二,在线教学促使学生在自我反思中意识到自主学习的重要性,学生自主学习能力的强弱会直接影响在线学习体验的好坏,且学生认为在线教学的负面作用也是影响在线学习体验的重要因素。陈武元等人根据本次问卷的量表部分的结构化数据对大学生背景因素的差异性进行分析,得出学生的个体特征对在线学习体验存在影响,例如性别、学科专业以及对在线平台的熟悉度都是影响学生在线学习体验的关键因素[②]。但通过文本数据挖掘,进一步发现学生自身方面的影响因素还有自主学习能力。自主学习能力是从文本挖掘

---

① 陈武元,贾文军.大学生在线学习体验的影响因素探究[J].华东师范大学学报(教育科学版),2020(7):42-53.

② 陈武元,贾文军.大学生在线学习体验的影响因素探究[J].华东师范大学学报(教育科学版),2020(7):42-53.

中发现的一个重要影响因素,通过编码分析,影响自主学习能力的因素包括学生学习的自律性、学生自身的学习能力与学生自主学习的时间。在自律性方面,很多学生长期以来都是靠外界约束自身的学习,加之受家庭环境、家庭成员和其他诱惑等诸多因素的影响,学生的自律性较差。因此,有学生建议学校应采取措施,提高学生的自主学习能力。在学习能力方面,学生的自学能力参差不齐,在线学习在很大程度上依赖学生自学。学生置身于浩瀚的知识海洋中,只有具备一定的搜索能力和导航能力才能有所收获。然而,并不是每一个学生都具备这种能力,加上教师的引导不足,因此学生较难实现自主性学习。在自主性学习时间方面,教师课上留给学生自主学习的时间较少,加之学生个体差异,学生的自主性学习时间相对不足。此外,在线教学的负面作用是文本挖掘发现的又一重要因素,主要包括在线教学导致学生视力下降、交流沟通不畅以及因电子设备超负荷使用导致设备受损,这在结构化数据分析结果中并未得到体现。

第三,平台和技术作为在线教学的载体,是在线教学效果的重要保障。在线教学的平台问题不仅局限于平台的数量与功能,还存在平台的稳定性、优化、系统、服务器等方面的问题,而网络技术支持不足同样是困扰学生在线学习的重大问题。此次问卷的结构化数据分析结果指出,平台的直播功能、回放以及音频等功能都会影响学生的在线学习体验,[①]而文本编码的结果中也得出相同的结论,但文本数据还进一步挖掘出学生对平台建设方面的需求和建议。首先,针对平台的功能方面,学生着重提出应完善回放和提醒功能。因为学生在直播课堂中没有听懂的知识点可以通过平台的回放功能巩固自身的学习。同时,在课程繁多的情况下,学生认为设置作业的提醒功能也很重要,这可有效减少学生漏做作业现象的发生。其次,针对平台的稳定性问题,有学生指出应对平台进行优化,同时学校还应完善系统、优化服务器以及对硬件设备进行改进。文本数据显示,技术支持的问题主要聚焦在网络的稳定、网速和流量等方面,进一步分析文本可知,网络的稳定性受制于当地的硬件设施条件水平。由于学生所处的地区不同,学习的硬件设施条件参差不齐,学习效果也存在较大差异,因此,有学生建议上课前学校需要调查学生的设备和网络环境情况。

根据以上结论,本研究进行以下讨论:

---

① 陈武元,贾文军.大学生在线学习体验的影响因素探究[J].华东师范大学学报(教育科学版),2020(7):42-53.

第一,在线教学中学生普遍反映作业量增加,给学生带来课业压力和课业负担,但课业压力和课业负担存在一定区别。课业压力并不暗含贬义,只是学生的心理感知,可通过心理压力问卷获得学生的心理压力情况,课业负担却是一个贬义的概念,表明有些课业偏离教学目标,因此需要给学生"减负"。本研究文本数据中对作业量增加给学生带来的影响并未充分说明,因此需要进一步明确,作业量增加之后学生是课业压力大于课业负担,还是课业负担大于课业压力,这值得作进一步的探讨。只有在明确具体影响之后,才能对作业量这一问题提出针对性的解决方案。

第二,在研究过程中尽管剔除了无效文本,但不可避免的是文本中依然存在不真实内容。为了保护调查对象的个人隐私信息,问卷采取匿名填写的形式,这在给予被调查者安全感的同时也使被调查者无所畏惧,在匿名的情况下,他们可以在开放题中畅所欲言,不用对自身的言论负责。因此,其中可能会有部分对线上教学不满者把问卷中的开放题作为自己泄愤的出气口,且受个人主观态度的影响故意夸大在线教学的问题,在这种情况下文本内容的客观性可能会受到影响。

2.建议

此次文本数据较结构化数据挖掘出更多在线教学中存在的具体问题,为解决这一时期在线教学折射出的具体问题,推动后疫情时代下"线上＋线下"混合式教学的稳步进行,本研究提出如下建议:

(1)强化教师线上教学信息素养

信息化教学能否有效推进,教师占主导因素。研究结果显示,教师在教学资料准备、线上课堂管理和教学进度把握等方面都存在问题。"大学教师的信息化素养,应包括具备信息化教学意识、具有信息化教学能力和掌握信息化教学技术等。"[①]教师在线上教学正式开始之前就应做好准备以应对可能存在的问题和阻碍,同时还需要明确线上教学的意义与挑战,认识到线上教学的便捷性和有效性。在后疫情时代实施"线上＋线下"混合式教学中,教师应掌握好教学进度,有计划地执行教学任务,可尝试提前模拟练习;教师之间可组建教学团队小组,交流备课经验、共享教学资料,以解决教师线上教学经验不够、学生学习资料准备不足等问题;高校应该注重教学技术人员队伍的建设,让专业人员帮助教师设计在线课程,使在线教学更具专业性。在信息化教学技术方

---

① 陈武元,曹荭蕾."双一流"高校在线教学的实施现状与思考[J].教育科学,2020,36(2):24-30.

面,高校应开展相应培训,对教师进行针对性训练,提高教师数据应用能力,由此可将在线教学的高频度签到模式转向后台数据统计模式。另外,教师要主动转变身份角色,从教学主导者转变为学生学习过程中的陪伴者、讲解者和促进者,帮助学生适应线上教学模式。教师要学会利用教学平台的互动功能,比如屏幕共享、投票、举手、分组、点名等。教师只有掌握了平台互动技术,才能真正将互动理念落到实处,开展高效的线上教学活动。

(2)增强学生线上学习适应能力

自主学习能力是影响大学生线上学习投入以及学习效果的重要因素,而随着互联网信息技术在教育领域的深入推广和运用,以及网络在线教育独特的优势,"线上+线下"的混合教学形式在未来学校教育中必将越来越广泛地得到应用,面对这一趋势大学生需要提高自主学习能力,以适应"线上+线下"混合式教学模式。影响大学生自主学习的主要因素有自我概念、学习归因和学习环境适应[1],因此,在线教学在将来可重视以下路径强化大学生在线学习的适应性。第一,建立积极的自我概念,明确自我学习目标,引导学生根据线上教学模式及时调整学习方法。教师要将教学目标与培养学生核心素养相结合,在教学过程中帮助学生树立自主学习意识,最大限度地释放学生的创造性和自主性,增强学生自我效能感。第二,引导学生合理进行内部归因,及时帮助学生解决线上学习问题,归纳总结经验,认清问题本质。从内部归因行为上增强学生学习行为动机和学习投入意愿,强化自律意识,激励学生主动学习。第三,营造良好的生态学习环境,学校应为学生创设有利于自主学习的环境,提供具有针对性而非繁杂性的学习资源,教师应及时为学生提供指导和反馈,从而保障自主学习活动的顺利进行。家长应形成支持性的家庭氛围,增强共情意识,主动了解学生的学习目标、学习状态和学习困难,主动与学生进行沟通和交流,为学生居家学习提供情感支持和行为支持,从而保障学生具有良好的学习心态,使其积极主动投身于学习活动中,不断增强自主学习能力,适应线上教学模式[2]。当然,居家学习是一种特殊形态,随着新冠肺炎疫情解除后高校学生回归学校学习,这种情况会得到消除。

(3)加大环境支持,补齐线上教学技术短板

平台支持与技术支持是保障线上教学效果的物力因素。从平台数量上看,目前我国已开发了多种多样的线上教学平台供师生自由选择,但平台数量

---

① 刘燚,张辉蓉.高校线上教学调查研究[J].重庆高教研究,2020,8(5):66-78.
② 刘燚,张辉蓉.高校线上教学调查研究[J].重庆高教研究,2020,8(5):66-78.

过多给学生的学习带来不便;从平台质量上看,教学平台功能仍存在问题,回放与提醒等功能的欠缺无法满足学生的学习需求。由于技术发展水平的限制,网络拥堵等问题也成为阻碍线上教学活动顺畅进行的因素,农村地区学生因此成为线上教学的"弱势群体"。而高校要推行"线上+线下"混合式教学模式,必然要解决这些基本问题,优化平台与技术势在必行,以下方面亟须改进和加强:第一,学校、学院及教师应统一教学平台的使用,平台太多,来回切换,已对学生造成困扰。第二,学校需要加大人力与物力投入,完善校内教学平台功能,便于教师和学生开展教学活动。第三,应引进功能性全、稳定性强的教学平台与校内教学平台衔接,满足学生对硬件上的需求。第四,"增加带宽和服务器投入、加大课程平台的扩容,保证线上教学的稳定进行,最大化规避网络拥堵、平台崩溃带来的负面影响"①。第五,国家应尽快加强资源统筹,推进农村信息网络建设,实现农村宽带进乡入村,保障农村学生顺利进行线上学习②。当然,最后一点也是特殊情况下的产物。但为了防患于未然,在国家财力日趋雄厚的条件下,应予以加强。

---

① 张建卫,周愉凡,宣星宇,等.疫情防控期高校在线教学与学生发展:基于B大学的案例研究[J].中国高教研究,2020(6):64-71.
② 胡小平,谢作栩.疫情下高校在线教学的优势与挑战探析[J].中国高教研究,2020(4):18-22,58.

探寻社会化意义：大学生在线教学交互及其对学习效果的影响 *

——基于 334 所高校在线教学的调查

◎ 陈涛　巩阅瑄　蒲岳

为贯彻落实疫情防控期间"停课不停学、停课不停教"的要求，今年全国高校一同开展了有史以来规模最大的线上教学，这既是疫情之下的应急之举，也是我国高校教育信息化前期成果的一次集中展示和检验。对于此次大规模在线教学，不少人认为只是突发疫情背景下的"临时模式"，但无法否认的是，在线教学的确正在加速全球高等教育的变革①。在线教学交互与学习效果成为社会各界普遍关注的话题。由于远程教育中教与学"分离"，弱化了学校作为学生社会化发展主体的作用，在线教学难免遭受一定质疑。因此，有必要深入调查研究高校在线教学交互及其对学生学习效果的影响，进而在此基础上探究大学生在线学习的社会化意义。

一、文献回顾与理论基础

在远程教育情境中，随着慕课等线上教育模式的快速发展，时空分离使教与学的交互成为远程教育的核心议题。教学交互不仅是在线教学设计的重要

＊　原载《高等教育研究》2020 年第 6 期。

① 清华大学发起全球大学特别对话　共商新冠疫情下在线教育合作与发展[EB/OL]. (2020-04-26)[2020-04-29].https://news.tsinghua.edu.cn/info/1044/78494.htm.

内容,①而且是在线学习质量的重要保障,②教学交互的根本目的是促进学生有效学习。在线学习效果研究既有学理层面的学习科学研究,③也有实证层面的认知满意度和影响因素分析,④⑤⑥还有尚在探索中的评价指标构建。⑦这些研究都指向"什么样的在线教学交互能促进学生有效学习"这一根本问题,聚焦于交互过程层面的讨论。因此,本研究围绕大学生在线教学交互,试图探究教学交互对学习效果产生的影响以及存在的问题。

作为一个专业术语,在线教学交互具有丰富的内涵,代表性的观点有三个。一是丹尼尔(J.S.Daniel)和马奎斯(C.Marquis)从自主与交互关系中理解教学交互,认为远程学习包括学生自主学习和学生同他人的交往活动。⑧ 二是瓦格纳(E.Wagner)从社会性出发思考教学交互,认为是至少两个对象和两个行为相互作用的实践,交互在对象和行为相互影响时发生。⑨ 三是陈丽从建构学习理论出发,指出教学交互的本质是以学习者对学习内容产生正确意义建构为目的,学习者与学习环境之间的相互交流与相互作用。⑩ 基于上述概念分析,不难发现在线教学交互不同于传统线下教学交互,它是具有多种因素、多个层次、多种类型、多项交互和多层内涵,复杂而又特殊的教与学过程。

为厘清在线教学交互的复杂性,学者展开了广泛探索。穆尔(M.G.

① WOO Y,REEVES T C.Meaningful interaction in web-based learning:a social constructivist interpretation[J].Distance education in China,2007(1):15-25.

② TRENTIN G.The quality-interactivity relationship in distance education[J].Educational technology,2000(1):17-27.

③ 王志军,陈丽.远程学习中的概念交互与学习评价[J].中国远程教育,2017(12):12-20.

④ KEELER L.C.Student satisfaction and types of interaction in distance education courses[D].Fort Collins,CO:Colorado State University,2006:54-56.

⑤ KUO Y C,WALKER A E,SCHRODER K E E,et al.Interaction,internet self-efficacy,and self-regulated learning as predictors of student satisfaction in online education courses[J].Internet and higher education,2014(1):35-50.

⑥ ZHAO Y,LEI J,YAN B,et al.What makes the difference? A practical analysis of research on the effectiveness of distance education[J].Teachers college record,2005(8):1836-1884.

⑦ 王志军.中国远程教育交互十年文献综述[J].中国远程教育,2013(9):25-29.

⑧ DANIEL J S,MARQUIS C.Interaction and independence:getting the mixture right[J].Teaching at a distance,1979(1):29-44.

⑨ WAGNER E.In support of a functional definition of interaction[J].The American journal of distance education,1994(2):6-26.

⑩ 陈丽.术语"教学交互"的本质及其相关概念的辨析[J].中国远程教育,2004(3):12-16.

Moore)提出教师与学生、学生与学生、学生与课程内容三种核心交互类型，为教学交互分类奠定了基础，[①]是远程教育领域广泛认可的经典模型。希尔曼（D.C.A.Hillman）与安德森（T.Anderson）又将交互拓展到学习者与界面、教师与教师、内容与内容等层面。[②③] 但随着教学交互研究的不断丰富，学者们发现教学交互并非越多越好，它们有可替代和层次关系。如安德森提出了等效交互理论，指出在线教育的三种交互可以相互转换和替代，即只要有一种交互处于较高水平，其他两种交互水平较低也不影响学习效果；三种交互中一种以上处于较高水平时，可能产生更好的学习效果，但这比低交互序列学习要花更多经济和时间成本。[④] 又如陈丽提出教学交互层次塔模型，交互层次从低到高依次是学生与界面的操作层面交互，教师与学生、学生与学生、学生与学习内容的信息层面交互，学生新旧概念的概念层面交互，开展高层次交互必须以低层次交互为基础和条件。[⑤] 穆尔的在线教学交互分类、层次塔模型和等效交互论为本研究提供了分析和解释框架，本研究将从人机交互（教师、学生与界面的交互）、师生交互（教师与学生的交互）、生生交互（学生与学生的交互）以及内容交互（学生与学习资料的交互）两个层面、四个维度进行分析和讨论。此外，鉴于新旧概念交互水平难以测量，本研究未涉及该层面交互的实证分析。

从远程教学交互分类方式的演进看，教学交互已经从视听学习、智能学习阶段走向社会化和网络化学习阶段。[⑥] 因此，当前有关在线教学交互的研究主要从社会化意义—人际交互的角度展开。如师生交互可防止学生产生孤独

① MOORE M G.Three types of interaction[J].American journal of distance education，1989(2)：1-6.
② HILLMAN D C A，WILLIS D J，GUNAWARDENA C N.Learner-interface interaction in distance education：an extension of contemporary models and strategies for practitioners[J].American journal of distance education,1994(2)：30-42.
③ ANDERSON T.Modes of interaction in distance education：recent development and research questions[M]//MOORE M.Handbook of Distance Education.Mahwah，NJ：Erlbaum,2003：129-144.
④ ANDERSON T.Getting the mix right again：an updated and theoretical rationale for interaction[J].The international review of research in open and distance learning,2003(2)：1-14.
⑤ 陈丽.远程学习的教学交互模型和教学交互层次塔[J].中国远程教育,2004(5)：24-28.
⑥ 王志军,陈丽.国际远程教育教学交互理论研究脉络及新进展[J].开放教育研究,2015，21(2)：30-39.

感,而孤独感会导致学习效果不佳;①②学生间的交互会缓解焦虑并建立情感支持,③而这种情感交互与学业成绩和自主学习都有直接关系。④⑤ 此外,为构建具有社会化特征的在线教学场域,不少学者将目光聚焦在人机交互上,希望通过创新和改良人机交互实现在线教学的人际交互。如借助同步工具促进教学交互,⑥学生使用社交技术会体验到更多交互,⑦教师亦可以通过在线反馈技术减少学生的孤独感。⑧ 又如通过构建高校在线课堂"有效教学交互分析系统",建立计算机在线协作系统以实现在线协作式教学,促进教学交互。⑨⑩ 综上

① GARRISON D R, CLEVELAND-INNES M. Facilitating cognitive presence in online learning: inter-action is not enough[J]. American journal of distance education, 2005 (3):133-148.

② GARRISON D R, CLEVELANDINNES M, FUNG T S. Exploring causal relationships among cognitive, social and teaching presence: student perceptions of the community of inquiry framework[J]. Internet and higher education, 2010(1):31-36.

③ VUOPALA E, HYVO NEN P, JA RVELA S. Interaction forms in successful collaborative learning in virtual learning environments[J]. Active learning in higher education, 2015, 17(1):25-38.

④ REYES M R, BRACKETT M A, RIVERS S E, et al. Classroom emotional climate, student engagement, and academic achievement[J]. Journal of educational psychology, 2012(3):700-712.

⑤ BLASCO-ARCAS L, BUIL I, HERNANDEZ-ORTE-GA B, et al. Using clickers in class: the role of interactivity, active collaborative learning and engagement in learning performance[J]. Computers & education, 2013(3):102-110.

⑥ BOWMAN N D, AKCAOGLU M. "I see smart people!": using facebook to supplement cognitive and affective learning in the university mass lecture[J]. Internet and higher education, 2014(10):1-8.

⑦ HAMID S, WAYCOTT J, KURNIA S, et al. Understanding students' perceptions of the benefits of online social networking use for teaching and learning[J]. Internet and higher education, 2015(7):1-9.

⑧ KUO Y C, WALKER A E, SCHRODER K E E, et al. Interaction, internet self-efficacy, and self-regulated learning as predictors of student satisfaction in online education courses[J]. Internet and higher education, 2014(1):35-50.

⑨ 刘宇,崔华正,吴庭倩.中美视频公开课有效教学互动分析研究[J].电化教育研究,2016,37(1):103-109.

⑩ HERNÁNDEZ-SELLÉSA N, MUÑOZ-CARRILB P, GONZÁLEZ-SANMAMED M. Computer-supported collaborative learning: an analysis of the relationship between interaction, emotional support and online collaborative tools[J]. Computers & education, 2019(9):1-12.

分析,在远程教育情境下,教与学的时空分离使人的社会化问题凸显,这促使人们重新理解人机交互和人际交互的关系以及教学交互的根本价值。有学者因此明确指出,社会交互(人际交互)一直是远程教育研究的重点和热点。[①]

　　总体而言,尽管聚焦在线教学交互与学习成效以及相关社会化问题的研究非常丰富,但伴随时代发展这一主题的研究又是常提常新的。此外,目前我国相关研究理论与思辨居多,实证与案例分析相对较少。[②] 因此,本研究基于大规模问卷调查,从四个方面考察我国大学生在线教学交互情况及其与学习效果的关系(见图1)。一是在线教学交互是否促进学生的有效学习,涉及操作层面的人机交互与信息层面的生生交互、师生交互、内容交互对学生学习效果的影响;二是以技术为基础的人机交互对生生交互、师生交互和内容交互产生怎样的影响;三是同处信息层面的内容交互对师生交互和生生交互是否产生影响;四是教学交互对学习效果的影响在不同学生群体中是否存在差异。基于这些分析,本研究试图从教育社会学视角探究在线教学交互的社会化意义,特别是考察在时空分离情境中在线教学交互是否存在社会化失范问题,即与现实学校情境教学规范不符的行为。换言之,当把技术作为社会化的情境因素时,教与学、师与生应该建立何种关系样态。本研究在现实层面可为我国高校和教师改进在线教学提供依据和参考,在学理层面也可为在线教学交互的社会化发展提供跨学科思考。

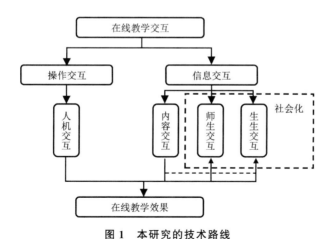

图1　本研究的技术路线

① 　王志军.中国远程教育交互十年文献综述[J].中国远程教育,2013(9):25-29.
② 　王志军.中国远程教育交互十年文献综述[J].中国远程教育,2013(9):25-29.

二、研究数据与方法

1.研究数据

（1）样本选取。本研究的样本数据来源于全国高等学校质量保障机构联盟（CIQA）和厦门大学教师发展中心开展的线上教学情况调查（学生卷），共有全国 334 所高校的 251929 个样本，数据采集时间为 2020 年 3 月 13 日至 4 月 1 日，正是教育部规定的高校开展"停课不停学、停课不停教"在线教学时间。本研究采用该问卷中样本基本信息和在线学习体验两部分内容。其中，基本信息包括学生性别、出生年份、所在年级、就读专业以及就读学校性质、类别和所在地区等内容。对在线学习体验的调查采用 5 级单项选择题，以李克特量表（Likert scale）五点式递增计分规则赋值，即非常赞成为 5 分，赞成为 4 分，一般为 3 分，不太赞成为 2 分，不赞成为 1 分；此外，将在线学习的优缺点、影响在线学习效果的主要因素及在线学习效果评价等题项中"不知道"选项赋值 0 分。

本研究在原始样本数据基础上进行了预处理，一是舍弃了抗疫期间未参与过在线学习的调查样本，二是过滤了对上述信息选择"不知道"选项的样本以及所在年级信息缺失的样本，数据清洗后的样本数为 241655 个。另外，由于本研究调查问卷属于结构性量表，为此对样本各变量进行了信度和效度分析。首先对样本进行信度检验，其克龙巴赫 α 系数为 0.869，说明样本数据信度良好。其次采用因子分析方法检验了问卷的结构效度，测得其 KMO 值为 0.959，巴特利特球形检验的显著性概率<0.01（近似卡方值为 1293859.791、自由度为 465），表明问卷变量之间具有相关性，问卷的结构效度良好。

（2）变量构成。本研究变量构成如表 1 和表 2 所示。因变量是学生在线学习效果评价，以"比传统线下学习效果好"这一题项进行评价。核心自变量是教学交互。根据相关研究，将教学交互划分为人机交互、生生交互、师生交互和内容交互四个维度。其中，人机交互指教师、学生对教学平台和工具的熟悉程度，生生交互指学生之间的交流与协作，师生交互包括学生提问和教师反馈两部分，内容交互指学生可以按需选择学习内容。上述题项均采取李克特量表五点式递增计分规则赋值，数值越高赞成度越高。

表 1　因变量和核心自变量

变量		题项
因变量		线上学习比传统线下学习效果好
自变量	人机交互	教师对在线教学平台和工具的熟悉程度（教师技术熟悉度）
		学生对在线教学平台和工具的熟悉程度（学生技术熟悉度）
	生生交互	方便学生之间交流与协作（学生协作）
	师生交互	学生充分表达关注的问题（学生提问）
		教师及时就学生关注的问题进行反馈（教师反馈）
	内容交互	学生按需选择学习内容（内容选择）

表 2　控制变量的方法

控制变量	题项	定义
样本个体特征	性别	虚拟变量，男性设为 1，女性设为 0
	年龄	年龄根据问卷中出生年份的选项计算得出
	就读年级	包括专科，大一，大二，大三，大四，大五以及研究生，分别赋值 1—7
就读学校特征	所在地区	东部赋值 1，中部赋值 2，西部赋值 3
	学校性质	包括公办学校，民办学校以及其他，分别设为虚拟变量
	学校类别	包括研究型大学、一般本科高校、高职院校以及其他，分别设为虚拟变量。
在线课程特征	课程类型	包括专业选修课、专业必修课、公共必修课、公共选修课，分别设为虚拟变量
	课程性质	包括理论课、独立设置实验课、术科课和其他教学，分别设为虚拟变量
在线学习经验	疫情之前是否使用在线教学	虚拟变量，使用为 1，未使用为 0
	是否受过在线学习相关培训	虚拟变量，受过培训设为 1，未受过培训为 0
	在线教学平台技术熟练程度	非常熟练，熟练、一般，不太熟练以及不熟练，分别赋值 5—1

续表

控制变量	题项	定义
其他 影响 因素	网络资源	包括网速和稳定性、教学平台功能及稳定性、线上技术服务支持、提供远程配套电子教学资源。按指标量级分别赋值 1～5
	教学设计	包括教师态度和精力、教师讲授方式、教师采取了适当评价方法。按指标量级分别赋值 1～5
	教学管理	包括维持课堂秩序、配备助教,按指标量级分别赋值 1～5
	学生适应	包括学生积极参与、自主学习能力、良好行为习惯,按指标量级分别赋值 1～5
	学校支持	指学校对在线教学的支持力度,按指标量级分别赋值 1～5

2.研究方法

本研究结合变量特征、研究目的和内容,采用 Stata(v.15)软件进行统计和对比分析。

(1)统计分析。首先,通过计算样本对象基本信息及关键变量的最大值、最小值、均值、标准差、频数以及对应的百分比进行描述性分析,从而了解样本的基本情况和特征。其次,采用多元线性回归分析法探索人机交互、生生交互、师生交互、内容交互四个维度教学交互对在线学习效果的影响效应。

(2)对比分析。在统计分析的基础上,从性别、是否参与过在线学习培训、学校类别等方面进行异质性分析,通过对比来揭示不同性别、不同在线学习培训经历以及不同学校类别大学生群体的在线教学交互对学习效果的不同影响作用。

三、研究结果

1.大学生在线学习效果与在线教学交互的基本情况

大学生在线学习效果的总体情况以及他们对不同教学交互方式总体评价的描述性统计分析见表 3。就本研究因变量(在线学习效果)而言,一方面,非常赞成线上学习比传统线下学习效果好的学生占调查对象总数的 9.1%,赞成线上学习比传统线下学习效果好的学生共占 20.4%;另一方面,因变量的平均值为 3.05,标准差为 1.044。由此可以看出,总体上大学生认为线上学习效果与传统线下学习效果相差不大。

就本研究自变量(教学交互)而言,总体上大学生认为人机交互、生生交互、师生交互和内容交互均是影响线上学习效果的重要因素。其一,人机交互自变量的平均值相对较高。教师、学生对在线教学平台和工具熟悉程度的得分分别为4.00、3.97,说明多数学生认为教师、学生比较熟悉在线教学平台和工具。这也体现了人机交互在整个教学交互中的基础性作用。其二,生生交互自变量的平均值为3.53,说明有较多大学生的线上学习从同伴效应中受益,特别是学生群体内部交互产生的积极影响。其三,师生交互自变量的评分结果相对复杂。其中,学生提问变量的平均值为3.65,说明多数学生认为自身越主动参与交互,教学交互效果越好;教师反馈变量的平均值相对较低(2.67),说明从学生的视角来看,教师及时就学生关注的问题进行反馈这类教学交互并不乐观。其四,内容交互自变量的平均值为3.67,说明大部分学生都可通过网络途径选择适合自己的学习内容,较好实现与学习内容的交互。

表3　描述性统计分析

变量		题项	最小值	最大值	平均值	标准差
因变量		线上学习比传统线下学习效果好	1	5	3.05	1.044
自变量	人机交互	教师技术熟悉度	1	5	4.00	0.816
		学生技术熟悉度	1	5	3.97	0.817
	生生交互	学生协作	1	5	3.53	0.971
	师生交互	学生提问	1	5	3.65	0.903
		教师反馈	1	5	2.67	0.995
	内容交互	学习内容选择	1	5	3.67	0.934

2.在线教学交互与学习效果的回归分析

(1)在线教学交互对大学生学习效果的影响

经多元排序逻辑回归模型检验(见表4),发现不同在线教学交互形式对学习效果的影响存在显著差异。第一,教师、学生的人机交互对在线学习效果产生显著正向影响。这说明教师、学生对在线教学平台和工具越熟悉,人机交互越顺畅,学生在线学习的效果就越好。从教学交互层次塔模型来看,人机交互属于操作层面的交互,是整个教学交互的基础和前提,如果没有充分且顺畅的人机交互,就无法实现更高层次的信息交互和概念交互。[①]

---

① 陈丽.远程学习的教学交互模型和教学交互层次塔[J].中国远程教育,2004(5):24-28.

第二,生生交互对在线学习效果产生显著正向影响。这意味着学生之间的在线交流与协作将促进有效学习,无论是个体之间的交流还是小组讨论,都会促进学生的社会化发展,进而提高其批判性思维和认知能力。对于大学生群体而言,生生交互更符合他们的学习特征,特别是以小组为单位的生生交互,更有助于激发学生的学习积极性。

第三,内容交互对在线学习效果产生显著正向影响。这说明学生越关注学习内容和相关资料,越有助于开展有效学习。穆尔认为,与学习内容的智力交互可以促进学习者对事物的理解及其认知结构发生改变,[①]学生与学习内容的交互实质上是将个人知识与相关学习主题建立关联。根据层次塔模型理论,学生虽然不能向学习资料和内容传达信息,但他们很可能会实现最高层面的概念交互。[②]

第四,师生交互对在线学习效果的影响具有不确定性。学生提问交互方式对在线学习效果产生显著正向影响,说明大学生主动阐述自己关注的问题会促进有效学习。但是,当教师对学生关注的问题及时作出回应时,反而对在线学习效果产生了负向影响。其原因可能是多方面的,但我们在远程教育情境中看这一现象,说明线上教学过程中教师同步反馈的设计难度更大了。反馈过早,不利于学生深入思考;反馈过晚,又难以获得学生关注。[③] 在线教学情境中,教师过程性反馈的难度也将大大增加,因为师生间是时空隔离的,教师需要更加充分地做教学准备,导致其花在反馈上的时间比较少。这也对师生交互教学设计和开发提出了更高要求。

表 4　教学交互对线上学习效果的基准回归

项目		因变量:线上学习比传统线下学习效果好				
		(1)	(2)	(3)	(4)	(5)
人机交互	教师技术熟悉度	0.018*	0.016	0.017*	0.006	0.012
		(0.01)	(0.01)	(0.01)	(0.01)	(0.01)
	学生技术熟悉度	0.067***	0.062***	0.062***	0.057***	0.058***
		(0.01)	(0.01)	(0.01)	(0.01)	(0.01)

①　MOORE M G. Three types of interaction[J]. American journal of distance education, 1989(2):1-6.

②　陈丽.远程学习的教学交互模型和教学交互层次塔[J].中国远程教育,2004(5):24-28.

③　王志军,赵宏,陈丽.基于远程学习教学交互层次塔的学习活动设计[J].中国远程教育,2017(6):39-47.

续表

项目		因变量:线上学习比传统线下学习效果好				
		(1)	(2)	(3)	(4)	(5)
生生交互	学生协作	0.544***	0.542***	0.540***	0.523***	0.511***
		(0.01)	(0.01)	(0.01)	(0.01)	(0.01)
师生交互	学生提问	0.384***	0.380***	0.379***	0.350***	0.355***
		(0.01)	(0.01)	(0.01)	(0.01)	(0.01)
	教师反馈	−0.073***	−0.082***	−0.078***	−0.085***	−0.073***
		(0.00)	(0.00)	(0.00)	(0.00)	(0.00)
内容交互	内容选择	0.692***	0.694***	0.692***	0.654***	0.659***
		(0.01)	(0.01)	(0.01)	(0.01)	(0.01)
控制变量	样本个体特征	控制				控制
	就读学校特征		控制			控制
	线上课程特征			控制		控制
	在线学习经验				控制	控制
	其他影响因素	控制	控制	控制	控制	控制
N		237800	237800	237800	237800	237800
r^2_p		0.12	0.12	0.12	0.12	0.12

注:* 表示 $P<0.1$,** 表示 $P<0.05$,*** 表示 $P<0.01$,括号内为标准误,以下各表同。

(2)人机交互对生生交互、内容交互和师生交互的影响

人机交互对生生交互、内容交互和师生交互的影响如表 5 所示。第一,教师、学生的人机交互均与生生交互显著正相关。这说明教师、学生越熟悉在线教学平台和工具,就越能促进学生之间的交流互动。根据教学交互层次塔模型,属于操作层面的人机交互会促进信息层面的生生交互,这符合理论模型各层级之间的关系。第二,教师、学生的人机交互均与内容交互(学生与学习内容的交互)显著正相关。在远程教育情境中,学习资料的获取更为便捷,内容也更丰富,因此教师、学生越熟悉在线教学平台和工具,越有助于发展学生和学习内容的交互关系。这种关系亦符合教学交互层次塔模型理论。第三,教师、学生的人机交互均与师生交互中的学生提问这一交互方式显著正相关,但它们与教师及时反馈这一交互方式显著负相关。从理论上来说,教师、学生的人机交互会同时促进师生双方的交互。实证数据的反差可能与教师在线教学技术融合水平有关。有学者指出,信息技术进步是以幂律进行的,而教育发展

还是线性的；远程教育作为教育和信息技术的融合，其发展节奏未能跟上信息技术发展的步伐。[①] 教育和信息技术之间存在一定"距离"，教师教学难以在短期内适应技术进步，特别是在非常规教育背景下，更无法很好地将两者融合在一起。显然，教师反馈这一师生交互方式是整个教学交互的焦点，这也是当前在线教学改革的重点。

表 5　人机交互对生生交互、师生交互和内容交互的影响

项　目		生生交互	师生交互		内容交互
		学生协作	学生提问	教师反馈	内容选择
人机交互	教师技术熟悉度	0.261 ***	0.367 ***	−0.256 ***	0.414 ***
		(0.01)	(0.01)	(0.01)	(0.01)
	学生技术熟悉度	0.469 ***	0.527 ***	−0.212 ***	0.510 ***
		(0.01)	(0.01)	(0.01)	(0.01)
控制变量		控制	控制	控制	控制
N		241655	241376	241655	241392
r^2_p		0.09	0.11	0.01	0.11

（3）内容交互对师生交互、生生交互的影响

如表 6 所示，在控制人机交互和其他变量后，内容交互与生生交互、师生交互均显著正相关。这说明学生与学习内容交互越充分，其人际交互（师生交互、生生交互）就越有效。根据教学交互层次塔模型理论，内容交互、师生交互、生生交互这三个维度的交互是整个教学交互的核心，它们均属于信息层面的交互，[②]具有承上启下的作用。其中，内容交互具有基础性作用。因为学生与学习内容的交互实质上是师生交互的特殊形式，即学习资料和内容是教师教学设计时过滤和选择的具体表现。[③] 在远程学习过程中，学生只有先接触学习内容和资料（如 MOOCs 等）并形成内容交互，才可能进一步实现学生与学生的交互。在远程教育研究中，应关注内容交互作为一种自我交互认知活

---

①　SIMONSON M，SCHLOSSER C，ORELLANA A.Distance education research：a review of the literature[J].Journal of computing in higher education，2011(2-3)：124-142.

②　王志军.中国远程教育交互十年文献综述[J].中国远程教育，2013(9)：25-29.

③　陈丽.远程学习的教学交互模型和教学交互层次塔[J].中国远程教育，2004(5)：24-28.

动的意义,其最终目标是实现学生知识的自我建构,这有助于学生学习上升到
最高层次的概念交互。[①]

表 6 内容交互对生生交互、师生交互的影响

项 目		生生交互	师生交互	
		学生协作	学生提问	教师反馈
内容交互	内容选择	1.995 ***	2.064 ***	0.077 ***
		(0.01)	(0.01)	(0.01)
控制变量	人机交互	控制	控制	控制
	其他控制变量	控制	控制	控制
N		241392	241128	241392
r^2_p		0.27	0.30	0.01

(4)不同类型学生群体在线教学交互对学习效果的影响

异质性分析发现,在不同年龄、不同在线学习培训经历和不同学校类别的
学生群体中,不同维度在线教学交互对学习效果的影响存在差异(见表7)。
第一,一般本科院校的学生认为学生的人机交互水平与学习效果显著正相关,
而在研究型大学和高职高专学生群体中,两者关系不显著。这一方面可能与
研究型大学的学生接触过更多也更熟悉在线课程与翻转课堂有关,另一方面
可能与偏重应用型课程的高职院校在线教学需求不高有关,故在这两类学生
群体中人机交互水平的影响不显著。第二,女生认为教师及时反馈与学习效
果显著正相关,男生则认为显著负相关。这可能与女生对在线学习技术的熟
悉程度普遍不高有关。第三,未接受过在线学习培训的学生认为教师及时反
馈与学习效果正相关,而接受过在线学习培训的学生则认为显著负相关。这
说明未接受过在线学习培训的学生更希望得到教师的关注和指导。第四,研
究型大学的学生认为教师及时反馈与学习效果显著正相关,而一般本科院校
和高职高专的学生则认为显著负相关。这说明研究型大学的学生可能更愿意
与教师交流互动,认为教师及时反馈能促进有效学习。究其原因,可能与研究
型大学学生规模相对较小以及近年开展的小班教学改革有关。相较而言,一
般本科院校和高职院校的学生规模较大,大班授课为多数课程所普遍采用。
但这给远程教育情境中教师的反馈带来了较大困难,教师很难满足学生的个
性化学习需求。

---

① 陈丽.远程学习的教学交互模型和教学交互层次塔[J].中国远程教育,2004(5):24-28.

表 7　不同性别、不同在线学习培训经历、不同类别院校学生群体
分类的学习效果回归分析

项　目		因变量:线上学习比传统线下学习效果好						
		男性	女性	接受过培训	未接受过培训	研究型大学	一般本科院校	高职院校
人机交互	教师技术熟悉度	0.002	0.017	−0.007	0.024*	−0.006	0.012	0.009
		(0.01)	(0.01)	(0.02)	(0.01)	(0.07)	(0.01)	(0.05)
	学生技术熟悉度	0.075***	0.039***	0.056***	0.059***	0.057	0.060***	0.053
		(0.01)	(0.01)	(0.02)	(0.01)	(0.06)	(0.01)	(0.05)
生生交互	学生协作	0.558***	0.465***	0.527***	0.495***	0.409***	0.513***	0.541***
		(0.01)	(0.01)	(0.01)	(0.01)	(0.04)	(0.01)	(0.04)
师生交互	学生提问	0.365***	0.336***	0.355***	0.352***	0.364***	0.351***	0.355***
		(0.01)	(0.01)	(0.01)	(0.01)	(0.05)	(0.01)	(0.04)
	教师反馈	−0.164***	0.014**	−0.163***	0.004	0.094***	−0.070***	−0.258***
		(0.01)	(0.01)	(0.01)	(0.01)	(0.03)	(0.00)	(0.02)
内容交互	内容选择	0.639***	0.673***	0.626***	0.676***	0.651***	0.654***	0.741***
		(0.01)	(0.01)	(0.01)	(0.01)	(0.04)	(0.01)	(0.04)
控制变量		控制	控制	控制	控制	控制	控制	控制
N		101840	135960	89960	147631	4289	219481	12021
r^2_p		0.15	0.11	0.14	0.13	0.14	0.14	0.15

四、结论与讨论

1.结论

本研究基于抗疫期间大学生在线学习调查数据,根据教学交互层次塔模型,分析了在线教学交互对学生学习效果的影响,得出以下结论:

第一,在线教学交互在总体上促进了学生有效学习。其中,人机交互、生生交互、内容交互以及学生提问这一师生交互方式均与学生学习效果显著正相关,但教师快速回应学生关注的问题这一师生交互方式与学生学习效果显著负相关。在师生交流互动中,最有价值的是教师对学生学习情况(包括提问)的过程性反馈。因为这一交互可以针对性且高效地促进学生知识和技能

的提高，①是一种迈向高层次概念交互的过程。但是，这一活动本身的设计和操作具有一定难度，而且对教师应对学生提问的综合能力提出了更高要求。从教学交互层次塔模型理论来看，教学交互的层级化使交互变得复杂化，因为这些交互是一种共时的嵌套组合。从实证结果来看，尽管在线教学交互对学习效果具有积极影响，但由于交互的复杂性，教学过程中仍然充斥着无序和片面的交互，这极易降低学生的体验和认知，影响学生学习效果，甚至有损学生完整人格的塑造。

第二，教师、学生的人机交互水平和生生交互、内容交互显著正相关，但与师生交互的关系比较复杂，与学生提问这一交互方式呈显著正相关，与教师及时反馈这一师生互动方式呈显著负相关。从教学交互层次塔模型看，人机交互是教学交互的基础和前提，因此这一交互的水平将显著影响其他高层次的教学交互。其之所以与教师及时反馈这一交互方式呈显著负相关，原因主要涉及教师的在线教学技术融合水平、教师应对学生提问的能力以及学生学习向概念交互目标转变的情况，这在一定意义上超出了人们对人机交互的浅表性认知。此外，根据等效交互理论，一方面相对较高的成本限制了教师及时反馈这一交互方式的发展，另一方面良好的生生交互、内容交互增强了学生体验，同时也弱化了在线教学情境中教师的角色。在线上教学情境中，教师和学生在关注技术的同时经常忽视了教学活动本身的重要性，技术遮蔽下的不当教学、过度的技术认同等失范行为都影响师生对在线教学价值的判断。

第三，学生与学习内容的交互与生生交互、师生交互显著正相关。显然，内容交互是信息层面交互的前提。当前，关于信息层面三类交互之间的相互作用还未有比较深入的研究，②因此本研究尝试根据问卷调查数据并结合教学交互层次塔模型理论进行一定程度的分析。首先，内容交互本质上是师生交互的特殊形式，③是一种教师引导下的交互方式，因此它与一般意义上的师生交互是内在联通的，两者之间理应表现为显著正相关关系。其次，在远程学习情境中，内容交互亦是一种学生自主学习活动，④因此它也是高水平生生交互的必要条件。但是，在远程学习情境中容易形成对教学交互的一种误解，即

① BROWN A R, VOLTZ B D. Elements of effective e-learning design [J]. The international review of research in open and distributed learning,2005(1):1-8.

② 王志军.中国远程教育交互十年文献综述[J].中国远程教育,2013(9):25-29.

③ 陈丽.远程学习的教学交互模型和教学交互层次塔[J].中国远程教育,2004(5):24-28.

④ DANIEL J S,MARQUIS C.Interaction and independence:getting the mixture right [J].Teaching at a distance,1979(1):29-44.

认为内容交互是教学交互的中心,这种误解会削弱学生的社会化发展,甚至偏离学习的本质,不利于"完整的人"的培养。

第四,在不同年龄、不同在线学习培训经历和不同学校类别的学生群体之间,在线教学交互对学习效果的影响存在差异。一是一般本科院校学生认为学生的人机交互水平与在线学习效果显著正相关;二是女生认为教师及时反馈与在线学习效果显著正相关;三是未受过在线学习培训的学生认为教师及时反馈与学习效果正相关;四是研究型大学的学生认为教师及时反馈与在线学习效果显著正相关。形成这些认知的主要原因是,在远程学习情境中,女生、未接受过在线学习培训的学生、研究型大学的学生对教师及时反馈的需求较大,他们更需要教师的关注和指导。因此,师生交互无疑是这些学生群体社会化发展的重要渠道。

2.讨论

本研究基于调查数据分析了抗疫期间我国大学生在线学习效果与在线教学交互的情况,进而探究了两者之间的作用关系。此外,本研究还引入社会化这一教育社会学理论,从批判性视角审视在线教学交互中的社会化问题。本研究就完善在线教学交互以更好促进大学生社会化发展提出如下建议:

第一,防范交互异化,建立有意义的在线教学交互。正如杜威所说,"交互在整个教学过程中具有重要作用"①。教师、学生如何理解和运用教学交互对学习效果有直接的影响,特别是在远程教育情境中,在线教学交互更为复杂,如果对各层面教学交互认识不充分,很可能会使交互走向异化,导致为交互而交互。因此,首先应避免无序的交互。根据层次塔模型理论,教学交互具有层次性。人机交互是基础和前提,教师、学生只有熟悉在线教学平台和工具的基础上才能进行更高层次的交互。在信息交互层面,内容交互、师生交互和生生交互是教学交互的重点,其实施质量直接影响学生学习能否上升到概念交互层面,能否达到最终学习目标。其次,要防止片面的交互。实证研究结果显示,各维度教学交互基本上都能促进学生的有效学习。考虑到等效交互理论提出的"交互转换",为减少交互的成本,人们很容易形成以效率和成果为导向的交互认知。然而这不免造成教学交互的单维、片面化发展问题,最终弱化了交互的整体价值和意义。如学生可能以人机交互和内容交互替代社会交互。

---

① DEWEY J.Democracy and education:an introduction to the philosophy of education [M].Laveryne:Nabu press,1916:126-141.

根据建构主义学习理论,有意义的交互是学习环境促进学习者学习的对话。①
因此,教学交互必须是人与人之间完整的交往,教师和学生需要共同建立充分
和有序、高质且有效的教学交互。

第二,促进同伴互助,丰富学生社会化发展空间。社会化是一个人获得自
我人格和学会参与社会或群体的社会交互过程。② 在人的一生中,学校教育
是其社会化发展最重要的途径,学校被公认为除家庭以外青少年社会化发展
最主要的场所。因此,探讨在线学习如何促进学生社会化实际上是以现实中
的学校教育作为参照的。当在线教育成为学生社会化发展的主要场域时,必
须重视技术主体存在的"短板",要通过提升同辈群体的交互作用来弥补学生
社会化发展的不足。这一点在本研究中得到了证实,即生生交互在整个教学
交互中的表现最出众。首先,要以同伴互助学习培养学生的主体角色。有学
者指出,学生与学生合作开展学习,并以此帮助其他学生一起学习,只有在这
时生生交互的价值才是最大化的。③ 因此,教师应引导和鼓励学生在群体中
分享学习收获和经验,从而在交互过程中不断强化学习的集体感(a sense of
community),④促进同辈群体的交往和情感交互。其次,要以人际交互促进学
生社会化发展。在远程学习情境中,学生与学习内容的交互被视为一种自主
学习形式,且由于其基础性作用,在线教学交互形成了以内容交互为主、人际
交互为辅的模式。⑤ 这对学习目标和动机明确的成人学习者而言具有积极意
义。而大学生正处于人的社会化发展塑型期(社会学称为预期社会化),其价
值观更易受同辈群体和学校的影响。⑥ 探究社区理论指出,社会临场(social
presence)是促进学习者交互并形成积极情感和功能性协作凝聚力的对话,它
使学习者成为"真正的人",社会临场也是打开通往认知临场(cognitive pres-

① WOO Y,REEVES T C.Meaningful interaction in web-based learning:a social con-
structivist interpretation[J].Distance education in China,2007(1):15-25.
② 戴维·波普诺.社会学[M].李强,等译.北京:中国人民大学出版社,2007:129.
③ ABRAMI P C,BERNARD R M,BURES E M,et al.Interaction in distance education
and online learning:using evidence and theory to improve practice[J]Journal of compu-
ting in higher education,2011(2/3):82-103.
④ GARRISON D R,CLEVELAND-INNES M.Facilitating cognitive presence in online
learning:inter-action is not enough[J].American journal of distance education,2005
(3):133-148.
⑤ 王志军,赵宏,陈丽.基于远程学习教学交互层次塔的学习活动设计[J].中国远程教育,
2017(6):39-47.
⑥ 戴维·波普诺.社会学[M].李强,等译.北京:中国人民大学出版社,2007:180-181.

ence)并成功达成教育目标之门的钥匙,有助于创建和维持认知临场和教学临场(teaching presence)。①② 因此,面向大学生群体的在线教学应突出社会交互(师生交互、生生交互)的教学设计,这才是学习的本质。

第三,加强教师引导,规避学习失范行为。在远程教学中,学习者本应居于中心地位,但正处于预期社会化阶段的大学生群体显然尚未成功转换角色。因为教师的常规性反馈、技术上的回复以及对学生学习的期望都会促进学生的有效学习,③而且根据层次塔理论模型,教师行为直接影响内容交互和生生交互,教师在整个教学交互中扮演着引导者角色,所以教师必须加强在线教学过程性反馈的设计。首先,要加强教师的在线教学素养。线上教学不同于传统线下教学,其过程相对复杂,各高校有必要对教师进行线上教学培训,其中应重点围绕在线教学技术的掌握、师生交互教学设计、有效组织和引导其他在线交互等方面进行训练,提升教师在线教学技术的融合水平。此外,教师要增强对未接受过在线学习培训等特殊学生群体的"识别"能力,关注他们的学习需求,加强与他们的社会交互。其次,要重建学生在线学习行为规范。线上与线下是两种不同的学习情境,应有不同的学习规范。当学生进入在线学习情境,往往会用"旧规范"指导"新行为",导致学习失范行为。如学生可能利用技术掩盖"走捷径"的学习行为,借助 QQ 软件的匿名功能与教师自由交流,但匿名处理不利于教师获取学生真实的学习信息。又如学生在观看慕课或学习视频时,可能通过倍速播放功能进行选择性学习。面对这些失范行为,教师需要对学生进行正确引导和教育,使学生正确认识技术在线上教学中的应有价值,消解技术对学生的异化影响(过度的技术认同),从而建立在线教学情境中的学习新规范。

总体而言,抗疫期间全国高校开展了有史以来最大规模的线上教学,实现了"停课不停学、停课不停教"的目标,学生参与率和师生交互率极大提高,④

① ROURKE T, ANDERSON L, GARRISON D R.Assessing social presence in asynchronous text-based computer conferencing[J].Journal of distance education,1999(2):50-71.

② 特里·安德森,肖俊洪.探究社区与数字时代的教与学[J].中国远程教育,2018(3):34-44.

③ INACOL.National standards for quality online courses V2[EB/OL].(2011-10-16)[2020-04-30].http://www.inacol.org/wpcontent/uploads/2015/02/national-standards-for-quality-online-courses-v2.pdf.

④ BIE D R, LIU J.Temporary action or new model experiment? Teaching at chinese universities in the time of COVID-19[J].International higher education,2020(1):18-20.

在非常规教育环境中取得了公众认可的成绩，有效化解了疫情对学生受教育权的威胁。在后疫情时代，我们亟须深入反思此次大规模在线教学实践，而且反思不应限于教育技术层面，还应该包括教师和学生对在线教育的认知。譬如教师不能把传统课堂教学习惯和相关认知简单复制到在线教学情境中，学生亦不能完全以传统学习方式进行在线学习。经历此次大规模在线教学实践，我们应认识到在充斥技术理性的未来学习中，最好的参与是情感的参与，最好的对话是思维的对话，高校教师和学生应保持社会化交互和情感交流，实现高情感教学交互，进而建立新教育形态下的新教学文化。

数字技术对大学生在线学习效果的影响[*]

◎ 陈涛　蒲岳　巩阅瑄

为全面深入了解当前我国高校在线教学开展情况,全国高等学校质量保障机构联盟(CIQA)和厦门大学教师发展中心联合组织开展"疫情防控期间中国高校线上教学调查"。在调研分析中,本研究发现有一半以上的大学生在此次疫情前从未使用过在线学习,这使得我们将研究目光聚焦在大学生在线学习的数字技术上。基于此,本研究试图通过实证研究分析大学生在线学习的数字技术对其学习效果的影响,并探讨在线学习数字技术的基本机制以及数字技术对有效学习差异性影响的问题根源,最后提出大学生在线学习数字技术促进有效学习的对策建议。

一、分析框架与研究问题

在远程学习情境下,由于教与学的时空分离,以多媒体计算机为中介的教学交互成为远程教育教与学再度整合的关键。^① 随着人与媒体技术的交互越来越复杂,希尔曼(Hillman)提出应该把界面(平台技术)分离出来,作为一项单独的因素融入远程教学交互中;^②陈丽认为,学生与媒体技术的操作交互(人机交互)是整个远程教学交互的基础,且这一交互与学生对媒体技术的熟

＊　原载《教育发展研究》2020 年第 11 期。

① 陈丽.远程学习中的教学交互[D].北京:北京师范大学,2003:22.

② HILLMAN D C A, WILLIS D J, GUNAWARDENA C N.Learner-interface interaction in distance education: an extension of contemporary models and strategies for practitioners [J].American journal of distance education,1997,8(2):30-42.

悉程度有关;①张学军等提出,在人工智能时代需要建构人机共生理念,即培养学生与人工智能交往能力,不仅要重新认识自己,更要重新认识人与机器的关系。② 显然,人机关系及交互水平直接关涉学生学习效果,这亦是保障在线教育质量的根本。随着 Web2.0、大数据、云计算和人工智能等信息技术的更迭和应用,教育技术专家希冀以新技术来改善人机关系,如构建高校在线课堂有效教学交互分析系统③、建立计算机在线协作系统④等,从而提高学生在线学习体验与获得。因此,考察大学生在线学习及其效果离不开对数字技术的深入探讨。

然而,数字技术所形成的社会环境对人类发展具有重要且差异化评价的影响。马克·普伦斯基(Marc Prensky)以数字技术环境成长背景为划分依据,提出了"数字土著"(Digital Natives)和"数字移民"(Digital Immigrants)概念。⑤ 当今"90 后""00 后"大学生群体,他们是典型的"数字土著",即与网络信息技术一起成长起来的一代人。⑥ 与之对应是"数字移民",指面对新兴数字技术需要经过相对困难或不顺畅的学习才能掌握技能的群体。⑦ 显然,普伦斯基的技术群体划分为人们理解不同人群对数字技术接纳和使用差异提供了新视角。唐·泰普斯科特(Don Tapscott)将出生于数字时代背景的土著称为"网络一代"(Net Generation),他认为土著时刻被计算机、互联网、视频技术、数字音乐、手机、智能玩具等包围,数字技术和互联网是其日常生活必不可少的组合部分。⑧ 基于以上认识,可以说当今大学生群体对数字技术拥有"与

---

① 陈丽.远程学习的教学交互模型和教学交互层次塔[J].中国远程教育,2004(5):24-28,78.

② 张学军,董晓辉.人机共生:人工智能时代及其教育的发展趋势[J].电化教育研究,2020(4):35-41.

③ 刘宇,崔华正.吴庭倩.中美视频公开课有效教学互动分析研究[J].电化教育研究,2016,37(1):103-109,128.

④ HERNÁNDEZ-SELLÉS N,MUÑOZ-CARRIL P C,GONZáLEZ-SANMAMED M.Computer-supported collaborative learning:an analysis of the relationship between interaction,emotional support and online collaborative tools[J].Computers & education,2019,138:1-12.

⑤ PRENSKY M.Digital natives,digital immigrants part 1[J].On the horizon,2001,9(5):1-6.

⑥ PRENSKY M.Digital natives,digital immigrants part 2:do they really think differently? [J].On the horizon,2001,9(6):1-6.

⑦ PRENSKY M.Digital natives,digital immigrants part 1[J].On the horizon,2001,9(5):1-6.

⑧ TAPSCOTT D.Educating the net generation[J].Educational leadership,1999,56(5):6-11.

生俱来"的认知和内在悟性。

　　尽管作为数字土著的大学生群体具有数字技术的"先天"优势,但他们还未成为情感和意识成熟、合乎法律和道德规范行为的"数字公民"(Digital Citizenship)。[①] 换言之,大学生正在经历不断提升自身"数字化生存"[②]能力的过程,即在数字世界生活的大学生应使用数字技术从事学习、工作、交流等活动。[③] 显然,大学生在线学习无疑是其数字化生存和成长过程的具象演绎。为实现可操作化分析,国内学者张立新等提出"促进学生'数字化生存'教育内容的设计框架",从认知层面(知识)、动作层面(技能)和情感层面(意识和道德)三维展开研究。[④] 该框架有助于认识数字技术对大学生在线学习效果的影响,为此本文借鉴以上思路构建了一个分析大学生在线学习的数字技术与学习效果的理论框架,包括数字技术环境、数字技术知识和数字技术技能三个方面,其中数字技术环境是考察数字土著的重要情境。[⑤](如图 1 所示)

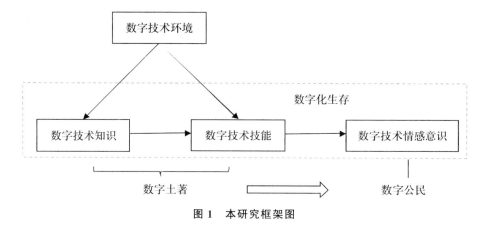

图 1　本研究框架图

① 张立新,张小艳.论数字原住民向数字公民转化[J].中国电化教育,2015(10):11-15.

② 美国计算机科学家尼古拉斯·尼葛洛庞帝(N.Negroponte)在其著作《数字化生存》(Being Digital)中提出"数字化生存",认为电脑通过局域网站并以互联网的形式,使分散在不同地域的人们链接起来形成既独立而又串联,既接收又传输信息的网络生存方式(尼葛洛庞帝.数字化生存[M].胡泳,范海燕,译.海口:海南出版社,1997:7)。

③ 巫汉祥.寻找另类空间:网络与生存[M].厦门:厦门大学出版社,2000:561.

④ 张立新,姚婧娴.数字化生存:数字时代的挑战与教育应对[J].浙江师范大学学报(社会科学版),2019(4):1-8.

⑤ 范哲.数字原住民的社会化媒体采纳研究:理论框架与实证探索[D].南京:南京大学,2016:6-10.

从现有研究看,当探讨数字土著问题时,必然涉及数字鸿沟和代沟问题。由于地域、经济和信息技术发展程度不同,数字土著的技术认知会存在差异性;[①]数字代沟被视为是数字鸿沟的家庭表现,即父母和子女在新技术接纳和使用等方面的知识差异。[②] 在教育场域中,更多体现为师生之间的"代沟"。有学者发现,教师通过数字技术获取与学生间的"移民"和"土著"代沟同样可以消失。[③] 此外,在同一群体中亦会产生某种特殊的"代沟",因为数字土著这一代人也并非所有人都具有娴熟的信息技术技能。[④] 因此,本研究认为,在线学习情境下的大学生群体内部亦存在特殊的"代沟"问题,即高技术与低技术学生群体。除"鸿沟""代沟"外,教育场域还存在"学沟"问题,即学科教学的差异性表现。[⑤] 综合来看,可推断大学生在线学习存在一定程度的"三沟"问题,大学生群体差异会影响其在线学习效果,这将在一定程度上反映数字技术的社会问题。

综上所述,本研究以"数字土著"的大学生群体为研究对象,聚焦在线学习数字技术对学习效果的影响。具体分解为以下四个研究问题:一是大学生在线学习数字技术(数字技术环境、知识和技能)对其学习效果是否具有促进作用;二是大学生在线学习数字技术中的三个考察要素存在何种关系;三是不同类型大学生群体的数字技术对其学习效果是否存在差异(从数字鸿沟、代沟和学沟三个维度分析)。基于以上问题研究,本研究将进一步探讨第四个问题:大学生在线学习的数字技术是否存在群体间的"反哺"行为,包括学生(数字土著)对教师(数字移民)的影响以及高技术对低技术学生群体的影响。总体而言,本研究希冀从大学生在线学习的"数字化生存"方式中,认识数字技术对其学习效果的影响以及"影响"背后的教育社会学意涵,从而为大学生在线学习建立数字技术的新认知,促进学生从"数字土著"向"数字公民"的身份转变。

---

① 刘江.数字原住民网络潜水动因实证研究[D].南京:南京大学,2013:9.

② 周裕琼.数字代沟与文化反哺:对家庭内"静悄悄的革命"的量化考察[J].现代传播,2014(2):117-123.

③ HELSPER E J, EYNON R.Digital natives:where is the evidence? [J].British education research journal,2010,36(3):503-520.

④ LI Y, RANIERI M.Are"digital natives"really digitally competent?:a study on Chinese teenagers[J].British journal of educational technology,2010,41(6):1029-1042.

⑤ 范哲.数字原住民的社会化媒体采纳研究:理论框架与实证探索[D].南京:南京大学,2016:6-10.

二、研究数据与方法

1.研究数据

（1）样本选取

本研究使用全国高等学校质量保障机构联盟（CIQA）和厦门大学教师发展中心联合组织开展"疫情防控期间中国高校在线教学调查"，共有来自全国334所高校的256504个学生参与此次调研，其中有效样本251929份，有效率98.2％。为精确分析学生在线学习情况，本文只保留疫情防控期间使用在线学习样本，其中249764（大于99％）受访高校学生在疫情防控期间使用在线学习。该问卷分为基本信息、线上学习环境及支持、线上学习体验和线上学习改进四个部分。本研究选取问卷中的基本信息和学生线上学习体验两部分内容。其中基础信息部分是关于学生性别、出生年份、所在年级、在读学校所在地区、学校类别等内容；线上学习体验包括线上学习效果及影响线上学习效果的主要因素等内容。由于问卷调查样本属于结构性量表，须对样本各变量进行信度和效度分析。首先，本文使用的《线上教学情况调查（学生卷）》整体的信度克龙巴赫 α 值为 0.972，说明问卷数据有非常好的信度。其次，采用因子分析方法检验问卷的结构效度，测得问卷的 KMO 值为 0.982，显著性概率为0，表明问卷结构效度良好。

（2）变量构成

本研究的因变量是学生在线学习效果评价。问卷"比传统线下学习效果好"题项对学生在线学习效果进行评价。样本涵盖的选项即对应的分值：非常赞成为 5 分，赞成为 4 分，一般为 3 分，不太赞成为 2 分，不赞成为 1 分。本研究的核心自变量是在线学习数字技术。据相关研究，本文将在线学习数字技术划分为数字技术环境、数字技术知识和数字技术技能三类（简称为技术环境、技术知识和技术技能）。其中，技术环境包括网络速度及稳定性（网络性能）和线上技术服务支持（技术支持）；技术知识包括是否有在线学习经历（学习经历）和是否接受过在线学习培训（培训经历）；技术技能指学生对线上教学平台技术掌握的熟练程度（技术熟练度）（见表 1）。由于上述题目中数字技术知识涉及的两个变量为虚拟变量，为保持一致，本文将数字技术技能和数字技术环境中的 5 等级的变量处理为虚拟变量，即把非常不重要、不太重要和一般设置为 0，将非常重要和重要设置为 1。

表 1　因变量和核心自变量

变量		题项
因变量		线上学习比传统线下学习效果好
自变量	技术环境	网络速度及稳定性(网络性能)
		线上技术服务支持(技术支持)
	技术知识	是否接受过线上学习的相关培训(培训经历)
		疫情之前是否过使用线上教学(学习经历)
	技术技能	线上各种教学平台技术掌握的熟练程度(技术熟悉度)

　　本研究的控制变量是从样本个体特征、就读学校特征、其他影响因素等三方面选取。其中,样本个体特征包含样本个体的性别、年龄、就读年级;样本的就读学校特征包含学校所在地区以及学校所属类别;其他影响因素中分为教师因素、学生因素和内容因素,其中教师因素包含教师技术熟悉程度、教师授课方式、评价方式和秩序维持。学生因素包括学生参与度、自主学习能力;内容因素包括配套教学资料和适切的课程内容。教师、学生和内容三项因素设为虚拟变量,处理方式与上文一致(见表 2)。

表 2　控制变量定义方法

控制变量	题项	定义
样本个体特征	性别	虚拟变量,男性设为 1,女性设为 0
	年龄	年龄根据问卷中出生年份的选项计算得出
	就读年级	包括专科,大一,大二,大三,大四,大五和研究生
就读学校特征	所在地区	东部赋值 1,中部赋值 2,西部赋值 3,其他地区赋值为 4
	学校类型	包括研究型大学、一般本科高校、高职院校和其他,分别赋值 1~4
其他影响因素	教师因素	包括教师对工具的熟悉程度,教师的授课方法,评价方式以及维持课堂教学秩序,且分别设为虚拟变量
	学生因素	包括学生积极参与、自主学习能力,且分别设为虚拟变量
	内容因素	包括提供配套电子教学资源,选择适合的课程内容,且设为虚拟变量

三、研究结果

1.大学生在线学习的数字技术与学习效果现状

从表 3 描述性分析可知,大学生在线学习效果均值为 3.048,说明有一半的学生认为线上学习比传统线下学习效果好。从技术环境来看,有 71% 和 72.8% 的学生认为网络性能和技术支持会促进有效学习,这一较高占比充分说明技术环境在远程学习中的基础作用和重要影响。从技术知识来看,有 45.7% 的学生有在线学习经历,这意味着有一半以上的学生在疫情前没有类似的学习经历;有 37.7% 的学生接受过在线学习培训,这一比例也并不是很高。从技术技能来看,有近六成的学生认为其具有较高的在线学习技术熟悉度,这说明大多数学生拥有良好的在线学习数字技术操作应用能力。

表 3　描述性分析

项 目	变量	均值	标准误	最小值	最大值
	在线学习效果	3.048	1.047	1	5
技术环境	网络性能	0.710	0.454	0	1
	技术支持	0.728	0.445	0	1
技术知识	培训经历	0.377	0.485	0	1
	学习经历	0.457	0.498	0	1
技术技能	技术熟悉度	0.597	0.490	0	1
样本个体特征	性别	0.431	0.495	0	1
	年龄	20.558	1.580	15	40
	就读年级	2.004	1.057	1	7
	所在地区	1.721	0.718	1	4
	学校类型	2.049	0.315	1	4
学生因素	学生积极参与	0.770	0.421	0	1
	学生自主学习	0.794	0.405	0	1
教师因素	教师技术熟练度	0.728	0.445	0	1
	教师授课方式	0.766	0.423	0	1
	教师评价方式	0.724	0.447	0	1
	教师维护秩序	0.695	0.461	0	1

续表

项　　目	变量	均值	标准误	最小值	最大值
	在线学习效果	3.048	1.047	1	5
内容因素	配套教学资源	0.723	0.448	0	1
	适切课堂内容	0.746	0.436	0	1

2.在线学习的数字技术与学习效果的回归分析

(1)数字技术对大学生在线学习效果的影响

经 OLS 回归模型检验,发现学生的技术环境对其学习效果的影响均显著为正。当逐步添加技术知识、技术技能以及教师、学生和内容因素后,回归结果可知,技术环境、技术知识以及技术技能的所有变量均对学生学习效果有显著正向影响。在进一步加入学生个体特征后结果稳健,采用多元排序 Logit 模型的结果仍然稳健。这说明大学生在线学习的技术环境、技术知识和技术技能均对其学习效果有显著的促进作用(见表 4)。

表 4　数字技术对大学生在线学习效果的影响

项　　目		因变量:在线学习效果				
		OLS	OLS	OLS	OLS	ologit
技术环境	网络性能	0.201***	0.191***	0.171***	0.171***	0.331***
		(0.007)	(0.007)	(0.007)	(0.007)	(0.013)
	技术支持	0.103***	0.084***	0.044***	0.045***	0.086***
		(0.007)	(0.007)	(0.008)	(0.008)	(0.015)
技术知识	培训经历		0.253***	0.167***	0.167***	0.301***
			(0.005)	(0.005)	(0.005)	(0.008)
	学习经历		0.125***	0.109***	0.103***	0.188***
			(0.004)	(0.004)	(0.004)	(0.008)
技术技能	技术熟悉度			0.351***	0.349***	0.624***
				(0.005)	(0.005)	(0.008)
学生因素				控制	控制	控制
教师因素				控制	控制	控制
内容因素					控制	控制
个体特征因素					控制	控制
N		249764	249764	245663	243743	243743
调整的R^2		0.014	0.033	0.060	0.063	
伪R^2						0.024

(2)对技术环境、技术知识和技术技能三者关系的分析

经实证研究发现:第一,技术环境整体上对技术知识有促进作用,这说明网络性能和技术支持越好,学生有在线学习经历或在线培训经历的概率往往会越高,但网络性能对是否有在线学习经历的影响不显著,而技术支持对其影响则为正显著,这说明网络性能对学生认知来说是一种"外部"影响,而在线技术支持(如教学平台等)对学生知识的获得才具有实质性影响。正如有学者指出,学生与媒体界面的交互水平将会影响其学习进程。[①] 第二,技术环境(网络性能和技术支持)均会有助于提升学生的技术熟悉度,这说明良好的技术掌握运用与友好的技术环境密切相关(如表5)。第三,技术知识对技术技能的影响显著为正,这说明在促进学生"数字化生存"方面,技术知识是学生适应技术环境最基础的认知储备。只有具备技术知识,才能建立学生个体的技术技能,从而实现有效的在线教学交互(见表5)。综合来看,技术环境是学生技术知识和技术技能形成的物质基础,而技术知识和技术技能的提升才会让学生更加适应其技术环境,通过建立三者良好的互动关联和技术联结,方能促进大学生的数字化生存和发展。

表 5　技术环境、技术知识和技术技能三者关系

项　目		因变量:技术知识		因变量:技术技能	
		培训经历	学习经历	技术熟悉度	
技术环境	网络性能	0.039***	0.004	0.098***	
		(0.003)	(0.003)	(0.003)	
	技术支持	0.056***	0.031***	0.165***	
		(0.003)	(0.003)	(0.003)	
技术知识	培训经历				0.250***
					(0.002)
	学习经历				0.052***
					(0.002)
个体特征因素		控制	控制	控制	控制
N		246142	246142	246142	247814
伪R^2		0.008	0.012	0.046	0.076

---

① 陈丽.远程学习的教学交互模型和教学交互层次塔[J].中国远程教育,2004(5):24-28,78.

（3）不同类型学生群体的数字技术对在线学习效果的影响

基于文献研究，就不同类型学生群体的数字技术对在线学习效果的影响进行异质性分析，着重从学界关注的数字鸿沟、数字代沟和数字学沟三个方面展开深入讨论。一是就数字鸿沟而言，本研究选取学生所在院校及区域两个方面进行考察。按区域分类来看，研究发现学生的技术环境（网络性能）、技术知识（培训经历和学习经历）以及技术技能（技术熟悉度）对其学习效果的影响并不存在区域之间差异。但就技术支持来看，只有东部地区高校显著，而中西部高校为不显著。即东部地区高校的线上技术服务支持对学生学习效果产生重要影响，而中西部高校则没有表现出重要影响。这说明线上技术服务支持存在明显的区域层面的"数字鸿沟"，东部地区高校拥有较为完善的技术服务支持，而中西部高校则相对缺乏（见表6）。基于这一分析认识，在线学习的技术支持实际上是一种院校选择，也就是说与学生所在院校的关系更加紧密。

表6　按不同区域分类的回归结果

项　　目		因变量:在线学习效果		
		东部	中部	西部
技术环境	网络性能	0.705***	0.791***	0.572***
		(0.050)	(0.049)	(0.097)
	技术支持	0.170***	0.054	0.009
		(0.060)	(0.061)	(0.110)
技术知识	培训经历	0.410***	0.509***	0.440***
		(0.014)	(0.015)	(0.024)
	学习经历	0.221***	0.186***	0.303***
		(0.014)	(0.014)	(0.024)
技术技能	技术熟悉度	1.250***	1.171***	1.067***
		(0.046)	(0.046)	(0.062)
学生因素		控制	控制	控制
教师因素		控制	控制	控制
内容因素		控制	控制	控制
个体特征因素		控制	控制	控制
N		73490	69710	24878
伪R^2		0.019	0.020	0.025

按院校性质和类型看,研究发现不同院校性质(研究型大学、一般本科高校和高职院校)和院校类型(公办和民办)学生在技术技能、技术知识以及网络性能上对其学习效果不存在差异性,即学生对在线学习数字技术的掌握和运用与其所在院校性质和类型无关,不存在研究型大学或公办高校学生的数字技术能力就高于一般本科高校和高职院校或民办高校之说,这一实证结果符合常识。然而,本研究发现在技术支持方面存在院校性质和类型差异:一是研究型大学和一般本科高校学生表现出技术支持对其学习效果的正显著影响,而高职院校则为负显著影响,这意味高职院校学生认为技术支持对其学习效果不重要;二是公办高校学生亦表现出技术支持对其学习效果影响显著为正,而民办高校则表现为不显著(见表7)。这一结果充分证实了当前在线学习的数字鸿沟问题主要集中在院校层面,即因为院校间在线学习技术支持的差异导致学生学习体验的不同。当然,这也可能与高职、民办院校更加突出实践性教学有关。

表 7 按不同院校性质和类型分类的回归结果

项 目		因变量:在线学习效果				
		按院校性质分类			按院校类型分类	
		研究型大学	一般本科高校	高职院校	公办	民办
技术环境	网络性能	0.273***	0.335***	0.228***	0.345***	0.236***
		(0.091)	(0.013)	(0.058)	(0.014)	(0.028)
	技术支持	0.296***	0.092***	−0.155**	0.093***	0.052
		(0.102)	(0.016)	(0.072)	(0.017)	(0.033)
技术知识	培训经历	0.157***	0.304***	0.361***	0.294***	0.299***
		(0.061)	(0.009)	(0.037)	(0.009)	(0.017)
	学习经历	0.184***	0.191***	0.147***	0.184***	0.234***
		(0.057)	(0.008)	(0.036)	(0.009)	(0.017)
技术技能	技术熟悉度	0.524***	0.618***	0.683***	0.623***	0.617***
		(0.063)	(0.009)	(0.038)	(0.009)	(0.018)
学生因素		控制	控制	控制	控制	控制
教师因素		控制	控制	控制	控制	控制
内容因素		控制	控制	控制	控制	控制
个体特征因素		控制	控制	控制	控制	控制
N		4411	225092	12385	188742	54382
伪R^2		0.030	0.037	0.042	0.037	0.037

二是就数字代沟而言,有关研究考察"数字土著"时,多聚焦于群体年龄,[①]且即便是数字移民也有"代际"之说。如有学者指出,随着 Web2.0 的广泛应用,"90 后"已成为数字土著的第二代群体。[②] 由于本调查研究涉及专科生、本科生和硕士/博士研究生,年龄跨度较大,因此本研究主要从学生年龄分析在线学习技术的"代际"差异。研究发现,不同年龄段学生在技术环境、知识和技能上均对其学习效果产生显著促进作用。此外,随着学生年龄的上升,网络性能对学生在线学习效果的影响效应增强,而技术支持服务对学生在线学习效果的影响效应减弱。这说明对于不同年龄段学生,对技术环境支持的需求存在差异性。其中,网络二代("90 后")和三代("00 后")学生更重视数字技术环境的技术服务支持,其在线学习处于应用阶段;而网络一代("80 后")学生则重视数字技术环境的网络性能,相对处于在线学习的适应阶段。从变量显著性和标准误看,不难发现随着学生年龄上升,其显著性和标准误也在变小,而数字技术水平对学习效果拟合的离散程度越来越大。这说明随着学生年龄的增加,对在线学习技术的掌握和运用能力存在递减趋势,从而影响其学习效果(见表 8)。最后,由于本研究为学生问卷,未涉及教师年龄信息,故师生代沟无法得到验证。

表 8　按不同年龄分类的回归结果

项　目		因变量:在线学习效果			
		15～18 岁	19～23 岁	24～30 岁	31～40 岁
技术环境	网络性能	0.196**	0.332***	0.387***	0.706***
		(0.076)	(0.013)	(0.088)	(0.200)
	技术支持	0.275***	0.083***	0.065	−0.216
		(0.094)	(0.016)	(0.109)	(0.249)
技术知识	培训经历	0.308***	0.299***	0.291***	0.548***
		(0.053)	(0.008)	(0.057)	(0.147)
	学习经历	0.200***	0.187***	0.234***	0.351**
		(0.051)	(0.008)	(0.055)	(0.140)

① 范哲.数字原住民的社会化媒体采纳研究:理论框架与实证探索[D].南京:南京大学,2016:6-10.
② HELSPER E J, EYNON R.Digital natives: where is the evidence? [J].British education research journal,2010,36(3):503-520.

续表

项　目		因变量:在线学习效果			
		15～18 岁	19～23 岁	24～30 岁	31～40 岁
技术技能	技术熟悉度	0.623***	0.621***	0.794***	0.496***
		(0.053)	(0.009)	(0.059)	(0.145)
学生因素		控制	控制	控制	控制
教师因素		控制	控制	控制	控制
内容因素		控制	控制	控制	控制
个体特征因素		控制	控制	控制	控制
N		5899	232096	4981	767
伪R^2		0.034	0.026	0.041	0.078

三是就数字"学沟"而言,主要从学科和性别进行异质性分析。本研究预想理科生和男生相较于文科生和女生更易于掌握在线学习技术,从而更有利促进其有效学习,因此两类人群存在一定的"学沟"问题。但实证研究发现,无论是学生性别还是所学学科,学生技术技能和知识对其学习效果均无差异性影响。这可能与在线学习技术的"低门槛"进入有关,作为数字土著的大学生均能较好地运用数字技术进行在线学习(见表 9)。

表 9　按不同学科和性别分类的回归结果

项　目		因变量:在线学习效果			
		按学科类型分类		按学生性别分类	
		理科	文科	男生	女生
技术环境	网络性能	0.377***	0.277***	0.438***	0.231***
		(0.018)	(0.018)	(0.018)	(0.017)
	技术支持	0.119***	0.047**	0.062***	0.117***
		(0.021)	(0.022)	(0.022)	(0.021)
技术知识	培训经历	0.309***	0.288***	0.370***	0.247***
		(0.012)	(0.011)	(0.013)	(0.011)
	学习经历	0.187***	0.196***	0.167***	0.200***
		(0.011)	(0.011)	(0.012)	(0.010)
技术技能	技术熟悉度	0.627***	0.623***	0.652***	0.600***
		(0.012)	(0.011)	(0.013)	(0.011)

续表

项　目	因变量:在线学习效果			
	按学科类型分类		按学生性别分类	
	理科	文科	男生	女生
学生因素	控制	控制	控制	控制
教师因素	控制	控制	控制	控制
内容因素	控制	控制	控制	控制
个体特征因素	控制	控制	控制	控制
N	117005	126738	104497	139246
伪R^2	0.039	0.036	0.037	0.019

　　综合数字技术上"鸿沟""代沟""学沟"三方面的异质性分析,研究结果发现线上技术环境尤其是技术支持对学习效果的影响表现出"鸿沟"和"代沟"方面的异质性。具体来说,东部地区,研究型大学和一般本科大学以及公办院校这些技术设备更加完备的区域和院校在线上技术支持方面具有更为显著的学习效果促进优势;不同年龄段的数字土著由于对线上技术环境的需求差异,呈现出在线学习不同年龄段差异,网络一代("80后")处于在线学习适应阶段,而网络二、三代("90、00后")处于在线学习应用阶段。但就"学沟"这一类学生群体的技术水平分析没有显著的差异性,可见线上技术支持的"鸿沟"和"代沟"问题是当下亟须关注的重点。

　　(4)对师生/生生间的数字"反哺"行为分析

　　教学实质上是教师的教与学生的学的互动过程。在远程学习情境中,教师与学生、学生与学生间的交互是学生社会化发展的核心内容。[①] 从数字土著视角看,在线学习的交互过程必然会建立教师(数字移民)与学生(数字土著)、学生(高技术)与学生(低技术)之间的交互关系。因此,本研究认为这将促使两类群体建立数字"反哺"行为,这是基于数字代沟的认识而提出的。经实证研究发现,表10第1列显示学生技术技能(技术熟悉度)对教师技术(技术熟练度)产生"反哺"影响,即加入学生技术技能与教师技术的交互项,发现该交互项显著为正,意味着教师技术对在线学习效果显著为正。这说明随着学生技术技能水平的提升,教师技术对学生学习效果的促进作用也随之增加,从而证实"土著"对"移民"具有数字"反哺"行为。表10第2列显示学生互助

---

① 王志军.中国远程教育交互十年文献综述[J].中国远程教育,2013(9):25-29,61,95.

(学生之间的交流协作)和学生技术技能的交互项亦显著为正,这说明学生技术技能对学习效果的促进作用也会随着学生之间的交流互助频繁而增强。综合来看,以上两类数字"反哺"行为研究均验证学生对教师、高技术对低技术学生群体的带动和影响。

表 10 教师与学生和高、低技术学生数字反哺的回归结果

项 目	因变量:在线学习效果	
	ologit	ologit
技术技能	0.346***	−0.141***
	(0.040)	(0.030)
教师技术 * 技术技能	0.284***	
	(0.040)	
教师技术	0.148***	0.133***
	(0.014)	(0.009)
技术技能 * 学生互助		0.133***
		(0.009)
学生互助		0.985***
		(0.007)
数字认知	控制	控制
数字环境	控制	控制
其他变量	控制	控制
N	243743	243743
伪R^2	0.024	0.101

四、结论与建议

(一)结论

本文根据问卷调查数据,通过多元排序 Logit 模型分析数字技术对大学生在线学习效果的影响,根据"数字土著""数字公民""数字化生存"等相关理论分析,得出以下主要结论:第一,大学生在线学习的技术环境、技术知识以及

技术技能均对其学习效果有显著正向影响,这说明在远程教学情境下,数字技术无疑是连接教与学的关键性因素,直接影响学生在线学习体验和学习效果。第二,技术环境、技术知识和技术技能三者具有显著的依存关系。其中,技术环境是技术知识和技能的物质基础,技术知识是技术技能的前提条件。良好的技术环境有助于提升学生的技术知识和技术技能,而技术知识对技术技能也具有显著的促进作用。第三,从异质性分析看:(1)大学生在线学习的技术支持存在"数字鸿沟"问题。不同区域高校大学生在线学习的技术技能、知识以及网络性能对其学习效果影响并无明显差异,但东部地区高校的技术支持对学生学习效果具有重要影响,而中西部地区高校不显著。不同院校性质和类型学生在技术技能、技术知识以及网络性能上对其学习效果不存在差异性,而高职、民办院校学生表现出差异性;(2)大学生在线学习的技术环境存在"数字代沟"问题。不同年龄段学生对技术环境支持的需求存在差异性,其中"网络一代"学生更重视数字技术环境的网络性能,而"网络二、三代"学生则更重视数字技术环境的技术服务支持;(3)不同学科和性别学生的数字技术整体上对其学习效果不存在"学沟"的差异性影响;(4)在线教学互动中存在数字"反哺"行为,在线教学情境下的学生对教师、高技术对低技术学生群体具有带动作用。

(二)建议

1.从"土著"到"公民"的身份转变:提升学生在线学习数字化生存素养

在数字社会中,作为网络新生代的大学生就是要从拥有天生信息技术优势的"数字土著"成长为具有数字道德和情感的"数字公民"。当前,远程学习中的学生暴露出了一些"数字土著"的问题,即凭借自身技术优势遮蔽自身的学习失范行为。如一些学生会网上浏览信息,但缺乏高级的信息检索与分析能力,不会使用学习软件或工具,在线学习时注意力不集中等。[①] 特别在非常规教育背景下,远程学习中潜在的学术诚信问题成为高校关注的焦点,如美国波士顿学院指出,鼓励学术诚信的常规做法,如考试难以得到延续。[②] 显然,提升学生在线学习的数字化生存素养,就是要促使他们从数字技术知识和技能层面上升到数字技术道德和情感层面,因为良好的公民意识和道德是合格

① 黄荣怀,汪燕,王欢欢,等.未来教育之教学新形态:弹性教学与主动学习[J].现代远程教育研究,2020,32(3):3-14.

② Boston College. Emergency remote instruction[EB/OL].[2020-04-30].http://cteresources.bc.edu/documentation/emergency-remote-instruction/.

数字公民的必要条件。① 因此，当今大学生在线学习的数字技术是一项综合素养的体现。

正如学者迈克·瑞布（M.Ribble）在其著作《学校中的数字公民教育》中指出，数字公民是应用技术过程中遵循相应规范并表现出适当的、负责任行为的人，并提出探索在线学习的数字素养问题。② 为促进大学生数字公民身份成功转变，亟须提升学生在线学习数字化生存素养。需要加以区别的是，正值青春期的大学生不同于中小学生，他们更愿接受同辈群体和学校的影响③。因此，本研究提出突出学校主导作用下的素养提升策略，促进大学生在线学习数字化生存素养的高阶认知。第一，大学生数字化生存素养是一种综合素养，应将数字技术教育融入整个人才培养体系中，形成对学生学习和生活潜移默化的影响；第二，探索数字技术教育与学科教育的深度融合，如探索开设人工智能金融、人工智能法学等跨学科专业和课程，从课程教学主渠道促进学生的数字技术道德、情感和规范的认知；第三，高校教师应有意识地将数字技术融入教学设计中，引导学生开展批判性思考、道德讨论和媒体创作与决策。

2.从"区域"到"院校"的思维转变：加强对弱势院校学生在线学习保障

联合国教科文组织最新研究指出，很多高校从一开始就意识到，将传统教学迁移到虚拟情境会带来一定风险，因为很可能会扩大数字鸿沟的影响范围。④ 因此，在线教学的数字鸿沟，不仅是一个技术问题，也是一个社会问题，直接关乎学生的受教育权。通常意义而言，经济和地域是导致数字鸿沟形成的重要原因⑤，特别是经济发展不均衡致使不同地区产生数字鸿沟。⑥ 基于实证分析，可以发现我国东部高校与中西部高校在技术支持上对学生学习效果存在差异，说明我国经济社会的"二元特征"深刻折射到学生在线学习中。教育领域中的数字鸿沟不仅表现在区域层面，而且更多体现在被遮蔽的院校层

① 张立新，姚婧娴.数字化生存：数字时代的挑战与教育应对[J].浙江师范大学学报（社会科学版），2019（4）：1-8.

② RIBBLE M. Digital citizenship in schools：nine elements all students should know [M].Washington D.C：International Society for Technology in Education，2015：34.

③ 戴维·波普诺.社会学[M].李强，等译.北京：中国人民大学出版社，2007：129；180-181.

④ UNESCO.COVID-19 and higher education today and tomorrow[EB/OL].（2020-04-13）[2020-04-30].http://www.iesalc.unesco.org/en/wp-content/uploads/2020/04/COVID-19-EN-090420-2.pdf.2020（4）：35.

⑤ 王俊松，李诚.我国数字鸿沟的空间表现及原因分析[J].情报科学，2006，24（11）：1620-1625.

⑥ 万其念.义务教育数字鸿沟现状及弥合对策研究[D].武汉：华中师范大学，2019：3.

面。如相关研究指出,那些拥有技术和教学资源的高校与没有技术和教学资源的高校间存在巨大差异。[①] 因此,我国高等教育体系存在一定的"两头分化",一头是研究型大学;另一头是高职院校;一头是公办大学,另一头是民办院校。从根本上看,"两头分化"是优质教育资源分配不均在院校层面的表现。

面对当前在线学习新问题,亟需转变"鸿沟"的区域性思维。换言之,不仅要着眼于区域上的数字技术差异,而且要关注院校层面的数字技术差异。就院校层面而言,其根本上取决于两个变量:在线教育的院校能力和监管框架,[②]这是保障弱势院校学生在线学习质量的重要内容。具体来说:一是各地教育行政部门应建立高校在线教育质量标准及保障措施,采用评估机制诊断和检验各高校在线教学质量;二是同类院校可建立在线教育联盟,增强高等教育系统的弹性,共享优质教学资源和技术解决方案;三是高校应加强与市场化在线教育公司的合作关系,并形成互为补充的教育伙伴;四是高校应提升数字化、混合式和泛在学习的规模质量,减少对单一技术的过度依赖,创新在线教学模式,确保学生数字技术的参与度和获得感。

3.从"传授"到"反哺"的认知转变:促进师生和生生在线教学互动互助

从传统教育认知看,教师在教学活动中长期扮演着主导角色,承担着传道授业解惑的职能。但在远程学习中,这一角色正在发生"静悄悄地"转变,即相对于"数字土著"的大学生群体,高校教师是典型的"数字移民",处于数字对话的低技术群体行列,且这一特征会随着教师年龄的增加而愈加凸显。根据《疫情期间高校教师线上教学调查报告》显示,35 岁以下青年教师 1586 人,占29.14%;36～45 岁中青年教师为 2607 人,占 47.89%;46～55 岁中年教师为983 人,占 18.06%;55 岁以上教师 267 人,占 4.91%。从抽样数据可知,中青年教师是此次在线教学的主力。但就整体而言,超过 60% 的教师属于"80 前"群体,这说明当前参与在线教学的教师群体仍以"数字移民"为主。同时,该调查还发现疫情前有 79.57% 的教师未开展过线上教学。[③] 由此看来,我国高校

---

① UNESCO.COVID-19 and higher education today and tomorrow[EB/OL].(2020-04-13)[2020-04-30].http://www.iesalc.unesco.org/en/wp-content/uploads/2020/04/COVID-19-EN-090420-2.pdf.2020(4):33.

② UNESCO.COVID-19 and higher education today and tomorrow[EB/OL].(2020-04-13)[2020-04-30].http://www.iesalc.unesco.org/en/wp-content/uploads/2020/04/COVID-19-EN-090420-2.pdf.2020(4):34.

③ 全国高等学校质量保障机构联盟,厦门大学教师发展中心.《疫情期间高校教师线上教学调查报告》,2020.

教师和学生间的数字代沟特征仍很凸显,这必然会在远程教学交互中形成数字反哺行为。

在代际相遇过程中,数字代沟并非是一个问题,而是一个相互作用的资源。① 与一般意义的数字反哺不同,远程学习情境下的教与学处于一种分离状态。根据教学交互层次塔模型,教学交互从低到高的多层复杂交互,分为操作交互(人机交互)、信息交互(师生、生生和学生与内容交互)和概念交互(学生新旧概念交互)。② 人机交互是整个教学交互的基础,表现为教师和学生对媒体技术的熟悉度。只有达到良好的人机交互,才能建立有意义的人际交互。显然,在线学习的数字反哺行为是一种建立在人机基础上的人际交互。一方面,教师可以通过建立师生交互提高自身技术水平;另一方面,教师亦可通过学生同伴互助(小组交互)方式,引导学生在其同辈群体中开展交流和集体讨论,建立高技术与低技术学生群体的互助学习模式,从而使生生交互的价值最大化③。综合来看,数字反哺根本上是一种在线教学的文化反哺,数字反哺行为越深入,师生亲和度就会越高,师生冲突频率和强度相应会越低,师生关系会更加和谐,这会改变传统教学的"教师权威",促进"以学生为中心"理念的建立。

在这场大规模的在线教学实践中蕴藏了诸多丰富的在线教育教学规律。其中,作为拥有数字技术天生优势和内在悟性的大学生群体无疑是教育规律研究的主体对象,因为只有把握好学生特征,才能构建真正意义上"以学生为中心"的人才培养体系,这就需要将数字公民教育融入人才培养体系中,提升网络新生代大学生的数字化生存能力。同时,本研究发现在线学习数字技术不仅是一个重要的教育学问题,而且还是一个深刻的社会学问题,特别是随着在线教育技术的更新迭代和推广应用,数字鸿沟和代沟问题可能会更加凸显,教育系统内部的不平等和院校"两头分化"成为在线教育今后改革的重要任务。正如《教育信息化 2.0 行动计划》提出,要将教育信息化作为教育系统性变革的内生变量。

---

① AARSAND P A.Computer and video games in family life: the digital divide as a resource in intergenerational interactions[J].Childhood,2007,14(14):235-256.

② 陈丽.远程学习的教学交互模型和教学交互层次塔[J].中国远程教育,2004(5):24-28,78.

③ ABRAMI P C, BERNARD R M, BURES E M, et al.Interaction in distance education and online learning: using evidence and theory to improve practice[J].Journal of computing in higher education,2011(23):82-103.

大学生在线学习成效及满意度的影响因素探究 *

——基于结构方程模型的实证分析

◎ 沈忠华　邬大光

一、引言

　　年初以来,受新冠肺炎疫情影响,国内所有高校都暂停了线下教学。为不影响学生学习进程,教育部提出"停课不停教、停课不停学"的号召。根据厦门大学教师发展中心最近发布的《疫情时期大学生线上学习调查分析报告》(以下简称《线上学习报告》),国内 334 所高校 118191 位被调查的大学生中,97.1％的大学生参加了在线学习。"线上教学在全国高校的大范围展开,在我国高等教育历史上是第一次"①。近十多年来,随着信息技术和互联网的快速发展,在线学习已成为大学生获取知识和掌握技能的重要手段。早在 2014 年,美国著名的盖洛普(Gallup)咨询公司在调查中就已表明,在线学习已进入发展的黄金期,而且这种学习模式目前已处在发展的"提速点"②。《线上学习报告》也显示,43.7％的学生表示曾在疫情之前参加过在线学习。在线学习的

＊　原载《教育发展研究》2020 年第 11 期。

①　邬大光.教育技术演进的回顾与思考:基于新冠肺炎疫情背景下高校在线教学的视角[J].中国高教研究,2020(4):1-6.

②　BIDWELL A.Gallup:online education could be at a"tipping point"trust in the quality of online education grew more than 20 percent in two years[J].U.S.news and world report,2014.

快速发展不仅推动了高校教学模式变革，更是改变了人们对"教与学"的认识，它的重要性已越来越受到关注。

尽管在线学习具有潜在的广阔前景，也将在高校教育教学中占据日渐重要的位置。但人们对于在线学习的前景仍然存有疑虑，有学者通过比较在线学习与线下学习的差异性和学生的体验感，来分析探讨在线学习的未来发展方向。[①] 这种差异性和体验感研究，实际上还是在回答在线学习是否真正有效这一问题，这也就促使了大家对在线学习有效性和满意度影响因素的关注。[②③④] 对于影响因素的讨论，不同角度有不同的判断。有的学者从学生学习内在动机角度进行分析，认为需求满足与否是学生在线学习成效和满意度的重要影响因素；[⑤]也有的学者从在线学习外部环境角度进行分析，认为良好的个性化虚拟环境对于提高学生在线学习成效具有积极意义。[⑥] 事实上，影响在线学习的因素有很多，有学者就开始寻找在线学习有效性和满意度的关键影响因素（Critical Success Factors，CSFs）。Arbaugh 等通过对数百个直接或间接影响在线学习有效性预测变量的识别和分析，研究了大学生在线学习成效和满意度的关键影响因素。[⑦] Simon 等通过对职前教师教育在线教学

① ARBAUGH J B.Learning to learn online：a study of perceptual changes between multiple online course experiences[J].The internet and higher education,2004(7):169-182.

② ARBAUGH J B，GODFREY M R，JOHNSON M，et al. Research in online and blended learning in the business disciplines：key findings and possible future directions [J].Internet and higher education,2009(12):71-87.

③ ARBAUGH J B.One bridge,(at Least)two paths：reflections on "virtual classroom characteristics and student satisfaction in internet-based mba courses"[J].Journal of management education,2018,42(4):533-556.

④ EOM S B，WEN H J，ASHILL N.The determinants of students' perceived learning outcomes and satisfaction in university online education：an empirical investigation [J].Decision sciences journal of innovative education,2006,4(2):215-235.

⑤ CHEN K C，JANG S J.Motivation in online learning：testing a model of self-determination theory[J].Computers in human behavior,2010,26(2):741-752.

⑥ XU D，HUANG W W，WANG H,et al.Enhancing e-learning effectiveness using an intelligent agent-supported personalized virtual learning environment：an empirical investigation[J].Information & management,2014,51:430-440.

⑦ ARBAUGH J B，HWANG A，POLLACK B L.A review of research methods in online and blended business education：2000—2009//EOM S B，ARBAUGH J B.Student satisfaction and learning outcomes in e-learning：an introduction to empirical research [J].Hershey，PA：IGI Global.2010,37-56.

的研究,讨论了学习反思、教学技术和信息技术之间的关系以及在线互动的必要性。①

与传统的线下学习相比较,在线学习"不受制时空、满足个性化需求、自主性强和交互讨论频次高"等特征,更加符合建构主义学习理论观点。因而,近年来不少学者开始从建构主义学习理论角度分析在线学习成效和满意度的关键影响因素。比如,Shang 等通过研究认为知识是在活动和环境下建构而成,有效的在线学习需要教师和学习者都具备很强的沟通意识。② Eom 基于建构主义学习理论构建了在线学习影响因素的研究模型,考察了教师角色、课程设计、师生互动、生生互动、学习动机等对学生在线学习成效和满意度的影响情况。③ 该项研究对于了解在线学习成效和满意度中的关键影响因素,从而帮助学校管理者和教师有针对性地提高学生在线学习质量具有重要意义。但该项研究也存在一定的局限性,比如将教师角色、课程设计、师生互动、生生互动和学习动机都作为一个层面上的观测变量进行研究分析,没有进行分类处理,也没有对潜变量进行分析研究;其次,对于学生认知信息处理能力的分析相对较单薄,变量单一;另外,该项研究主要基于美国中西部某所大学学生在线学习情况,数据来源相对比较单一,无法说明不同学校之间的差异性,因此研究结论有待进一步验证。

本文对于大学生在线学习成效和满意度影响因素的研究主要基于建构主义学习理论,在 Eom 提出的研究模型基础上,结合我国高校学生目前在线学习实际提出了新的概念模型,并利用结构方程方法实证分析大学生在线学习成效和满意度的影响因素及其影响路径。文中提出的研究问题如下:第一,知识建构在学生在线学习中是否影响其学习成效和满意度,哪些关键因素影响学生在线学习中知识建构需求?二是教师角色在学生在线学习中是否影响其学习成效和满意度,师生互动的作用和影响有多大?三是信息处理在学生在线学习中是否影响其学习成效和满意度,哪些方面直接影响学生信息处理能力的提高?

① MUMFORD S, DIKILITAŞ K. Pre-service language teachers reflection development through online interaction in a hybrid learning course[J]. Computers & education, 2020:144.

② SHANG C H, LIN E S, JUAN C Y, et al. Design e-learning concepts discussion based on symbolic interactionism[J]. Advanced science letters, 2013, 19(8):2519-2522.

③ EOM S B. The Determinants of students' perceived learning outcomes and satisfaction in university online education: an update[J]. Journal of innovative education, 2016, 14(2):185-215.

二、理论基础和分析框架

(一)理论基础

如前所述,在线学习的内涵特征主要基于建构主义学习理论。该理论的主要观点是:知识是学习者自己建构的,而不是简单地从教师那里传递而来,是学习者从原有经验出发经过引导后生长(建构)起新的经验。[①] 建构主义理论的主要代表人物,著名心理学家皮亚杰(J.Piaget)认为,学习者在与周围环境相互"同化"和"顺应"过程中,逐步建构起关于外部世界的知识,从而使自身认知结构得到发展。[②] 所谓"同化"是指学习者把外界刺激所提供的信息整合到自己原有认知结构内的过程,这只是一个认知结构数量扩充的过程;而"顺应"则是指学习者的认知结构因外部刺激的影响而发生改变的过程,这里就涉及认知结构性质改变问题。学习者通过"同化"和"顺应"这两种形式达到认知能力的提升和与外部环境的平衡,从而使自己的认知结构在"平衡—不平衡—再平衡"过程中不断得到丰富、提高和发展。

与皮亚杰同时期的苏联心理学家维果斯基(Vogotsgy)也是建构主义理论的重要代表人物,[③]他认为人的高级心理机能并不是人自身所固有的,而是在与周围人的交往过程中产生与发展起来的。这里所说的高级心理机能更强调人的主动性、参与性以及人际间的合作意识,因而维果斯基特别强调活动和社会交往在人的高级心理机能发展中的突出作用。他认为互动和参与是学习者得到发展的必要条件,在这个互动和参与的过程中人的心智能力也因此而被唤起。

综上我们可以认识到,建构主义的核心思想实质上就是"以学生为中心",它强调学生对知识的主动探索、主动发现和对所学知识意义的主动建构。它彻底颠覆了长期以来强调知识传授为主的"以教师为中心"的惯有思想,并由此逐步形成了以此为基础的学习理论、教学理论和教学设计理论等。而在线

---

① 李方.教育知识与能力[M].北京:高等教育出版社,2011:11.
② PIAGET J.Equilibration of cognitive structures[M].New York:Viking Press,1977:23.
③ VYGOTSKY L S. Mind in society:development of higher psychological process [M].Cambridge,MA:Harvard University Press,1978:67.

学习这种方式正是满足了建构主义学习理论实践所需的环境条件,因而使得建构主义学习理论与在线学习较好地结合在了一起,并成为学者们通过建构主义模型研究在线学习成效的重要理论依据。[①] 从 1990 年开始,Von Glasersfeld 等著名学者又相继提出了 6 种不同倾向的建构主义,进一步丰富了建构主义理论。[②] 在此基础上,研究者构建了协作主义模型、认知信息处理模型等用于在线学习成效问题的研究。[③] 这些方法在知识构建上持有不同意见。比如,协作主义认为知识是学习者在与他人共享和协作过程中构建而成;认知信息处理模型则基于学习者的个性化需求,认为课程设计与学习者风格相匹配时可以提升他们对信息的处理能力,从而有助于知识的建构。但归根结底,它们都以"知识是构建的"为假定前提。

(二)分析框架

最近,基于建构主义学习理论,Piccoli 等提出了网络虚拟学习环境(VLE)下在线学习有效性的研究模型,[④]Alavi 和 Leidner 构建了用于学习者与外部环境进行互动的技术中介学习(TML)的研究框架。[⑤] VLE 模型从人的维度和设计维度分析了在线学习的有效性,人的维度主要是指教师和学生,设计维度主要是指学习者的管理系统、自我调节情况以及课程设计、人与人之间的互动等。TML 研究框架主要是从教学策略和信息技术角度讨论在线学习成效的影响因素问题,它认为教学策略和信息技术因素会影响学习者学习心理的变化过程,从而影响在线学习成效和满意度。基于 VLE 模型和 TML

[①] JONASSEN D,DAVIDSON M,COLLINS M C J,et al.Constructivism and computer-mediated communication in distance education[J].The American journal of distance education,1995,9(2):7-26.

[②] 陈琦,张建伟.建构主义学习观要义评析[J].华东师范大学学报(教育科学版).1998(1):61-68.

[③] LEIDNER D E,JARVENPAA S L.The use of information technology to enhance management school education:a theoretical view[J].MIS quarterly,1995,19(3):265-291.

[④] PICCOLI G,AHMAD R,IVES B.Web-based virtual learning environments:a research framework and a preliminary assessment of effectiveness in basic it skills training[J].MIS Quarterly,2001,25(4):401-426.

[⑤] ALAVI M,LEIDNER D E.Research commentary:technology-mediated learning—a call for greater depth and breadth of research[J].Information systems research,2001,12(1):1-10.

研究框架,Eom 等进而提出了影响在线学习的关键因素(CSF)①,其中包括学习者的学习动机、信息技术能力和协作学习情况等因素,②并构建了相应的研究模型。该模型将在线学习视作为一个由教师、学习者和管理系统组成的开放系统,通过研究它们三者之间的关系以及它们与所处环境之间的相互关系和作用,指出了影响在线学习成效和满意度的主要因素。

　　根据以上分析发现,建构主义模型为我们研究大学生在线学习成效和学生学习满意度提供了理论基础。本文基于这些理论基础,尤其在分析了 Eom 等提出的研究模型后,③结合《线上学习报告》和当前我国高校开展在线教学实际,梳理了研究模型的理论框架,如表 1 所示。在此基础上,提出大学生在线学习成效和满意度影响因素的理论模型,如图 1 所示。

表 1　研究模型理论框架

相关理论	目标期望	影响因素
建构主义	通过自主学习,构造知识并形成抽象概念,从而提高在线学习成效和满意度	知识建构
协作主义	通过共享和协作,促进学习能力提高,从而提高在线学习成效和满意度	师生互动
认知信息处理	通过认知信息处理,促进个性化发展,从而提高在线学习成效和满意度	信息处理

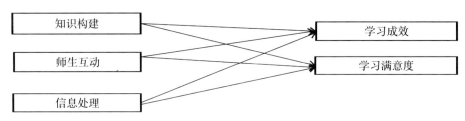

图 1　大学生在线学习成效和满意度影响因素的理论模型

①　SHANG C H，LIN E S，JUAN C Y，et al.Design e-learning concepts discussion based on symbolic interactionism[J].Advanced science letters,2013,19(8):2519-2522.

②　HILTZ S R.Impacts of college-level courses via asynchronous learning networks:some preliminary results[J].The journal of asynchronous learning networks,1997,1(2):1-19.

③　SHANG C H，LIN E S，JUAN C Y，et al.Design e-learning concepts discussion based on symbolic interactionism[J].Advanced science letters,2013,19(8):2519-2522.

三、研究设计

(一)数据来源

本论文研究数据来源于厦门大学教师发展中心发布的《线上学习报告》。该报告收集了学习资源、技术支持、教师投入、教师策略、助学辅导、师生互动、自主学习、在线技能等相关问题的资料,因此很适合本文的研究。报告显示,该项调查主要集中于今年2～3月,共收到有效问卷118191份。在被调查学生中,男生有49392人,占42%;女生有68799人,占58%。其中:"哲学"学科500人,占0.42%;"经济学"学科10114人,占8.56%;"法学"学科3054人,占2.58%;"教育学"学科10187人,占8.62%;"文学"学科12054人,占10.20%;"历史学"学科558人,占0.47%;"理学"学科12888人,占10.90%;"工学"学科30861人,占26.11%;"农学"学科3795人,占3.21%;"管理学"学科16829人,占14.24%;"艺术学"学科12484人,占10.56%。参与调查的学生中,有51674人在疫情之前参加过线上教学,占44%;66517人在疫情之前没有参与过线上教学,占56%。

(二)变量及测量问卷设计

本文构建的研究模型中,所设定的潜在自变量为知识建构、师生互动和信息处理,旨在分析它们与大学生在线学习的学习成效和学习满意度两个潜在因变量之间的关系。知识建构对应的观测变量为:学习资源、自主学习和教师投入;师生互动对应的观测变量为:交流互动、教师反馈和教学环节;信息处理对应的观测变量为:技术支持、在线技能、教学策略和助学辅导。学习成效对应的观测变量为:学习时间、学习效率和学习效果;学习满意度对应的观测变量为:线上学习、线上线下混合学习和线下学习。

把知识建构作为潜在变量,主要基于建构主义学习理论认为知识建构对于学习效率的重要性角度考虑。因为建构主义认为学习是学习者利用自己的感受汲取外部资源并建构意义的活动过程。[①] 在线学习过程中,知识建构一

---

① HEIN E G.Constructivist learning theory[C].Jerusalem Israel CECA Conference,1991.

方面需要外部环境的支持,而其中最为重要的外部环境支持应是学习资源呈现情况和教师的帮助和引导;另一方面需要发挥个体的主动性,学生在在线学习过程中自主学习的能力越强,则他在学习环境中就会越成功。① 因此,我们认为把学习资源、自主学习和教师投入作为知识建构其中的观测变量是合适的,但作用程度和影响路径则需在研究中进一步验证。

把师生互动作为潜在变量,主要基于协作主义认为学生在学习过程中知识的构建是学习者之间、学习者和指导者之间共同协作结果的观点。② 作为协助学习最主要的两个维度应该是学习者与学习者之间的互动,以及学习者与指导者之间的交流互动。本次研究中,考虑到疫情防控期间在线教学组织过程的特殊性,我们没有考虑学习者之间互动的因素,而把师生互动作为主要潜在变量考虑。事实上,师生之间积极的交流互动,有助于学生通过深层次认知参与来发展高级知识的建构。③ 根据《线上学习报告》,我们把师生之间的交流互动、教师反馈和教师在教学环节中的表现情况作为其中的观测变量。

信息处理指的是学习者在学习过程中对信息的选择、处理、加工、存储和内化的过程,并在此基础上完成对知识的认知和重构。有学者认为信息处理只是强调了原有知识经验在信息处理加工过程中的作用而没有体现出新知识对原有信息的影响,因而把它归为认知主义。④ 但建构主义则认为学习者接受知识是个体建构而成,不仅仅是对外部信息的处理,更重要的是新旧信息在交互过程中的不断重构和创新。⑤ 因此,本研究中我们把信息处理作为建构主义学习理论下大学生在线学习成效和满意度影响的潜在变量,同时把技术支持、在线技能、教学策略和助学辅导作为其观测变量。

对于潜在因变量学习成效和学习满意度测量问卷的选择,主要基于《线上

① ZIMMERMAN B J.A social cognitive view of self-regulated academic learning[J].Journal of educational psychologist,1989,81(3):312-350.

② BRUNER J.Vygotsky: an historical and conceptual perspective//WERTSCH J V.Culture, communication, and cognition: vygotskian perspectives[M].Cambridge, Eng: Cambridge University Press.1985,20-27.

③ MOORE M G.Theory of transactional distanc//KEEGAN D.Theoretical principles of distance education[M].New York:Routledge.1997:15-35.

④ EMEST P.The one and the many//STEFFE L P, GALE J.Constructivism in education [M].Hillsdale,NI Lawrence Erlbaum Associates, Publishers,1995:459-485.

⑤ LEIDNER D E, JARVENPAA S L.The use of information technology to enhance management school education: a theoretical view[J].MIT Quarterly,1995,19(3):265-291.

学习报告》中有关调查问题的设计,我们认为这些问题能较好地反映学生的学习成效和满意度情况,比较适合研究,因此,研究中我们把它作为观测变量的相关问卷。具体各观测变量及其对应的测量问卷如表2所示。

表2　变量及相应的测量问卷

变量维度		条目
知识构建	学习资源	A11:提供课程配套电子教学资源不足 A12:部分教学内容不适合线上教学 A13:提供的课程配套电子教学资源较好 A14:可以让名师名课充分共享 A15:教师频繁提供材料供学生自主学习
	自主学习	A21:学生参与度不够 A22:学生自主学习能力弱 A23:学生未养成线上学习的良好习惯(如按时上课,学习自律能力等) A24:有助于学生自主学习能力培养 A25:可以让学生充分表达关注的问题 A26:学生可以按需选择学习内容,提高学习效率 A27:突破时空限制,可以随时随地学习 A28:可以反复回放,便于知识复习巩固
	教师投入	A31:教师对教学的态度及精力投入不够 A32:课堂教学秩序不好(如无关群聊问题干扰上课等) A33:缺乏老师现场指导和督促,课堂纪律松弛
师生互动	交流互动	B11:与老师课内外的交流互动
	教师反馈	B21:教师能及时反馈作业 B22:教师无法及时了解学生的学习状态 B23:教师无法及时了解学生知识掌握情况 B24:教师无法第一时间反馈学生关注的问题
	教学环节	B31:教师较频繁地进行课后答疑辅导 B32:教师能较频繁地进行课堂研讨 B33:教师能较频繁地进行课堂提问

续表

变量维度		条目
信息处理	技术支持	C11:网络速度及稳定性差 C12:教学平台功能不完善及稳定性差 C13:线上技术服务支持跟不上 C14:学生的学习空间环境及终端设备支持不够 C15:学校对线上教学的政策支持不足
	在线技能	C21:学生对教学平台和工具的不熟练 C22:对各种平台和学习工具的熟悉和掌握 C23:需要更强自律性,养成良好的线上学习行为和习惯 C24:能较好地使用网上各种学习工具
	教学策略	C31:教学策略及教学方法不适应线上教学 C32:教育评价方式方法不适合网上教学 C33:教师较频繁地组织线上互动研讨(包括答疑、辅导等) C34:教师较频繁地提供材料供学生自主学习
	助学辅导	C41:没有课程助教或数量不足 C42:指导教师对教学平台和工具的不熟练
学习成效	学习时间	O11:网络交流不如线下交流直接,浪费时间
	学习效率	O12:学生过分依赖回放功能,认为听不明白还可以重学,课堂学习效率下降
	学习效果	O13:比传统线下学习效果好 O14:比传统线下学习效果差 O15:与传统线下学习比较没有变化
学习满意度	线上教学	O21:疫情过后会继续采用线上学习
	线上线下 混合教学	O22:疫情过后会采用"线上+线下"混合式学习
	线下教学	O23:疫情过后会不采用线上学习

(三)测量问卷的效度和信度分析

为保证研究结果真实有效,我们对测量问卷的效度和信度进行了测试分析,具体说明如下:

知识构建测量问卷:共16个条目,包括三个维度即学习资源(5个条目)、自主学习(8个条目)、教师投入(3个条目)。内部一致性信度分析结果显示,三个维度的Cronbach'α系数分别为0.78、0.86、0.76,各维度的信度系数均高于0.7,表明该问卷的信度较好;用因子分析探索此问卷的结构效度,累积方差贡献率为 77.2%,各因子符合在 0.62～0.89 之间,表明效度良好。

师生互动测量问卷:共包含 8 个条目,由三个维度组成,即交流互动(1 个条目)、教师反馈(4 个条目)、教学环节(3 个条目)。内部一致性信度分析结果显示,三个维度的 Cronbach'α 系数分别为 0.73、0.85、0.82,各维度的信度系数均高于 0.7,表明该问卷的信度较好;用因子分析探索此问卷的结构效度,累积方差贡献率为 73.8%,各因子符合在 0.62～0.89 之间,表明效度良好。

信息处理测量问卷:包含 15 个条目,由四个维度组成,即技术支持(5 个条目)、在线技能(4 个条目)、教学策略(4 个条目)、助学辅导(2 个条目)。内部一致性信度分析结果显示,三个维度的 Cronbach'α 系数分别为 0.91、0.83、0.86、0.78,各维度的信度系数均高于 0.7,表明该问卷的信度较好;用因子分析探索此问卷的结构效度,累积方差贡献率为 81.3%,各因子符合在 0.62～0.91 之间,表明效度良好。

学习效果测量问卷:共 6 个条目,包含 2 个维度即学习成效和学习满意度。内部一致性信度分析结果显示,两个维度的 Cronbach'α 系数分别为 0.75、0.72,各维度的信度系数均高于 0.7,表明该问卷的信度较好;用因子分析探索此问卷的结构效度,累积方差贡献率为 69.6%,各因子符合在 0.64～0.87 之间,表明效度良好。

以上分析结果表明,各个测量问卷的效度和信度良好,很适合开展大学生在线学习成效和满意度影响因素实证研究。

(四)研究方法

结构方程模型(SEM)是一种多元线性的统计建模方法,它的分析过程包括模型构建、模型修正及模型解释。模型中的变量可分为潜在变量和观测变量两种,其中观测变量是可以直接测量的变量,潜在变量为不能通过直接测量得到但可借助观测变量间接测量的变量。结构方程模型不仅能够测量量表的信效度,还能发现影响因素并能明确影响因素之间的关系,具有传统回归分析方法无法比拟的优势。因此,结构方程模型非常适合运用于大学生在线学习成效和满意度影响因素和影响路径的研究。

本研究的结构方程理论模型主要基于图 1,对于变量的处理主要基于前面的说明和分析。结构方程模型由两个基本模型构成:测量模型和结构模型①。

---

① 侯杰泰,温忠麟,成子娟.结构方程模型及其应用[M].北京:教育科学出版社,2004:16-17.

观测模型主要用于分析潜在变量与观测变量之间的关系,本研究中主要用来分析知识建构、师生互动、信息处理、学习成效和学习满意度等潜在变量与相应观测变量之间的关系;而结构模型主要用于讨论潜在变量之间的关系,本研究中主要用来讨论知识建构、师生互动、信息处理、学习成效和学习满意度等潜在变量之间的内在关系。实证检验前我们假设它们存在正向影响关系。

四、实证检验

(一)分层线性回归分析

在进行结构方程模型分析之前,我们首先采用分层线性回归分析,以基本情况、知识建构、合作学习和信息处理的各维度作为自变量,对分类变量设置哑变量(具体赋值见表3),探究因变量学习成效和学习满意度的影响因素(检验水平=0.05)。基本情况主要包括:性别、学习地区、您的年级、学校性质、学校类别、疫情之前是否使用过线上教学等。由于《线上学习报告》量表中部分问题采用反向计分方式,为便于研究,在进行线性回归分析前,我们对部分反向计分条目分值进行了转换处理。主要涉及表2中的B13、B14、B15、A33、O11、O12、O14、O15、O23、C11、C12、C13、A11、A12、A31、C31、C32、A32、C41、C42、C21、A21、A22、A23、C14、C15,转换规则是:0~0、1~5、2~4、3~3、4~2、5~1。分层线性回归步骤主要分四层,第一层:基本情况;第二层:基本情况+知识建构三维度;第三层:基本情况+知识建构三维度+师生互动三维度;第四层:基本情况+知识建构三维度+师生互动三维度+信息处理四维度。

表3 基本信息变量赋值表

自变量名称	哑变量赋值及含义
学校地区(X_1)	东部($X_{11}=0,0,0,0$);中部($X_{12}=0,1,0,0$);西部($X_{13}=0,0,1,0$);其他($X_{14}=0,0,0,1$)
年级(X_2)	专科($X_{21}=0,0,0,0,0,0,0$);大一($X_{22}=0,1,0,0,0,0,0$);大二($X_{23}=0,0,1,0,0,0,0$);大三($X_{24}=0,0,0,1,0,0,0$);大四($X_{25}=0,0,0,0,1,0,0$);大五($X_{26}=0,0,0,0,0,1,0$);研究生($X_{27}=0,0,0,0,0,0,1$)

续表

自变量名称	哑变量赋值及含义
学校性质（X_3）	高职（$X_{31}=0,0,0,0$）；一般本科院校（$X_{32}=0,1,0,0$）；研究型大学（$X_{33}=0,0,1,0$）；其他（$X_{34}=0,0,0,1$）
学校类别（X_4）	民办（$X_{41}=0,0,0$）；公办（$X_{42}=0,1,0$）；其他（$X_{43}=0,0,1$）

1. 以学习成效为因变量的分层回归分析结果

将基本情况、知识建构、师生互动和信息处理等的各维度作为自变量依次进入第 1～4 层，通过分析各层的 ΔR^2 推测各自变量对学习成效的影响。结果如表 4 所示：基本情况、知识建构、师生互动和信息处理等维度纳入方程时 ΔR^2 有统计学意义（$\Delta R^2=0.017,\Delta F=6.269,P<0.001$；$\Delta R^2=0.329,\Delta F=836.057,P<0.001$；$\Delta R^2=0.098,\Delta F=294.400,P<0.001$；$\Delta R^2=0.003,\Delta F=6.667,P<0.001$），通过比较各层 ΔR^2 值，可以看出知识建构相比基本情况、师生互动和信息处理对学习成效影响更大，对学习成效变异的解释能力增加了 32.9%。

表 4 学习成效分层回归结果

变量		第 1 层 Beta	第 2 层 Beta	第 3 层 Beta	第 4 层 Beta
性别	男（参照组）				
	女	0.086**	0.035*	0.035*	0.036*
疫情之前是否使用过线上教学	否（参照组）				
	是	0.042*			
学校地区	其他（参照组）				
	中部	−0.056**	−0.028*	−0.037*	−0.035*
年级	研究生（参照组）				
	大四	−0.089*			
学校性质	其他（参照组）				
	研究型大学		−0.061*	−0.056*	−0.051*
知识建构	学习资源		−0.040*		
	自主学习		0.268**	0.252**	0.264**
	教师投入		0.432**	0.242**	0.293**

续表

变量		第1层	第2层	第3层	第4层
		Beta	Beta	Beta	Beta
师生互动	教师反馈			0.379^{**}	0.370^{**}
	教学环节			-0.090^{**}	-0.095^{**}
信息处理	助学辅导				-0.083^{**}
R^2		0.015	0.344	0.443	0.445
F		6.269^{**}	155.297^{**}	199.484^{**}	168.105^{**}
ΔR^2		0.017	0.329	0.098	0.003
ΔF		6.269^{**}	836.057^{**}	294.400^{**}	6.667^{**}

注：$* P < 0.05$，$** P < 0.001$。

对最终模型（第4层）自变量进行组内比较，结果显示：以男性为对照，女性的学习成效更高（$\beta = 0.036$，$P = 0.001$）；以其他地区为对照，中部地区学生学习成效更低（$\beta = -0.035$，$P = 0.003$）；以其他性质高校为对照，研究型大学学生学习成效更低（$\beta = -0.051$，$P = 0.037$）；知识建构部分，学习成效随自主学习、教师投入维度平均分增加而增加（$\beta = 0.264$，$P < 0.001$；$\beta = 0.293$，$P < 0.001$）；师生互动部分，学习成效随教学反馈、教学环节维度平均分增加而增加（$\beta = 0.370$，$P < 0.001$；$\beta = -0.095$，$P < 0.001$）；信息处理部分，学习成效随助学辅导维度平均分增加而降低（$\beta = -0.083$，$P < 0.001$）。

2.以学习满意度为因变量的分层回归分析结果

将基本情况、知识建构、师生互动和信息处理等的各维度作为自变量依次进入第1～4层，通过分析各层的 ΔR^2 推测各自变量对学习满意度的影响。结果如表5所示：基本情况、知识建构、师生互动和信息处理等维度纳入方程时 ΔR^2 有统计学意义（$\Delta R^2 = 0.026$，$\Delta F = 9.576$，$P < 0.001$；$\Delta R^2 = 0.350$，$\Delta F = 930.876$，$P < 0.001$；$\Delta R^2 = 0.022$，$\Delta F = 59.873$，$P < 0.001$；$\Delta R^2 = 0.017$，$\Delta F = 35.380$，$P < 0.001$）。通过比较各层 ΔR^2 值，在不分析影响路径前提下，我们发现知识建构相比基本情况、师生互动和信息处理对学习满意度影响更大，对学习满意度变异的解释能力增加了 35.0%。

对最终模型（第4层）自变量进行组内比较，结果显示：以未在疫情之前使用过线上学习为对照，在疫情之前使用过线上学习的学生学习满意度更高（$\beta = 0.086$，$P < 0.001$）；以其他性质高校为对照，高职和一般院校学生学习满意度更低（$\beta = -0.099$，$P = 0.010$；$\beta = -0.102$，$P = 0.023$）；知识建构部分，学习满

意度随学习资源、自主学习维度平均分增加而增加($\beta=0.091, P<0.001$;$\beta=0.435, P<0.001$),随教师投入维度平均分增加而降低($\beta=-0.050, P=0.008$);师生互动部分,学习满意度随交流互动、教师反馈维度平均分增加而增加($\beta=0.142, P<0.001$;$\beta=0.074, P<0.001$),随教学环节维度平均分增加而降低($\beta=-0.069, P<0.001$);信息处理部分,学习满意度随在线技能、教学策略维度平均分增加而增加($\beta=0.120, P<0.001$;$\beta=0.058, P=0.001$),随技术支持、助学辅导维度平均分增加而降低($\beta=-0.040, P=0.014$;$\beta=-0.127, P<0.001$)。

表 5　学习满意度分层回归结果

变量		第1层 Beta	第2层 Beta	第3层 Beta	第4层 Beta
性别	男(参照组)				
	女	0.033*			
疫情之前是否使用过线上教学	否(参照组)				
	是	0.140**	0.088**	0.086**	0.086**
学校地区	其他(参照组)				
	西部	−0.050*			
年级	研究生(参照组)				
	大二		−0.108*	−0.105*	
	大三	−0.108*	−0.096*	−0.099*	
学校性质	其他(参照组)				
	高职	−0.149*	−0.107*	−0.110*	−0.099*
	一般本科院校	−0.145*	−0.118*	−0.114*	−0.102*
学校类别	其他(参照组)				
	民办			0.245*	
	公办			0.252*	
知识建构	学习资源		0.154**	0.090**	0.091**
	自主学习		0.532**	0.455**	0.435**
	教师投入		−0.125**	−0.128**	−0.050*

续表

变量		第1层	第2层	第3层	第4层
		Beta	Beta	Beta	Beta
师生互动	交流互动			0.179**	0.142**
	教师反馈			0.079**	0.074**
	教学环节				−0.069**
信息处理	技术支持				−0.040*
	在线技能				0.120**
	教学策略				0.058*
	助学辅导				−0.127**
R²		0.026	0.376	0.398	0.412
F		9.576**	176.571**	164.387**	146.670**
ΔR²		0.026	0.350	0.022	0.017
ΔF		9.576**	930.876**	59.873**	35.380**

注：* $P<0.05$，** $P<0.001$。

(二)单因素分析

1.学习成效的单因素分析

单因素结果显示,不同性别、学校地区、疫情之前是否使用过线上教学、年级和学校类型的学生在学习成效上的差异具有统计学意义($P<0.05$),而学校性质不同的学生在学习成效上的差异无统计学意义($P>0.05$),详见表6。

表6　学习成效的单因素分析(x±S)

变量	分类	x±S	t/F 值	P 值
性别	男	2.80±0.74	−6.004	<0.001*
	女	2.92±0.66		
学校地区	东部	2.90±0.72	3.822	0.010*
	中部	2.83±0.69		
	西部	2.85±0.70		
	其他	3.02±0.83		
疫情之前是否使用过线上教学	否	2.84±0.68	−2.655	0.008*
	是	2.89±0.71		

续表

变量	分类	x±S	t/F 值	P 值
年级	专科	2.87±0.56	3.531	0.003*
	大一	2.87±0.67		
	大二	2.88±0.69		
	大三	2.87±0.72		
	大四	2.70±0.82		
	研究生	2.98±0.68		
学校性质	高职	2.84±0.62	0.405	0.749
	一般本科院校	2.87±0.70		
	研究型大学	2.82±0.74		
	其他	2.95±0.64		
学校类别	公办	2.88±0.69	4.107	0.017*
	民办	2.81±0.71		
	其他	3.02±0.83		

2.学习满意度的单因素分析

由单因素分析结果可知,不同学校地区、疫情之前是否使用过线上教学和不同年级的学生,在学习满意度上的差异具有统计学意义($P < 0.05$);而性别、学校性质和学校类别不同的学生,在学习满意度上的差别无统计学意义($P > 0.05$),详见表7。

表 7 学习满意度的单因素分析(x±S)

变量	分类	x±S	t/F 值	P 值
性别	男	3.19±0.80	−1.850	0.064
	女	3.23±0.73		
学校地区	东部	3.24±0.77	2.894	0.034*
	中部	3.22±0.75		
	西部	3.15±0.76		
	其他	3.29±0.08		
疫情之前是否使用过线上教学	否	3.13±0.77	−9.43	<0.001*
	是	3.33±0.73		

续表

变量	分类	x±S	t/F 值	P 值
年级	专科	3.19±0.65	2.461	0.031*
	大一	3.25±0.72		
	大二	3.18±0.78		
	大三	3.19±0.78		
	大四	3.24±0.84		
	研究生	3.42±0.57		
学校性质	高职	3.13±0.77	2.196	0.086
	一般本科院校	3.22±0.76		
	研究型大学	3.32±0.86		
	其他	3.41±0.66		
学校类别	公办	3.22±0.76	1.078	0.340
	民办	3.18±0.77		
	其他	3.29±0.80		

3.相关性分析

在知识构建方面,学习资源、自主学习和教师投入这三个维度皆与学习成效和学习满意度呈正相关,其中教师投入与学习成效的相关性最强,自主学习与学习满意度的相关性最强;在师生互动方面,交流互动、教师反馈和教学环节皆与学习成效和学习满意度呈正相关,其中教师反馈与学习成效的相关性最强,交流互动与学习满意度的相关性最强;在信息处理方面,技术支持、在线技能、教学策略和助学辅导这四个维度皆与学习成效和学习满意度呈正相关,其中教学策略与学习成效的相关性最强,在线技能与学习满意度的相关性最强。详见表8。

表8 知识构建、合作学习、信息处理与学习成效和学习满意度的相关性分析

分类	维度	学习成效	学习满意度
知识构建	学习资源	0.328**	0.467**
	自主学习	0.441**	0.586**
	教师投入	0.541**	0.187**

续表

分类	维度	学习成效	学习满意度
师生互动	交流互动	0.199**	0.487**
	教师反馈	0.575**	0.249**
	教学环节	0.139**	0.365**
信息处理	技术支持	0.341**	0.137**
	在线技能	0.204**	0.435**
	教学策略	0.352**	0.345**
	助学辅导	0.349**	0.140**

** 代表 $P < 0.01$。

(三)结构方程模型分析结果

1.模型的构建和拟合

为探究高校学生在线学习影响因素之间的关系和作用路径,本研究运用 Amos22.0 软件构建结构方程模型,采用最大似然法对初始模型进行估计,初始模型如图 2 所示。

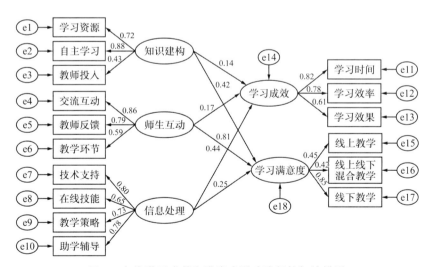

图 2　在线学习成效和满意度影响路径的初始模型

初始模型模拟后的结果显示,知识建构、师生互动、信息处理三个潜在变量间修正指数 MI 值较大,需增加相关路径对模型进行修正,同时增加[e6－e9]、[e15－e16]等残差路径,修正后各路径 P 值均小于 0.05,具有统计学意义,最终模型如图 3 所示。由于研究样本量较大,导致 CMIN/DF 指标偏大,但综合其他适配度指标拟合结果较好,具体见表 9。

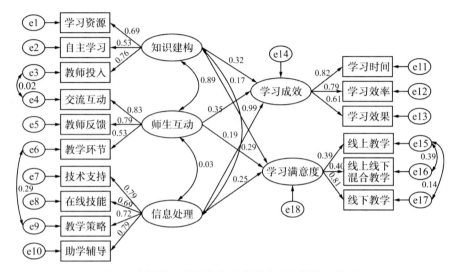

图 3　在线学习成效和满意度影响路径的修正模型

表 9　结构方程模型的拟合结果

适配度指标		适配值	是否符合拟合标准
绝对适配度指标	AGFI	0.910	符合
	GFI	0.948	符合
	RMSEA	0.044	符合
增值适配度指标	CFI	0.950	符合
	NFI	0.946	符合
简约适配度指标	PNFI	0.515	符合
	PGFI	0.544	符合
	CMIN/DF	7.97	偏大

2.拟合模型的路径分析结果

从模型中可以看出,知识建构对学习成效、学习满意度具有正向影响作用,标化路径系数分别是 0.319、0.174($P<0.01$)。师生互动对学习成效、学习满意度具有正向影响作用,标化路径系数分别是 0.351、0.281($P<0.01$)。信息处理对学习成效、学习满意度具有正向影响作用,标化路径系数分别是 0.193、0.249($P<0.05$)。详细见表 10。

表10 拟合模型中各因素间的效应关系

变量			标准路径估计值	C.R.	P
学习满意度	←	知识建构	0.174	5.149	0.002
学习满意度	←	信息处理	0.249	6.956	0.050
学习满意度	←	师生互动	0.281	8.208	＜0.001
学习成效	←	知识建构	0.319	9.317	＜0.001
学习成效	←	师生互动	0.351	10.903	＜0.001
学习成效	←	信息处理	0.193	5.612	＜0.001
教师投入	←	知识建构	0.762		
自主学习	←	知识建构	0.530	24.886	＜0.001
学习资源	←	知识建构	0.685	28.536	＜0.001
教师反馈	←	师生互动	0.795	43.118	＜0.001
教学策略	←	信息处理	0.724	39.291	＜0.001
在线技能	←	信息处理	0.695	35.675	＜0.001
技术支持	←	信息处理	0.785		
线上教学	←	学习满意度	0.389		
助学辅导	←	信息处理	0.790	40.225	＜0.001
交流互动	←	师生互动	0.832		
教学环节	←	师生互动	0.529	26.900	＜0.001
线下教学	←	学习满意度	0.813	19.733	＜0.001
线上线下混合教学	←	学习满意度	0.403	18.317	＜0.001
学习时间	←	学习成效	0.816		
学习效果	←	学习成效	0.608	28.304	＜0.001
学习效率	←	学习成效	0.786	35.202	＜0.001

3.效应关系和假设验证结果

分析修正后的在线学习影响因素结构方程模型潜变量之间的作用关系可以看出,知识建构对学习成效只有直接正向影响,路径系数为0.319(P＜0.01);师生互动对学习成效只有直接正向影响,路径系数为0.351(P＜0.01);知识建构对学习满意度只有直接正向影响,路径系数为0.174(P＜0.01);信息处理对学习满意度只有直接正向影响,路径系数为0.249(P＝0.05)。通过标准化影响效应分析可得,影响学习成效的总效应依次为:师生互动(0.351)

＞知识构建(0.319)＞信息处理(0.193)，影响学习满意度的总效应依次为：师生互动(0.281)＞信息处理(0.249)＞知识构建(0.174)(见表11)。

表11 各影响路径系数及验证假设情况

序号	影响路径	标准化直接效应值	标准化间接效应值	标准化总效应值	P	支持假设
1	知识建构→学习成效	0.319	\	0.319	＜0.01	
2	师生互动→学习成效	0.351	\	0.351	＜0.01	
3	信息处理→学习成效	0.193	\	0.193	＜0.01	
4	知识建构→学习满意度	0.174	\	0.174	0.002	
5	师生互动→学习满意度	0.281	\	0.281	＜0.01	
6	信息处理→学习满意度	0.249	\	0.249	0.050	

五、结论和启示

(一)研究结论

基于厦门大学教师发展中心《线上学习报告》数据，通过结构方程模型，我们研究了知识建构、师生互动和信息处理对大学生在线学习成效和满意度的影响及其路径，得出以下结论：

1.知识建构、师生互动和信息处理与在线学习成效的相关性情况。知识建构、师生互动和信息处理对学习成效具有直接正向影响，也就是在传导路径上中间变量没有起到影响作用。这进一步显示学生在线学习成效受到知识建构、师生互动和信息处理因素的直接影响，并发生正向作用。而且我们通过标准化影响效应分析可以获知，影响学生在线学习成效的总效应依次为：师生互动＞知识构建＞信息处理。说明在目前线上教学开展背景下，师生互动对于学生线上学习的重要性比较突出；而对于学习成效而言，信息处理相对于师生互动和知识建构则影响最小。

2.知识建构、师生互动和信息处理与在线学习满意度的相关性情况。知识建构、师生互动和信息处理对学习满意度具有直接正向影响，同样说明在传导路径上中间变量没有起到影响作用。这也表明学生在线学习满意度受到知识建构、师生互动和信息处理因素的直接影响,并发生正向作用。另外,通过进行标准化影响效应分析,我们发现影响学生在线学习满意度的总效应依次为:师生互动>信息处理>知识构建。这说明在目前线上教学背景下,师生互动对学生学习满意度的影响最大,而知识建构相对于师生互动和信息处理则影响最小。

3.各潜在变量所对应的观测变量与学习成效和满意度的相关性情况。在知识构建方面,学习资源、自主学习和教师投入这三个维度皆与学习成效和学习满意度呈正相关,其中教师投入与学习成效的相关性最强,自主学习与学习满意度的相关性最强;在师生互动方面,交流互动、教师反馈和教学环节皆与学习成效和学习满意度呈正相关,其中教师反馈与学习成效的相关性最强,交流互动与学习满意度的相关性最强;在信息处理方面,技术支持、在线技能、教学策略和助学辅导这四个维度皆与学习成效和学习满意度呈正相关,其中教学策略与学习成效的相关性最强,在线技能与学习满意度的相关性最强。

4.各潜在变量所对应的观测变量对学习成效的影响情况。从知识建构来看,学习成效随其观测变量自主学习和教师投入维度的平均分增加而增加;从师生互动来看,学习成效随其观测变量教学反馈和教学环节维度的平均分增加而增加;从信息处理来看,学习成效随其观测变量助学辅导维度的平均分增加而降低。从各观测变量所对应的问题条目来看,比较符合实际情况。比如,教师反馈中"教师能及时反馈作业"能正向影响学生在线学习成效,而助学辅导中"没有课程助教或数量不足"则负向影响学生在线学习成效。

5.各潜在变量所对应的观测变量对学习满意度的影响情况。从知识建构来看,学习满意度随其观测变量学习资源、自主学习维度的平均分增加而增加,随教师投入维度的平均分增加而降低;从师生互动来看,学习满意度随其观测变量交流互动、教师反馈维度的平均分增加而增加,随教学环节维度的平均分增加而降低;从信息处理来看,学习满意度随其观测变量在线技能和教学策略维度平均分的增加而增加,而随技术支持和助学辅导维度平均分增加而降低。同样,从各观测变量所对应的问题条目来看,比较符合实际情况。比如,教学环节中"教师较频繁地进行课后答疑辅导"能正向影响学生在线学习满意度,而技术支持中"教学平台功能不完善及稳定性差"则负向影响学生在线学习满意度。

研究中我们还发现,女生的在线学习成效和满意度要高于男生,研究生的在线学习成效和满意度要高于本科生,东部地区学生的在线学习成效和满意度要高于其他两个地区学生。另外我们还发现,虽然"知识建构""师生互动"

"信息处理"这三个维度的影响因素对学习成效和学习满意度都同时发生作用,但作用程度却有差别。比如本科生中,对于学习成效而言,大二学生高于其他年级学生;而对于学习满意度而言,大一学生高于其他年级学生。事实上,结论 1 和结论 2 已经告诉我们,影响学生在线学习成效的总效应依次为:师生互动＞知识构建＞信息处理,而影响学生在线学习满意度的总效应依次为:师生互动＞信息处理＞知识构建。所以,从中可以说明,在师生互动差异不大情况下,大二学生相比于其他年级学生更关注在线学习中知识建构能力的培养,而大一学生则更关注信息处理方面的问题。

以上结论较好地回答了本文前面提出的三个研究问题,也充分验证了我们关于知识建构、师生互动、信息处理对于大学生学习成效和满意度存在正向影响关系的研究假设,符合建构主义学习理论观点。另外,本研究在观测过程中没有采用现成量表,而是通过分析《线上学习报告》中有关问题构建了每个观测变量的问卷。前面已经说明,在实证检验之前我们已对问卷进行了效度和信度的测试,结果都较好。根据以上关于研究结论的说明,再一次印证由这些测量问题所组成的量表是有效和可信的。

(二)主要启示

根据前面的分析讨论,本研究得出以下启示:

1.与线下学习一样,教师及相关教辅人员依然是帮助提高学生在线学习成效和满意度的重要角色。从结构方程模型分析结果来看,无论是知识建构、师生互动还是信息处理变量,都充分显示了教师与教辅人员其中的重要作用。比如,在教师教学能力方面,教师的教学策略、教学方法和对教育技术掌握程度都是影响学生在线学习成效和满意度的重要因素;在教师和教辅人员的参与方面,教师对学生学习资料的支持和帮助、良好的态度和精力投入、交流互动的频次和质量、作业的反馈和跟进、对学生进程的把控和管理以及教辅人员的配备等都是影响学生在线学习成效和满意度的重要因素。因此,充分发挥教师和教辅人员在学生在线学习中的作用,是组织者需要考量的重要方面。但作用如何发挥则需要区别于线下情形并结合学生在线学习特点而进行。很多学者对于学生在线学习中教师角色的扮演已有基本共识,普遍认为教师不是"舞台上的圣人"[①],应基于"以学生为中心"理念做好学生学习的引导者和支持者。

---

① HEUER B P, KING K P.Leading the band: the role of the instructor in online learning for educators[J].The journal of interactive online learning,2004,3(1):1-11.

2.与线下课堂比较,在线学习成效和满意度的体现更在于学生的信息处理和知识建构能力。正如前面所述,在线学习的特征非常符合建构主义学习理论,因此如何强化学生的信息处理能力和知识建构能力是提高学生在线学习成效和满意度的关键所在。对于教育者来说,一方面要注重培养学生的信息技术能力,提高他们在学习过程中对信息处理的质量,以帮助他们对信息的认知、选取和重构,从而完成对新信息和知识的构建;另一方面要加强对学生自主学习和自我调节能力的培养,培养他们良好的在线学习习惯,鼓励他们安排和设计适合自己的学习计划,以帮助他们按照自己的节奏和进程去发现问题、解决问题,从而促进学习知识构建和学习能力提高。因此,在常态化在线学习组织中,教育者应摒弃传统线下课堂中"教师主动传授、学生被动接受"的习惯,创设良好和宽松的环境,并采取有效策略鼓励和引导学生有质量地进行在线学习,逐步培养他们的认知信息处理和知识建构能力,从而提高在线学习成效和满意度。另外,在前面分析中我们可以知道,相较于学习满意度,学习成效的提高更在于对学生知识建构能力培养的支持;而相较于学习成效,学习满意度的提高则更在于对学生信息处理能力培养的支持。因此,线上课堂中,教育者应根据不同的目的在两者的把握上各有侧重。

3.相较于传统学习,学生在线学习成效和满意度的提高更强调课程资源的支持和课程设计的质量。我们知道,传统线下课堂学习中教师占据中心地位,学生学习的安排一般需要通过教师来完成。比如,学习进度、作业计划甚至是所谓的课外自主学习,实际上都是在教师主导下进行。对于学生,只要照着教师设计好的学习逻辑和内容去学习即可。在线学习中并不是不需要教师的教学设计,恰恰是因为在线学习特别强调学生的充分自主学习,因而对教师的教学设计要求更高。在线学习"不是因为有了功能强大的课程资源平台系统和各类技术工具就可以自然成功,教师一定要在新环境下做好适合的教学设计"[①]。这种教学设计不同于线下课堂教学中侧重于教学方法上的设计,它更强调对课程资源的结构化安排和在课程内容上的设计。因为在线学习中的教学设计要符合学生线上自主学习和自我调节要求,应更突出引导学生在学习过程中的自我探究能力培养。因此,有质量的线上教学设计须注重课程资源内容的规划和设计,应以"适应学生学习探究"为主要目标,这才真正有助于学生在线学习成效和满意度提高。事实上,当课程资源被组织成逻辑紧密且便于理解

① 邬大光,沈忠华.我国高校开展在线教学的理性思考:基于6所本科高校的实证调查[J].教育科学.2020(4):1-8.

和接受的学习内容时,学生将更具有强烈的学习欲望和探究意识,从而促使他们在深度在线学习中更加成功。[1]

4.基于当前的实际,教育信息化软硬条件和外部环境的驱动仍然是促进学生在线学习的重要因素。从《线上学习报告》的调查数据来看,"全民在线学习"还暴露了我国不少高校在信息化软硬件建设上的缺陷,同时也可以看出东、中、西部地区和不同类型学校间在外部环境上的差异。这种缺陷和差异必将影响学生在线学习的积极性,对于学习成效和满意度的影响则更大。研究中我们也发现,"网络速度及稳定性""教学平台功能及稳定性""线上技术服务支持""学习空间环境及终端设备"等技术支持指标直接影响学生成效和满意度,而"学校的政策支持"等一些外部因素也对学生在线学习起到较大影响。随着现代科学技术和互联网的迅猛发展,技术素养必然会在未来学习中占据越来越重要的地位。事实上,"数字技术素养已经成为互联网时代必备能力,只有在信息化的教学环境中,才有可能培养数字技术素养这类能力"[2]。因此,加大学生在线学习的环境建设和支持力度将是一定时期内教育部门和学校需要重视的工作。

六、研究局限

本研究的局限之处主要有两个:

一是没有考虑学生在线学习的动机问题。因为本次研究主要基于厦门大学教师发展中心发布的《疫情时期大学生线上学习调查分析报告》,该报告的调查数据是基于"停课不停教、停课不停学"背景下我国大学生在线学习现状。对学生来说,这种在线学习方式是在这个特定意义下具有一定特殊性的特别行为。因此,对于学生在线学习动机的考量在本研究中不具备真实性和科学性,所以我们没有把它作为潜在自变量进行研究。但事实上,从理论文献来看

---

① RUBIN B, FERNANDES R.Maruring the community in online classes[J].Journal of a-synchronous learning network,2013,17(3):115-136.

② 郭文革.教育变革的动因:媒介技术影响[J].教育研究,2018,459(4):32-39.

学习动机一直被认为是影响学生在线学习成效的重要因素。①②

　　二是没有将学生之间的交流互动列入研究范围。我们知道,真正意义上的在线学习对于学习者来说是充分体现他们学习自主性和个性化要求的学习方式,因而学习者应有充分的时间和精力与其他学习者进行交流互动。但从本文的研究对象来看,他们进行的在线学习无论从形式上还是时间、精力上基本没有脱离原有线下学习思维框架,实际上只是将线下课堂搬到了线上。这种做法虽然突破了空间和地域上的限制,满足了特殊时期的需要,但却还没有完全走出对在线学习理解和观念上的束缚。因而,这种情况下的学生交流互动就不具备现实性和适切性,所以研究中我们没有把它选作分析变量。但事实上,我们知道学习同伴之间交流互动有助于激发各自的求知欲,对于促使他们开展一些建设性的学习活动具有积极意义。③④

① CHUA Y P, DON Z M.Effects of computer-based educational achievement test on test performance and test takers' motivation[J].Computers in human behavior,2013,29 (5):1889-1895.

② CASTILLO-MERINO D, SERRADELL-LOPEZ E. An analysis of the determinants of students' performance in e-learning[J].Computers in human behavior,2014,30:476-484.

③ HIRUMI A.The design and sequencing of e-learning interactions:a grounded approach [J].International journal on e-learning,2002,1(1):19-27.

④ WOO Y, REEVES T C.Meaningful interaction in web-based learning:a social constructivist interpretation[J].Internet and higher education,2007(10):15-25.

我国高校大规模线上教学的区域差异*

——基于疫情期间师生调查问卷的实证研究

◎ 郭瀛霞　李广平　陈武元

面对面教学一直以来都是高校的主流教学形式,更是师生进行教学活动的常态选择。新冠疫情的暴发迫使全国高校做出应急之举,将线下课堂转移到线上。这一转移打破了传统的教学格局,同时也显现出一系列线上教学问题。有学者指出,此次线上教学的目的主要包括两个:一是做到"停课不停学,停课不停教";二是在线上教学中积累经验,为今后开展线上和线下混合教学模式提供经验参考。[①] 可以预见,未来线上教学与线下教学的结合将会成为我国高校教学方式转变的主要方向,也有助于实现以学生为中心的个性化教学方式变革。但由于线上教学是信息技术和教育教学深度融合的产物,各高校实现有效线上教学必然会受到区域物力资源和人力资源的影响。长期以来,我国东中西部发展水平不均衡、资源配置不合理,如何缩小线上教学的区域差距、保障线上教学区域质量,对推进大规模线上教学、促进高等教育公平具有重要意义。

一、研究问题与文献综述

纵观目前高等教育区域差异的相关研究,大多聚焦于高等教育资源配置方面,包括高校区域分布、科研设施建设、专任教师数量和教育经费投入等,即使有关于大样本线上教学数据分析的研究,大多也只是关注学生在线学习表

---

* 原载《教育发展研究》2020 年第 11 期。

① 邬大光,沈忠华.我国高校开展在线教学的理性思考:基于 6 所本科高校的实证调查[J].教育科学,2020(2):1-8.

现、网络教学发展和在线教学平台管理等,对高校线上教学区域差异的研究并不多见。

通过分析和整理国内学者对高等教育资源配置区域差异的研究可以发现,我国高等教育资源配置的区域差异主要体现在高校地理空间分布差异、高等教育人力资源区域分布差异和物力资源区域配置差异三个层面。在地理空间分布上,吴海燕根据国家统计年鉴数据发现,我国东中西部高校数量依次呈递减趋势,优质高校集中在东部地区,说明东部地区高等教育质量要高于中西部地区。[①] 陈慧青根据我国高校在空间形态上的具体表现总结出高校呈现条状分布特点,即高校空间分布以东中西区域形成三条地带,东部地区高校数量最多、发展水平高,次之依次为中部和西部。[②] 在人力资源分布上,赵春雷等人通过分析我国 2001—2011 年"三大区域"平均每所高校专任教师数量变化,得出东中西部地区高校平均专任教师数量分别高于、接近和低于全国平均水平,东中部、东西部的国家级教学团队和教学名师差距较大。[③] 在物力资源配置上,以基础设施建设而言,姚双良通过对我国高等教育资源区域配置进行研究发现,东部地区科研设施、图书量等明显优于中西部地区。[④] 周平红等人对我国高等教育软硬件资源建设进行区域差异研究时总结到,东中西三大区域高校信息化资源配置总体差距有所缩小,但东部仍然与中西部有较大差距,其中西部在生机比、每百名学生拥有多媒体教室座位数等指标已经赶超中部。[⑤] 从经费投入情况来看,根据全国 31 个省级行政区(除港澳台之外)近十年来的教育经费[⑥]趋势变化图(见图 1)可以发现,西部地区教育经费远远低于东部和

---

① 吴海燕.浅析我国高等教育资源配置的地域差异及优化建议[J].中国成人教育,2014(14):26-28.

② 陈慧青.高校空间分布特征探析[J].教育评论,2011(5):6-8.

③ 赵春雷,边霞,李艳丽.我国"三大区域"高等院校教育资源配置差异性分析[J].现代交际,2014(8):193-194.

④ 姚双良.我国高等教育资源区域配置存在的问题及对策[J].现代教育管理,2014(11):58-61.

⑤ 周平红,张屹,仰盼盼.我国高等教育信息化软硬件资源建设区域差异研究:基于2003—2010 年中国教育统计年鉴数据分析[J].现代教育技术,2012,22(11):48-53.

⑥ 教育经费指教育经费总投入,包括国家财政性教育经费、社会团体和公民个人办学经费、社会捐赠经费、学费和杂费、其他教育经费。

中部地区。① 杜鹏等人总结得出我国高等教育生均经费具有分配不均衡、利用效率低、速度增长慢等特征，并存在区域差异，表现为东部高、中部塌陷、西部低。②

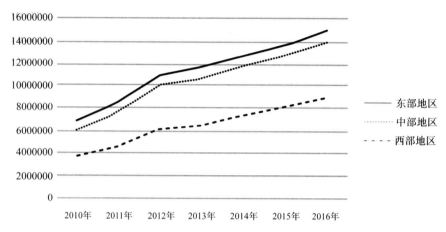

图 1　全国不同地区近十年来教育经费变化趋势图

　　数据来源：国家统计局分省年度数据之教育经费情况 http://data.stats.gov.cn/easyquery.htm? cn＝E0103，访问日期：2020-05-26.

　　为了进一步了解高校线上教学的具体情况，笔者继续对现有文献进行梳理，发现高校线上教学具有线下教学所不具备的优势，但也存在诸多问题。赵婷婷等人对 20 世纪以来教学模式变革的历史进行了梳理和考察，并总结指出，网络教学为学生个性化学习和自主性学习提供了保障条件，有利于优质资源共享，促进教育公平，为提高课堂效率提供了可能。③ 吴莉婧将在线课堂和传统课堂教学效果进行对比时发现，在线课堂具有学习时间灵活、尊重学生个

---

① 　区域划分依据为中华人民共和国国家统计局经济区域划分办法（http://www.stats.gov.cn/ztjc/zthd/sjtjr/dejtjkfr/tjkp/201106/t20110613_71947.htm，访问日期：2020-05-26）。东部包括：北京、天津、河北、上海、江苏、浙江、福建、山东、广东和海南；中部包括：山西、安徽、江西、河南、湖北和湖南；西部包括：内蒙古、广西、重庆、四川、贵州、云南、西藏、陕西、甘肃、青海、宁夏和新疆；东北包括：辽宁、吉林和黑龙江。本研究将东北地区统一纳入东部地区进行整理。

② 　杜鹏,顾昕.中国高等教育生均教育经费:低水平、慢增长、不均衡[J].中国高教研究,2016(5):46-52.

③ 　赵婷婷,田贵平.网络教学到底能给我们带来什么:基于教学模式变革的历史考察[J].教育科学,2020,36(2):9-16.

体差异化需求和可反复观看等优势①。邬大光等人基于 6 所本科高校发布的在线教学质量报告展开在线教学现状分析,研究发现,针对教师主体而言,教师的在线教学素养亟待提高,部分教师不能很好地掌握在线教学方法和技能,缺少应对在线教学的临场素质②。陈武元等人对疫情防控期间我国"双一流"高校在线教学实施现状进行反思并指出,在线教学主要存在缺少符合线上教学要求的稳定而统一的教学平台、师生互动和生生互动不足、缺少符合线上教学要求的学业评价体系和学生自律性自主性不强等问题③。饶爱京等人通过利用回归分析等方法对大学生在线学习准备度、投入度进行研究发现,大学生在线学习存在准备不足和投入度不高等情况,且准备度对投入度有显著影响④。

　　基于上述内容可见,受东中西部地区发展水平的影响,我国高等教育自然地存在明显的区域差异问题。而中西部地区的社会经济发展与东部发达地区一样,同样甚至更加迫切地需要源源不断地注入人才支持、物力支持和智力支持。可以毫不夸张地说,中西部地区的发展深刻影响着国家整体的发展水平,中西部地区的高等教育发展更是深刻地影响着全国高等教育的整体实力。为此,从国家层面来看,从世纪之初提出西部大开发战略,到 2013 年发布《中西部高等教育振兴计划(2012—2020 年)》,再到如今的"一带一路"建设,都在为扶持中西部高等教育发展、优化中西部高等教育结构、补强中西部高等教育薄弱环节提供制度保障和政策支持。新冠疫情倒逼下的线上教学,作为一种高校信息化教学方式,其具备的优势或许可以弥补当前线下教学存在的不足,更有可能为我国经济发展水平较低的地区提供更优质的高等教育资源,缩小区域差异。目前我国高校线上教学仍然处于尚未成熟阶段,存在诸如上述问题。但值得注意的是,有关线上教学区域差异的问题还并不明晰。因此,本研究将从线上教学感触最深的教学主体视角出发,重点探究在此次疫情背景下我国高校线上教学是否存在区域差异、具体表现在哪些方面,并借此提出有利于缩小线上教学区域差异、提高线上教学区域质量、促进高等教育公平的建议。

---

① 吴莉婧.在线课堂与传统课堂教学效果比较研究[J].教育现代化,2019,6(90):276-277.
② 邬大光,沈忠华.我国高校开展在线教学的理性思考:基于 6 所本科高校的实证调查[J].教育科学,2020(2):1-8.
③ 陈武元,曹荭蕾."双一流"高校在线教学的实施现状与思考[J].教育科学,2020,36(2):24-30.
④ 饶爱京,万昆.在线学习准备度对大学生在线学习投入度的影响[J].教育科学,2020,36(2):31-38.

二、大规模线上教学的区域差异分析

本研究样本来自厦门大学教师发展中心于 2020 年疫情防控期间（3 月 13 日—3 月 31 日）开展的《全国高等学校质量保障机构联盟——线上教学情况调查》。调查累计回收了 251929 份学生有效问卷和 13695 份教师有效问卷。其中高校区域分布为教师东部地区 46.97%，中部地区 37.32%，西部地区 15.22%；学生东部地区 43.3%，中部地区 41.39%，西部地区 15.04%（见表 1）。

表 1　不同区域教师和学生基本信息

项　目	教师问卷		学生问卷	
	人数	百分比/%	人数	百分比/%
东部	6433	46.97	109087	43.30
中部	5111	37.32	104272	41.39
西部	2084	15.22	37884	15.04
其他	67	0.49	686	0.27
总计	13695	100	251929	100

(一)从前期教学准备看区域差异

1.疫情前后开展线上教学情况

从疫情之前是否开展线上教学情况来看（见图 2），西部地区高校师生开展线上教学的均值最高，经验最为丰富。疫情暴发之后，东中西部地区高校师生开展线上教学的情况基本持平。

2.培训经验和熟悉程度

调查将师生技术熟练度分为"很熟练""熟练""一般""不熟练""很不熟练"五个等级，并相应赋值 5、4、3、2、1。

从线上教学培训经验和平台技术掌握的熟练程度来看（见图 3），学生大多接受过相关培训，但对线上教学平台技术掌握的熟练程度较低，尤其西部地区高校学生对平台技术掌握的熟练程度最低。教师普遍未接受过相关培训，但平台技术掌握熟练程度较高；且师生熟练程度均呈现出东部＞中部＞西部的趋势。

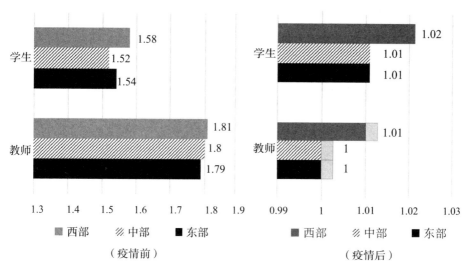

图 2　不同地区师生疫情前后开展线上教学的情况(均值)

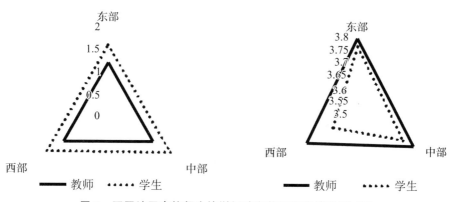

图 3　不同地区高校师生培训经验和熟悉程度情况(均值)

3.学校提供的线上服务保障

调查将师生对学校线上教学服务保障评价分为"非常好""较好""一般"
"较差""非常差"五个等级,并分别赋值 5、4、3、2、1。

从不同地区师生对线上教学服务体验(见图 4 和图 5)可以看出,西部地
区的师生体验程度明显低于中部和东部地区,东部地区和中部地区差异最小。
并且,各项指标明显呈现出东部高校优于中部、中部高校优于西部的特点。从
教师视角来看,网络教学条件是造成东西部线上教学体验差异的主要因素,学
校政策、学校技术队伍是造成中西部线上教学体验差异的主要因素;从学生视

角来看，网络教学条件是造成东西部和中西部线上教学体验差异的主要原因。

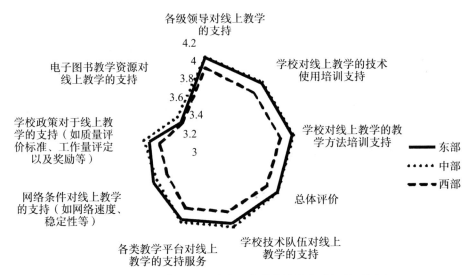

图 4　不同地区高校教师对线上教学的服务保障评价(均值)

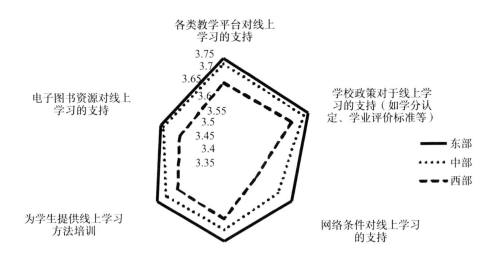

图 5　不同地区高校学生对线上教学的服务保障评价(均值)

　　进一步聚焦于西部地区高校师生的差异(见图 6)，可以看到，西部地区高校教师对学校对线上教学的技术使用培训支持和教学方法培训支持等两项学校层面的教学服务保障满意度高于学生,而学生对于电子图书教学资源和学校政策支持保障满意度高于教师。

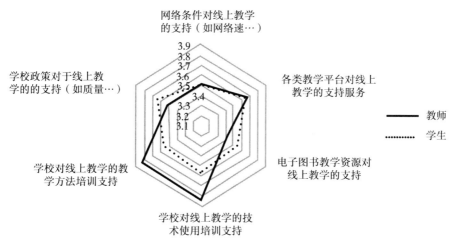

图6　西部地区高校学生对线上教学的服务保障评价(均值)

(二)从中期切身体验看区域差异

1.主要教学模式使用情况

调查将教师线上主要教学模式的使用频率分为"非常频繁""频繁""一般""不太经常""从不用"五个等级,并分别赋值5、4、3、2、1。

线上教学期间,教学模式的使用主要取决于教师,教师是教学模式选择的主导者。从图7可以看出,不同区域教师选择的主要教学模式基本趋于一致,但西部地区在使用直播模式方面频率高于东部和中部地区,在使用录播模式方面频率低于东部和中部地区。

2.主要教学环节

调查将教师对各类教学平台能实现的教学环节评价分为"完全满足""满足""一般""不能满足""完全不能满足"五个等级,并分别赋值5、4、3、2、1。

按照教师与平台互动的强弱程度划分,可以将各教学环节划分为三类(见表2),提交或传输课程资料,包括作业、课堂考勤管理、课堂讲授和在线布置批改作业四大教学环节为弱互动性,教师只需与单一教学平台进行互动,教学环节满足程度较高;在线课后辅导答疑、在线备课和通过电子数据分析学生学习行为三大教学环节为中互动性,教师已不是单打独斗,而是要通过与学生或

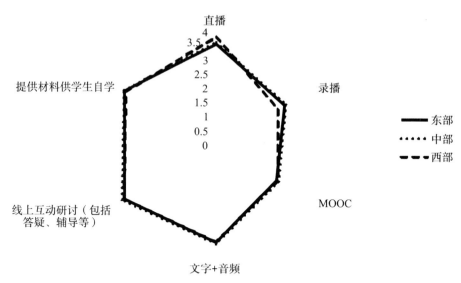

图7 不同地区高校教师主要教学模式使用情况(均值)

者工具的互动实现教学,教学环节满足程度适中;在线教育测试及评分、在线课堂讨论和在线实验演示为强互动性,教师需要与多个平台或多位学生进行互动,教学环节满足程度低。而且可以看出,虽然东中西部地区高校教师对主要教学环节平台功能满足程度的评价趋同,但从横向比较来看,西部地区高校教师的教育环节平台满足程度明显低于东部地区。

表2 不同区域高校教师主要教学环节平台功能满足程度(均值)

互动性	教学环节	东部	中部	西部
弱互动性	提交或传输课程资料,包括作业	4.02	4.08	3.9
	课堂考勤管理	4.01	4.09	3.93
	课堂讲授	3.86	3.85	3.82
	在线布置批改作业	3.81	3.9	3.78
中互动性	在线课后辅导答疑	3.79	3.87	3.73
	在线备课	3.73	3.73	3.65
	通过电子数据分析学生学习行为	3.61	3.69	3.51
强互动性	在线教育测试及评分	3.56	3.6	3.52
	在线课堂讨论	3.52	3.59	3.45
	在线实验演示	2.5	2.47	2.48

调查将学生对教师线上教学基本环节的使用情况分为"非常频繁""频繁""一般""不太经常""从不用"五个等级,并分别赋值5、4、3、2、1。

从表3可以看出,布置作业和课堂讲授是教师主要使用的教学环节,且东中西部地区高校学生认知相同。以东部地区高校学生对教师主要教学环节的使用情况认知排序为标准(见图8),可以看出不同区域在课堂提问、课堂小测验和课后答疑辅导方面差异最大。

表3 不同区域高校学生认为教师主要教学环节的使用情况(均值)

教学环节	东部		中部		西部	
	均值	排序	均值	排序	均值	排序
布置作业	3.95	1	4.01	1	3.86	1
课堂讲授	3.86	2	3.78	2	3.8	2
课堂提问	3.56	4	3.65	3	3.66	3
提供材料供学生自主学习	3.6	3	3.59	5	3.53	4
课堂小测验	3.52	6	3.56	6	3.53	5
课堂研讨	3.53	5	3.62	4	3.5	6
课后答疑辅导	3.52	7	3.55	7	3.48	7
实验演示	2.9	8	2.93	8	2.89	8

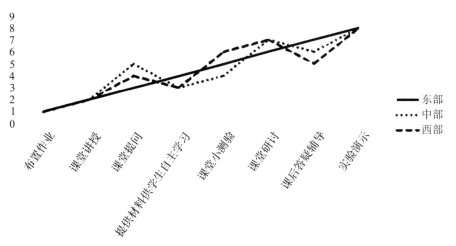

图8 不同地区高校学生对教师主要教学环节使用情况评价的排序

3.教学平台技术支持

本次调查将各种教学平台技术支持的总体评价按好坏程度分为"非常好""好""一般""不好""非常不好"五个等级,并分别赋值5、4、3、2、1。

　　从图 9 和图 10 可以看出,中西部地区高校师生对教学平台技术支持总体评价均低于东部地区。从教师评价来看,不同区域之间网络速度的流畅度和平台运行的稳定度差异最大;从学生评价来看,不同区域之间网络速度的流畅度和作业提交的顺畅度差异最大。可见,网络速度的流畅度是影响西部地区高校开展线上教学的重要制约因素之一。

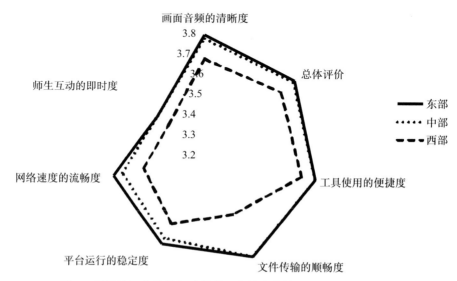

图 9　不同地区高校教师对教学平台技术支持总体评价情况(均值)

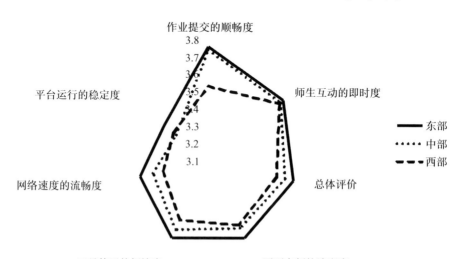

图 10　不同地区高校学生对教学平台技术支持总体评价情况(均值)

（三）从后期反思评价看区域差异

1.线上教学遇到的最大困难

调查将教师线上教学可能遇到最大困难的态度分为"非常赞成""赞成""一般""不太赞成""不赞成"五个等级，并分别赋值 5、4、3、2、1。

从图 11 可以看出，针对各种平台和教学工具的熟悉和掌握、线上备课、线上直播、线上开展测验或考试、线上布置批改作业及反馈和线上录播方面，东部地区高校教师认为困难程度大于西部地区，而以上方面多集中于课堂教学内容和平台工具使用本身。针对线上保持学生学习注意力、线上维持课堂教学秩序、线上组织课堂讨论和课后线上交流反馈及讨论方面，西部地区高校教师认为困难程度大于东部地区，而以上方面则主要集中于课堂组织和师生互动。

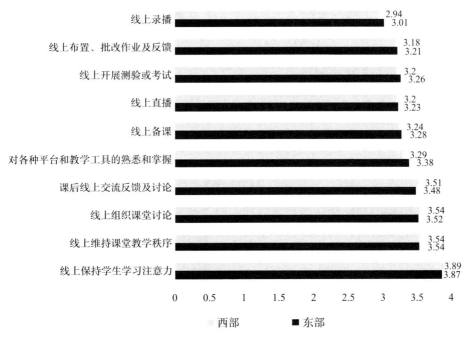

图 11 东西部地区教师对于线上教学遇到的最大困难的评价（均值）

2.线上教学的最大挑战

调查将教师对线上教学面临最大挑战的态度分为"非常赞成""赞成""一般""不太赞成"和"不赞成"五个等级，并分别赋值 5、4、3、2、1。

从调查结果(见图12)看,教师从线下教学转向线上教学还是面临着相当大的挑战。东中西地区高校教师对挑战度的认知趋向一致,且西部地区高校教师面临挑战低于东部和中部地区。其中,最具挑战性的前三项是(从高到低):需要改变教学策略和教学方法、需要重新学习各种教育技术和需要改变以往的教学习惯。

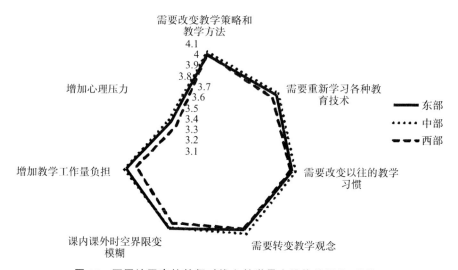

图 12 不同地区高校教师对线上教学最大挑战的评价(均值)

调查将学生对线上学习可能存在的挑战的态度分为"非常赞成""赞成""一般""不太赞成""不赞成"五个等级并分别赋值为5、4、3、2、1。从调查结果看(见图13),所有地区学生的态度均值都低于4.00。东中西地区高校学生对挑战度的认知趋向一致,最具挑战性的前三项是(从高到低):需要更强自律性、养成良好的线上学习行为和习惯,对自主学习能力提出更高要求,提高课堂听课效率、避免浪费时间。西部地区高校学生认为需要加强与同学之间的互助协作的挑战性高于东部和中部地区高校学生。东部地区高校学生认为对各种平台和学习工具的熟悉和掌握的挑战性低于中西部地区。

3.影响线上教学效果最主要因素

为了获得不同地区师生对于各因素重要性的总判断,笔者根据每道题目得分高低的顺序号进行排序,以东部地区高校教师排序为参照,分别比较东部地区、中部地区和西部地区高校教师对于各项因素重要性的看法,得出18个因素重要性的排序(见表4)。可以看出,不同地区高校教师重要性评价排序差异非常大。东部地区高校教师认为最重要的三个因素分别为:学生自主学

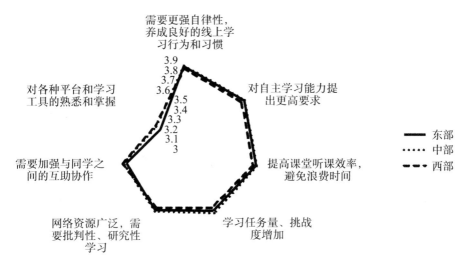

图13 不同地区高校学生对线上教学最大挑战的评价(均值)

习能力、良好的线上学习行为习惯(如按时上课,学习自律能力等)和学生积极参与;中部地区高校教师认为最重要的三个因素分别为:提供课程配套电子教学资源、选择适当的评价方式方法和学生对教学平台和工具的熟悉程度;而西部地区高校教师认为最重要的三个因素分别为:学校对线上教学的政策支持、教师的教学空间及设备支持和教师对教学的态度及精力投入。这一现象反映了不同区域高校教师对于线上教学的不同归因。东部地区高校教师主要归因于学生,中部地区高校教师主要归因于线上教学开展过程前后的要素,西部地区高校教师主要归因于政策和设备支持以及自身精力投入。

表4 不同地区高校教师对影响线上教学效果最主要因素评价的排序

最主要影响因素	EUT	CUT	WUT
1.学生自主学习能力	1	10	18
2.良好线上学习行为习惯(如按时上课,学习自律能力等)	2	5	10
3.学生积极参与	3	11	12
4.教师对教学的态度及精力投入	4	14	3
5.教学平台功能及稳定性	5	9	16
6.教师的教学策略及讲授(演示)方法	6	4	13
7.学生的学习空间及终端设备支持	7	6	4
8.学校对线上教学的政策支持	8	15	1

续表

最主要影响因素	EUT	CUT	WUT
9.网络速度及稳定性	9	17	7
10.选择适合线上教学的课程内容	10	18	9
11.教师对教学平台和工具的熟悉程度	11	12	14
12.线上技术服务支持	12	13	17
13.教师的教学空间及设备支持	13	16	2
14.学生对教学平台和工具的熟悉程度	14	3	11
15.提供课程配套电子教学资源	15	1	8
16.选择适当的评价方式方法	16	2	5
17.掌控和维持好课堂教学秩序	17	7	6
18.配备一定数量的课程助教	18	8	15

注:EUT 代表东部地区高校教师;CUT 代表中部地区高校教师;WUT 代表西部地区高校教师;EUS 代表东部地区高校学生;CUS 代表中部地区高校学生;WUS 代表西部地区高校学生。

从图 14 可以看出,东部与西部最大差异体现在对学生自主学习能力因素的评价(差异值为 17),中部和西部最大差异体现在对学校对线上教学的政策支持和教师的教学空间及设备支持的评价(差异值均为 14),且西部低于东部,且低于中部。

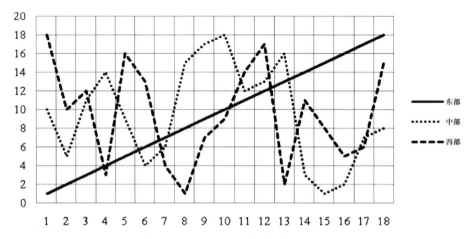

图 14　不同地区高校教师对影响线上教学效果最主要因素评价的排序

再以东部地区学生评价排序为参照,分别比较东部地区高校、中部地区高校以及西部地区高校学生对于各项因素重要性的看法。从表5看出,不同地区高校学生重要性评价排序差异非常大。东部地区高校学生认为最重要前三个因素分别是:学生自主学习能力、良好线上学习行为习惯和教师教学策略及讲授方法;中部地区高校学生认为最重要前三个因素分别是:教师的教学空间及设备支持、学生对教学平台和工具的熟悉程度和教师对教学平台和工具的熟悉程度;西部地区高校学生认为最重要前三个因素分别是:提供课程配套电子教学资源、选择适当的评价方式方法和网络速度及稳定性。这一现象反映了不同地区高校学生对于线上教学的不同需求和期待。东部地区高校学生更看重自我学习习惯和能力的提升,而中部地区高校学生更加关注教学平台功能和教学设备支持,西部地区高校学生则更加关注电子课程资源和网络速度等硬件设备支持。这些结果揭示,进一步改进线上教学,需要根据不同地区高校师生的不同需求,制定精准的改进方案。

表5 不同地区高校学生对影响线上教学效果最主要因素评价的排序

最主要影响因素	EUS	CUS	WUS
1.学生自主学习能力	1	12	15
2.良好线上学习行为习惯(如按时上课,学习自律能力等)	2	7	4
3.教师的教学策略及讲授(演示)方法	3	10	18
4.学生积极参与	4	11	14
5.教学平台功能及稳定性	5	8	13
6.教师对教学的态度及精力投入	6	6	7
7.学生的学习空间及终端设备支持	7	4	12
8.选择适合线上教学的课程内容	8	13	16
9.学校对线上教学的政策支持	9	17	5
10.线上技术服务支持	10	18	11
11.网络速度及稳定性	11	14	3
12.提供课程配套电子教学资源	12	15	1
13.选择适当的评价方式方法	13	16	2

续表

最主要影响因素	EUS	CUS	WUS
14.教师对教学平台和工具的熟悉程度	14	3	9
15.教师的教学空间及设备支持	15	1	8
16.学生对教学平台和工具的熟悉程度	16	2	6
17.掌控和维持好课堂教学秩序	17	5	10

从图 15 可以看出,东部与西部最大的差异体现在对教师的教学策略及讲授(演示)方法因素的评价(差异值为 15),中部和西部最大的差异体现在对提供课程配套电子教学资源、选择适当的评价方式方法的评价(差异值均为14),且东部高于西部、中部高于西部。

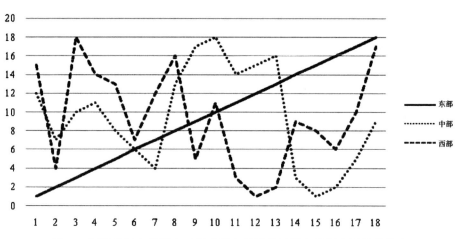

图 15　不同地区高校学生对影响线上教学效果最主要因素评价的排序

4.线上教学优缺点

调查将学生对线上教学可能的优缺点的评价分为"非常赞成""赞成""一般""不太赞成""不赞成"五个等级,并分别赋值为 5、4、3、2、1。

从表 6 可以看出,对于优点的评价,都是东部地区高校学生的评价高于中西部地区;而对于缺点的评价,都是中西部地区高校学生的评价高于东部地区。

表6　不同地区高校学生对线上教学优缺点的评价(均值)

	优缺点	东部	中部	西部	差异情况
优点	可以反复回放,便于知识复习巩固	3.9	3.89	3.76	东高于中西
	可以让名师名课充分共享	3.85	3.85	3.75	
	突破时空限制,可以随时随地学习	3.74	3.71	3.57	
	有助于学生自主学习能力培养	3.74	3.74	3.62	
	学生可以按需选择学习内容,提高学习效率	3.67	3.67	3.55	
	可以让学生充分表达关注的问题	3.64	3.63	3.57	
	方便学生之间交流与协作	3.52	3.52	3.43	
缺点	教师无法即时了解学生的学习状态	3.41	3.43	3.46	中西高于东
	教师无法及时了解学生知识掌握情况	3.4	3.43	3.44	
	教师无法第一时间反馈学生关注的问题	3.27	3.32	3.32	
	缺乏老师现场指导和督促,课堂纪律松弛	3.27	3.32	3.31	
	学生过分依赖回放功能,认为听不明白还可以重学,课堂学习效率下降	3.12	3.2	3.17	
	网络交流不如线下交流直接,浪费时间	3.11	3.16	3.16	

(四)从终期改进状况看区域差异

1.线上教学的评价

调查将教师对线上教学能力的评价分为"非常好""好""一般""不好""非常不好"五个等级,并分别赋值为5、4、3、2、1。

从表7可以看出,在对互动对象主要为自己的评价方面,教师的评价较高,与学生互动的自我评价方面次之,与平台互动的自我评价方面最低。整体来看,东中西部地区高校教师评价趋同,但西部地区教师评价明显低于东部和中部地区。

表7　不同地区高校教师对线上教学的自我评价情况(均值)

自我评价	东部	中部	西部	交互性	
				互动对象	互动关系
我对自己线上教学的总体满意度	3.92	3.91	3.84		
我能提交/修改PPT等教学材料	4.21	4.18	4.15	自我	单一互动
我能在线布置、批改和反馈作业	4.09	4.14	4.03		
我能推荐学生使用各种电子教学资源	4.06	4.06	4		
我能根据线上教学特点有效备课	4.03	4.02	3.94		

续表

自我评价	东部	中部	西部	交互性	
我能有效组织线上教学,维持教学秩序	4.03	4.04	3.98	与学生互动	两两互动
我能通过各种平台与学生互动	4.02	4.05	3.96		
我能控制教学节奏,避免学生过度疲劳	3.91	3.93	3.84		
我能设计适合线上教学的教学方案	3.89	3.89	3.8		
我能采用适当教学策略,提高学生注意力	3.87	3.87	3.82		
我能开展课堂直播	3.83	3.9	3.97	与平台互动	多重互动
我能使用各种工具进行课程测试或评价	3.83	3.87	3.75		
我能利用数据分析和跟踪学生学习行为	3.74	3.76	3.61		
我能利用工具进行录播	3.61	3.66	3.48		

调查将教师对课堂教学效果的评价分为"非常好""好""一般""不好""非常不好"五个等级,并分别赋值为 5、4、3、2、1。

从图 16 可以看出,东部和中部地区高校教师对课堂教学效果的总体评价高于西部地区。不同地区学生对线上教学的总体满意度趋势与教师相同,均为东部高于中部,且高于西部。

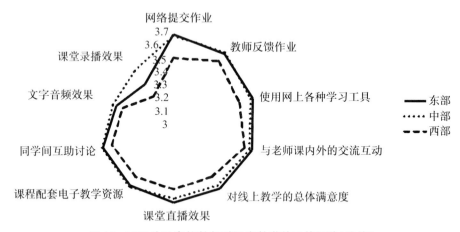

图 16 不同地区高校教师对课堂教学效果的评价(均值)

2.线上教学存在的最主要问题

为了获得不同地区师生对于各主要问题重要性的总判断,笔者根据每道题目得分高低的顺序进行排序,以东部地区高校教师排序为参照,分别比较东部地区、中部地区和西部地区教师对于各项因素重要性的看法,得出 18 个问题重要性的排序(如表8和图17)。从中可以看出不同地区高校教师对主要问题的重要性评价排序差异变化不大。东中西部地区高校教师认为线上教学存在的最主要问题为:部分教学内容不适合线上教学、学生自主学习能力弱、学生未养成线上学习的良好习惯(如按时上课、学习自律能力等)和网络速度及稳定性差。

表8 不同地区高校教师对线上教学存在最主要问题评价的排序

最主要问题	EUT	CUT	WUT
1.部分教学内容不适合线上教学	1	1	1
2.学生自主学习能力弱	2	2	2
3.学生未养成线上学习的良好习惯(如按时上课,学习自律能力等)	3	3	4
4.网络速度及稳定性差	4	4	3
5.课堂教学秩序不好把控	5	5	6
6.教学平台功能不完善及稳定性差	6	6	5
7.学生参与度不够	7	7	7
8.提供课程配套电子教学资源不足	8	8	8
9.学生的学习空间环境及终端设备支持不够	9	9	9
10.教师的教学空间环境及设备支持不足	10	10	11
11.线上技术服务支持跟不上	11	11	10
12.学生对教学平台和工具的不熟练	12	12	13
13.教育评价方式方法不适合网上教学	13	13	12
14.教学策略及教学方法不适应线上教学	14	14	14
15.教师对教学平台和工具的不熟练	15	15	15
16.没有课程助教或助教数量不足	16	16	17
17.学校对线上教学的政策支持不足	17	17	16
18.教师对教学的态度及精力投入不够	18	18	18

再以东部地区学生评价排序为参照,分别比较东部地区高校、中部地区高校以及西部地区高校学生对于各项因素重要性的看法。从表9可以看到,不同地区高校学生重要性评价排序差异变化较小。东中西部地区高校学生认为线上教学存在的最主要问题为:网络速度及稳定性差、部分教学内容不适合线上教学和教学平台功能不完善及稳定性差。

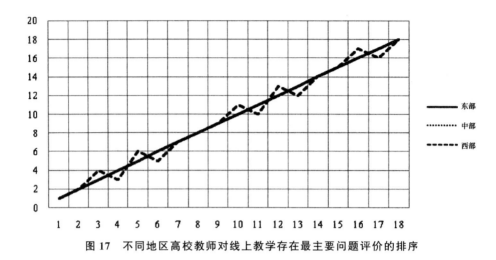

图 17 不同地区高校教师对线上教学存在最主要问题评价的排序

从图 18 可以看出,东部、中部与西部最大差异体现在对教师对教学平台和工具的不熟练的评价(差异值分别为 4 和 2),东部低于中部且低于西部。

表 9 不同地区高校学生对线上教学存在最主要问题评价的排序

最主要问题	EUS	CUS	WUS
1.网络速度及稳定性差	1	1	1
2.部分教学内容不适合线上教学	2	2	2
3.教学平台功能不完善及稳定性差	3	3	3
4.线上技术服务支持跟不上	4	4	4
5.提供课程配套电子教学资源不足	5	5	5
6.学生自主学习能力弱	6	6	6
7.学生未养成线上学习的良好习惯(如按时上课,学习自律能力等)	7	7	7
8.教学策略及教学方法不适应线上教学	8	9	9
9.学生的学习空间环境及终端设备支持不够	9	8	8
10.教育评价方式方法不适合网上教学	10	10	10
11.学生参与度不够	11	11	11
12.教师对教学平台和工具的不熟练	12	14	16
13.教师的教学空间环境及设备支持不足	13	12	13

续表

最主要问题	EUS	CUS	WUS
14.学生对教学平台和工具的不熟练	14	13	12
15.学校对线上教学的政策支持不足	15	15	14
16.课堂教学秩序不好(如无关群聊问题干扰上课等)	16	16	15
17.教师对教学的态度及精力投入不够	17	17	18
18.没有课程助教或数量不足	18	18	17

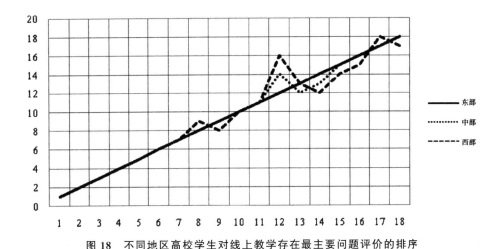

图18　不同地区高校学生对线上教学存在最主要问题评价的排序

3.继续采用线上教学的态度

经历过线上教学后,不同地区高校师生对继续采用线上教学的态度如何?本次调查将疫情过后教师和学生继续采用线上教学的态度分为"大规模使用""部分使用""一般""少部分使用""不使用"五个等级,并分别赋值5、4、3、2、1。

如果把不同地区高校教师或学生单独进行比较,会发现不同地区高校师生对继续采用线上教学的态度也存在着一定的差异性(如图19)。就教师评价比较而言。关于"继续采用线上教学"评价,中西部高校教师评价均值低于东部高校。就学生评价而言,上述现象也同样存在。由此说明,关于"继续采用线上教学"评价,东部高校师生略高于中西部高校。而关于"不采用线上教学"的评价,在学生评价中西部高校略高于东部高校。

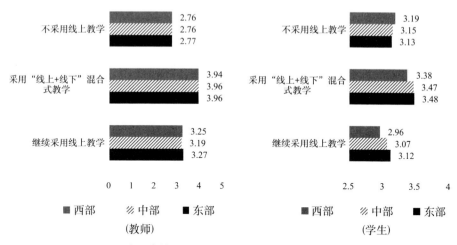

图 19   不同地区高校师生对继续采用线上教学的态度评价(均值)

4.线上教学改进意见

为了获得不同地区师生对于各项改进意见重要性的总判断,笔者根据每道题目得分高低的顺序进行排序,以东部地区高校教师排序为参照,分别比较东部地区、中部地区和西部地区教师对于各项改进意见重要性的看法,得出18个问题重要性的排序(如表10)。从中可以看出,不同地区高校教师重要性评价排序差异变化不大。东中西部地区高校教师认为改进意见依次为(重要性由高到低):提高学生的自主学习能力、引导学生养成线上学习的良好习惯(如按时上课,学习自律能力等)和精选适合线上教学的教学内容。

表 10   不同地区高校教师对线上教学改进意见的排序

改进意见	EUT	CUT	WUT
1.提高学生的自主学习能力	1	1	1
2.引导学生养成线上学习的良好习惯(如按时上课,学习自律能力等)	2	2	2
3.精选适合线上教学的教学内容	3	3	3
4.改善平台的功能及稳定性	4	6	5
5.提高学生的课堂参与度	5	4	4
6.加大课程配套电子教学资源建设	6	5	6
7.提高网络速度及稳定性	7	8	7

续表

改进意见	EUT	CUT	WUT
8.进一步改善教师教学空间环境及设备	8	7	11
9.加强线上技术服务支持	9	9	8
10.加大对线上教学的政策支持	10	10	9
11.改善学生学习空间环境及设备支持	11	11	10
12.加强学生对教学平台和工具使用引导	12	12	13
13.改变教学策略及教学方法	13	13	12
14.加强课堂教学秩序管理	14	14	14
15.改革教育评价方式方法(如加大平时测验、课堂测验或作业等)	15	15	15
16.教师加大教学精力投入	16	16	16
17.加强线上教学的相关培训	17	17	17
18.配备课程助教	18	18	18

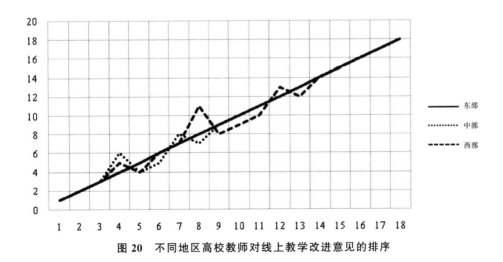

图20 不同地区高校教师对线上教学改进意见的排序

从图20可以看出,东部、中部与西部最大差异体现在对进一步改善教师教学空间环境及设备的评价(差异值分别为3和4),且东部和中部均低于西部。

再以东部地区学生评价排序为参照,分别比较东部地区高校、中部地区高校以及西部地区高校学生对于各项因素重要性的看法。从表11可以看到,不同地区高校学生重要性评价排序差异变化较小。东中部地区高校学生认为改进意见主要为：改善平台的功能及稳定性、精选适合线上教学的教学内容和提高网络速度及稳定性；西部地区高校学生认为改进意见则主要为：改善平台的功能及稳定性、提高网络速度及稳定性和加强线上技术服务支持。

表 11　不同地区高校学生对线上教学改进意见的排序

改进意见	EUS	CUS	WUS
1.改善平台的功能及稳定性	1	2	1
2.精选适合线上教学的教学内容	2	1	4
3.提高网络速度及稳定性	3	3	2
4.加强线上技术服务支持	4	4	3
5.加大课程配套教学资源建设	5	5	5
6.引导学生养成良好学习习惯（如按时上课,学习自律能力等）	6	6	6
7.提高学生的自主学习能力	7	7	7
8.改变教学策略及教学方法	8	8	8
9.教师加大教学精力投入	9	9	9
10.改善学生学习空间环境及设备支持	10	10	10
11.加大对线上教学的政策支持	11	11	12
12.提高学生的课堂参与度	12	12	11
13.进一步改善教师教学空间环境及设备	13	13	13
14.加强学生对教学平台和工具使用引导	14	14	14
15.加强课堂教学秩序管理	15	15	15
16.加强线上教学的相关培训	16	16	16
17.改革教育评价方式方法（如加大平时测验、课堂测验或作业等）	17	17	17
18.配备课程助教	18	18	18

从图 21 可以看出,东部、中部与西部最大差异体现在对精选适合线上教学的教学内容的评价（差异值分别为 2 和 3）,且东部和中部均低于西部。

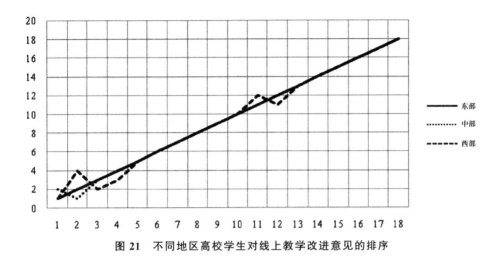

图21 不同地区高校学生对线上教学改进意见的排序

三、研究发现与讨论

（一）仓促赶上阵：东中西部地区线上教学经验和准备差异显著

从不同地区高校师生教学平台技术掌握的熟练程度可以看出,西部地区师生对平台技术掌握的熟练程度明显低于东部和中部地区。从不同地区师生对学校提供的线上教学服务保障也可看出,网络教学条件和学校政策支持是东西部地区差异最明显的保障,且西部地区皆低于东部和中部地区,甚至西部地区教师认为电子图书教学资源的支持明显不足。但从疫情前后开展线上教学的情况来看,西部地区线上教学开展情况均值略高于东部和中部地区,原因何在？教学平台技术掌握不够熟练,网络教学条件和学校政策支持尚不完善,教学经验和准备不够充足,线上教学开展的频率和均值较高也并不能够说明西部地区线上教学开展情况着实好于东中部地区,相反,这引发了对西部地区线上教学开展的层次和深度略有不足的省思,技术与教育的融合可能还停留在比较浅显的层次。

（二）齐头不并进：东中西部地区线上教学课堂互动差异显著

教学模式的选择在一定程度上决定了线上课程所开展的主要教学环节，也在一定程度上限定了教学平台技术的使用。从教师的主要教学模式使用情况来看，除西部地区在使用直播模式方面频率略高于东部和中部地区，在使用录播模式方面频率略低于东部和中部地区之外，不同地区之间的差异并不显著。但在主要教学环节的使用情况和教学平台技术支持方面，却呈现出东中西部依次降低的趋势。尤其是在"中互动性"和"弱互动性"的教学环节功能满足方面，西部地区明显低于东部和中部地区，"中、弱互动性"教学环节尚不能满足，在线测试、课堂研讨和实验演示等"强互动性"教学环节的满足程度更令人担忧。

值得一提的是，总体而言，直播教学模式互动性明显强于录播，为何西部地区高校教师对直播模式青睐有加？ 笔者推测，主要是录播对于课前的教学准备和视频录制要求较高，而西部地区恰恰存在着线上教学经验和准备尚不充足、网络教学条件和平台运行稳定度尚不完备的问题，阻碍了教师在课前进行教学视频的录制。

（三）归因不一致：东中西部地区线上教学制约条件差异显著

从教师的视角审视，东部地区高校教师线上教学遇到的困难多集中于课堂教学内容和平台工具使用本身等属于教师或平台的单一主体，而西部地区高校教师认为困难主要集中于课堂组织和师生互动方面，更多地偏向于学生对于课堂的支持，属于主客双方的归因。东部地区高校教师认为影响线上教学效果的最主要因素是学生的学习能力、学习习惯和参与程度，而西部地区高校教师则认为主要是学校政策支持和教学空间设备支持。

从学生的视角审视，东部地区高校学生认为线上教学的最大挑战来自学习自律性和良好的学习行为与习惯，从影响线上教学效果的最主要因素来看，东部地区高校学生持有相同的观点，主要从自身角度寻找主观原因。而西部地区高校学生认为影响线上教学效果的最主要因素为电子教学资源的不足、评价方式方法的不合理和网络速度及稳定性差，属于从客观因素寻找原因。西部地区高校学生对线上教学存在缺点的评价，多集中于教师层面，且明显高于东部地区。

总体而言,教师和学生存在归因不一致现象,不同地区也存在归因不一致现象。师生的归因差异在一定程度上显示了制约东中西部地区线上教学发展的因素和条件。

(四)众口同一词：东中西部地区线上教学未来设想差异微小

从教师对线上教学的总体满意度来看,东部地区教师的满意度明显高于中部地区,且高于西部地区,并且不同地区高校教师在自我评价方面,均体现出交互性越强、互动主体越多、自我评价越低的趋势;不同地区高校师生对目前线上教学存在最主要问题和改进意见的认知也基本一致。由此可见,不同地区高校师生对线上教学的具体实施路径有着相同的期许。当然,这也说明目前被疫情倒"逼"下开展的线上教学具有显著的阶段性特征。

从继续采用线上教学的态度来看,东部地区高校师生对于线上教学的态度更为认可,也更加期望在疫情结束之后继续直接或间接采用线上教学的方式组织课堂教学,西部地区高校师生对于线上教学的态度略有差异,西部地区高校教师对线上教学持积极态度,而西部地区高校学生对于线上教学则较为抵触,继续采用线上教学的意愿明显低于东部和中部地区。针对此问题,东中西部地区师生对线上教学的改进满怀希望,笔者相信,只要有足够多的教育投入、政策支持和设备改进,中西部地区高校师生也会转变对线上教学的态度,对继续采用这一模式持有积极态度。

四、平衡不同区域线上教学差异的对策建议

中西部高等教育是我国高等教育的重要组成部分之一,承担着为中西部地区社会经济发展培养人才和提供智力支持的重任,补齐中西部地区在在线教学中的短板显得尤为重要和迫切。

(一)优化东中西部教育资源配置,加大对西部高校在线教学支持

区域差异一直是影响我国高等教育发展和资源配置的重要因素,在线教学作为一种突破空间限制的教学方式,看似不存在传统意义上的区域界限,但

实则仍然有界。相比于东中部地区,西部地区为学生提供的课程配套电子教学资源较为匮乏,成为学生认知中影响线上教学效果的最主要因素,电子图书资源不足也成为拉大东西部地区线上教学质量差距的主要原因。值得一提的是,虽然东中部地区线上教学资源要优于西部地区,但加大课程配套教学资源建设也是师生针对线上教学提出的主要改进意见。由此可见,优化线上教学资源配置是东中西部共同的教育期待,西部更为迫切。为了加强各地区线上教学资源建设,政府应该加大投入力度,实施精准扶贫,为各地区高校提供资金支持,帮助其引进校外优质资源,丰富校内线上学习资源。各地区还应该努力促进高等教育资源共享,打破区域资源分配界限,实现网络学习资源的互联互通,满足不同地区学生的在线学习需求。[①]

(二)加强在线教学基础设施建设,注重平台、网络和设备更新换代

网络教学条件、教学平台功能和设备支持是线上教学活动得以有序、高效、稳定进行的物质保障。由于我国各地区经济发展水平存在差异,各地高等教育投入极不平衡,中西部高校基础能力建设普遍相对落后,已成为制约中西部高等教育发展的重要瓶颈。[②] 加之此次是大规模、建制化的线上教学活动,数以百千万的高校师生齐涌上网,对网络教学平台服务器造成了巨大压力,网络稳定性差、教学平台功能不完善、设备支持不够等问题集中显现。受地区发展水平的影响,西部地区高等教育信息化建设尚未成熟稳定,其线上教学基础设施不完备成为影响线上教学效果的最主要因素。为了确保线上教学的有序进行,不同教学平台主体应该加大对宽带和服务器的投入力度,扩大课程平台的容量,完善课程平台系统建设,最大化规避网络拥堵、平台崩溃带来的负面影响。[③] 政府和高校应该积极促进"互联网+高等教育"体系的构建,加强高等教育信息化建设,注重平台、网络和设备的定期维护和更新换代。尤其要注重平台的开放性和共享率,努力缓解区域之间、校际优质在线教学基础设施不

---

① 吴薇,姚蕊,谢作栩.高校教师在线教学满意度的区域与院校差异研究[J].开放教育研究,2020,26(3):71-79.

② 范唯,邬大光等.中国高等学校本科教育质量报告(2013—2018年)[M].北京:社会科学文献出版社,2019:103.

③ 胡小平,谢作栩.疫情下高校在线教学的优势与挑战探析[J].中国高教研究,2020(4):18-22,58.

平衡的突出矛盾,加大优质平台在中西部地区高校的推广和使用,使中西部地区师生在本地本校即可享受到优质教学平台带来的高质量在线教学体验。

(三)强化师生在线教学技能培训,引导师生注重自我成长和素质提升

东中西部地区教师在线上课堂互动方面呈现出随着互动强度的增大频率一致降低的趋势,造成这个结果的原因主要有两个方面:一是教师尚未改变以往的教学习惯和教学观念方面,二是教师线上教学技术水平不高,难以实现对操作技巧要求较高的课堂互动方式。对于线上教学挑战而言,东部地区高校学生认为最大的困难是在线学习习惯等,西部地区高校学生认为是教师的评价方式方法等。虽然归因不同,但都反映了在线学习相关素养有待提升的问题。东中西部地区高校应该加大对教师在线教学技能的培训,发挥教师团队作用,持续开展培训工作,打造精品在线课程,以示范课程为引领,全面提升教师在线教学能力。对于教师自身而言,应充分认识到转变教学观念和教学手段的重要性,并在教学实践中不断优化教学方式,加强与学生的互动交流,主动寻求网络教学培训资源,提高网络教学设备使用技巧。教师在线上教学过程中还要学会利用数据分析等工具,关注学生学习进展,及时给予反馈,助力学生自我成长。对于学生个体而言,由于在线学习空间的自由化和学习形式的多样化,学校应该为其开设在线学习技能培训课程和在线自主学习指导课,以帮助学生形成良好的学习习惯,不断提升自学能力和自律性。